国家社科基金项目 11BDJ013

天网论

中央苏区党领导反腐败的群众运动研究

袁礼华 著

上海辞书出版社

南昌大学“双一流”学科建设项目

天　网　论

（代序）

一

20 世纪 30 年代初期，获得局部执政地位的中国共产党在中央苏区发动和组织人民群众开展的反腐败的群众运动，如天罗地网般地震慑和猛烈打击了“一切官僚腐化贪污浪费消极怠工等份子”①，促进和保障了苏维埃成为“空前的真正的廉洁政府”②，从而在世界的东方谱写了共产党人清正廉洁、无私奉献的历史传奇。

当年，处于国民党军阀经济封锁、军事“围剿”下的新生红色政权，面对内部腐败滋生蔓延的严峻挑战，为维护人民的利益和政权的巩固，天然地选择了依靠人民的力量清除腐败的方针政策。中华苏维埃共和国临时中央政府号召“工农群众起来”，“形成广大的群众运动”，将各级政府中的腐败分子驱逐出苏维埃。③ 激浊扬清、洗刷

---

① 《中央政府进行检举运动》，《红色中华》第 166 期，第 3 版，1934 年 3 月 24 日，人民出版社 1982 年影印本，下同。

② 中央审计委员会：《关于四个月节省运动总结》，《红色中华》第 232 期，第 3 版，1934 年 9 月 11 日。

③ 项英：《反对浪费严惩贪污》，《红色中华》第 12 期，第 6 版，1932 年 3 月 2 日。

淘汰阶级异己分子和腐败分子的选举运动"吸收了最广大的选民"①参加。为畅通群众监督渠道,各地工农检察部成立控告局,并在群众集中的地方设立控告箱,以方便群众检举控告。群众监督团体突击队、轻骑队受工农检察部直接领导和委派,可公开地突击检查苏维埃机关和国家企业的贪污浪费及一切官僚腐化的现象。"作为工农检察部的眼目",设立于"一切国家机关中、企业中、工厂中、作坊中、矿山中、学校中、社会团体中、街道中、村落中"②的工农通讯员,把"官僚主义,贪污,浪费,腐化,怠工,等现象,随时提向苏维埃控告"③。中央苏区"每个革命的民众都有揭发苏维埃工作人员的错误缺点之权。……苏维埃工作人员中如果发现了贪污腐化消极怠工以及官僚主义的分子,民众可以立即揭发这些人员的错误,而苏维埃则立即惩办他们决不姑息"④。负有"引导工农群众对于自己的政权,尽了批评,监督,拥护的责任"⑤的《红色中华》等苏区报刊,开辟"反贪污浪费""警钟""铁帚"等专栏,大量刊登群众团体和工农群众的来信、来稿,指名道姓,不留情面地曝光、揭露贪污浪费、官僚主义等形形色色的腐败现象,使腐败分子在受到党纪、政纪和国法惩处的同时,受到社会道德的谴责。综上举措,以群众监督为基本内涵的反腐败的群众运动,在中央苏区建构了震慑和严厉打击腐败分子的天罗地网。

① 梁柏台:《今年选举的初步总结》,《红色中华》第139期,第6版,1934年1月1日。

② 《中华苏维埃共和国地方苏维埃暂行组织法(草案)》,厦门大学法律系、福建省档案馆选编:《中华苏维埃共和国法律文件选编》,江西人民出版社1984年版,第70—71页。

③ 《轻骑队的组织与工作大纲》,《斗争》第41期,第16版,1934年1月5日,人民出版社1982年影印本,下同。

④ 《中华苏维埃共和国中央执行委员会与人民委员会对第二次全国苏维埃代表大会的报告》,江西省档案馆、中共江西省委党校党史教研室选编:《中央革命根据地史料选编》下册,江西人民出版社1982年版,第309页。

⑤ 《发刊词》,《红色中华》创刊号,第1版,1931年12月11日。

中央苏区党领导反腐败的群众运动，将人民当家作主的监督主体地位落到实处，充分调动了群众监督和反腐败的积极性。其间，群众性的检举控告，使中央苏区的腐败分子陷入人民反腐败的汪洋大海之中而无藏身之处。仅以1934年1—3月中旬中央一级反贪污的检举运动为例，“所检举的机关有中央总务厅，招待所，财政，劳动，土地三部，粮食调济局，贸易总局。国家企业，有中央印刷厂，造币厂，军委印刷所，中央合作总社，邮政局，钨矿公司，苏大工程处。群众团体，有工农剧社，互济总会，及斗争委员会等等。被检举的份子，计会计科长与科员十个，管理科科长及科员八个，总务处长三个，司务长四个，采办科长及科员八个，财政处长三人，总务厅长一人，局长三人，所长一个，厂长二人。共查出贪污款项大洋二千零五十三元六角六分”。其中“大多数的贪污案件，是由于通讯员的通讯而检举的”。①

放手发动群众，相信群众，依靠群众，在党的领导下，广大工农群众积极参与腐败案件的调查举证，是中央苏区反腐败的群众运动常用的斗争方式。中央工农检察部明确指示：“一个贪污案子如果不发动那一机关的全体群众就不能彻底根查清白，就不能禁绝以后再产生贪污事件。”②群众参与腐败案件的“彻底根查”，除采取发动涉案单位的全体群众举证的方式外，还有通过群众团体突击队、轻骑队深入细致地进行调查取证的做法。如若案情错综复杂、查处阻碍重重，工农检察机关为了加强检查力量，往往组织或外调群众监督团体，“轻骑”“突击”，攻坚克难地协助完成案件的调查取证工作。

“天网恢恢，疏而不漏。”在党的领导下，中央苏区工农群众广泛

---

① 中央工农检察委员会公布：《关于中央一级反贪污斗争的总结》，《红色中华》第167期，第3版，1934年3月27日。

② 中央工农检察部的指示：《怎样检举贪污浪费》，《红色中华》第140期，第2版，1934年1月4日。

参与，且以群众团体为反腐败中坚力量的群众运动，深入各级政府部门和国家企业，检举和协助工农检察机关破获了一系列的大案要案。1932 年 2 月，瑞金县工农检察部根据群众的控告，查处了该县九区叶坪村苏维埃主席谢步升贪污腐化、公报私仇杀害村民案，最终法庭判决谢步升死刑。① 同年 4 月，根据群众的控告检举，江西省工农检察部查证胜利县苏维埃主席钟铁青、县委组织部部长钟学湘等挪用公款贩卖鸦片属实，最终江西省苏维埃裁判部判决钟铁青、钟学湘等四人死刑。② 1933 年夏，中央工农检察部"从群众中得到报告"，发现瑞金县苏维埃财政部有重大的贪污嫌疑，特派调查组到瑞金县调查，后来又会同中央审计委员会从少共中央和总工会"组织一个轻骑队进行工作"。轻骑队经过十余天艰苦细致的调查取证，终于查实县苏维埃财政部会计科科长唐仁达"总共贪污了二千八百卅余元"，唐仁达被依法处以极刑。③

1934 年 1 月，"在群众热烈反贪污浪费之下"，检查出全国苏维埃第二次代表大会内务工作班司务长陈枝英和工程所输送队司务长陈世仁这两个"贪污大家"④。2 月，中央互济总会工作人员组成审查委员会，查出该会财务部部长谢开松"平素工作一贯的消极怠工与生活腐化"、贪污公款等犯罪事实。经工农检察机关召集群众法庭审判后，将"谢开松财务部长撤职，并开除其会籍"，"送交法庭裁决了"。⑤

---

① 《临时最高法庭判决书（第五号）》，《红色中华》第 21 期，第 5 版，1932 年 6 月 2 日。

② 《肃清贪污腐化份子！钟学湘等判处死刑》，《红色中华》第 57 期，第 4 版，1933 年 3 月 3 日。

③ 轻骑队通讯：《瑞金县苏的浪费与贪污揭发了》，《红色中华》第 138 期，第 4 版。1933 年 12 月 26 日。

④ 肖残：《苏大又发现一只贪污大家》，耕得利：《奇妙的贪污方法》，《红色中华》第 141 期，第 4 版，1934 年 1 月 7 日。

⑤ 中央工农检察委员会公布：《检举中央各机关的贪污案件的结论》，《红色中华》第 152 期，第 3 版，1934 年 2 月 20 日。

同年3月底,中共中央党务委员会、中央工农检察委员会派往西江县开展检举运动的突击队,通过突击检查西江县党和苏维埃的工作,查出了县苏维埃副主席宋运山、工农检察委员会主席林焕仪,以及庄埠区苏维埃财政部部长、主席团特派员、新圩乡支书等"党与苏维埃机关中的坏份子"。[①] 与此同时,在项英亲率中央工作团赴雩都县开展检举运动的过程中,突击队协助中央工作团检举发现了合作社"私做生意的事,特别是互济会主任袁成文等,假借合作社名义,瞒税出私谷"[②],并查清了中央执行委员会委员、雩都县苏维埃主席熊仙璧强借公款给家里做生意、贪污和包庇贪污等犯罪事实。经最高法院特别法庭审判,熊仙璧被依法判处监禁一年,剥夺公民权一年。

二

中央苏区以群众监督为基本内涵的群众运动,既是震慑和遏制腐败的天罗地网,也是党领导下广大工农群众有序监督、依法治腐之网。为加强对群众运动的规范和管理,中央工农检察部关于群众检举控告的规定,可简述为"三实两一":"三实"即署本人的真实姓名,写明控告人的真实住址,事实叙述清楚;"两一"是指无名的检举控告一概不受理,造谣诬告一经查出即送交法庭受苏维埃法律严厉制裁。[③] 中央工农检察部对突击队、轻骑队等群众监督组织的活动范

① 中共中央党务委员会、中央工农检察委员会公布:《西江检举运动初步检阅》,《红色中华》第187期,第3版,1934年5月11日。

② 项英:《雩都检举的情形和经过》,《红色中华》第168期,第8版,1934年3月29日。

③ 详见《工农检察部控告局的组织纲要》,江西省档案馆、中共江西省委党校党史教研室选编:《中央革命根据地史料选编》下册,江西人民出版社1982年版,第165页。

围、监督职权、工作方式等也都有缜密细致的严格限制，明确规定其监督的对象和范围是：苏维埃国家机关和国家企业及其工作人员，执行政纲政策、实现工作计划、参战工作程度等方面的问题，以及贪污浪费、官僚腐化、消极怠工等腐败现象。规定群众监督组织的权力，只限于控告，最后的处理属于苏维埃法庭。

在群众监督组织的工作程序和工作纪律方面，中央工农检察部提出的具体要求可概括为“三不”“三必须”。“三不”即：(1) 群众监督组织的活动不得涉及私人企业及私人间关系；(2) 未经工农检察部的许可和指示，不得自由去进行监督检查，只有获得工农检察部委托时，才可以检查某些机关的工作和账目；(3) 经工农检察部授权开展检查活动的过程中，不得妨碍被检查机关工作的正常进行，且群众监督组织的成员不脱离生产，参加检查工作只能在空暇时间或休息日。“三必须”是进一步在工作程序上规范群众监督组织参与检查活动的行为：一是要求群众监督组织在受委托执行检查任务出发之前，必须由工农检察部负责人预先做出工作计划，并与该组织的队长、队员详细谈话，以便按计划有序地实施检查检举；二是群众监督组织执行任务必须持有工农检察部颁发的证书，开展检查工作时必须先把证书交给被检查机关的负责人看，无证则无权检查；三是群众监督组织检查某机关的工作和账目等所搜集的各种材料，必须在该机关负责人面前当面写成记录，由该机关负责人签字才能作为证据，每次检查工作结束后须向工农检察部做详细的报告。①

1933 年 12 月，随着党领导反腐败的群众运动的深入开展，为进一步规范、细化惩治贪污浪费等犯罪行为的量刑标准，中央执行委员会颁布了《关于惩治贪污浪费行为》的第二十六号训令，训令对贪污

---

① 详见《突击队的组织和工作》，厦门大学法律系、福建省档案馆选编：《中华苏维埃共和国法律文件选编》，江西人民出版社 1984 年版，第 414—415 页；《轻骑队的组织与工作大纲》，《斗争》第 41 期，第 15—16 版，1934 年 1 月 5 日。

浪费公款等行为,分别按数额大小、犯罪情节等明确规定了处以极刑或不同量刑幅度的监禁、强迫劳动等刑罚。中央苏区反腐败的群众运动始终是通过法律途径来惩治腐败的。

纵观中央苏区党领导群众运动开展反腐败斗争的全过程,虽然在一定程度上受"左"倾错误领导的干扰和"肃反"扩大化的影响,残酷斗争,无情打击,严重伤害了部分党政军干部;"有些地方又走到了别的错误方向,把恋爱问题当作腐化,把拿了地主的东西当作贪污,对于这样的份子进行检举甚至公审。有些地方把犯了轻微错误的开除职务。不去有系统的发展自我批评,开展思想斗争,把这种艰苦的工作省去,而代之以简单的惩办主义"①。舆论监督也较严重地存在混淆人民内部矛盾与敌我矛盾界限的现象,毛泽覃、邓子恢、何叔衡、陈潭秋等勤政廉洁的领导干部,在报刊上遭受公开责难和无限上纲伤害的教训也是极为深刻的。② 但就这场运动总的情况和基本面而言,在党和临时中央政府的正确领导下,群众性反腐败斗争始终坚持了正确的方向,健康有序地向前发展,并取得了建立"空前的真正的廉洁政府"的伟大成就。

三

中央苏区党领导反腐败的群众运动,不仅卓有成效地打击和惩治了贪污腐化、官僚主义等腐败分子,而且通过群众性的广泛教育,防治结合地筑起反腐、防腐的思想堤坝。在中央苏区依法受严惩的腐败分子只是极少数人,因违纪违规受党纪、政纪处分的也只是一小部分人;对腐败零容忍的广大工农群众,反腐败揭露、抨击的大多是

① 毛泽东:《查田运动的初步总结》,《斗争》第24期,第10版,1933年8月29日。

② 参见《红色中华》第92期,第6版;第105期,第1版;第107期,第5版;第167期,第1版。

损公肥私、“吃油饼”①、自私自利等不廉洁现象，以及开小差逃跑、优待红军家属敷衍塞责、消极怠工等不良行为。尤其是开小差逃跑，直接削弱红军战斗力，危害革命战争的发展。因此，中央执行委员会号召，“要以反对开小差的运动来消灭开小差的风气”②，并要求在运动中积极开展对“因政治觉悟不够而个人逃回者”的思想斗争，加强宣传鼓动教育，“使他们自愿归队”。③

对犯不廉洁或优待红军家属消极怠工等其他错误的干部和群众，主要是通过批评和自我批评的思想斗争来达到治病救人、改正错误的目的。中央工农检察委员会指出：“检举运动是带着充分的实际教育性质，不仅利用每一事件来教育全体工作人员，而对于每个人的错误，应分大小与轻重，处置上同样要有区别，大的重的应受检举与做组织上的结论，小的轻的或偶然的错误，不必用检举方式或在工作人员会议上或用个别谈话的方式来批评，特别是细心教育与说服他们。”④临时中央政府检举会议强调“必需把检举运动造成广大的群众运动，……抓住每一具体的斗争去教育全体的工作人员”⑤。各地工农检察机关对检举发觉的腐败分子，通常都召集群众大会，组织群众法庭进行公开审判。群众法庭“有权判决开除工作人员，登报宣布其官僚腐化的罪状等”⑥。其中违法犯罪的腐败分子，经群众法庭审

---

① 吃油饼，指明吃暗拿占便宜的行为。转引自《寻乌调查》注释[13]，《毛泽东文集》第1卷，人民出版社1993年版，第244页。

② 《中央执行委员会关于扩大红军问题训令》，《红色中华》第34期，第2版，1932年9月20日。

③ 中央执行委员会命令：《关于红军中逃跑份子问题》，《红色中华》第136期，第1版，1933年12月20日。

④ 中央工农检察委员会训令检字第二号：《继续开展检举运动》，《红色中华》第177期，第3版，1934年4月19日。

⑤ 《中央政府进行检举运动》，《红色中华》第166期，第3版，1934年3月24日。

⑥ 《工农检察部的组织条例》，江西省档案馆、中共江西省委党校党史教研室选编：《中央革命根据地史料选编》下册，江西人民出版社1982年版，第163页。

判后再移交苏维埃司法机关(裁判部或法院),依法追究刑事责任,并予以公开判决。群众法庭和司法机关的每一次公开审判和判决,都是对中央苏区广大干部和群众进行的法制宣传和警示教育。此外,党和临时中央政府在群众运动中,都自始至终地开展了表彰清正廉洁、勤政节俭模范单位和个人的示范教育,宣传马列主义基本理论和共产主义思想道德,以及艰苦奋斗、克己奉公的革命传统,从而提高了广大干部和苏维埃工作人员廉洁自律的自觉性和拒腐防变的能力,为从思想根源上清除腐败发挥了重要作用。

在党的领导下,中央苏区以群众监督为基本内涵的群众运动,是反腐败标本兼治的运动。党在土地革命战争时期的这一伟大实践和成功探索,是党的宝贵财富。尽管时过境迁,我们现在进行反腐败斗争所处的背景、条件与中央苏区时期大不相同,为了避免群众运动容易出现的随意性、盲目性以及冲击经济建设和影响社会的稳定,反腐败斗争不能采用群众运动方式。但不搞群众运动,并非不依靠群众;相信群众,依靠群众,“让人民监督权力,让权力在阳光下运行”①,不仅在过去,而且在现在和将来,都永远是我们构建反腐败的天罗地网和不断取得反腐败斗争胜利的力量源泉与根本保证。“前事之不忘,后事之师。”②细心细致尽可能全面地考察中央苏区群众运动反腐败的客观面貌,虚心虔诚敬仰地传承和发扬中华苏维埃群众监督的基本经验和政治智慧,无疑具有借鉴启迪、砥砺前行的重要意义。

代为序。

---

① 习近平:《决胜全面建成小康社会 夺取新时代中国特色社会主义伟大胜利——在中国共产党第十九次全国代表大会上的报告》,《人民日报》2017 年 10 月 28 日。

② (西汉)刘向编:《战国策·赵策一》,齐鲁书社 2005 年版,第 187 页。

目　录

天网论(代序) …………………………………………………… (1)

绪　论 …………………………………………………………… (1)

一、中央苏区群众运动概述 ……………………………………… (1)

二、中央苏区反腐败的群众运动的基本特点 …………………… (13)

(一) 反腐败的群众运动是服务革命战争推动各项工作发展的运动 …………………………………………………… (14)

(二) 反腐败的群众运动是反对“一切官僚腐化贪污浪费消极怠工等份子”的运动 ………………………………………… (15)

(三) 反腐败的群众运动是充分发挥群众监督及其反腐败伟大作用的运动 ……………………………………………… (19)

(四) 反腐败的群众运动是有组织有纪律、依法治腐的运动 …………………………………………………………… (22)

三、中央苏区廉政建设与反腐败斗争研究回顾 ………………… (25)

第一章　中央苏区反腐败的群众运动的背景渊源 …… (33)

一、新生政权面临的腐败挑战 …………………………………… (33)

(一) 中央苏区为政清廉的风尚及存在的腐败现象 ………… (33)

(二) 腐败的危害与反腐败的群众运动的兴起 ……………… (48)

二、马列主义群众监督思想及其运用和发展 …………………… (52)

(一) 马克思恩格斯论巴黎公社的“真正民主制” …………… (52)

(二) 列宁关于群众监督的理论和实践 ……………………… (57)

(三)群众监督思想在中央苏区的运用和发展 …………… (62)
三、传统民本思想批判地继承和创新 ………………… (69)
(一)民本思想的产生和核心理念 ……………………… (69)
(二)"民惟邦本"衍生的丰富思想 ……………………… (73)
(三)反腐败的群众运动对传统民本思想的超越和创新 …… (78)
第二章 中央苏区反腐败的群众运动的基本形态 …… (84)
一、民主选举与反腐败相结合 ………………………… (85)
(一)反腐败是苏维埃选举的题中之义 ………………… (85)
(二)选举运动的动员和组织 ………………………… (91)
(三)选举运动反腐败的程序规定和实践成效 ………… (97)
二、节省经济与检举贪污浪费相互促进 ……………… (102)
(一)"节俭经济运动"与反浪费贪污斗争的兴起 ……… (102)
(二)节省运动的蓬勃发展与惩治贪污浪费条例的颁布…… (110)
(三)节省运动和反贪污浪费斗争掀起新高潮 ………… (117)
三、反官僚主义贯穿苏维埃各项工作中 ……………… (124)
(一)官僚主义是"遮塞在苏维埃与民众之间的废物" …… (124)
(二)"苏维埃的工作方式根本是要肃清官僚主义" ……… (134)
(三)"官僚主义应该遭受最严厉的打击"………………… (143)
第三章 中央苏区反腐败的群众运动的斗争方式 …… (157)
一、群众性检举揭发 ………………………………… (157)
(一)设控告箱投递意见书 ………………………… (158)
(二)工农通讯员通讯举报 ………………………… (160)
(三)突击队、轻骑队检查检举………………………… (162)
(四)新闻媒体曝光 ………………………………… (164)
二、群众性调查取证 ………………………………… (168)
(一)涉案单位全体群众参与调查举证………………… (168)
(二)群众监督团体协助调查取证 …………………… (172)
三、群众法庭公开审判 ……………………………… (178)

（一）群众法庭制度及其审判与报道 ……………………（178）
（二）组织群众法庭的不同考量 ……………………（185）
四、群众性批评与自我批评 ……………………（203）
（一）批评与自我批评是反腐败的思想斗争武器 …………（203）
（二）自下而上的批评以及自我批评 ……………………（206）
第四章　中央苏区反腐败的群众运动的主要成效 ……（230）
一、激浊扬清“更加使苏维埃成为群众话事办事的机关” ……………………（230）
（一）选举运动淘汰苏维埃基本组织中的腐败分子 ………（230）
（二）各种会议和运动坚持不懈地打击、洗刷腐败分子 ……（232）
（三）反腐败促进苏维埃法制建设和改善工作方向 ………（234）
二、反贪污浪费造就“空前的真正的廉洁政府” …………（237）
（一）打击滥用浮支虚报冒领等浪费贪污行为 …………（237）
（二）节俭经济方式和充裕战争经费的贡献 ……………（241）
（三）“苏维埃是空前的真正的廉洁政府” ………………（258）
三、反官僚主义“建设新的苏维埃的工作方式” …………（263）
（一）战争动员和政治经济建设与转变工作作风的要求 ……（263）
（二）“建设新的苏维埃的工作方式” ……………………（269）
四、反消极怠工“充分的执行一切的战争任务” …………（291）
（一）消极怠工“这是极坏的现象” ……………………（291）
（二）党和政府倡导与群众性反消极怠工的斗争 …………（297）
第五章　中央苏区反腐败的群众运动的经验教训 ……（314）
一、基本经验 ……………………（314）
（一）确立群众的监督主体地位，发动群众常态化地开展反腐败斗争 ……………………（314）
（二）坚持组织原则，反腐败以工农检察机关领导的群众团体为中坚力量 ……………………（321）
（三）强化制度规范，群众运动反腐败通过法律途径惩治

腐败 …………………………………………………… (336)
(四) 加强群众性教育,积极开展对不廉洁现象和消极怠工行为的斗争 …………………………………… (356)
二、主要教训 ……………………………………………… (371)
(一) "左"倾错误领导,严重伤害公正廉洁的党政军干部 …………………………………………………… (372)
(二) 反腐败不分青红皂白和错误性质,用惩办主义代替思想教育 …………………………………………… (377)
(三) 反腐败脱离革命战争,忽视工作的转变和改善 ……… (380)
第六章　中央苏区反腐败的群众运动的当代启示 …… (387)
一、"让人民监督权力"是反腐败的标本兼治之策 ……… (387)
二、"让权力在阳光下运行"是群众监督反腐败的必要前提 ………………………………………………… (394)
三、反腐败应重视和充分发挥群众团体监督的作用 …… (399)
四、反腐败应保障和规范行使舆论监督"曝光"权 ……… (410)

主要参考文献 ………………………………………… (416)
后　记 ……………………………………………………… (433)

绪　论

土地革命战争时期，中国共产党遵循马列主义“人民群众创造历史”的基本原理，通过广泛发动群众，深入开展土地革命和以农民为主体武装反抗国民党反动派的群众运动，“发展成了伟大的力量”①。中华苏维埃共和国临时中央政府成立后，党坚持和发扬密切联系群众的优良传统，在中央苏区苏维埃建设和发展革命战争的各项工作中，都惯性地采用群众运动的工作方式。其中反腐败的群众运动，是充分发挥群众监督伟大作用，依法治腐，反对一切官僚腐化、贪污浪费和消极怠工现象的运动；是保持政府清正廉洁、服务革命战争、推动各项工作发展的运动。吸收借鉴学界的丰富成果，在既往研究的成就和基础上，以群众运动为研究的新视角，全面考察中央苏区的反腐败斗争，在一定程度上具有深化苏区史研究和现实启迪的重要意义。

一、中央苏区群众运动概述

群众运动，一般是指在无产阶级政党领导下，“为达到一定的政

① 《中国共产党中央执行委员会告全党党员书》，中共中央文献研究室、中央档案馆编：《建党以来重要文献选编（一九二一——一九四九）》第4册，中央文献出版社2011年版，第410页。

治、经济目的，有广大人民群众参加的具有较大规模和声势的革命、生产等活动”，“群众运动是中国共产党贯彻执行群众路线的形式之一”。①

中国共产党自成立以来，为争取民族独立和人民解放，把马克思列宁主义关于人民群众创造历史的基本原理，持之以恒地运用于党的一切工作和全部活动中。中共一大通过的党的第一个纲领在提出“本党承认苏维埃管理制度”时，就已经认识到发动群众、组织群众的重要性，主张“把工农劳动者和士兵组织起来”②。中共二大制定的党的组织章程指出，中国共产党不是“知识者所组织的马克思学会”，也不是“少数共产主义者离开群众之空想的革命团体”，“应当是无产阶级中最有革命精神的大群众组织起来为无产阶级之利益而奋斗的政党”。因此，章程号召“我们便要‘到群众中去’要组成一个大的‘群众党’；……党的一切运动都必须深入到广大的群众里面去”③。1927 年党的八七会议在总结大革命失败的教训、确定土地革命和武装反抗国民党反动派的总方针的同时，特别强调“中国共产党从群众运动里发展成了伟大的力量”，“我们党有这种伟大的力量，……因为有群众之奋斗，无产阶级及贫苦农民群众之奋斗作保证——这些群众是我们党的基础”。④ 1928 年党的六大明确指出，党的“中心工作，是争取群众”⑤，“争取群众是现时的总路线”，党“要用一切力量去加紧团结、收集统一无产阶级的群众，使他们围绕党的主要口号，做极

① 夏征农主编：《辞海》（缩印本），上海辞书出版社 1989 年版，第 2165—2166 页。

② 《中国共产党第一个纲领》，中共中央文献研究室、中央档案馆编：《建党以来重要文献选编（一九二一——一九四九）》第 1 册，中央文献出版社 2011 年版，第 1 页。

③ 《关于共产党的组织章程决议案》，中共中央文献研究室、中央档案馆编：《建党以来重要文献选编（一九二一——一九四九）》第 1 册，第 162 页。

④ 《中国共产党中央执行委员会告全党党员书》，中共中央文献研究室、中央档案馆编：《建党以来重要文献选编（一九二一——一九四九）》第 4 册，第 410—411 页。

⑤ 《在中国共产党第六次全国代表大会上的政治报告》，中共中央文献研究室、中央档案馆编：《建党以来重要文献选编（一九二一——一九四九）》第 5 册，第 294 页。

巨大的组织工作,以巩固革命工会、农民协会,尽可能的领导日常经济政治斗争,以发展工农群众组织”。①

1929 年 9 月,陈毅根据中央政治局专门会议精神以及与周恩来的多次谈话和委托,在代中共中央起草给红四军的指示信中,提出红军当时的基本任务主要是:“一、发动群众斗争,实行土地革命,建立苏维埃政权;二、实行游击战争,武装农民,并扩大本身组织;三、扩大游击区域及政治影响于全国。”②其中列在首位的“发动群众斗争”,无疑是实现这三项任务的重要基础和必要前提。同年 12 月,中共红四军第九次代表大会(即“古田会议”)《决议案》,分析并批评了部分党员干部存在的军队只管打仗、不做群众工作的错误观点,明确指出红军是人民的军队,应担负起宣传群众、组织群众、武装群众的使命。《决议案》特别强调:“一切工作,在党的讨论和决议之后,再经过群众去执行。”③古田会议后,毛泽东、朱德率领红四军广泛发动群众,深入开展土地革命和以农民为主体的武装反抗国民党反动派的群众运动,并在艰苦卓绝的浴血奋斗中,发展壮大为红一军团、红一方面军,开创并建立了位于赣南、闽西地区的中央苏区。

1931 年 11 月,中华苏维埃共和国临时中央政府在江西瑞金成立后,获得局部执政地位的中国共产党,坚持和发扬密切联系群众的优良传统,在巩固新生红色政权,开展苏维埃政治经济文化建设和发展革命战争的各项工作中,驾轻就熟地继续采用群众运动的工作方式。

---

① 《政治议决案》,中共中央文献研究室、中央档案馆编:《建党以来重要文献选编(一九二一—一九四九)》第 5 册,中央文献出版社 2011 年版,第 390 页。

② 《中共中央给红军第四军前委的指示信》,中共中央文献研究室、中央档案馆编:《建党以来重要文献选编(一九二一—一九四九)》第 6 册,第 509 页。

③ 毛泽东:《中国共产党红军第四军第九次代表大会决议案》,《毛泽东文集》第 1 卷,人民出版社 1993 年版,第 80 页。

据粗略统计，仅《红色中华》自 1931 年 12 月 11 日创刊至 1934 年 10 月 3 日休刊（瑞金版，共 240 期），其间转载党和苏维埃文件所引用以及报道中央苏区各地消息所记载的（群众）运动名称多达 63 种，兹列表如下：

表绪-1 《红色中华》（瑞金版）引用、报道（群众）运动名称统计表

序号	名　称	来源篇名	发行日期	来源期号版次
1	苏维埃运动	《发刊词》	1931 年 12 月 11 日	第 1 期 第 1 版
2	防疫卫生运动	社论《大家都来做防疫的卫生运动》	1932 年 1 月 13 日	第 5 期 第 1 版
3	春耕运动	《临时中央政府人民委员会第四次常会》	1932 年 1 月 13 日	第 5 期 第 4 版
4	选举运动（第一次选举，地方苏维埃选举）	《江西全省选举运动中各地的错误及如何纠正》	1932 年 1 月 27 日	第 7 期 第 7 版
5	募捐运动	《中共中央局号召武装总示威》	1932 年 2 月 10 日	第 9 期 第 7 版
6	节俭运动（又称"节俭经济运动""节省运动"）	《临时中央政府人民委员会第六次常会》	1932 年 2 月 10 日	第 9 期 第 8 版
7	合作社运动	《中央政府指示江西省苏的一封信》	1932 年 2 月 17 日	第 10 期 第 7 版
8	植树运动	《关于植树运动的决议案》	1932 年 3 月 23 日	第 15 期 第 7 版
9	发展粮食合作社运动	《中央人民委员会训令》（第七号）	1932 年 8 月 30 日	第 31 期 第 6 版
10	慰问红军家属运动	《慰问红军家属运动大会盛况》	1932 年 9 月 6 日	第 32 期 第 5 版

序号	名　称	来源篇名	发行日期	来源期号版次
11	反开小差运动	《中央执行委员会关于扩大红军问题训令》	1932年9月20日	第34期第2版
12	对于不执行优待红军条例的突击(检查)运动	《中央执行委员会关于扩大红军问题训令》	1932年9月20日	第34期第2版
13	地方苏维埃的选举与改造运动(第二次选举,地方部分苏维埃改选)	《关于继续改造地方苏维埃政府问题》	1932年9月27日	第35期第1版
14	归队运动(动员督促离队士兵归队)	《关于战争紧急动员》	1932年10月16日	第36期第1版
15	战争紧急动员运动	社论《紧急动员起来粉碎敌人对中央苏区的大举进攻》	1933年2月4日	第49期第1版
16	检举运动	《中央工农检察人民委员部训令》(第二号)	1933年2月13日	第52期第4版
17	借谷运动	《借二十万担谷子给红军》	1933年2月16日	第53期第3版
18	协助运动	社论《应该立刻开始施行协助运动》	1933年2月22日	第55期第1版
19	节省一个铜板运动	《红校节省一个铜板运动》	1933年3月6日	第58期第3版
20	减少伙食费运动	《后方总医院伤病战士自动要求减少五分伙食》	1933年3月6日	第58期第3版
21	退还公债运动	《响应本报号召——风起云涌般的热烈》	1933年3月12日	第60期第3版

序号	名　称	来 源 篇 名	发行日期	来源期号版次
22	发展互助合作运动	《中国农业工人第一次代表大会的意义及任务》	1933 年 4 月 2 日	第 66 期 第 1 版
23	反对帝国主义国民党的白色恐怖运动	《苏区互济总会召开第一次代表大会》	1933 年 4 月 11 日	第 68 期 第 5 版
24	每人借三升谷给红军运动	《借谷的响应》	1933 年 4 月 14 日	第 69 期 第 3 版
25	征收党员运动	《为五一节征收党员运动告苏区民众书》	1933 年 4 月 17 日	第 70 期 第 1 版
26	发展耕牛运动	《为发起犁牛合作社》	1933 年 4 月 20 日	第 71 期 第 6 版
27	夏耕运动	《为夏耕运动给各级苏维埃负责人的信》	1933 年 4 月 29 日	第 74 期 第 4 版
28	征收盟员运动	《反帝拥苏总同盟征收盟员运动》	1933 年 5 月 8 日	第 77 期 第 4 版
29	粮食收集运动	社论《关于粮食收集运动的准备》	1933 年 5 月 20 日	第 81 期 第 5 版
30	生产运动	《红军医学校的生产运动》	1933 年 6 月 11 日	第 84 期 第 2 版
31	查田查阶级运动(简称“查田运动”)	《召集八县区以上苏维埃负责人会议及八县贫农团代表大会》	1933 年 6 月 14 日	第 85 期 第 3 版
32	选举运动(第三次选举,改造各级苏维埃)	《准备第二次全苏大会的工作计划》	1933 年 6 月 23 日	第 88 期 第 1 版
33	秋收运动	社论《为布尔什维克的秋收而斗争》	1933 年 7 月 2 日	第 90 期 第 5 版

序号	名　称	来源篇名	发行日期	来源期号版次
34	粮食合作运动	《发展粮食合作社》	1933年7月8日	第92期第3版
35	复光运动①	《上杭群众慰劳红军的光荣模范》	1933年7月8日	第92期第5版
36	粮食收集与调剂运动	《怎样进行粮食收集与调剂的运动》	1933年7月14日	第94期第5版
37	经济建设运动	《粉碎五次"围剿"与苏维埃经济建设任务》	1933年8月16日	第102期第2版
38	阶级互助运动	《上杭群众的阶级互助运动》	1933年8月16日	第102期第8版
39	反法西斯蒂运动	《互济总会发起两大运动》	1933年8月22日	第104期第6版
40	拥护国币运动	《开展拥护国币的群众运动》	1933年8月28日	第106期第3版
41	消灭文盲运动	《团中央局与教育部的联席会议确定目前教育任务与团的协助运动》	1933年9月6日	第108期第5版
42	植棉运动	《进行大规模植棉运动,粉碎敌人的经济封锁》	1933年9月6日	第108期第7版
43	推销公债运动	《以布尔塞维克的坚强领导猛烈开展推销公债运动》	1933年9月6日	第108期第7版

① 复光运动:福建上杭县曾有光荣的斗争历史,但在1933年初工作较落后。同年5月,中共上杭县委号召开展复光运动,转变了工作并取得扩大红军和慰劳红军的光荣成绩。

序号	名　　称	来 源 篇 名	发行日期	来源期号版次
44	种菜运动	《红军学校的种菜运动》	1933 年 9 月 27 日	第 113 期 第 3 版
45	防空运动	《加紧防空运动》	1933 年 10 月 3 日	第 115 期 第 3 版
46	扩大红军突击运动（简称“扩红”运动）	《江西扩大红军突击运动的初步总结》	1933 年 11 月 17 日	第 126 期 第 2 版
47	慰劳红军运动	《模范县的慰劳红军运动》	1933 年 11 月 20 日	第 127 期 第 2 版
48	冬耕运动	《积极进行冬耕运动》	1933 年 11 月 23 日	第 128 期 第 3 版
49	文化教育运动	《公略加紧文化教育运动》	1933 年 11 月 26 日	第 129 期 第 2 版
50	征收土地税突击运动	社论《为迅速开展收集粮食的突击运动而斗争》	1934 年 2 月 6 日	第 146 期 第 1 版
51	整理赤少队的突击运动	《迅速开展整理赤少队的突击运动》	1934 年 2 月 14 日	第 149 期 第 1 版
52	开荒运动	《为消灭四十万担荒田而斗争》	1934 年 2 月 20 日	第 152 期 第 1 版
53	四个月节省八十万运动	《本报号召：为四个月节省八十万而斗争》	1934 年 3 月 13 日	第 161 期 第 1 版
54	清洁运动	《怎样来做清洁运动》	1934 年 3 月 20 日	第 164 期 第 2 版

序号	名　称	来源篇名	发行日期	来源期号版次
55	自带伙食的节省运动	《节省战线上杂报》	1934年3月24日	第166期第3版
56	教育经费节省运动	《教育经费节省运动的开始》	1934年3月27日	第167期第3版
57	妇女学习生产运动	《瑞金的妇女学习生产运动》	1934年3月31日	第169期第1版
58	继续检举运动	《继续开展检举运动》	1934年4月19日	第177期第3版
59	每人节省三升米给红军运动	《中央人民委员会为节省运动的指示信》	1934年4月24日	第179期第3版
60	“三八”运动	《“三八”工作的总结与今后妇女工作》	1934年4月24日	第179期第5版
61	军用品原料的收集运动	《开展收集军用品原料的突击运动》	1934年6月19日	第204期第2版
62	熬盐运动	《急速开展群众的熬盐运动，回答敌人的封锁》	1934年7月21日	第217期第5版
63	秋收六十万担借谷运动	《关于在今年秋收中借谷六十万担及征收土地税的决定》	1934年7月26日	第219期第1版

表绪-1所载内容，虽然都冠之以“（群众）运动”之名，但比较其内涵和外延，往往有较大的不同。

首先，从运动的规模和层级上看，既有宏观范式上的“苏维埃运动”，也有分类归属政治、经济、战争动员不同领域的选举运动、生产运动、“扩红”运动等，更多的是由各领域范畴所衍生的、微观具体的群众运动（参见图绪-1）。

- 苏维埃运动
  - 政权建设运动
    - 选举运动
      - 地方苏维埃选举(第一次选举运动)
      - 地方部分苏维埃改造与选举(第二次选举运动)
      - 中央、省、县、区、乡(市)苏维埃选举(第三次选举运动)
    - 检举运动
    - 继续检举运动
    - 查田查阶级运动
    - 征收党员运动
    - 反对帝国主义国民党的白色恐怖运动
    - 复光运动
    - 反法西斯蒂运动
  - 经济建设运动
    - 生产运动
      - 春耕运动
      - 发展耕牛运动
      - 夏耕运动
      - 秋收运动
      - 冬耕运动
      - 妇女学习生产运动
      - 熬盐运动
      - 开荒运动
      - 植棉运动
    - 节俭运动
      - 节省一个铜板运动
      - 减少伙食费运动
      - 退还公债运动
      - 种菜运动
      - 节省三升米运动
      - 四个月节省八十万运动
      - 自带伙食的节省运动
      - 教育经费节省运动
    - 粮食合作运动
    - 合作社运动
      - 发展粮食合作社运动
      - 发展互助合作运动
    - 推销公债运动
    - 粮食收集与调剂运动
    - 拥护国币运动
    - 征收土地税突击运动
  - 战争紧急动员运动
    - 扩大红军运动
    - 反开小差运动
    - 归队运动
    - 慰劳红军运动
    - 慰问红军家属运动
    - 对不优待红军家属的突击(检查)运动
    - 防空运动
    - 整理赤少队突击运动
    - 军用品原料收集运动
    - 粮食收集运动
    - 借谷运动
      - 每人借三升谷给红军运动
      - 借二十万担谷给红军运动
      - 借六十万担谷给红军运动
      - 每人节省三升米给红军运动
  - 文教卫生与社会事务运动
    - 消灭文盲运动
    - 防疫卫生运动
    - 清洁运动
    - 协助运动
    - “三八”运动
    - 征收(反帝拥苏同盟)盟员运动
    - 阶级互助运动
    - 募捐运动
    - 植树运动
    - 文化教育运动

图绪-1　中央苏区(群众)运动从属关系

其次，从群众运动开展的范围和地域上看，虽然表绪-1中绝大多数的运动是党和临时中央政府发动、领导的，在整个中央苏区普遍开展的群众运动，如检举运动、推销公债运动、合作社运动、反开小差运动、文化教育运动等，但其中也有只是在福建上杭县开展的复光运动，仅在机关、学校开展的种菜运动，以及由群众团体反帝拥苏总同盟组织开展的征收盟员运动等局限于部分地区和部分群众参加的运动。

再次，从群众运动开展的时间长短及频次上看，在中央苏区长久持续开展的群众运动主要有"扩红"运动、优待红军运动、优待（慰问）红军家属运动、节俭运动、检举运动等。其中，"扩红"运动的开展，自1931年12月党中央和临时中央政府发布《关于扩大红军问题决议案》揭开序幕，此后作为各级苏维埃政府"第一位"的、经常性的工作，该运动持续发展至1934年10月中央红军长征出发前，并且分别在1932年春至1933年春、1933年夏秋和1933年9月至1934年9月，"掀起过三次大规模的'扩红'浪潮"①。选举运动在中央苏区进行了三次，第一次是地方苏维埃选举，从1931年11月开始至次年5月基本完成；第二次是地方部分苏维埃政府的继续改造和选举，从1932年9月开始至当年年底结束；第三次是从乡苏、市苏直至中央执行委员会的全部改选，从1933年8月开始至1934年1月"二苏"大会召开结束。

此外，优待红军运动、节俭运动、检举运动等群众运动的开展几乎持续于临时中央政府成立后的整个中央苏区时期。相比较而言，春耕运动、夏耕运动、秋收运动、冬耕运动、开荒运动、植棉运动、发展耕牛运动以及保护水土的植树运动等，本身就有季节性和频次特点。

① 王连花：《动员与反动员：中央苏区"扩红"运动》，《湖北行政学院学报》2011年第3期。

而且凡涉及战争动员工作的以及“运动”前连缀“突击”的群众运动，如收集粮食突击运动、军用品原料收集突击运动、推销公债突击运动等，在各地区、各部门开展时，通常都有要求完成的紧迫时间和定额数量的规定。如 1934 年初，中央苏区各地开展整理赤少队突击运动，少年先锋队中央总队部与少共中央局的决定是“从二月十五日到四月十五日进行”①，运动开展的时间为两个月整。时间短促的运动有 1933 年 5 月中共上杭县委为在“扩红”和慰劳红军工作中快速转变落后状况、恢复光荣斗争传统的“复光运动周”，以及群众团体互济总会发起的 1933 年“九月一日至七日的反法西斯蒂运动周”②，规定运动开展的时间都是一周。

最后，中央苏区开展的群众运动相互之间又多有交集和促进的关系。如秋收运动，既是苏维埃经济建设中生产运动的组成部分，又是战争动员运动中号召群众针对国民党反动军阀和靖卫团抢割苏维埃边区粮食所开展的针锋相对的斗争。检举运动中反贪污的斗争，“防止贪污的发生，是节省运动中一个非常重要的工作”③。反对官僚主义的斗争，也为各项群众运动的深入开展以及苏维埃各方面工作任务的顺利完成起着破除阻力、清除障碍的重要作用。

另一方面，多项群众运动又常有同时“突击”、齐头并进的交集。1934 年 2 月，“如粤赣提出扩大红军与收集粮食并列突击，江西则以归队运动、扩大赤少队与收集粮食三种任务同时进行”。中央粮食部甚至将粮食突击不能广泛开展、计划任务不能完成的原因“归罪”于多种任务同时突击的“所谓‘动员方式问题’”。针对中央粮食部这

① 少年先锋队中央总队部：《整理赤少队的突击计划》，《红色中华》第 149 期，第 1 版，1934 年 2 月 14 日。

② 《互济总会发起两大运动》，《红色中华》第 104 期，第 6 版，1933 年 8 月 22 日。

③ 陈潭秋：《把节省运动开展到群众中去》，《红色中华》第 180 期，第 2 版，1934 年 4 月 26 日。

一“非常严重的错误”，中央人民委员会主席张闻天于是月 27 日，在《红色中华》以社论的名义发表《粮食突击运动与粮食部的工作》的署名文章，严厉指出：“事实上，我们不但可以在一时期内进行一种工作的突击，而且可以进行两种以至三种工作的突击。瑞金最近赤少队的突击与收集粮食突击都得到了成功，是最好的证明。如若我们把粮食突击运动不能完成计划的原因，首先归罪于所谓动员方式问题，那就等于粮食人民委员部逃避自己在这一突击运动中所担负的领导责任，使粮食人民委员部不能细心地去分析在这一突击运动中自己工作的错误与缺点。”①

综上可见，中央苏区的群众运动是中国共产党和各级苏维埃政府（或通过国家企业、群众团体）动员组织广大群众，开展各项工作，以实现党和苏维埃政纲、政策，发展革命战争所惯性采用的最根本的工作方式和群众性的革命、生产活动。中央苏区的群众运动，无论规模大小、范围广狭，也不论时间长短、频次高低，都是党和苏维埃政府时时、处处、事事与群众保持密切联系，且同心协力、同舟共济地维护和巩固红色政权、发展革命战争的最直接最有效的实践途径。

二、中央苏区反腐败的群众运动的基本特点

与中央苏区创立和建设过程中，各项工作开展所惯用的工作方式一脉相承，中国共产党在领导中央苏区进行廉政建设和反腐败的斗争中，同样驾轻就熟地采用群众运动方式。发扬密切联系群众的

① 张闻天：《粮食突击运动与粮食部的工作》，《红色中华》第 155 期，第 1 版，1934 年 2 月 27 日。

优良传统和政治优势，动员群众，组织群众，依靠群众的力量实现党在特定时期的工作目标，中央苏区反腐败的群众运动，不仅具有土地革命战争时期各种群众运动的这一共性特征，同时还凸显以下个性特点。

（一）反腐败的群众运动是服务革命战争推动各项工作发展的运动

腐败损害人民群众的根本利益，中央苏区以群众运动方式开展反腐败斗争，固然是中国共产党“真心实意地为群众谋利益”①的宗旨和苏维埃民主政权的本质所决定的，是保持政府清正廉洁所采取的重要措施，但另一方面，始终处于国民党反动军阀包围、“围剿”战争环境下的中央苏区，“苏维埃的中心任务，是领导与发展革命战争，一切工作应以战争为中心”②。群众运动反腐败的斗争，“是执行苏维埃一切战斗任务不可分离的部分”③。1932 年 2 月，临时中央政府副主席项英提出“反对浪费，严惩贪污”的反腐败任务，并首倡群众性斗争方式，“号召工农群众起来，帮助政府，来反对各级政府浪费政府的钱，驱逐各级政府中的贪污分子出苏维埃”，就是“正当红军在前方进行革命战争，夺取赣州的紧张时候”④，与中央人民委员会通令“帮助红军发展革命战争实行节俭经济运动”⑤的同时发出的号召。中

① 毛泽东：《关心群众生活，注意工作方法》，《毛泽东选集》第 1 卷，人民出版社 1991 年版，第 138 页。

② 中央执行委员会第十五号训令：《关于继续改造地方苏维埃政府问题》，《红色中华》第 35 期，第 1 版，1932 年 9 月 27 日。

③ 中央工农检察部的指示：《怎样检举贪污浪费》，《红色中华》第 140 期，第 2 版，1934 年 1 月 4 日。

④ 项英：《反对浪费严惩贪污》，《红色中华》第 12 期，第 6 版，1932 年 3 月 2 日。

⑤ 人民委员会通令第三号：《帮助红军发展革命战争实行节俭经济运动》，《红色中华》第 10 期，第 8 版，1932 年 2 月 17 日。

央苏区三次选举运动中所开展的洗刷驱逐“非阶级的异己份子”“消极怠工的份子”和“贪污腐化官僚等份子出苏维埃”的反腐败斗争，其目的也是为了“建立坚强而有工作能力的苏维埃政府，去实际执行领导革命战争的任务和工作”。①

“官僚主义发展一分，对于战争动员就增加一分困难。”②“谁要怠工和敷衍，谁就是苏维埃的罪人。”③贯穿于中央苏区发展革命战争的各项运动和各项工作中的群众性反官僚主义、反消极怠工的斗争，为“扩红”突击运动、优待红军家属运动、反开小差运动、整理赤少队等运动，以及赤色戒严、支前参战等工作的顺利开展和任务的完成破除了阻力、清除了障碍。反腐败的群众运动服务于革命战争，“我们一切工作应服从于战争”④，同时又推动反腐败的群众运动广泛深入地融入苏维埃政治、经济、文化建设和战争动员的各个方面和各项工作，从而呈现出反腐败的群众运动围绕发展革命战争这一中心任务，与选举运动、节俭运动、“扩红”运动、反开小差等运动，以及政治、经济、文化建设等各项工作同时开展，相互激荡、相互促进的基本形态。

（二）反腐败的群众运动是反对“一切官僚腐化贪污浪费消极怠工等份子”⑤的运动

“腐败”一词原意是指物体在化学作用下逐渐变坏、腐烂变质。

---

① 中央执行委员会第十五号训令：《关于继续改造地方苏维埃政府问题》，《红色中华》第35期，第1版，1932年9月27日。

② 社论：《战争紧急动员与反官僚主义的斗争》，《红色中华》第45期，第2版，1932年12月19日。

③ 社论：《发展生产，节俭经济来帮助红军发展革命战争》，《红色中华》第10期，第1版，1932年2月17日。

④ 《中央执行委员会关于扩大红军问题训令》，《红色中华》第34期，第1版，1932年9月20日。

⑤ 《中央政府进行检举运动》，《红色中华》第166期，第3版，1934年3月24日。

如班固所云，西汉京城“太仓之粟，陈陈相因，充溢露积于外，腐败不可食”①。后来，腐败的含义逐渐引申为社会风气、政权吏治和行为道德的堕落败坏。关于腐败的定义，海外和国内学者虽然从不同的角度有诸多充满真知灼见的理论阐述②，但特定的历史背景和时空定位，仍是我们具体考察、定义腐败和反腐败概念的必要前提和基本原则。

中央苏区时期，尽管还没有提出腐败和反腐败的概念，但一般意义上腐败定义所涵盖的基本范畴，不论是公职人员以权谋私、权力寻租的贪污腐化、营私经商，还是损害公共利益的浪费滥用、虚浮开支，抑或是工作作风、方式上的官僚主义，以及违反纪律、不遵守道德规范的损公肥私、明吃暗拿贪小便宜（也称“白色腐败”③）等不廉洁的不良行为，都是中央苏区党和临时中央政府号召工农群众并组织部

① （汉）班固撰，（唐）颜师古注：《汉书》，中华书局1962年版，第1135页。

② 美国学者阿诺德·海登海默将学界关于腐败的各种定义概括为三类：（1）以公共职位为中心的定义，视腐败行为是对公职规范的背弃；（2）以市场为中心的定义，视腐败现象是违背市场规范的经济收益；（3）以公共利益为中心的定义，视腐败现象是对公共利益的侵吞。国内学者王沪宁从政治学上定义腐败是运用公共权力实现私人目的的行为，是公共权力和公共资源的非公共、非规范（违背法律和道德）的运用。胡鞍钢、康晓光从经济学上阐述腐败是利用较低的贿赂成本获取较高收益或超高额利润的寻租行为，是少数人利用合法或者非法的手段谋取经济租金的政治活动和经济活动。此外，还有从法学角度以法律为准绳定义腐败，以及从社会学角度以社会舆论、道德规范定义腐败等观点。转引和参见王沪宁编：《腐败与反腐败——当代国外腐败问题研究》，上海人民出版社1990年版，第16—24页；王沪宁：《反腐败——中国的实验》，三环出版社1990年版，第6页；胡鞍钢、康晓光：《以制度创新根治腐败》，《改革与理论》1994年第3期；李雪勤：《反腐败斗争几个问题的思考》，《内部文稿》1998年第13期；李建华、周小毛：《腐败论》，中南工业大学出版社1997年版，第15页；何增科：《反腐新路：转型期中国腐败问题研究》，中央编译出版社2002年版，第10—17页。

③ 阿诺德·海登海默根据大众对腐败的宽容程度将其分为“黑色腐败”“灰色腐败”“白色腐败”三类。黑色腐败是指政府官员和大众一致谴责并主张加以惩罚的行为；灰色腐败是指政府领导层主张惩罚，一般政府官员不希望惩罚，公众态度模棱两可的行为；白色腐败是指政府官员和大众均不积极支持惩罚的行为。转引自王沪宁编：《腐败与反腐败——当代国外腐败问题研究》，第40—41页。

署群众运动与之作坚决斗争的基本内容。而就中央苏区特殊的历史背景,特定的军事、政治、经济等具体氛围而言,腐败是从内部危害红色政权生存和帮助敌人"围剿"的最大的消极因素。反腐败涉及最核心、最重要的几个方面,除"贪污浪费是极大的犯罪"①,"要把官僚主义方式这个极坏的家伙,抛到粪缸里去"②之外,还有"不把命令(中央政府发出的战争紧急动员令——引者注)拿来从工作上去执行的任何地方政府机关、任何社会团体、任何一个群众份子,我们都认为他是对革命怠工的,对帝国主义国民匪党及一切反动派作消极的帮助的,必须在革命群众的监视下面,给他警告以至于到最后的革命制裁"③。不论是领导干部,还是工农群众,"谁要怠工和敷衍,谁就是苏维埃的罪人"④。

中央苏区反腐败的群众运动扫荡"一切官僚腐化贪污浪费消极怠工等份子"。然而,在现实斗争中,因违法犯罪被依法惩处的腐败分子毕竟只是极少数人,严重违纪受党纪政纪处分、罚苦工,以及经群众法庭公审开除工作的也只是一小部分人。群众运动嫉腐如仇,零容忍地揭露曝光、批评抨击的腐败现象大多是损公肥私、自私自利、多吃多占等不廉洁现象,以及开小差逃跑、贪食贪钱、敷衍塞责、消极怠工等不良行为。发展革命战争需要克服一切妨碍战争动员、削弱战争力量的消极因素,最充分地集中一切力量和一切资源以粉碎敌人的"围剿"。因此,不仅苏维埃工作人员中的少数敷衍塞责、消

---

① 《中华苏维埃共和国中央执行委员会与人民委员会对第二次全国苏维埃代表大会的报告》,江西省档案馆、中共江西省委党校党史教研室选编:《中央革命根据地史料选编》下册,江西人民出版社1982年版,第324页。

② 毛泽东:《粉碎五次"围剿"与苏维埃经济建设任务》,《红色中华》第102期,第3版,1933年8月16日。

③ 社论:《执行命令》,《红色中华》第36期,第3版,1932年10月16日。

④ 社论:《发展生产,节约经济来帮助红军发展革命战争》,《红色中华》第10期,第1版,1932年2月17日。

极怠工的官僚主义者是群众运动反腐败斗争的对象，发生在群众中的不廉洁现象，尤其是削弱红军战斗力，危害“扩红”“优红”的“逃跑份子”，都是党和临时中央政府高度重视，并号召在反腐败的群众运动中通过宣传教育和开展积极的思想斗争，来加以克服和解决的实际问题。为此，中央执行委员会不仅倡导“在群众中发动反开小差运动，使群众认为‘开小差是对革命怠工’‘开小差是帮助敌人’”，“要以反对开小差的运动来消灭开小差的风气”。① 而且专门发布《关于红军中逃跑份子问题》的命令，在规定拖枪逃跑者“一经捕获一律就地枪决”，组织逃跑的“领导份子，一律逮捕经公审枪决”，“屡次逃跑造谣破坏红军及归队运动者，一律逮捕送法庭处以有期徒刑直到枪决”之外，要求积极开展对“因政治觉悟不够而个人逃回者”的思想斗争，“加强对他们的宣传鼓动，组织优待他们家属的工作，使他们自愿归队”②。

针对各地执行红军优待条例存在的问题，1932 年 2 月 3 日发布的临时中央政府训令特别强调：“以后若再有忽视优待红军或对执行红军优待条例怠工，须当作反革命的一样的来处罚。”③中央执行委员会并责成各级工农检察部，“进行对于优待红军条例的检查，组织大批的突击队，对于不执行优待红军条例的实行突击运动”④。中央工农检察部发布训令，明确对优待红军怠工或错误的处罚为：“轻则提议加以警告，重则撤换其职权，及区乡代表资格，最重则向法庭提

① 《中央执行委员会关于扩大红军问题训令》，《红色中华》第 34 期，第 2 版，1932 年 9 月 20 日。

② 中央执行委员会命令：《关于红军中逃跑份子问题》，《红色中华》第 136 期，第 1 版。1933 年 12 月 20 日。

③ 临时中央政府训令第九号：《执行红军优待条例的各种办法》，《红色中华》第 8 期，第 8 版，1932 年 2 月 3 日。

④ 《中央执行委员会关于扩大红军问题训令》，《红色中华》第 34 期，第 3 版，1932 年 9 月 20 日。

起控告,当反革命一样来处罚。”①

1934 年 4 月 2 日,中央工农检察委员会发布《继续开展检举运动》的训令,指出:“继续检举运动,主要的是反对对于目前一切战斗任务的消极怠工,反对退却逃跑,……继续检举运动的目的,主要的是在检举与斗争中来改善与加强苏维埃的工作,教育工作人员转变工作方式,建立劳动纪律,提高工作速度,节省经济充裕战费,保证一切任务正确的执行。”②

总之,中央苏区党领导群众运动开展的反腐败斗争,不仅检举揭发、严厉打击党政机关、国家企业、群众团体及其工作人员中的贪污浪费、官僚腐化等腐败现象,而且积极开展对群众中开小差、优红敷衍等消极怠工行为的斗争。反腐败的群众运动是对一切危害红色政权生存、阻碍革命战争发展的腐败现象作坚决斗争的运动。

(三) 反腐败的群众运动是充分发挥群众监督及其反腐败伟大作用的运动

在党的领导下,中央苏区以群众运动方式开展的反腐败斗争,拓宽群众监督渠道,创新群众监督方法,群众性的检举揭发通过控告箱控告,工农通讯员通讯举报,突击队、轻骑队检查检举,新闻媒体曝光等途径,为工农检察机关惩治腐败提供了大量发现问题并可深揭深挖的线索和信息。例如,1934 年初,中央一级反贪污的斗争,“被检举的份子,计会计科长与科员十个,管理科科长及科员八个,总务处长三个,司务长四个,采办科长及科员八个,财政处长三人,总务厅长一人,局长三人,所长一个,厂长二人”。其中“大多数的贪污案件,是

---

① 中央工农检察人民委员部训令第一号:《关于检查优待红军条例问题》,《红色中华》第 35 期,第 8 版,1932 年 9 月 27 日。

② 中央工农检察委员会训令检字第二号:《继续开展检举运动》,《红色中华》第 177 期,第 3 版,1934 年 4 月 19 日。

由于通讯员的通讯而检举的,更由于群众的参加与揭发,使反贪污斗争更加开展”。①

工农检察机关对涉腐案件的查处取证,除“发动那一机关的全体群众”②或“发动了全厂的群众,个个出来同他们对账,因此得以彻底查出”③之外,对那些案情复杂、扑朔迷离,专职检察人员的调查阻力重重且难以打破僵局的案件,往往组建或调派群众监督团体——突击队或轻骑队驰援协助,充实检察力量,深入调查,攻坚克难。中央苏区反腐败大案要案的破获,几乎都留有群众监督团体协同作战的身影。瑞金县苏维埃财政部会计科科长唐仁达贪污案,就是得力于“轻骑队员的努力与细心”,才使“瑞金县苏的浪费与贪污揭发了”④。在项英率中央党务委员会、工农检察委员会合组的工作团检举雩都县营私贪污官僚的过程中,“合作社经过我们突击队的检举,大大的发现了私做生意的事”,突击队为该案(雩都县“党与苏维埃,群众团体负责人”,“借着合作社机关的招牌大做投机生意”)⑤的侦破发挥了极其重要的作用。

中央苏区党领导的群众性反腐败斗争,广泛地融入苏维埃建设和发展革命战争的各项运动和各方面工作。在选举运动期间,乡苏维埃向选民作工作报告后,“许多地方批评政府对战争动员如扩大红军,归队运动等,工作没有达到应有的成绩,地方建设事业注意得不

① 中央工农检察委员会公布:《关于中央一级反贪污斗争的总结》,《红色中华》第167期,第3版,1934年3月27日。

② 中央工农检察部的指示:《怎样检举贪污浪费》,《红色中华》第140期,第2版,1934年1月4日。

③ 中央工农检察委员会公布:《中央印刷厂造币厂与军委印刷所之贪污检举》,《红色中华》第153期,第3版,1934年2月22日。

④ 轻骑队通讯:《瑞金县苏的浪费与贪污揭发了》,《红色中华》第138期,第4版,1933年12月26日。

⑤ 项英:《雩都检举的情形和经过》,《红色中华》第168期,第5—9版,1934年3月29日。

够等等，给了对工作消极怠工，官僚腐化的苏维埃工作人员以严厉的打击”①。选举表决时，对候选人“须按名逐一提出，逐一讨论，逐一表决”②的方式，如群防群守的严密关口，不仅将混入革命队伍的阶级异己分子清洗出去，而且淘汰了苏维埃政府中的腐化堕落分子。节省运动中群众性的反贪污浪费的斗争，在中央政府总务厅、财政部、印刷厂、造币厂、军委印刷所、互济总会、工农剧社等政府机关以及国家企业、群众团体中检举出一批贪污浪费、官僚腐化分子。

群众运动贯穿于各方面工作中的反官僚主义的斗争，转变了部分政府机关脱离群众、脱离实际的工作方式，严厉打击了“官僚，命令，机会主义怠工的领导者”③。反开小差的群众运动，通过开展积极的思想斗争和宣传教育，以及做好优待红属工作，取得了显著成效。如瑞金县下肖区“全区的逃兵已经差不多全部归队了”④。突击队“对于不执行优待红军条例的实行突击运动”⑤，“检查到对优红条例不执行的消极怠工份子，向他们开展思想斗争，用群众的力量来纠正他们的错误”⑥。

舆论监督是中央苏区群众运动反腐败的锐利武器。《红色中华》《青年实话》《红星报》《苏区工人》等中央苏区报刊，担负“引导工农

① 梁柏台：《今年选举的初步总结》，《红色中华》第 139 期，第 6 版，1934 年 1 月 1 日。

② 《中央执行委员会训令第二十二号——关于此次选举运动的指示》，厦门大学法律系、福建省档案馆选编：《中华苏维埃共和国法律文件选编》，江西人民出版社 1984 年版，第 128 页。

③ 马维祺：《宁化突击运动在斗争中完成了》，《红色中华》第 148 期，第 2 版，1934 年 2 月 12 日。

④ 鹤鸣：《又是一个模范的归队运动》，《红色中华》第 147 期，第 1 版，1934 年 2 月 9 日。

⑤ 《中央执行委员会关于扩大红军问题训令》，《红色中华》第 34 期，第 3 版，1932 年 9 月 20 日。

⑥ 柏台：《兴国的优待红军家属工作》，《红色中华》第 203 期，第 3 版，1934 年 6 月 16 日。

群众对于自己的政权,尽了批评,监督,拥护的责任"①,开辟"反贪污浪费""铁帚""铁锤""黑板"等专栏,大量刊登工农通讯员、突击队和工农群众来信来稿;在猛烈抨击贪污浪费、官僚腐化等腐败现象的同时,对群众中自私自利、贪占公家便宜等不廉洁现象和消极怠工等不良行为,指名道姓,毫不留情地予以揭露批评,使违法违纪和违背社会公德等形形色色的腐败现象曝光于众目睽睽之下,如过街老鼠,人人喊打。这种社会舆论与道德上的强烈谴责和心理压力,以及上述多途径的群众监督检举和对一切腐败分子全方位的猛烈打击,都充分彰显了群众监督和群众性斗争威慑和遏制腐败的伟大力量。

(四)反腐败的群众运动是有组织有纪律、依法治腐的运动

中央苏区反腐败的群众运动,既是广泛动员群众、组织群众,"每个革命的民众都有揭发苏维埃工作人员的错误缺点之权"②的群众监督政府的运动,也是目标明确且有组织、有纪律依法治腐的运动。

中央苏区职掌监察和反腐败工作的各级工农检察委员会,"经过各种群众团体,领导广大工农群众,来进行反官僚主义的以及反贪污浪费的斗争"③。在工农检察机关的直接领导下,以突击队、轻骑队、工农通讯员等群众监督团体为中坚力量,在充分发挥群众运动反腐败伟大力量作用的同时,高度重视对群众监督和反腐败活动的规范和管理。中央工农检察部明确规定,控告局对群众的控告,"只是接收控告某机关,或控告某机关的工作人员的控告书,不接受私人争执

① 《发刊词》,《红色中华》创刊号,第1版,1931年12月11日。

② 《中华苏维埃共和国中央执行委员会与人民委员会对第二次全国苏维埃代表大会的报告》,江西省档案馆、中共江西省委党校党史教研室选编:《中央革命根据地史料选编》下册,江西人民出版社1982年版,第309页。

③ 《中华苏维埃共和国第二次全国苏维埃代表大会关于苏维埃建设的决议案》,江西省档案馆、中共江西省委党校党史教研室选编:《中央革命根据地史料选编》下册,第353页。

的控告书"①。群众检举控告"必须署本人的真姓名,而且要写明控告人的住址,同时要将被告人的事实,叙述清楚,无名的控告书一概不受理"。如诬告则应承担法律责任,即"倘发〔现〕挟嫌造谣借端诬控等事,一经查出,即送交法庭受苏维埃法律的严厉制裁"。②

对群众监督团体的管理则制定并实行了一系列严格的规章制度。首先,确定群众监督团体反腐败的目标任务和活动范围。中央工农检察部颁布的《突击队的组织和工作》条例规定:"突击队所突击的范围,仅限于苏维埃机关和国家企业方面,私人企业及私人关系,不是突击的目标,突击队所要突击的,是关于政纲政策,执行得是否真〔正〕确,工作计划是否实现,参战工作的程度如何,官僚腐化贪污现象等等问题。"③少共中央局颁布的《轻骑队的组织与工作大纲》规定,轻骑队的工作任务是"检查苏维埃机关内,企业内,经济的和合作社的组织内的官僚主义,贪污,浪费,腐化,消极怠工等现象,举发对于党和政府的正确政策执行的阻碍与曲解,(如红军公谷之保管,军委仓库之保管,粮食之收集,打土豪之罚款等等)"④。

其次,制定群众监督团体的工作程序和相关纪律。相关条例规定:"突击队出发之前,须由工农检察部的负责人,预先做出一个计划,与该队长队员详细谈话,使突击队可以按计划去检查。""突击队未得工农检察部许可和指示,不得自由去突击。""突击队当突击各机关所收集的各种材料,须在该机关负责人之前,当面写成记录,要机关负责人签

① 《工农检察部控告局的组织纲要》,江西省档案馆、中共江西省委党校党史教研室选编:《中央革命根据地史料选编》下册,江西人民出版社 1982 年版,第 165 页。

② 同上书,第 417 页。

③ 《突击队的组织和工作》,江西省档案馆、中共江西省委党校党史教研室选编:《中央革命根据地史料选编》下册,第 166 页。

④ 《轻骑队的组织与工作大纲》,《斗争》第 41 期,第 16 版,1934 年 1 月 5 日。

字,以为证据。""突击队每次突击之后,须向工农检察部做详细的报告。"[①]"轻骑队的活动应当是公开的,他的一切行动,应当向广大的群众报告,经过报纸或会议。"[②]此外,中央工农检察部不仅明确要求"突击队去突击某机关的时候,应注意不妨害该机关工作之进行"。同时还规定,"突击队的队员不能脱离生产,他们执行工作是在空暇的时间或休息日,并且不是固定的,每次突击可以改换队员分子"。[③]

再次,明确群众监督团体的职能权限和依法治腐的原则。中央工农检察部规定,突击队受工农检察部的委派和指导,"突击队须有工农检察部证书,去突击的时候,须先把证书交给该机关的负责人看,否则无权去突击"[④]。少共中央局规定,轻骑队"只要获得苏维埃政府的(如工农检查部)委托时,他可以检查苏维埃内的工作,或清查某些机关的账目,但是,轻骑队的权利,只限于控告,最后的处决,还是属于苏维埃法庭"[⑤]。工农通讯员"作为工农检察部的眼目"[⑥],主要是起监督、提供反腐败线索和信息的作用。群众法庭,也只是"有权判决开除工作人员,登报宣布其官僚腐化的罪状等"[⑦],凡涉嫌违法的案件,皆移送司法机关审理。

法律是中华苏维埃共和国国家机器的重要组成部分,维护法律

---

① 《突击队的组织和工作》,江西省档案馆、中共江西省委党校党史教研室选编:《中央革命根据地史料选编》下册,江西人民出版社1982年版,第166页。

② 《轻骑队的组织与工作大纲》,《斗争》第41期,第16版,1934年1月5日。

③ 《突击队的组织和工作》,江西省档案馆、中共江西省委党校党史教研室选编:《中央革命根据地史料选编》下册,第166页。

④ 同上。

⑤ 《轻骑队的组织与工作大纲》,《斗争》第41期,第16版,1934年1月5日。

⑥ 《中华苏维埃共和国临时中央政府工农检察人民委员部训令(第三号)(摘录)——关于健全各级工农检察部组织事》,厦门大学法律系、福建省档案馆选编:《中华苏维埃共和国法律文件选编》,江西人民出版社1984年版,第421页。

⑦ 《工农检察部的组织条例》,江西省档案馆、中共江西省委党校党史教研室选编:《中央革命根据地史料选编》下册,第163页。

的权威地位，将群众运动纳入法制轨道，依法治腐是中央苏区党领导群众运动反腐败始终坚持的原则。《工农检察部的组织条例》规定，群众的检举控告，经工农检察机关调查，“如发觉某机关或某团体的工作人员，有违法的行为，应将这些材料转给司法机关，以便提出诉讼”①。进入司法程序惩治腐败的诉讼是刑事诉讼，根据《裁判部暂行组织及裁判条例》规定，刑事诉讼实行公开审判制、庭前预审制、辩护制、人民陪审员制，以及四级两审等制度。1933 年 12 月，随着群众运动反腐败斗争的深入发展，为了严惩贪污浪费等腐败行为，中央执行委员会颁布第二十六号训令《关于惩治贪污浪费行为》。训令对贪污、挪用、浪费等犯罪行为，根据罪行轻重和危害程度，分别规定处以不同量刑幅度的监禁、强迫劳动直至死刑的惩罚②，从而细化了依法治腐的标准。在党的领导下，中央苏区强化群众监督和反腐败活动管理的上述缜密细致的规定，以及依法治腐的原则性规范，有力地保障了反腐败的群众运动始终沿着正确的方向健康有序地发展。

三、中央苏区廉政建设与反腐败斗争研究回顾

中央苏区反腐败的斗争，是中国共产党廉政建设史、中国苏区史研究的重要组成部分，学术界已积累了丰硕的研究成果。戴向青、余伯流、夏道汉、陈衍森著《中央革命根据地史稿》（上海人民出版社 1986 年版），蒋伯英主编《福建革命史》（福建人民出版社 1991 年

① 《工农检察部的组织条例》，江西省档案馆、中共江西省委党校党史教研室选编：《中央革命根据地史料选编》下册，江西人民出版社 1982 年版，第 163—164 页。

② 中央执行委员会第二十六号训令：《关于惩治贪污浪费行为》，《红色中华》第 140 期，第 2 版，1934 年 1 月 4 日。

版)，余伯流、何友良主编《中国苏区史》(江西人民出版社2011年版)，黄修荣、刘宋斌主编《中国共产党廉政反腐史记》(中国方正出版社1997年版)，王关兴、陈挥著《中国共产党反腐倡廉史》(上海人民出版社2001年版)，窦效民、王良启主编《中国共产党反腐倡廉历程》(郑州大学出版社2006年版)，舒龙、凌步机主编《中华苏维埃共和国史》(江苏人民出版社1999年版)，何友良著《中国苏维埃区域社会变动史》(当代中国出版社1996年版)、《苏区制度、社会和民众研究》(社会科学文献出版社2012年版)，黄道炫著《张力与限界：中央苏区的革命(1933—1934)》(社会科学文献出版社2011年版)，张玉龙、何友良著《中央苏区政权形态与苏区社会变迁》(中国社会科学出版社2009年版)，万振凡等著《苏区革命与农村社会变迁》(中国社会科学出版社2010年版)，黄国华、陈廷湘著《苏维埃时期中国共产党执政经验研究》(四川人民出版社2009年版)，林海主编《中央苏区检察史》(中国检察出版社2001年版)、《人民检察制度在中央苏区的初创和发展》(中国检察出版社2011年版)，胡松、朱小理著《论毛泽东"让人民来监督政府"思想》(群众出版社2009年版)，孔永松、蒋伯英、马先富主编《中央苏区历史研究》丛书(6册，厦门大学出版社1999年版)，林多贤主编《中央苏区研究丛书》(8册，江西高校出版社版1999年版)，田延光主编《中央苏区研究丛书》(10册，中国社会科学出版社2009年版)，彭光华主编《人民共和国摇篮丛书》(9册，中央文献出版社2009年版)，皆论及中央苏区的廉政建设和反腐败斗争，虽限于主旨和篇幅，许多著作中富有真知灼见的论断未能深入展开。但令人欣慰的是彭光华主编丛书中的傅克诚、李本刚、杨木生著《中央苏区廉政建设》，从中央苏区廉政建设的发展历史、基本情形、主要内容、组织机构、重要措施、显著成效及其经验教训、当代启示等方面，系统全面地考察并颇具见地地探讨了中央苏区廉政建设的历史和相关理论问题。田延光主编丛书中的朱钦胜著《中央苏区反腐倡廉史》,以中央苏区采取的廉政措施为主要研究对象,通过对中央苏区反腐倡廉的廉政教育、检察制度、审计制度的设计及运行等方面的详细考察,匠心独运地揭示了中央苏区反腐败斗争和廉政建设的基本经验和启示。

关于中央苏区廉政建设和反腐败斗争的论文,林林总总数百篇。其中具代表性观点的有:熊长耕《中央苏区的廉政建设》(《中共党史研究》1989 年第 6 期)从思想上、组织上、制度上具体分析了新生的苏维埃政权出现腐败现象的原因,考察论述了党和苏维埃政府反腐败所开展的发动群众斗争、加强舆论监督、抓好制度建设、制定法律严惩腐败分子等方面的工作及其成效。窦效民《中华苏维埃时期的反腐败斗争》(《河北师范大学学报(社会科学版)》1999 年第 1 期)探讨了中央苏区腐败产生的根源、表现和危害,着重论述了党和临时中央政府制定多方面法律制度,严惩贪污浪费、腐化堕落分子,巩固红色政权的意义。高学军《中央苏区的廉政建设运动》(《党史研究与教学》2001 年第 4 期)总结中央苏区廉政建设所采取的主要措施有:建立健全苏维埃民主制度和监督制度;统一规定各级政府人员编制和经费使用标准;开展节约运动,反对贪污浪费;依照法律规定和程序,严惩腐败分子,以及领导和领导机关带头进行廉政建设等。谢建社《中央苏区反腐倡廉的成功经验与深刻启迪》(《江西师范大学学报(哲学社会科学版)》2002 年第 4 期)论述中央苏区反腐倡廉的成功经验为:制定严格的规章制度,确保反腐倡廉工作有法可依;开展反贪污浪费斗争,确保反腐倡廉运动顺利进行;设立监督机构,采取有效措施,确保反腐倡廉工作取得实效。

朱钦胜《论中央苏区审计制度建设》(《江西社会科学》2005 年第 6 期)阐述了中央苏区审计制度建设从财审合一到财审分离的历史过程;作为苏维埃政府审计的必要补充,中央苏区在党内、军队和机关企业事业单位还分别组建了内审机构,其主要组织形式是审查委员会制度和稽核制度。中央苏区审计制度在强化内部监督、反对贪污浪费、支援革命战争中发挥了重要作用。陈松友《土地革命时期中央苏区反腐败的历史经验及启示》(《理论探讨》2005 年第 1 期)归纳中央苏区反腐败的历史经验为 4 点: (1) 强化思想教育,在思想上提高防腐拒腐的能力;(2) 从严治党,对腐败分子毫不手软;(3) 放手发动群众,把检察部门的工作同群众的检举揭发有机统一起来;(4) 建立民主监督机制,加强对权力的约束。张美琴《中央苏区惩治和预防腐败体系建设的经验及其启示》(《赣南师范学院学报》2008 年第 4 期)认为中央苏区时期形成了教育、制度以及监督并重的惩治和预防腐败体系,其中教育是基础,政治、财政等制度是保障,自上而下的党内监督、政府监督以及自下而上的群众监督是关键,对于克服当时的腐败现象产生了深远影响,并在实践中走出了一条成功的反腐之路。李红辉、胡飞《毛泽东与中央苏区的廉政建设新论》(《毛泽东思想研究》2010 年第 4 期)论述中央苏区时期毛泽东廉政建设的主要思想有: 建立监督体系,加强法制建设,健全经济管理制度,以切实行动反对官僚主义等。曹春荣《毛泽东在中央苏区的反腐倡廉思想》(《上海党史与党建》2013 年第 2 期)认为毛泽东在中央苏区的反腐倡廉思想是中国共产党开始局部执政条件下廉政建设的产物,是苏区廉政文化的精髓,它对其时其地反腐倡廉斗争必要性和重要性的深刻认识,对这一斗争应采取的种种策略与措施的精当分析,无不闪耀着马克思主义的理论光辉,凝结着毛泽东深入实际、深入群众调查研究的辛勤汗水。李孟卿《毛泽东与中央苏区的廉政思想建设》(《平原大学学报》1999 年第 3 期)认为毛泽东与临时中央政府在中央苏区开展的清除非无产阶级思想的宣传教育,培育了苏区艰苦奋斗、廉洁奉公的新风尚,提高了苏区干部群众抵制和克服消极腐败现象的能力。

王玉福《试论中央苏区民主政治建设的基本经验》(《理论探讨》

2000 年第 1 期)从健全苏维埃民主制度、加强法制建设、建立民主监督制度、建设清正廉明政府等方面,总结了中央苏区反腐倡廉所取得的成就和经验。谢庐明《论中华苏维埃共和国检察机构的设置及其职能》(《赣南师范学院学报》2002 年第 1 期)认为中华苏维埃共和国设立了以工农检察部为主体,包括军事检察所、政治保卫局检察科、审判机关内设检察人员在内的苏维埃检察机构,具有检举权、调查权、公诉权、抗诉权和检察权等职能,初步形成了富有中央苏区特色的检察制度。邵雍《中央苏区的反腐败斗争》(《生命、知识与文明:上海市社会科学界第七届学术年会文集(2009 年度)》,上海人民出版社 2009 年版)总结中央苏区反腐败斗争的经验是:健全法制,严格法纪;发扬民主,加强各类监督;全力维护、切实保障人民群众各种形式的控告权利;以法制为保障,以监督为关键,事前防范与事后惩治相结合。杨木生《苏区司法制度探析》(《江西公安专科学校学报》2001 年第 2 期)论述苏区司法制度不但规定了审判权、审级、公审、合议、陪审、回避、起诉、公诉、辩护等制度,而且规定了上诉、抗诉、死刑复核、判决期限、当庭判决等条例。苏区司法制度具有鲜明的阶级性、彻底的革命性、广泛的民主性,但由于中华苏维埃政权一直处于被国民党政府"围剿"之中,为了保卫政权,苏区司法制度又明显存在"左"倾肃反扩大化以及体制上尚不完善等问题。

石仲泉《毛泽东的廉政思想和中央苏区的廉政建设》(《中国延安干部学院学报》2013 年第 4 期)论述毛泽东廉政思想根源于党的宗旨,主要指向是反对贪污和浪费,反对官僚主义和命令主义;基本特点是强调思想教育、强调检查和监督,中央苏区廉政建设的制度基础是设立廉政机构和健全廉政制度。孙伟《中央苏区时期反腐败斗争的法律监督》(《江西师范大学学报(哲学社会科学版)》2013 年第 4 期)论述中央苏区法律监督的主要措施有:制定严格的法律法规,建立有力的法律监督机构,进行广泛的法律宣传教育,以及主要领导人严肃法纪等。田延光《〈红色中华〉与中共早期廉政建设》(《南昌大学学报(人文社会科学版)》2014 年第 5 期)以《红色中华》为视角,从曝光贪污腐败案件、揭露铺张浪费现象、批评官僚主义作风等方面,系统考察了中共早期廉政建设所取得的突出成就和宝贵经验,并充分肯定《红色中华》对共产党精神的形成和廉政文化建设有着重要的意义。

陈始发、李立娥《中央苏区廉政文化建设机制探析》(《江西财经大学学报》2015 年第 2 期)论述中央苏区廉政文化建设夯实了一整套新型的价值观念、思维方式和行为方式,其机制主要有三个方面,一是依托各类学校力促干部教育植入廉政文化的新基因,二是通过全民办报充分发挥报刊宣传的廉政文化建设机能,三是依靠全民组织激发社会教育助推廉政文化建设的功能。从而为落实人民本位观和为人民服务,提供了强大的思想保证和智力支持,培育了清风正气,实现了"不想腐"的社会氛围。孙树芳《中央苏区时期党的廉政建设的历史经验与借鉴》(《苏区研究》2015 年第 3 期)认为中央苏区时期,中国共产党继承和发扬了中华民族优秀传统文化,吸收了古今中外各国治国理政经验的优秀成分,提出了建立廉政、勤政政府的政治纲领,并大力加强廉政法律、法规的制度建设,实行以法治为基础的综合治理,建立了在中国历史上前所未有的廉洁政府,极大地增强了党的凝聚力和战斗力。杨帆《中央苏区时期反腐倡廉机制建设》(《理论建设》2015 年第 2 期)论述中央苏区反腐倡廉机制包括:从严制定党员标准,党员不能有"发洋财"的观念;制定严格的法律,从严打击贪污腐败行为;开展廉政教育,提高干部的自我约束力;引入外部监督,保证党员干部的清正廉洁。但是,中央苏区时期廉政建设同时存在立法随意性较强、科学性不够以及马克思主义理论教育很难在短期内转变几千年传统腐朽观念的局限性。

张宏卿《苏区时期的党内巡视制度》(《湖湘论坛》2017 年第 6

期)认为中央苏区时期党内巡视制度的出台开创了中国共产党人工作方式和党内监督的新形式。中央苏区党内巡视制度形成了一套较为完整的体系,巡视员的选任与派遣,既有原则性也有灵活性,同时对巡视员的权力约束、纪律与教育也进行了有益的探索。中央苏区党内巡视制度在督促政令执行与上情下达、决策参考、干部培养等方面具有不可或缺的作用,另一方面也有其时代性与局限性。程水栋、夏绪仁《中央苏区的廉政建设经验及其当代启示》(《江西社会科学》2017 年第 2 期)总结中央苏区廉政建设的主要经验是:坚持教育引导,提高拒腐防变的免疫力;加强制度建设,增强拒腐防变的约束力;建立监督机制,加强对政府工作人员的监控力;坚持依法办事,提高严惩腐败分子的执行力。雷志敏、彭小曼、吴丹《让人民监督权力——中央苏区实行群众监督的历史考察》(《中国井冈山干部学院学报》2017 年第 1 期)认为中央苏区时期群众监督有三大特色:(一)引导群众将自身利益与民主政权建设相结合,让群众愿意监督;(二)将群众的监督权用法律和法规加以保障,让群众敢于监督;(三)开通群众监督的渠道,保证群众监督的有效性。中央苏区党领导群众监督的实践,有效地督促了苏维埃政府法规政策在基层的落实执行,为廉政政府的建立和革命战争的胜利提供了重要保障。钟小明、万小莲《中央苏区时期开展批评与自我批评的经验与启迪》(《赣南师范大学学报》2018 年第 4 期)阐述批评与自我批评是中国共产党在创建中央苏区革命根据地时形成的一种工作作风,是党内政治生活的一项重要原则。中国共产党在中央苏区明确批评与自我批评的重要作用,营造批评与自我批评的良好氛围,注重批评与自我批评的方式方法,对于中国共产党不断提高自我、完善自我起到了十分重要的作用。

综上所述,学界前辈和同仁或宏观全面地论述,或微观具体地考察，分别从不同视角对中央苏区廉政建设与反腐败斗争的起源、发展历程、性质、意义、党与苏维埃民主制度建设和监察机构的设立与职能，以及财政统一、会计制度、审计制度，法律建设和思想教育与反腐倡廉的关系等各方面进行研究，并取得了丰硕成果。但也存在不足，中央苏区的反腐败斗争毕竟是在党的领导下以群众运动的方式开展，并充分调动、发挥群众监督和反腐败的积极性及其伟大力量作用才取得伟大成就的。而既往的研究均程度不同地忽视了从党领导群众运动的视角考察当时的反腐败斗争，且缺乏相关专题性论述。因此，诸如中央苏区反腐败斗争的范畴以及采用群众运动方式的思想渊源，群众运动反腐败的基本形态，党和临时中央政府如何处理发动群众、依靠群众反腐败与加强对群众监督和反腐败活动的管理规范之间的关系，群众运动反腐败与监察机关、法制建设、群众性教育、服务革命战争等关联问题，都有在吸收借鉴前人学术成果，进一步搜集历史资料以及挖掘历史资料的内涵上，深入探讨的空间和余地，从而力求使我们的研究在既往的成就和基础上有所创新、有所进步。

第一章

中央苏区反腐败的群众运动的背景渊源

中央苏区时期，中国共产党领导群众运动开展反腐败斗争，是党在取得局部执政地位后，为保持政府清正廉洁、服务革命战争而采取的重要措施。相信群众，组织群众，采用群众运动方式，依靠群众的力量去战胜腐败，既是马列主义人民民主和群众监督思想在中央苏区的运用和发展，也是根植于中华民族优秀文化的中国共产党人对传统民本思想的批判性继承和创新。

一、新生政权面临的腐败挑战

（一）中央苏区为政清廉的风尚及存在的腐败现象

1931 年 11 月中华苏维埃共和国临时中央政府在江西瑞金成立后，中央苏区绝大多数干部和工作人员，秉持“真心实意地为群众谋利益”①的宗旨，在不断推进苏区政治、经济、文化建设和发展革命战争的过程中，培育并形成了艰苦朴素、清正廉洁的一代新风。苏维埃

① 毛泽东：《关心群众生活，注意工作方法》，《毛泽东选集》第 1 卷，人民出版社 1991 年版，第 138 页。

政府简朴节俭不讲排场。中央九部一局的部、局长及其工作人员集中于叶坪谢氏宗祠用木板隔成的15个小房间办公,晚上工作为节省灯油,决定“二人共一盏”灯①,信封“用已经用过的信件或毛边纸自造的信封,文件起草和其他需要尽量用无用文件及油印裁下之纸条”②,精打细算,不浪费一文钱。党政军首领廉洁自律,不搞特殊化。中央执行委员会主席毛泽东身上穿的衣服缀有多块补丁,与工作人员一道吃红米饭、南瓜汤。1933年8月18日,毛泽东等一行四人在宁都县铲田区调查研究,当晚住宿区政府,临行坚决拒绝区干部的免费接待,“照章交来食宿费大洋一元八角”③。红军总司令朱德朴实如农民,“若不介绍,至多只能估量他是一个伙夫头”④;平时他“腿上打着整齐的绑带,脚穿一双粗茅草编织的草鞋,连一双袜子也没有”⑤。中共苏区中央局书记、红军总政委周恩来“睡的是门板床,再铺上几把稻草,盖的是一条很旧的灰毛毯”,“床上没有枕头,就捡了一块砖头垫上”。⑥ 中共临时中央负责人博古与陈云、罗迈、邓颖超、毛泽覃、潘汉年等从白区来中共中央机关工作的23位同志,联名致信《红色中华》,响应节省号召,表示愿意“每天节省二两米”,公家“不发我们热天衣服,把这些衣服给新战士穿”⑦。中央领导干部们艰苦朴素、身体力行,为全苏区干部和群众廉洁奉公风尚的形成起着率先垂范的作用。

---

① 《猛烈开展的节省运动》,《红色中华》第164期,第3版,1934年3月20日。

② 《党中央局的节省运动》,《红色中华》第166期,第3版,1934年3月24日。

③ 参见瑞金中央革命根据地纪念馆保存的原宁都县铲田区财政部账本。

④ 《关于朱毛红军的历史及其状况的报告》,中共中央文献研究室、中央档案馆编:《建党以来重要文献选编(一九二一——一九四九)》第6册,中央文献出版社2011年版,第455页。

⑤ 萧华:《艰苦岁月》,上海文艺出版社1983年版,第50页。

⑥ 参见傅克诚主编:《中央苏区廉政建设》,中央文献出版社2007年版,第109页。

⑦ 《中共中央机关外籍工作同志给本报节省运动号召的回答》,《红色中华》第164期,第3版,1934年3月20日。

始终处于国民党反动军阀经济封锁和不断“围剿”中的中央苏区，物资匮乏，军民生活极其艰苦，苏区干部从临时中央政府主席到区乡办事员都没有工薪报酬，公家仅发维持基本生活的伙食费。分了田的本籍工作人员甚至不要公家发伙食费，普遍开展“自带伙食的节省运动”①。兴国民歌传颂的“苏区干部好作风，自带饭包去办公，日着草鞋干革命，夜走山路访贫农”②，真实形象地反映了中央苏区干部清正廉洁、克己奉公的优良作风。

新生的红色政权，在开创执政为民、为政清廉一代新风的同时，还不断建立和健全苏维埃政治、经济、社会管理的各项政策和法令法规。但由于各地方政府在苏维埃政权成立前长期独立开展武装斗争、各自为政，故苏维埃政权成立肇始，“在他的本身组织上和工作上，都未有很好的建立起来，还不能脱离临时政权的形式，而进入正式政权的组织”③。中央政府颁布的财政统一、预算决算等制度，在许多地方政府和武装部队中未能彻底地贯彻执行。1932 年 12 月 16 日，中央财政部颁布《统一会计制度》的第十二号训令，严肃指出：

> 考查过去会计工作缺点甚多，最主要的：就是收钱机关，管钱机关，用钱机关混在一起，没有分开，每个县区政府，收钱是他，管钱是他，用钱也是他，他要钱用时当然会自己打开柜子任意拿用，那里还会向你做什么预算决算等候批准等麻烦手续呢？这样要财政统一当然很难作到，而且任各级自收自用，中间更免不了生出许多贪污浪费舞弊的毛病出来，这是会计工作第一个缺点。

① 《节省战线上杂报》，《红色中华》第 166 期，第 3 版，1934 年 3 月 24 日。

② 《苏区干部好作风》，谢济堂编：《中央苏区革命歌谣选集》，鹭江出版社 1990 年版，第 148 页。

③ 项英：《地方苏维埃的建设问题》，《红色中华》第 2 期，第 1 版，1931 年 12 月 18 日。

第二：是各项收入与经费没有分开，没有各成系统，不论土地税，商业税，行政费，军事费，教育费，司法费等都由省县政府收支，上月收支与下月收支，也没有分开，甚至连私人移借都混在一起，因此省县政府账目弄得非常麻烦，会计不易整理，中央则更无从确知各项收支数目，因而妨碍到整个岁入岁出之预算与决算，致中央不能有计划地去节省不必要的开支，而集中一切财力来充实战争经费，这是第二个缺点。

第三：是各项会计科目没有一定名称，办公费，特别费，购置费，路费，巡视费，印土地税收据费，各处自立科目，名称不一，就在同一科目之内，如办公费特别费等所包含的范围也各处不同，这样自然弄得各处会计非常紊乱，不能一目了然，而且不能彼此相较，互相对证，这是第三个缺点。

第四：是簿记单据没有一定格式，除中央两省及瑞金直属县外，其余县份尚多沿用旧式簿记，有些则更没有记帐，单据表册更未能照中央规定填写。有些则更没有单据，只凭口说记帐，就中央簿记单据亦多仿用银行样式，没有一定格式和大小，这样不独妨碍保藏与审查，而且容易舞弊，这是第四个缺点。

第五：是财政交代无一定手续，交卸者无清单无报告，接管者也不去根究点查，此中舞弊情形不言可知，结果是公家损失，这是第五个缺点。①

苏维埃政权初建，财政管理、监督制约等法规制度不完备，以及地方政府组织上、工作上的各种缺点和弊端，加上长期以来封建社会旧势力、旧习惯、旧思想的影响，致使中央苏区的部分地区和少数苏维埃工作人员中存在着一些违背党的宗旨和政权性质、损害人民利

---

① 中央财政人民委员部训令第十二号：《统一会计制度》，《红色中华》第46期，第4版，1933年1月7日。

益的腐败现象，其主要表现如下：

1. 贪污

贪污是苏维埃国家机关、国家企业以及群众团体等管理、经手公款公物的人员，利用职务便利，非法占有公共财物的腐败行为。腐败分子贪污的惯用手段主要有两种。一种是隐瞒私吞，其中“打埋伏”私吞打土豪没收的财物和对地主富农的罚款是中央苏区多发性的腐败现象。“打土豪筹款子”是1927年12月毛泽东在井冈山砻市总结人民军队建设经验时所提出的工农革命军的三大基本任务之一，同时规定“打土豪归公”为军队的三大纪律之一。① 1929年12月，毛泽东在《古田会议决议》中重申红军“打土豪筹款”和“打土豪归公”的任务和纪律规定。②

1931年10月，中央红军翻印《筹款须知》，确定“筹款的政策”，提出“筹款的主要目标是地主与大商，其次是富农”，“对地主叫‘罚款’，财产要没收，对商人、富农叫‘捐款’，财产不没收”。③

中华苏维埃共和国临时中央政府建立后，打土豪和向地主富农筹款被沿用为中央苏区发展经济、保障革命战争的经济来源的方式之一。1933年6月底，临时中央政府召开瑞金、会昌、雩都、胜利等八县区以上苏维埃负责人查田运动大会，在大会上签订的竞赛条约中就明确提出“向地主筹款，富农捐款八十万的计划”④。

---

① 《关于朱毛红军的历史及其状况的报告》，中共中央文献研究室、中央档案馆编：《建党以来重要文献选编（一九二一——一九四九）》第6册，中央文献出版社2011年版，第459页。

② 《中国共产党红军第四军第九次代表大会决议案》，《毛泽东文集》第1卷，人民出版社1993年版，第107、117页。

③ 《筹款须知》，中共江西省委党史研究室等编：《中央革命根据地历史资料文库·军事系统》第10册，中央文献出版社、江西人民出版社2015年版，第928页。

④ 《八县区以上苏维埃负责人查田运动大会成功了》，《红色中华》第88期，第3版，1933年6月23日。

1933年9月19日，中央财政部、土地部在给各乡苏维埃主席及贫农团的指示信中，提出筹款工作应注意事项："（一）调查地主富农的家庭，适当的规定罚款、捐款数目，报告区苏。（二）决定了罚款、捐款数目，就要发动群众催促地主富农交款。（三）地主应该捉起他家的人迫他交款，富农不必捉人，只严催交款。但顽固反抗的富农也可以捉起他来，以便催款。（四）监督区乡财政部没收征发委员会的工作，不使他们有妥协贪污即对筹款怠工的事发生。"①

中央苏区各地在大张旗鼓普遍性地开展打土豪和向地主富农筹款派捐的斗争中，隐瞒私吞财物的现象时有发生。如中央财政部会计处处长许文亮，在被派往石城县工作期间，"竟把打土豪来的金表一只，鞋一双，自来水笔一枝，不归公家；又把打土豪来的布，不经财政部部长的许可，自行做衣服给他老婆着"②。"第一警备医院政治委员陈远炳，将打土豪的款子二百余元不缴，而拿来买皮袄及弥补过去因浪费而超过的费用。"③福建军区特务营副政委黄裕湖"到北四区游击时，在邱坊把没收来的土豪的一瓶洋油与一只猪子拍卖了，款子呢，放进了自己的袋里"④。

隐瞒私吞打土豪的财物，除了在没收时"打埋伏"私吞之外，上缴的财物（含打土豪的）也有被腐败分子截留贪污的。瑞金县财政部会计科科长唐仁达贪污大洋两千余元，其中就包含"吞蚀各军政机关交

① 中央财政部、土地部：《为筹款问题给乡主席、贫农团的一封信》，中共江西省委党史研究室等编：《中央革命根据地历史资料文库·政权系统》第7册，中央文献出版社、江西人民出版社2013年版，第995页。

② 《两个"宝贝"的公审》，《红色中华》第75期，第3版，1933年5月2日。

③ 邹明安：《把贪污份子送到法庭去》，《红星报》第19期，第2版，1933年12月9日。

④ 《盗用公款的贪污份子》，《红色中华》第59期，第3版，1933年3月9日。

来的余款，……地主罚款”[①]。会昌县罗田税委主任“收了(土地税——引者注)税款不给收据，或自己侵吞下去……竟吞食了500余元，茶梓几个乡主席和代表都侵吞了税款百余元数十元不等”[②]。粤赣省门岭县反帝拥苏同盟“一只区主任贪污了三十多元，西江(县)一只区主任贪污了十六七元，砂星区一只区主任贪污三吊多钱，又前主任贪污百多毛，赤鹅区主任贪污四元，梅坑区一只乡主任贪污百多毛，都是贪污了(同盟会员上交的——引者注)月费”[③]。建宁县苏维埃优待红军科工作人员周丙秀“竟将各区慰劳红军的钱贪污了十多块钱”[④]。在个别地区，隐瞒私吞的贪污一度形成蔓延成风的严重状况。1932年3月2日，项英发表文章公开谴责“将存款打埋藏，隐藏不报，差不多在兴国各区都是这样做”[⑤]。

腐败分子贪污的另一种惯用手法是造假虚报。造假主要是采用做假账，收入不记账、少记账，或多记开支数，以及伪造或涂改单据侵占公款公物。如石城县苏维埃劳动部副部长谢德昌贪污社会保险金的手法是：“(一)涂改账目，(二)不记收入账，偶然记十几笔也有很多可疑的地方。(三)收入账以多报少。”[⑥]胜利县“仙霞贯吉村乡，马安石的上堡乡及河田的三贯乡和曲洋工会的委员长，出数多写，进

① 《人民委员会对于中央总务厅与瑞金县苏贪污浪费案的处分》，《红色中华》第140期，第2版，1934年1月4日。

② 《中华苏维埃共和国临时中央政府财政人民委员部训令第二十四号——为征收土地税问题》，中共江西省委党史研究室等编：《中央革命根据地历史资料文库·政权系统》第7册，中央文献出版社、江西人民出版社2013年版，第1031页。

③ 中央审计委员会：《检查互济会反帝拥苏同盟财政收支的总结》，《红色中华》第172期，第3版，1934年4月7日。

④ 《地主婆偷公共财物》，《青年实话》第3卷第9号，第23—24页，1933年4月1日。

⑤ 项英：《反对浪费严惩贪污》，《红色中华》第12期，第6版，1932年3月2日。

⑥ 《开展反贪污社会保险金的斗争》，《红色中华》第180期，第3版，1934年4月26日。

数少报，这明显是贪污行为”①。筠岭县少先队县队长“欧阳标贪污廿六元多，会昌县（少先队队部——引者注）训练处长钟锦盛贪污九十多元，……欧阳标贪污的事实，首先是大吃馆子，吃的多了，没有办法，他就乱写付客饭几元、伙食几元，有的是路费、药费、杂用费，一切等……都是乱写假数。会昌县队部训练处长，也是同样的乱写假数及浪费的，共贪污九十多元”②。博生县财政部没收委员会“收多报少，改账目”，“如罚款二十八元零二角五分，则改为二十元零五分。又二百五十二元，则改为一百八十五元。捐款支出二十二元，则改为九十四元”③，“涂改码子是贪污份子的惯技”④。

虚报贪污多见于虚报冒领公家伙食费，如赤水县“马头区苏工作人员仅有二十一人，但是该区财政部造预算、决算时却以四十三人计算，冒领公家的伙食”⑤。瑞金县苏维埃 1933 年“九月廿六日至十月五日搬房子实有一千二百余餐伙食，虚报二千二百余餐。……十月平均每日实有二百人吃饭，出了三百零七人的伙食数”⑥。石城县教育部副部长周梓林负责办理石城县教育干部培训班，“虚报一月当中平均每天都有五十四名的伙食费”，“贪污了大洋七十多元”。⑦ 太雷

---

① 《中共胜利县委给中共中央局的报告》，中央档案馆、江西省档案馆编：《江西革命历史文件汇集》（一九三二年・一），馆存本，1992 年，第 320 页。

② 《浪费贪污分子从少先队中滚出去》，《青年实话》第 3 卷第 3 号，第 22 页，1933 年 4 月 1 日。

③ 《轻骑队的活动在博生》，《青年实话》第 3 卷第 19 号，第 22 页，1934 年 4 月 15 日。

④ 《坚决打击各式各样的贪污份子》，《红色中华》第 146 期，第 4 版，1934 年 2 月 6 日。

⑤ 肖云峰：《检举这些贪污的坏蛋》，《红色中华》第 186 期，第 2 版，1934 年 5 月 9 日。

⑥ 轻骑队通讯：《瑞金县苏的浪费与贪污揭发了》，《红色中华》第 138 期，第 4 版，1933 年 12 月 26 日。

⑦ 《坚决打击各式各样的贪污份子》，《红色中华》第 146 期，第 4 版，1934 年 2 月 6 日。

县少先队队长熊桂宁“用假报虚数的方法，贪污了省队部发来县队部的经费十九元二角五分大洋。太雷县在一九三三年十二月才成立，他写出十月五号就有许多数目”①。

2. 浪费

浪费是指苏维埃机关和国家企业及其工作人员违反财政规定和节约原则，对公共财物、人力的挥霍和无节制的使用。浪费的具体表现有：

（1）随意乱用。如兴国、万泰、赣县的许多政府“每月开支浪费得很，一个区政府每月要用到四五百元的经费，有一个区政府每月的信封用了二千九百个，吃仁丹一个人一天吃了八包”②。赣县小岔乡苏维埃“两个月用去大洋五百余元，其中每五天有杂用费贰拾余元，（没有细数），每五天有客饭二十余元”③。“有些后方机关，动转就开支建筑费几十至几百元，事先并不报告，开某一种会议时，报酒席费多少，甚至有个别的负责人买零星东西也要向供给机关支钱。”④“许多工会收了极大数量的社会保险金，不去救济工人，反而被工会机关乱用。”⑤

（2）违规超支。如洛口县政府“要修筑新房子，省财政部只批准了二十元修理费，要他们修整一下便可以；但是他们就不管上级批准不批准，自己做了再说。……前月做了一间用了大洋一百余元，省苏

① 谢名椿：《太雷县队长的贪污应该撤职查办》，《青年实话》第3卷第10号，第23页，1934年2月11日。

② 项英：《反对浪费严惩贪污》，《红色中华》第12期，第6版，1932年3月2日。

③ 卓夫：《好阔气的小岔乡苏》，《红色中华》第20期，第8版，1932年5月25日。

④ 《中革军委关于实行预决算制度的命令》，中共江西省委党史研究室等编：《中央革命根据地历史资料文库·军事系统》第13册，中央文献出版社、江西人民出版社，2015年版，第3235页。

⑤ 陈云：《关于苏区工人的经济斗争》，《斗争》第9期，第4版，1933年4月25日。

未批准分文，现又要做一间，又要大洋一百余元”①。中央政府总务厅管理科科长徐毅“因为中府人员多，经常有晚会，所以他提议建筑一个戏台”，总务厅厅长赵宝成批准预算为二十元左右，但是一开工，“已成耗出劳动力九十工，要花五十四块大花边”②。为节省经济，福建省职工会曾经有详细的决议指示并发出通告，全省“各县各级职工会执行了省工会决议，由每月每人伙食大洋四元五角，减少至三元六角。可是仅有独一无二的汀河木船工会，根本不了解目前政治形势与职工会所负之重大任务，拒绝上级决议，不但不领导执行节省经济运动，而且在八月份五个人常驻付大洋贰拾叁元二角五分，超过了过去每月每人伙食大洋四元五角的规定”③。

（3）讲排场挥霍。《青年实话》文章作者揭露：“1933 年 12 月上旬，雩都县团代会的会场，张灯结彩得像什么似的，恕我找不出适当的形容词，据说是团县委书记的提倡，用了三十元大洋以上的用费的代价，口号是说要和党大会竞赛，看谁花的钱多，谁更排场。”④《红色中华》发表《好一个浪费的俱乐部主任》的文章，批评江西省苏维埃俱乐部“布置一个‘俗不可耐’的纸牌坊花了三十多吊钱，当这战争紧急关头一切应该服从战争的利益，这样浪费几十吊钱去扎一个毫无用处的纸牌坊，简直是革命的罪人”⑤。

（4）滥用物料、人工。如中央财政部管理科不适量购买使用品，“以致过多而搁置不用”，在人力使用方面，“如对于伙夫、洗衣队等

① 正冈：《大兴土木的洛口县政府》，《红色中华》第 137 期，第 3 版，1933 年 12 月 23 日。

② 《一个戏台预算一百八十元》，《红色中华》第 132 期，第 1 版，1933 年 12 月 5 日。

③ 郭南燻：《不执行节省经济的汀河木船工会》，《苏区工人》第 9 期，第 6 版，1932 年 10 月 1 日，工人出版社 1959 年影印本。

④ 《一个官僚》，《青年实话》第 3 卷第 3 号，第 22 页，1933 年 4 月 1 日。

⑤ 《好一个浪费的俱乐部主任》，《红色中华》第 68 期，第 4 版，1933 年 4 月 11 日。

没有适宜裁减"①。中央政府总务厅1933年"预算做三千套棉衣,把预算案做好,就买了许多材料。可是,实际所发的棉衣,却只有一千多套,与原来的预算竟差三分之一,结果一万多元的衣料,便完全囤积起来。同时,在这发出的一千多套之中,实际上也有浪费的现象"②。

(5) 高价买便宜东西。《红色中华》1933年12月11日刊文指出"出高价买便宜东西"是"财政支出中另一种浪费",该文批评中央政府总务厅"管理科在购买物料上,也有许多浪费现象。如买石灰,(一毫小洋——引者注)石灰十八斤,而我们买石灰,每一毫小洋只买十斤,甚至有六斤的。普通市价,土砖每元可买一百块,而我们花了一块钱八十块。这些都是值得我们纠正的浪费"③。

3. 非法经商牟利

仅以1934年3月8日,中共中央党务委员会、中央工农检察委员会公告的《检举雩都县营私贪污官僚》为例,腐败分子非法经商牟利可分为三种类型:

(1) 挪用公款做生意。雩都县苏维埃主席熊仙璧"以主席的名义强借财政部大洋五十元,拿回家做生意赚钱,破坏财政统一,而且领导与包庇县苏很多工作人员私拿公款做生意"。

(2) 冒用合作社名义走私。雩都县"互济会主席袁成文假借互助合作社名义偷瞒国家税收,私运谷子二百担出口,并请商人加入合作社。该社主任刘洪英也是顶着合作社的招牌做私人生意"。县苏维埃财政部副部长罗凤章"假冒合作社私运谷子出口"。该县"城市

① 《经济战线的前哨站》,《红色中华》第132期,第1版,1933年12月5日。

② 《反对虚浮的预算案》,《红色中华》第132期,第1版,1933年12月5日。

③ 耕得利:《财政支出中另一种浪费》,《红色中华》第134期,第3版,1933年12月11日。

机关合作社主任也被查出假借合作社名义出口私人谷米百余担”。“雩都县城很多合作社，招牌都是各区乡的名义，但是都集中在县城。这些合作社，大都是合股公司，也就是苏维埃很多工作人员做生意的机关。”①

（3）合伙投机经商。雩都县委书记刘洪清“领导一些党员做贩卖谷盐进出口生意，二十元的资本，赚了七十元的利息”。“该县城苏维埃工农检委的大部分工作人（刘福元等），城市支部书记余尚文，贫农团主任易林，前县委书记、粤赣军区动员部长李国盛、在粤赣少共工作的曾启元都是与刘洪清合股贩卖谷盐做进出口生意的”②。

1934年5月，中共中央局常委陈云在《红星报》上发表文章揭露，中革军委总供给部所属“□□采办所把上万的现金借给□□机关工作人员的合股商店，拿公款买来的货再卖给采办所。出了大价钱去买假药、假电池，处处表现出与商人狼狈为奸、以饱私囊的把戏”③。

4. 变相勒索敛财

腐败分子为达到敛财的目的，往往利用职权，巧立名目剥削群众。如“长汀县芦竹坝乡苏维埃政府主席，用很巧妙的方法向工农群众每天支两毫小洋为做主席工资”④。瑞金县苏主席黄正“每月向每个工人取六毛钱的津贴”⑤。公略县纯化区坡头乡苏政府的负责同志“在群众大会上，要群众募捐，说什么苏维埃不办又不好，办又无

① 中共中央党务委员会、中央工农检察委员会：《检举雩都县营私贪污官僚》，《红色中华》第159期，第3版，1934年3月8日。

② 同上。

③ 陈云：《为什么杨志诚撤职》，《红星报》第43期，第1版，1934年5月20日。

④ 郭南炜：《两位乡区苏主席的写真》，《红色中华》第40期，第8版，1932年11月14日。

⑤ 《临时中央政府人民委员会的第四次常会》，《红色中华》第5期，第5版，1932年1月13日。

钱，只好向大家募捐。一般群众以为苏维埃负责同志说的话当然是命令，只有服从，拿出钱供政府同志吃饭”①。石城县革命委员会主席“他家由县城对河搬到城里来住，放了很多鞭炮，热闹得很，收了群众的很多贺礼，有送几个毫洋的，有送一二块大洋的，据说收了不少花边”②。雩都县罗江区前村乡主席梁官廷“他自己家里做了一副新棺材，并且砌了一个新灶；他觉得非常高兴，自己就写了帖子去请群众吃酒，每人至少要送八毛到一元的贺礼，结果赚到了不少钱”③。凡此种种“妙计”，腐败分子为敛财可谓是挖空心思、机关算尽。

5. 生活腐化

主要表现：一是大吃大喝。如闽西总工会代理委员长陈日兴“财政收支不清，私人用过工会大洋二十七元，时常上酒楼食酒肉，生活腐化”④。中央互济总会财务部部长谢开松“到粤赣发动被难群众去开钨矿时要他们买鸡子猪肉他吃”⑤。反帝拥苏总同盟委员兼工农剧社常委张欣“贪污腐化，将总同盟的经费，天天拿了去上酒馆，……剧社派他出发到汀州，又盗用公款二十五元滥吃滥用”⑥。“洛口县洛口区的突击队四人到元芳乡突击，私打土豪和将土豪谷子

① 会文：《向群众募捐吃饭的苏维埃政府》，《红色中华》第14期，第8版，1932年3月16日。

② 江钧：《好个石城县主席的迁家大喜》，《红色中华》第16期，第6版，1932年4月6日。

③ 谢金修：《剥削群众的妙计》，《红色中华》第60期，第6版，1933年3月12日。

④ 《福建省工联对陈日兴乱用工会银子的决议》，中央档案馆、福建省档案馆编：《福建革命历史文件汇集》（群团文件，一九二八—一九三四年），馆存本，1985年，第195页。

⑤ 中央工农检察委员会公布：《检举中央各机关的贪污案件的结论》，《红色中华》第152期，第3版，1934年2月20日。

⑥ 《官僚主义者滚出去》，《红色中华》第92期，第6版，1933年7月8日。

卖出二担来吃酒吃肉”①。门岭县洞头区军事部部长以欢迎“区模范团从白区打土豪回来”的名义，大摆酒席，“模范团士兵只十三名，却摆了七、八桌酒，酒席很丰”，而酒席的费用，是该军事部部长“将打土豪款子拿来开销的”②。“靠近瑞金县苏的一家菜馆，据说是专供瑞金县苏工作人食的，有一次购买十六斤甲鱼，还说不够卖。”③

二是奸淫嫖赌。如瑞金县九堡区慈坑乡苏维埃主席钟天昆“私打土豪分赃，在政府里奸淫土豪婆子”④。“雩都梓山区团区委以前的书记，对一切工作非常消极，但好像又很忙的样子。后来调查出来，原来他与区政府、党区委的一部分人每天忙于一件特别的工作——赌博。”⑤“广昌县城市教育科长黄天俊，赌钱，嫖团匪的老婆，不做教育工作。广昌尖峰区教育部长张广发，嫖妇女。”南丰县“白舍区教育部长赌钱，嫖妇女，有流氓习气”⑥。永丰县七都工作委员会书记刘彦才“他的日常生活”是“戴金戒子，嫖妇女，赌钱”⑦。安远县重石区苏维埃主席钟裕昌一贯消极腐化，“嫖红军的老婆”⑧。腐败分子的丑恶行为，严重败坏了党和苏维埃政府的信誉和形象。

---

① 江西省委通讯：《扩大红军突击月的最后十天，无保留的执行中央局十五日的指示》，中央档案馆、江西省档案馆编：《江西革命历史文件汇集》（一九三三——一九三四年及补遗部分），馆存本，1992 年，第 311 页。

② 九舍：《吃洋参炖鸡子的军事部长》，《红色中华》第 136 期，第 3 版，1933 年 12 月 20 日。

③ 《开展广泛的反贪污斗争》，《红色中华》第 134 期，第 3 版，1933 年 12 月 11 日。

④ 《瑞金县苏裁判部判决书（第十八号）》，《红色中华》第 23 期，第 6 版，1932 年 6 月 16 日。

⑤ 《“特别区”的“特别”》，《青年实话》第 13 期，第 24 页，1932 年 3 月 25 日。

⑥ 《扫除文化教育工作中的坏蛋》，《红色中华》第 92 期，第 6 版，1933 年 7 月 8 日。

⑦ 《样样来得的贪污份子》，《红色中华》第 101 期，第 6 版，1933 年 8 月 13 日。

⑧ 《安远县苏维埃政府通知——重石区苏主席钟裕昌消极腐化予以撤职》，中央档案馆、江西省档案馆编：《江西革命历史文件汇集》（一九三三——一九三四年及补遗部分），馆存本，1992 年，第 112 页。

6. 官僚主义

脱离群众，脱离实际，是官僚主义的本质特征。官僚主义者当官作老爷，高高在上，“今天发一个‘命令’，明天发一个‘训令’，后天发一个‘通令’，但是……却始终不肯到下面去巡视一下，考察一下实际事情的真相”①，“对于上级命令的接受和执行，不是照例的转发，就是原封包存，没有开会，按当地的情形详细讨论执行具体方法，来指导下级的工作。对于执行结果，从未加以检查，不问成绩如何，只求敷衍了事”②。

官僚主义的另一主要表现是强迫命令，威胁恐吓。由于“政权是在我们手里，这更便利于官僚主义者依赖政权去达到他们的目的。比如，在扩大红军工作中，强迫命令是常见的事，如若谁一次开了小差，那就非捆绑起来不可。退还公债，常常发生摊派与命令的现象。这种命令主义在党的领导者与党员同志中间也是常常发生的。曾经为了要求支部同志报名当红军，支部书记将支部同志整晚关在会场上不放的这种奇怪事情，甚至像工会这样的民主的群众的组织，这种现象也很普遍”③。瑞金县下宋区苏维埃主席钟永福、贫农团主任李洪五、突击队队长钟连福、没收经济委员会主任钟赤兴等在“每次扩大红军的当中，竟用强迫命令方式，将群众召集到祠堂内开会，把门关闭，要群众加入红军，以致影响到当地群众见了扩大红军群众大会就非常害怕”④。瑞金县“官仓区一个突击队员，在一个群众会议上

① 《人民委员会为万太群众逃跑问题给万太县苏主席团的指示信》，《红色中华》第173期，第2版，1934年4月10日。

② 中央人民委员会紧急决议：《关于战争动员和工作方式》，《红色中华》第43期，第1版，1932年12月5日。

③ 洛甫：《关于新的领导方式(三)》，《斗争》第20期，第9版，1933年8月5日。

④ 《选举运动中的检举工作》，《红色中华》第125期，第3版，1933年11月14日。

用强迫命令的办法，要群众买公债，结果群众跑光了"①。江西省万泰县"许多区乡苏维埃的工作人员，不论在推销公债，扩大红军或收集粮食方面都采取了严重的摊派与强迫命令的办法，任何宣传鼓励，解释说服的工作都没有，坐禁闭，罚苦工，差不多是这些工作人员对付群众的唯一办法"②。

（二）腐败的危害与反腐败的群众运动的兴起

与中央苏区绝大多数干部和工作人员廉洁奉公的精神、作风截然相反的腐败现象，虽然只是在少数地区、少数人中存在，但它所产生的消极影响和危害却极其严重。

其一，加剧中央苏区的经济困难，影响、制约革命战争的发展。地处赣南、闽西一带的中央苏区，主要是山区和农村，生产力低下，经济落后，自红色政权创建以来，一直处于白色势力的四面包围中。对苏区实行严密封锁，是国民党反动军阀"一个最重要的战略"。"反革命政府看到我们苏区，不产盐布及其他工业品，所以除加紧军事进攻以外，还加紧对日常必需品特别是盐的供给封锁，企图建立纵横两百六十里的封锁网，在苏区周围设立食盐公卖局，限制每人每天只卖三、四钱，每月不得超过一斤，把群众的粮食搜掠到反动的堡垒里。"③这种毒辣的封锁战略，造成中央苏区经济、军民生活和发展革命战争的困难。项英曾在回顾中央苏区第一、二、三次反"围剿"战争时指出："就过去的很多经验来讲，常常因为经济困难，红军给养发生

① 毛泽覃：《为全部完成粮食突击计划而斗争》，《斗争》第49期，第11版，1934年3月2日。

② 《人民委员会为万太群众逃跑问题给万太县苏主席团的指示信》，《红色中华》第173期，第2版，1934年4月10日。

③ 亮平：《经济建设的初步总结》，《斗争》第29期，第13版，1933年10月7日。

问题,而直接影响到我们的战略和发展方向。”①中央苏区各地所发生的隐瞒私吞、挥霍乱用的腐败现象,靡费苏区宝贵的经济资源;投机走私、非法经商、偷逃国税扰乱经济市场,减少苏维埃经济收入,腐败不仅加剧中央苏区经济和军民生活的困难,而且严重影响和制约战争经费的供给保障。

其二,破坏党群关系,损害党和苏维埃政府形象。一切为了群众,一切依靠群众,始终与群众保持血肉联系,是中国共产党在群众的拥护、支持下,不断战胜各种困难和风险,不断发展、壮大,建立和巩固红色政权的根本保证。毛泽东主席指出:“要得到群众的拥护么?要群众拿出他们的全力放到战线上去么?那末,就得和群众在一起,就得去发动群众的积极性,就得关心群众的痛痒,就得真心实意地为群众谋利益,解决群众的生产和生活的问题,盐的问题,米的问题,房子的问题,衣的问题,生小孩子的问题,解决群众的一切问题。我们是这样做了么,广大群众就必定拥护我们,把革命当作他们的生命,把革命当作他们无上光荣的旗帜。”②中央苏区的贪污腐化和官僚主义分子不仅漠视群众疾苦,而且侵害群众利益,增加群众负担,破坏党群关系,损害党和苏维埃政府形象。简单粗暴的官僚主义作风,也严重伤害群众的感情。在会昌、寻乌、安远三县,甚至“有几个乡扩大红军成为群众的恐怖,听到工作人员下乡,就纷纷上山或躲避不见”③。万泰县的少数区乡也一度出现“没有一个群众敢到区乡

① 社论:《发展生产,节俭经济来帮助红军发展革命战争》,《红色中华》第10期,第1版,1932年2月17日。

② 毛泽东:《关心群众生活,注意工作方法》,《毛泽东选集》第1卷,人民出版社1991年版,第138—139页。

③ 汉年:《工人师少共国际师的动员总结与今后四个月的动员计划》,《斗争》第24期,第18版,1933年8月29日。

苏维埃中话事"①的反常现象。在这些地区,群众已与党和苏维埃政府产生了隔阂。

其三,动摇党的执政基础,危害红色政权的生存。"真心实意地为群众谋利益",即是中国共产党的根本宗旨和红色政权的本质属性,也是党和苏维埃政府赢得苏区工农大众衷心拥戴支持、倾其所有牺牲奉献的根本原因。"千百万真心实意地拥护革命的群众"是党在苏区执政的坚实基础和"什么力量也打不破的""铜墙铁壁"。② 红色政权内部的腐败分子完全抛弃党的宗旨,严重损害群众的利益,使群众对党和政府离心离德,破坏党的执政资源。最典型的事例是,1934年2月万泰县发生群众"成群结队整村整乡"逃往白区的事件。群众逃跑的原因,除官僚主义作风强迫命令之外,主要是权力滥用的腐败,即"这些工作人员常常乱打土豪,把贫农中农当做地主富农,而对于真正的地主富农则反而常常置之不理,以至包庇妥协。其中更有不少坏份子在乡村中作威作福,无所不为。他们无论到那里,要群众预备酒肉给他们吃喝,他们除摊派与强迫命令之外,就这样东吃一顿西吃一顿过日子。并且常常利用募捐帮助红军战费的名义,实行敲诈。群众惧怕这些人,群众不敢同这些人讲话"③。万泰事件在中央苏区虽然极为罕见,仅是个别现象,但腐败引发群众"整村整乡"外逃,无疑是党执政资源的严重流失,且危及当地苏维埃政权的生存。

面对腐败的严重挑战,中国共产党在临时中央政府成立不久,就

① 《人民委员会为万太群众逃跑问题给万太县苏主席团的指示信》,《红色中华》第173期,第2版,1934年4月10日。

② 毛泽东:《关心群众生活,注意工作方法》,《毛泽东选集》第1卷,人民出版社1991版,第139页。

③ 《人民委员会为万太群众逃跑问题给万太县苏主席团的指示信》,《红色中华》第173期,第2版,1934年4月10日。

围绕发展革命战争这一中心工作，高度重视和具体部署开展反贪污浪费等腐败现象的斗争。1932 年 2 月 17 日，中央人民委员会发布《帮助红军发展革命战争实行节俭经济运动》的第三号通令，严正指出："过去各地方政府和群众团的许多浪费，随意滥用，这是苏维埃政权下所绝对不允许的。"①同日，临时中央政府副主席项英在《红色中华》发表署名文章，提出"节减一文钱即是对革命有一分的帮助，谁要'浪费一文钱实等于革命的罪人'。这一运动，要大大的发动起来，形成广大的群众运动，……我们要坚决的同那些浪费金钱，滥耗政府财政的人作斗争，我们要号召工农群众驱逐那些人出苏维埃机关"②。该文在中央苏区首次提出以"工农群众"的力量、"群众运动"的方式来开展驱逐腐败分子的反腐败斗争。

1932 年 3 月 2 日，中央人民委员会在连发的第五号命令《切实执行工作检查》和第六号命令《政府工作人员要加紧学习》中，都提出了反对"因循敷衍"，反对"消极怠工腐化"的斗争任务。同日，项英在《红色中华》发表《反对浪费严惩贪污》的文章，再次"号召工农群众起来，帮助政府，来反对各级政府浪费政府的钱，驱逐各级政府中的贪污分子出苏维埃"③。同年 9 月 20 日，中央执行委员会发布开展第二次选举运动的训令即《关于继续改造地方苏维埃政府问题》，明确提出选举活动中反腐败的任务是："从改选中洗刷出去非阶级的异己份子及一切对革命战争工作消极怠工的份子，驱逐贪污腐化官僚等份子出苏维埃。"④12 月 1 日，中央工农检察部发布《关于检查苏

---

① 人民委员会通令第三号：《帮助红军发展革命战争实行节俭经济运动》，《红色中华》第 10 期，第 8 版，1932 年 2 月 17 日。

② 社论：《发展生产，节俭经济来帮助红军发展革命战争》，《红色中华》第 10 期，第 1 版，1932 年 2 月 17 日。

③ 项英：《反对浪费严惩贪污》，《红色中华》第 12 期，第 6 版，1932 年 3 月 2 日。

④ 中央执行委员会第十五号训令：《关于继续改造地方苏维埃政府问题》，《红色中华》第 35 期，第 1 版，1932 年 9 月 27 日。

维埃政府机关和地方武装中的阶级异己份子及贪污腐化动摇消极份子问题》的第二号训令，号召工农群众积极参加反腐败斗争，“要来一个大大的检举运动”①。临时中央政府发布的这一系列命令、通令、训令以及文章，不仅深刻揭露了腐败的各种表现和严重危害，阐明了反腐败斗争的重要意义，而且鲜明地表达了党和苏维埃政府反腐败的坚定立场和决心，明确了反腐败斗争的任务和采用群众运动的斗争方式。在中国共产党和临时中央政府的发动和领导下，中央苏区各地在节俭运动、选举运动以及支援革命战争的各项工作中相互结合、相互促进地兴起和持续开展了反腐败的群众运动。

二、马列主义群众监督思想及其运用和发展

（一）马克思恩格斯论巴黎公社的“真正民主制”

群众监督既是中华苏维埃共和国人民当家作主的本质特征，也是中国共产党在中央苏区组织和领导群众运动开展反腐败斗争的指导思想。作为马列主义国家政权建设理论的重要组成部分，群众监督思想的产生和形成，最初可追溯至马克思、恩格斯关于巴黎公社“真正民主制”的论述中。

1871 年 3 月法国的巴黎革命，打碎了旧的资产阶级国家机器，在人类历史上破天荒地建立了无产阶级专政的国家政权——巴黎公社。公社虽然仅存在短暂的 72 天，但它为无产阶级的解放事业留下了极其珍贵的遗产。马克思在巴黎公社失败后的第三天发表《法兰

① 中央工农检察委员部训令第二号：《关于检查苏维埃政府机关和地方武装中的阶级异己份子及贪污腐化动摇消极份子问题》，《红色中华》第 45 期，第 3 版，1932 年 12 月 19 日。

西内战》,高度评价公社的伟大创举,“找到了在革命胜利时把这一权力保持在人民自己手中的办法”①,“公社给共和国奠定了真正民主制度的基础”②。其主要表现如下:

1. 实行人民群众当家作主的普选制

普选制原本是资产阶级在反抗封建专制的斗争中首先提出来的,但在推翻封建专制统治后,取得政权的资产阶级,为了巩固统治和维护自己的阶级利益,极力限制和剥夺人民群众的选举权,不愿也不可能实行真正的普选制。普选权“或者被当作议会批准神圣国家政权的工具,或者被当作统治阶级手中的玩物,只是让人民每隔几年行使一次,来选举议会制下的阶级统治的工具”③。巴黎公社实行的普选制,则是按真正的民主精神加以改造,人民群众当家作主享有充分民主权利的普选制。1871 年 3 月 18 日,巴黎无产阶级推翻资产阶级政权后,领导革命的国民自卫军中央委员会立即发布了一系列关于实行普选制的公告,动员巴黎人民积极参加选举,情真意切地鼓励人们:“投进票箱的每张选票,都在为巴黎赢得永久的自由和伟大,……为共和国履行自己的职责。”④

为了方便人民群众参加选举,并使选举的结果符合大多数人的意愿,国民自卫军中央委员会在选举的程序和方法上,不但规定选举采取“分区投票方式”,而且采取了确保人口稠密的工人区有较多代表当选的、各区代表人数同各区居民人数成正比的原则:“每 2 万居

① 马克思:《法兰西内战》,《马克思恩格斯选集》第 3 卷,人民出版社 1995 年版,第 107 页。

② 同上书,第 58 页。

③ 同上书,第 96 页。

④ 罗新璋编译:《巴黎公社公告集》,上海人民出版社 1978 年版,第 48 页。

民或余数超过1万者，得推选委员一名。”①巴黎公社选举的目的体现了与资产阶级根本的不同，公社选举不是选举“人民的假代表”，而是“正如个人选择权服务于任何一个为自己企业招雇工人和管理人员的雇主一样”，选择为公社人民服务的“真正的人民代表”②，即挑选最忠诚的社会公仆。公社选举公告明确规定：“要挑选真心实意的人，出身平民，坚定、积极有正义感，公认为正派的人。”公告慎重地告诫人民，“只有从你们中间选出来的，与你们同甘共苦的人，才能最好地为你们服务”，“才能找到永远不以主子自居的代表”。公告还旗帜鲜明地提出，选举时“要提防野心家和向上爬的人，……也要提防言而不行的空谈家，同样也要避开财运亨通的阔佬”③，极力防范资产阶级的代表人物和投机分子当选代表。

巴黎人民真正当家作主普选出的代表，大多数是工人阶级的优秀分子。他们中有法国工人运动领袖、装订工人瓦尔兰，革命诗人、图案工人鲍狄埃，制帽工人阿木鲁，制鞋工人赛拉叶，首饰工人费兰克尔，工程师瓦扬等。“因为公社委员几乎全都是工人或公认的工人代表，所以公社所通过的决议也都带有鲜明的无产阶级性质的。”④马克思在揭示巴黎公社的本质属性时指出：“公社的真正秘密就在于：它实质上是工人阶级的政府，是生产者阶级同占有者阶级斗争的产物，是终于发现的，可以使劳动在经济上获得解放的政治形式。”⑤巴黎公社是无产阶级民主国家的雏形，公社的选举真正体现了人民群众当家作主的民主原则。

---

① 罗新璋编译：《巴黎公社公告集》，上海人民出版社1978年版，第4页。

② 马克思：《法兰西内战》，《马克思恩格斯选集》第3卷，人民出版社1995年版，第57页。

③ 罗新璋编译：《巴黎公社公告集》，第53—54页。

④ 马克思：《法兰西内战》，《马克思恩格斯选集》第3卷，第8页。

⑤ 同上书，第58—59页。

2. 实行防止社会公仆蜕变为社会主人的群众监督制和罢免制

巴黎公社创造了用来代替被打碎的旧的国家机器的无产阶级政权形式，人民群众当家作主普选出的代表担任国家行政、立法、司法和国民教育等方面的一切职务。一切公职人员只领取相当于熟练工人工资的薪金，公社委员是无利可图的社会公职。然而，公社普选制虽然选举出代表人民意志、为人民服务的社会公仆，但随着地位的变化和权势的扩大，社会公仆也可能蜕变为社会主人。马克思指出："社会为了维护共同的利益，最初通过简单的分工建立了一些特殊的机关。但是随着时间的推移，这些机关——为首的是国家政权——为了追求自己的特殊利益，从社会的公仆变成了社会的主人。"①为了防止这种蜕变，从根本上保证新政权不重蹈旧的国家机器的覆辙，巴黎公社要求公社各机关及其公职人员维护人民群众的利益，密切与人民群众的联系，接受人民群众的监督，并实行群众罢免制："市政委员会都将根据大家的利益来作出决定，因为它先要听取大家的意见，然后才表态。因为这是一个对选民负责的随时可以撤换的机构，是置于公民不断的监督之下工作的。"②公社明确规定民选代表要定期回自己的选区，向选民报告工作，接受群众的质询、批评和建议。为方便群众及时了解情况，公社还通过《公报》《公告》等报刊向群众公布各项法令和政策，同时报道公社和委员会的工作情况，并且毫不掩饰地将公社的缺点和失误公之于众。马克思高度评价公社施政公开透明、勇于接受群众监督的做法，称赞"他们光明正大地进行工作，不自以为是，不埋头在文牍主义的办公室里，不以承认错误为耻而勇

① 马克思：《法兰西内战》，《马克思恩格斯选集》第3卷，人民出版社1995年版，第12页。

② 罗新璋编译：《巴黎公社公告集》，上海人民出版社1978年版，第53页。

于改正"①。

充分发挥群众组织的监督作用，是巴黎公社实行群众监督的重要形式和特点。当时巴黎的群众组织主要有各工厂的职工委员会、工人监督委员会、工人俱乐部、国民自卫军中团营委员会、国际巴黎支部等。这些群众组织大多数都具有鲜明的无产阶级性质，把公社的事业看作自己的事业。他们经常召开会议与公社委员一道讨论研究政治、经济、军事、文教等重大问题，对公社机构及其公职人员的缺点和错误提出批评意见；同时反馈群众的呼声和要求，为公社改正工作和制定正确的政策、法令出谋划策，诸如废除公职人员高薪制，取消欠缴房租，实行非宗教教育，把所有被工厂主抛弃或停业的工厂、作坊转交给工人协作社等法令和措施，都是在群众组织积极参与讨论、调查研究并充分发表意见的基础上制定的。公社委员阿木鲁曾深有感慨地说："只有出席各种群众会议，了解居民的真正要求，公社才能获得真正的力量。"②

巴黎公社不仅赋予人民充分、广泛的参政权和监督权，而且规定人民可以随时行使罢免权，即"选举者可以随时撤换被选举者"。马克思认为，群众监督制和群众罢免制是"防止国家和国家机关由社会的公仆变为社会的主人"的"可靠的办法"③。直接由人民行使的罢免权对那些投机钻营、官僚主义、以权谋私的腐败分子显示出强大的整肃力。隐瞒担任过第二帝国警察局秘书身份的公社司法委员布朗舍、利用职权两次侵吞囚犯钱财的公社警察委员皮洛泰尔，经群众检举后均被罢免了职务；公社军事代表克吕泽烈，玩忽职守致使伊西炮

① 马克思：《法兰西内战》，《马克思恩格斯选集》第3卷，人民出版社1995年版，第97页。

② ［苏］莫洛克编，何清新译：《巴黎公社会议记录》第2卷，商务印书馆1963年版，第543页。

③ 马克思：《法兰西内战》，《马克思恩格斯选集》第3卷，第12、13页。

台失守、国民自卫军遭受重大损失，公社根据群众的意见将他逮捕法办。群众监督制与罢免制的结合运用，纯洁了公社组织，有力地保证了公职人员忠实地代表劳动者阶级的根本利益，始终保持认真负责的公仆精神和廉洁高效的工作作风，从而显示出“由人民掌权的政府的趋势”①。

（二）列宁关于群众监督的理论和实践

列宁非常重视学习、传承巴黎公社“真正民主制”的经验，并继承发展了马克思、恩格斯的群众监督思想。十月革命前，列宁在研究俄国1905年革命产生的工农兵代表苏维埃时认定，俄国革命胜利后建立的政权形式，应该是这种“让群众自下而上地直接参加全部国家生活”②的苏维埃。苏维埃的全部权力属于全体劳动人民，人民是国家的主人，人民群众的监督是保证苏维埃本质不变的重要措施。在《国家与革命》一书中，列宁设想，无产阶级取得国家政权后，为防止国家机关工作人员脱离群众蜕化成为官僚，应“立刻转到使所有的人都来执行监督和监察的职能，使所有的人暂时都变成‘官僚’，因而使任何人都不能成为官僚”③。

十月革命胜利后，列宁反复强调群众参与国家管理和实行群众监督的必要性，认为群众监督是社会主义国家本质的体现，是防止国家公职人员由社会公仆变为社会主人的可靠保证。列宁指出：“群众应当有权为自己选举负责的领导者，群众应当有权撤换他们，群众应

---

① 马克思：《法兰西内战》，《马克思恩格斯选集》第3卷，人民出版社1995年版，第64页。

② 列宁：《无产阶级在我国革命中的任务》，《列宁全集》第29卷，人民出版社1985年版，第162页。

③ 列宁：《国家与革命》，《列宁全集》第31卷，人民出版社1985年版，第105页。

当有权了解和检查他们活动的每一个细节。"①"必须让广大的非党群众来检查一切国家工作"②,要"逐步地请各地农民(必须是非党农民)参加中央的国家监察人民委员部的工作"③。列宁极其憎恶党和苏维埃各级机关中的官僚主义等腐败现象,痛斥官僚主义是"我们内部最可恶的敌人"④。为了有效地克服官僚主义,列宁认为,必须加强群众对国家机关的监督,"应当使工人进入一切国家机关,让他们监督整个国家机构"⑤,并提出"要有多种多样的自下而上的监督形式和方法",以便"反复地不倦地铲除官僚主义的莠草"⑥。为了使群众监督落到实处,列宁特别强调群众监督必须与群众罢免相结合,他认为群众罢免是监督最重要、最有效的手段,罢免权是"真正的监督权","苏维埃的真正人民性就在这里"⑦。

列宁不仅在理论上丰富发展了马克思主义群众监督思想,而且在实践中对群众监督促进廉政建设和反腐败斗争进行了卓有成效的探索。

首先,创建群众监督的法令制度。十月革命胜利后的当年,苏维埃政府颁布了由列宁起草的《工人监督条例》和《罢免权法令草案》。

---

① 列宁:《苏维埃政权的当前任务》,《列宁全集》第34卷,人民出版社1985年版,第143—144页。

② 列宁:《在布拉古舍—列福尔托沃区非党代表会议上的讲话》,《列宁全集》第38卷,人民出版社1986年版,第140页。

③ 列宁:《对〈工农检查院条例〉草案的意见和补充》,《列宁全集》第38卷,第73页。

④ 列宁:《论苏维埃共和国所处的国际和国内形势》,《列宁全集》第43卷,人民出版社1987年版,第14页。

⑤ 列宁:《在布拉古舍—列福尔托沃区非党代表会议上的讲话》,《列宁全集》第38卷,第140页。

⑥ 列宁:《苏维埃政权的当前任务》,《列宁全集》第34卷,第186页。

⑦ 列宁:《在全俄中央执行委员会会议上关于罢免权的报告》,《列宁全集》第33卷,人民出版社1985年版,第106、107页。

根据《工人监督条例》规定，苏俄成立了全俄工人总监督委员会和各地区、各行业工人监督委员会，直接行使监督企业的权力，并有权撤免国营企业的领导人。《罢免权法令草案》强调："任何由选举产生的机关或代表会议，只有承认和实行选举人对代表的罢免权，才能被认为是真正民主的和确实代表人民意志的机关。"[①]列宁所主张的罢免权，主体和客体范围都很广泛，即"苏维埃是劳动者自己建立的，是他们用革命毅力和创造精神建立的，"他们"既能派代表参加苏维埃，又可罢免他们。"[②]在群众罢免制度下，不存在任何不受监督、不可罢免的党和政府的领导干部和公职人员。列宁指出，凡"拒绝实行罢免权，阻挠行使罢免权以及限制罢免权的行为都是违反民主制的，是完全违背俄国已经开始的社会主义革命的基本原则和任务的"[③]。

其二，建立并加强工农检查机关。1920 年 2 月，根据列宁的指示，苏俄在原国家监察部的基础上成立了主要由工人、农民代表组成的工农检查院，职掌对所有的国家机关及其工作人员的监察。但由于各方面的原因，工农检查院成立后没能认真履行监察职能，在实际工作中所发挥的监察作用很微弱，且没有丝毫威信。1923 年，列宁提出改组工农检查院的计划，其中的重要措施是工农检查院与党的中央监察委员会结合，成立苏维埃和党的联合监察机构。列宁强调监察机构要有相对独立性，地方检察机关只受中央领导，并享有依法对地方政权履行监督的权力。检察长有权利和义务"使整个共和国

---

① 列宁：《罢免权法令草案》，《列宁全集》第 33 卷，人民出版社 1985 年版，第 102 页。

② 列宁：《在全俄中央执行委员会会议上关于罢免权的报告》，《列宁全集》第 33 卷，第 107 页。

③ 列宁：《罢免权法令草案》，《列宁全集》第 33 卷，第 102 页。

对法制有真正一致的理解，不管任何地方差别，不受任何地方的影响”①。俄共(布)十二大召开时，列宁虽重病在身，仍念念不忘加强群众监督，建议：“从工人和农民中选出 75—100 名新的中央监察委员。”②列宁要求独立行使职权的检查机关，要坚持原则，“不让任何人的威信”，“来妨碍他们提出质询、检查文件，以至做到绝对了解情况，并使各项事务严格按照规定办事”。③

其三，政务公开。实行群众监督，不仅要有法令、机构作依据和保障，而且要求政治透明，方便群众参政、监政。列宁指出，政务公开是实行民主监督必备的基本条件，“没有公开性而谈民主制是很可笑的”④。因此，列宁要求国家机关的公职人员必须定期向工农群众作切实的工作报告，“这样的工作报告每月至少安排一次，使广大非党工人和农民有机会对苏维埃机关及其工作提出批评。不仅担任负责工作的共产党员，而且担任负责工作的所有公职人员，……都应当作这类工作报告”⑤。列宁指出，苏维埃政权“是大多数人的专政，它完全是靠广大群众的信任，完全是靠不加任何限制最广泛地、最有力地吸收全体群众参加政权来维持的。丝毫没有隐私和秘密。……这个政权对大家都是公开的，它办理一切事情都不回避群众”⑥。政务公开，广泛征求群众意见，接受群众监督，是列宁坚持民主制的一贯思想和主张。

---

① 列宁：《论“双重”领导和法制》，《列宁全集》第 43 卷，人民出版社 1987 年版，第 195 页。

② 列宁：《我们怎样改组工农检查院》，《列宁全集》第 43 卷，第 374 页。

③ 同上书，第 377 页。

④ 列宁：《怎么办?》，《列宁全集》第 6 卷，人民出版社 1986 年版，第 131 页。

⑤ 列宁：《俄共(布)中央关于对待非党工人的态度问题的信稿》，《列宁全集》第 41 卷，人民出版社 1986 年版，第 243 页。

⑥ 列宁：《立宪民主党人的胜利和工人政党的任务》，《列宁全集》第 12 卷，人民出版社 1987 年版，第 287 页。

其四,拓宽群众监督渠道。1919 年 5 月,根据列宁的指示,苏俄在国家监察部下组建成立中央控告检查局,负责接受和调查人民群众对国家机关及其工作人员失职渎职、贪污受贿以及官僚主义等腐败行为的控告和检举。列宁要求对群众的控告和检举必须及时处理作出答复。对违背这一原则要求,使人民委员会接待室转给苏维埃各机关的大量控告信和申诉书"往往得不到答复和处理"的相关领导人,列宁严厉警告他们:"如果再继续以这种方式办事,人民委员会接待室有权向失职人员追究责任,不管他是什么'级别'。"①

信访是实现群众监督的重要渠道,列宁特别重视信访工作,要求每个苏维埃机关都要建立信访制度,"都要张贴接待群众来访日期和时间的告示,不仅贴在室内,而且贴在大门外面,使没有出入证的群众都能看到。接待室必须设在可以自由出入,根本不需要什么出入证的地方"。对群众来信来访所反映的问题,所提出的批评建议和控告申诉,列宁细心细致地提出要求:"每个苏维埃机关都要设登记簿,要有简要的记载,记下来访者的姓名、申诉要点、交谁办理。"②在办理过程中,严禁利用职权,挟私打击报复。1919 年 6 月,当列宁得知诺夫哥罗德省有位叫布拉托夫的人因给他写申诉信而遭到地方当局逮捕时,立即拍电报给该省执委会,严肃指出:"看来布拉托夫之被捕是因为他向我申诉的原故。我警告你们,我要为这件事逮捕省执行委员会和肃反委员会的主席及执行委员会的委员们。"③

① 列宁:《致各中央苏维埃机关领导人》,《列宁全集》第 52 卷,人民出版社 1988 年版,第 170 页。

② 列宁:《关于苏维埃机关管理工作的规定草案》,《列宁全集》第 35 卷,人民出版社 1985 年版,第 360 页。

③ [俄] 娜・康・克鲁普斯卡娅著,哲夫译:《列宁回忆录》,人民出版社 1960 年版,第 467 页。

此外,列宁还高度重视发挥新闻媒体的舆论监督作用,主张"通过党的报刊、通过《真理报》来讨伐营私舞弊行为"①。强调报刊应当"公开揭露我国经济生活中的一切弊端,从而呼吁劳动者的舆论来根治这些弊端"。②

总之,列宁继承发展和丰富了马克思、恩格斯的"真正民主制"和群众监督思想,创立群众监督制度,创新群众监督的形式和方法,为共产党人和人民民主政权开展廉政建设和反腐败斗争积累了丰富的经验,留下了宝贵的历史遗产。

(三)群众监督思想在中央苏区的运用和发展

土地革命战争时期,毛泽东、朱德领导的工农红军,经过艰苦卓绝的武装斗争,在赣南、闽西开辟了全国最大的革命根据地——中央苏区。1931 年 11 月,中华苏维埃共和国临时中央政府在江西瑞金成立。取得局部执政地位的中国共产党,在中央苏区实行最广泛的民主制,由工人农民和红军士兵等选举产生的苏维埃政府,在中国历史上第一次实现了人民当家作主。为了巩固新生的红色政权,保证党政机关及其工作人员廉洁奉公、勤政为民,中国共产党和临时中央政府运用和发展马列主义群众监督思想,学习借鉴苏俄政权建设经验,广泛动员和组织群众参与国家管理,并形成了群众监督政府的民主制度和反贪污浪费、反官僚主义等腐败现象的群众运动。

中华苏维埃共和国临时中央政府主席毛泽东指出:"苏维埃必须吸引广大民众对于自己工作的监督与批评。每个革命的民众都有揭发苏维埃工作人员的错误缺点之权。……苏维埃工作人员中如果发

① 列宁:《关于"出版自由"》,《列宁全集》第 42 卷,人民出版社 1987 年版,第 88 页。

② 列宁:《苏维埃政权的当前任务》,《列宁全集》第 34 卷,人民出版社 1985 年版,第 136 页。

现了贪污腐化消极怠工以及官僚主义的分子,民众可以立即揭发这些人员的错误,而苏维埃则立即惩办他们决不姑息。"①为确立群众监督的主体地位,保障群众监督的民主权利,《中华苏维埃共和国宪法大纲草案》规定:"苏维埃组织的立法机关和执行机关融化在一起,劳动民众所选出来的代表自己直接去执行代表选举人所决定的一切行政事务,……他们要定期对选举人作报告,他们如果是不称职、不能代表大多数民众的意见时,选举人立刻可以决定撤消他们的代表资格。"②作为中华苏维埃建国的根本法,上述规定确立了群众监督政府的两大基本制度。

一是"代表召回制"。中央和地方各级苏维埃政府由劳动民众选举产生的代表组成,不胜任以及不能代表公众民意者,选举人立刻可以决定撤免他们。这种"承认和实行选举人对代表的罢免权"的"真正民主制"③,在《中华苏维埃共和国的选举细则》中进一步明确规定:"城市和乡苏维埃的某一代表,若不执行自己的职务,有违背人民的付托或作犯法行为的时候,城市或乡苏维埃得开除之,选民也有召回该代表之权。"④

二是定期作报告、主动接受群众监督的制度。中央和地方各级苏维埃机关通过"对选举人作报告"的方式,听取群众的批评意见和建议,是党和政府密切联系群众,加强群众监督的重要形式。中央和

① 《中华苏维埃共和国中央执行委员会与人民委员会对第二次全国苏维埃代表大会的报告》,江西省档案馆、中共江西省委党校党史教研室选编:《中央革命根据地史料选编》下册,江西人民出版社 1982 年版,第 309 页。

② 《中华苏维埃共和国国家根本法(宪法)大纲草案》,厦门大学法律系、福建省档案馆选编:《中华苏维埃共和国法律文件选编》,江西人民出版社 1984 年版,第 2 页。

③ 列宁:《罢免权法令草案》,《列宁全集》第 33 卷,人民出版社 1985 年版,第 102 页。

④ 《中华苏维埃共和国的选举细则》,厦门大学法律系、福建省档案馆选编:《中华苏维埃共和国法律文件选编》,第 118 页。

地方苏维埃组织法分别规定:“中央执行委员会对全国苏维埃代表大会负责,应向全国苏维埃代表大会做工作报告。”①“乡苏维埃每月须向该乡选民做乡苏维埃的工作报告一次。有几个村的乡,可以到各村去召集选民大会报告自己的工作”“城市苏维埃每月须向该城市的选民做自己的工作报告一次”“区执行委员会每两个月须向该区内的选民做工作报告一次,县执行委员会每四个月须向该县内的选民做工作报告一次,省执行委员会每六个月须向该省内的选民做工作报告一次,选民群众可在该工作报告大会上批评政府的工作。”②

为规范工作报告的结构和内容,切实提高群众监督政府的质效,中央执行委员会在第三次选举运动中训令:“各级政府对于自己的工作报告,须事先指定专人起草。中央内务人民委员部应拟出报告大纲,发往各级政府,要各级政府按照这个大纲起草报告书,向同级的、下级的代表大会及选民大会做报告。”③

为方便群众参加选民大会,参与国家管理和民主监督,中央苏区“取消了旧的官僚主义的大而无当的行政区域,把从省至乡各级苏维埃的管辖境界都改小了。……这是使苏维埃密切接近于民众,使苏维埃因管辖地方不大得以周知民众的要求,使民众的意见迅速反映到苏维埃来,迅速得到讨论与解决”④。在重新划分行政区域的基础上,中央苏区普遍实行代表联系选民制,即“依照代表与居民住所接

① 《中华苏维埃共和国中央苏维埃组织法》,厦门大学法律系、福建省档案馆选编:《中华苏维埃共和国法律文件选编》,江西人民出版社1984年版,第83页。

② 《地方苏维埃政府的暂行组织条例》,厦门大学法律系、福建省档案馆选编:《中华苏维埃共和国法律文件选编》,第26、28、30页。

③ 《中华苏维埃共和国中央执行委员会训令第二十二号——关于此次选举运动的指示》,厦门大学法律系、福建省档案馆选编:《中华苏维埃共和国法律文件选编》,第131页。

④ 《中华苏维埃共和国中央执行委员会与人民委员会对第二次全国苏维埃代表大会的报告》,江西省档案馆、中共江西省委党校党史教研室选编:《中央革命根据地史料选编》下册,江西人民出版社1982年版,第310页。

近，将全体居民适当分配于各个代表的领导下（通常以居民三十人至七十人置于一个代表的领导下），使各个代表对于其领导下的居民发生固定的关系”①。从而使代表们能随时听取群众的呼声与要求，随时接受群众的质询和批评。群众监督有效地促进了苏维埃基层组织忠实地代表人民的利益，切实地履行为人民服务的职责。

为从政权的组织结构上保障群众监督原则的实行，中华苏维埃共和国中央和地方苏维埃组织法均规定设立工农检察机关。中央在执行委员会的行政机关——人民委员会下设工农检察委员会，地方各省、县、区和苏维埃基本组织市（区）苏、乡苏逐级皆设立工农检察委员会。其委员和组成的必备条件是，省、县、市（区）检察机关要求“有阶级觉悟，最忠实于苏维埃政权的工人贫民贫农及其他有革命历史的分子，但工人至少占百分之四十”②。市（区）苏和乡苏工农检察委员会“由工会、贫农团、女工农妇代表会、共产青年团的代表及其他积极分子组织之”③。工农检察机关的任务“是监督国家企业和机关及有国家资本在内的企业和合作社企业等，要那些企业和机关坚决地站在工人、雇农、贫农、中农、城市贫苦劳动群众的利益上，执行苏维埃的劳动法令、土地法令及其他一切革命法令，要适应某阶段的革命性质，正确地执行苏维埃的各种政策”。工农检察机关“有向各该级执行委员会建议撤换或处罚国家机关，与国家企业的工作人员之权”④。

对国家机关、国家企业工作人员的监督，最重要的是发觉违法犯

① 《中华苏维埃共和国中央执行委员会与人民委员会对第二次全国苏维埃代表大会的报告》，江西省档案馆、中共江西省委党校党史教研室选编：《中央革命根据地史料选编》下册，江西人民出版社1982年版，第308页。

② 《中华苏维埃共和国地方苏维埃暂行组织法（草案）》，厦门大学法律系、福建省档案馆选编：《中华苏维埃共和国法律文件选编》，江西人民出版社1984年版，第70页。

③ 同上书，第50页。

④ 《工农检察部的组织条例》，江西省档案馆、中共江西省委党校党史教研室选编：《中央革命根据地史料选编》下册，江西人民出版社1982年版，第162页。

罪及违背群众公意的实情，或提供检察调查的相关线索。为此，中央苏区实行了一系列拓宽群众监督渠道、充分调动和发挥群众监督积极性的制度和措施。

一是建立群众控告制度。“各级工农检察部或科之下，得设立控告局”，并在群众集中的地方设立控告箱，“接受工农劳苦群众对苏维埃机关或国家经济机关的控告，及调查控告的事实”。《工农检察部控告局的组织纲要》规定：“苏维埃的政府机关和经济机关，有违反苏维埃政纲政策，及目前的任务，离开工农利益，发生贪污浪漫官僚腐化，或消极怠工的现象，苏维埃的公民，无论何人都有权向控告局控告。”①据江西省安远县博物馆保存的原件记载，1933 年工农检察控告局布告如下：

一、凡苏维埃政府机关对于工农群众切身利益的：《劳动法》《土地法》《优待红军条例》《婚姻条例》，各种经济政策，不切实执行或执行得不正确的都可以来控告局控告。

二、凡苏维埃政府机关对于战争动员各种工作，如扩大红军、发展地方武装、各种经济动员，不切实执行或执行得不正确的都可以来控告局控告。

三、凡苏维埃政府机关及地方武装如游击队、赤卫队、少先队等，如尚混入有阶级异己分子、官僚腐化分子、贪污浪费分子、消极怠工分子，都可来控告局控告。

四、本局设有控告箱，不论何人，都可写控告信投入箱内，不会写信的，可请人代写，或当面来本局控告，一律欢迎。②

① 《工农检察部控告局的组织纲要》，江西省档案馆、中共江西省委党校党史教研室选编：《中央革命根据地史料选编》下册，第 165 页。

② 《工农检察控告局布告（1933 年）》，中共江西省委党史研究室等编：《中央革命根据地历史资料文库・政权系统》第 8 册，中央文献出版社、江西人民出版社 2013 年版，第 1260 页。

二是组织突击队、轻骑队。“突击队只隶属于当地的工农检察部，受他的直接指导”，“凡有选举权的人都可加入突击队”。突击队的工作方式有两种：（一）是“公开的突然去检查某苏维埃机关，或国家企业和合作社，以揭破该机关或企业等的贪污浪费及一切官僚腐化的现象”。（二）是“扮作普通工农群众到某机关去请求解决某种问题，看该机关的办事人员对工农的态度、办事的迟速，以测验该机关的工作现状”①。轻骑队是共青团员自愿加入的群众组织。《轻骑队的组织与工作大纲》条例规定，苏区各少共（共青团前身）支部都必须组织轻骑队，轻骑队“是一种群众的监督”，是“与官僚主义消极怠工，和贪污，腐化现象作斗争的一个重要武器”。轻骑队虽隶属于少共，但“与工农检查部发生密切的关系”，②接受工农检察机关的委派和工作指导。

三是建立工农通讯员队伍。《中华苏维埃共和国地方苏维埃暂行组织法（草案）》第一七一条规定：“省县区市各级工农检察委员会必须在一切国家机关中、企业中、工厂中、作坊中、矿山中、学校中、社会团体中、街道中、村落中建立通信员，形成通信网。”③通信员负责对本地区、本部门、本单位违法失职以及侵害群众利益等行为的监督。中央工农检察人民委员何叔衡曾训令：“各级工农通讯员要广泛建立起来，凡是各机关各群众团体各圩场各村庄，以及城市中各街道，都要找得当地群众团体的人员，机关中的职员，工厂中的工人，农村中的农民，街道中的工人及贫民等好的份子加以委任，来担任通讯

---

① 《突击队的组织与工作》，厦门大学法律系、福建省档案馆选编：《中华苏维埃共和国法律文件选编》，江西人民出版社 1984 年版，第 414 页。

② 《轻骑队的组织与工作大纲》，《斗争》第 41 期，第 15、16 版，1934 年 1 月 5 日。

③ 《中华苏维埃共和国地方苏维埃暂行组织法（草案）》，厦门大学法律系、福建省档案馆选编：《中华苏维埃共和国法律文件选编》，第 70—71 页。

员，作为工农检察部的眼目，要他们经常作书面通讯和口头报告。”①

四是引导群众开展舆论监督。临时中央政府机关报《红色中华》的《发刊词》郑重声明，它担负着“引导工农群众对于自己的政权，尽了批评，监督，拥护的责任”②。该报特辟“铁帚”“铁锤”“黑板”等专栏，刊发工农群众的来信来稿，指名道姓地揭露批判各种违法违纪、侵害群众利益的现象。中央苏区发行的《斗争》《红星报》《青年实话》《苏区工人》等报刊也重视刊发反贪污浪费、反官僚主义等抨击腐败的文章和信稿。

中央苏区各地普遍设立的突击队、轻骑队、工农通讯员和广大工农群众积极响应党和政府关于“驱逐各级政府中的贪污分子出苏维埃”③，“要来一个大大的检举运动”④，“把检举运动造成广大的群众运动”⑤的号召，在工农检察机关的直接指导下，大张旗鼓地开展反腐败的检举、控告和检查、举证工作，其中破获的大案、要案及贪腐分子主要有：瑞金县九区叶坪村苏维埃主席谢步升，江西省胜利县苏维埃主席钟铁青、县委组织部部长钟学湘，瑞金县苏维埃财政部会计科科长唐仁达，中央互济总会财政部长谢开松，“二苏”大会工程所所长左祥云，西江县苏维埃副主席宋运山、县工农检察委员会主席林焕仪，雩都县苏维埃主席熊仙璧等。中央苏区各地的腐败分子，在群众运动反腐败的汪洋大海中陷入灭顶之灾。

---

① 《中华苏维埃共和国临时中央政府工农检察人民委员部训令（第三号）（摘录）——关于健全各级工农检察部组织事》，厦门大学法律系、福建省档案馆选编：《中华苏维埃共和国法律文件选编》，江西人民出版社 1984 年版，第 421 页。

② 《发刊词》，《红色中华》创刊号，第 1 版，1931 年 12 月 11 日。

③ 项英：《反对浪费严惩贪污》，《红色中华》第 12 期，第 6 版，1932 年 3 月 2 日。

④ 中央工农检察人民委员部训令第二号：《关于检查苏维埃政府机关和地方武装中的阶级异己份子及贪污腐化动摇消极份子问题》，《红色中华》第 45 期，第 3 版，1932 年 12 月 19 日。

⑤ 《中央政府进行检举运动》，《红色中华》第 166 期，第 3 版，1934 年 3 月 24 日。

综上所述，在中国共产党的领导下，中央苏区广泛地动员和组织群众监督政府，并且以群众运动的方式开展反腐败斗争，一脉相承地秉持、运用和发展了马克思、恩格斯"真正民主制"思想和列宁群众监督的理论与实践，马列主义群众监督思想是中央苏区党领导群众运动反腐败的理论基础和思想根源。

三、传统民本思想批判地继承和创新

（一）民本思想的产生和核心理念

中央苏区时期，中国共产党领导群众运动开展反腐败斗争，固然是马列主义群众监督思想的运用和发展，但另一方面，它与中国共产党吸收和弘扬民族优秀文化成果，批判地继承和创新传统民本思想密切相关。

民本思想起源于殷商的重民意识。"殷人尊神，率民以事神，先鬼而后礼。"①在崇信鬼神凡事皆求神问卜的商代社会，《尚书·盘庚》相对以神为本的统治思想提出了"重我民"②，即尊重、重视民众的意愿和要求的原初的民本观。武王克殷后，西周统治者从夏商亡国的教训中，深畏"天命靡常"③，并开始认识到民心向背决定王朝安危的重要作用。《尚书·泰誓》云："天矜于民。民之所欲，天必从之。"④意为天怜悯民众。民众的意愿，天一定会顺从、满足。《尚书·康诰》云："天畏棐忱，民情大可见。"⑤即民情民意体现了天的愿

① 《礼记·表记》，《十三经注疏》，中华书局 1980 年影印本，第 1642 页。
② 《尚书·盘庚》，《十三经注疏》，中华书局 1980 年影印本，第 168 页。
③ 《诗经·文王》，《十三经注疏》，中华书局 1980 年影印本，第 505 页。
④ 《尚书·泰誓》，《十三经注疏》，中华书局 1980 年影印本，第 181 页。
⑤ 《尚书·康诰》，《十三经注疏》，中华书局 1980 年影印本，第 203 页。

望和要求。尽管此时的统治思想仍然是神本主义，但神的地位已开始动摇并下移，对民的作用的认识在不断地提高和升华，并最终产生了“民惟邦本”的重要命题。《尚书·五子之歌》云：“皇祖有训，民可近，不可下。民惟邦本，本固邦宁。”①说的是夏启之子太康失国，其昆弟五人“述大禹之戒以作歌”，歌意为：人民可亲近，不可卑视，人民是国家的根本，根本得到巩固，国家才能安宁。《五子之歌》虽然出自伪《古文尚书》，非夏朝实录，但“民惟邦本”凝集了民本思想的核心理念，奠定了民本思想的理论基础。

春秋战国五百余年间，“民惟邦本”理念及其与神本思想的对立和斗争，在社会的沧桑巨变和诸子的百家争鸣中不断发展并丰富了一系列新的认知。《左传·桓公六年》载，楚武王侵随，随侯迎击，楚诈败诱敌，随侯欲追击，大夫季梁谏勿追。随侯认为，我祭礼完备，祭品丰盛，定能在神灵的保佑下打败楚军。季梁则说：“夫民，神之主也。是以圣王先成民而后致力于神。”只有“民和而神降之福”，才能“动则有成”地如愿以偿；相反，如若“民各有心，而鬼神乏主”，虽祭礼丰备也无济于事。随侯闻谏醒悟，“惧而修政，楚不敢伐。”②又《左传·庄公三十二年》载，虢君暴虐，求神赐疆土。太史嚚预言：“虢其亡乎！吾闻之：国将兴，听于民；将亡，听于神。神聪明正直而壹者也，依人而行。虢多凉德，其何土之能得？”③《左传》中诸如此类的记载和表述均颠覆了传统的神民关系，民不但是神主，神一心一意依照人的德行好坏行事，而且连国家兴亡也听从于民的愿望、取决于民的意志。

伴随神的权威在政治思想中的式微，以及神民关系逐渐由神转而向民的倾斜，神在人世间的代表——君主的地位也在与民的对立中不断陵夷衰落。“民贵君轻”是春秋战国时期民本思想最具价值的

① 《尚书·五子之歌》，《十三经注疏》，中华书局1980年影印本，第156页。
② 《左传·桓公六年》，《十三经注疏》，中华书局1980年影印本，第1750页。
③ 《左传·庄公三十二年》，《十三经注疏》，中华书局1980年影印本，第1783页。

观点。《晏子春秋·内篇》载,春秋时齐庄公不听晏子规劝,为权臣崔杼所杀。有人责问晏子不从死,晏子答曰:“君民者,岂以陵民,社稷是主。臣君者,岂为其口实,社稷是养。故君为社稷死则死之,为社稷亡则亡之。若君为己死而为己亡,非其私昵,孰能任之。”①社稷是天子、诸侯岁时祭祀的土谷之神,天子、诸侯为求福佑,故立社稷,社稷代表国家。在这里,晏子把人民、社稷和君主进行了区分,认为人臣不是君主的私奴,应忠于社稷、人民,没必要也没义务为君主个人从君而死。晏子的回答显然含有人民、社稷的地位高于君主的思想。

战国时期,孟子明确提出了“民贵君轻”的观点。《孟子·尽心下》云:“民为贵,社稷次之,君为轻。”②孟子认为,在人民、社稷、君主三者关系中,君以民为根本,社稷也是为民而立,君和社稷皆为民服务,故三者中,民为贵;又由于君有赖于人民和社稷,因此社稷次之,君为轻。这一理论简略表述即“民贵君轻”。荀子的政治主张以及对人性的看法虽然与孟子有所不同,但在君民关系问题上却有与孟子异曲同工的论述。《荀子·大略》云:“天之生民,非为君也,天之立君,以为民也。”③立君是为民,而不是民为君;民是本,君为民服务。这种含有民贵君轻意蕴的主从关系,荀子认为是不能模糊更不能颠倒的。法家慎子也有完全相同的看法,他说:“立天子以为天下,非立天下以为天子也。立国君以为国,非立国以为君也。”④《吕氏春秋·重己》进一步强调:“天下非一人之天下也,天下之天下也。”⑤天下不是君主一人的天下,天下是全国民众的天下,民众的地位、民众的利

① 《晏子春秋·内篇杂上第五》,《诸子集成》第4册,上海书店出版社1986年影印本,第124页。

② 《孟子·尽心下》,《十三经注疏》,中华书局1987年版,第973页。

③ 《荀子·大略》,《诸子集成》第2册,上海书店出版社1986年影印本,第332页。

④ 《慎子·威德》,《诸子集成》第5册,上海书店出版社1986年影印本,第2页。

⑤ 《吕氏春秋·重己》,《诸子集成》第6册,上海书店出版社1986年影印本,第8页。

益自然高于君主一人之上。

民贵君轻,君主应为民服务的观点,又引申出君主对民众的态度及所作所为,造成的民心向背决定君主安危兴亡的认识。《左传·襄公十四年》载,卫献公放恣胡为,“肆于民上,以从其淫”,民驱逐了献公。物伤其类,晋侯觉得“卫人出其君,不亦甚乎?”侍臣师旷不以为然地认为,并非卫国的人民做得过分,而是“其君实甚”。他解释原因说:“良君将赏善而刑淫,养民如子,盖之如天,容之如地,民奉其君,爱之如父母,仰之如日月,敬之若神明,畏之若雷霆,其可出乎?”良君公正爱民,民爱君如父母,民怎么会驱逐他。相反,“困民之主,匮神乏祀,百姓绝望,社稷无主,将安用之,弗去何为?”①师旷的结论是,卫献公使民众生活困苦,百姓绝望,因此被民众所抛弃完全是咎由自取。荀子将这种相互作用的君民关系用古籍中所记载的“君舟民水”观予以阐述,《荀子·王制》云:“《传》曰:‘君者,舟也,庶人者,水也。水则载舟,水则覆舟。’”②水既可载舟,也可能覆舟,君舟民水观,不仅形象地描述了君主对人民的依赖性,而且深刻地揭示人民在王朝更替、历史发展中所起的决定性作用。

先秦诸子形成共识、重视民众力量和作用的民本思想,一直为后世睿智的思想家和政治家所继承发扬。西汉贾谊云:“闻之于政也,民无不为本也。国以为本,君以为本,吏以为本。故国以民为安危,君以民为威侮,吏以民为贵贱。此之谓民无不为本也。”③唐太宗李世民以隋亡为戒,亲撰《民可畏论》,深感:“天子者,有道则人推而为主;无道则人弃而不用,诚可畏也。”④贞观初年,他谓侍臣:“为君之

---

① 《左传·襄公十四年》,《十三经注疏》,中华书局1980年影印本,第1958页。

② 《荀子·王制》,《诸子集成》第2册,上海书店出版社1986年影印本,第97页。

③ 贾谊著,卢文弨校:《贾谊新书·大政上》,《诸子百家丛书》,上海古籍出版社1989年版,第63页。

④ (唐)吴兢编著:《贞观政要·政体第二》,上海古籍出版社1978年版,第16页。

道，必须先存百姓，若损百姓以奉其身，犹割股以啖腹，腹饱而身毙。”①明清之际，黄羲之提出民主君客论。他说：“古者以天下为主，君为客，凡君之所毕世而经营者，为天下也。”“今者以君为主，天下为客，凡天下之无地而得安宁者，为君也。”②以天下为主，即以民为主。黄羲之认为，相对于民主君客的古代社会，后世颠倒了主客关系，民居客位，君居主位；古代君主毕生操劳为民服役现在反过来成为天下苍生为君主一人服役，因此才造成了举国不得安宁、民不聊生的祸殃。清朝初年，唐甄强调“王者四政，兵食礼刑”，都须以民为基础，即：“国无民岂有四政。封疆，民固之；府库，民充之；朝廷，民尊之；官职，民养之，奈何见政不见民也。”③民是四政推行的前提条件和依靠力量，其政本的地位和作用是不可替代的。

如上所述，“民惟邦本”思想不仅在悠久的中国历史中产生了深远的影响，而且具有百家共识的特征。无论是民为神主、民贵君轻，还是民水君舟、民主君客等等；尽管表述的方式各不相同，但都充分肯定了民众在国家政治生活中至关重要的地位，都高度重视民心向背决定政治兴亡、国家治乱的历史作用。“民惟邦本”是传统民本思想的基石和核心理念。

（二）“民惟邦本”衍生的丰富思想

社会存在决定社会意识。“民惟邦本”既是民在社会关系中居于至关重要地位的真实写照，也是民在历史发展中起决定性作用的客观反映。基于对“民惟邦本”和民众力量的这一清醒认识，中国古代统治阶级为了缓和社会矛盾，巩固君主专制统治，自觉或不自觉地在

① （唐）吴兢编著：《贞观政要・君道第一》，第1页。
② （明）黄宗羲：《明夷待访录・原君》，中华书局2011年版，第8页。
③ （清）唐甄：《潜书・明鉴》，中华书局1963年版，第108页。

治国牧民的指导思想和方法手段上开始重视改善民生和安抚民众，并由此衍生了保民、爱民以及清廉节俭、惩贪治腐等一系列民本的丰富思想。

西周初年，周公倡导“敬天保民”，要求当政者体恤民情，“闻小人之劳”，“知稼穑之艰难”①；要爱民如子，“若保赤子，惟民其康乂”②。同时告诫当政者，“无作怨，勿用非谋非彝”③，即不要作怨于民，胡作非为；更不要暴虐民众，“乱罚无罪，杀无辜”。④ 周公还主张国家政治的好坏要以民为镜鉴，要顺乎民心，即“人无于水监，当于民监”⑤，要“谋及庶人”⑥。春秋时期，孔子创立仁学，提倡“其养民也惠，其使民也义”⑦。老子认为：“民之饥，以其上食税之多，是以饥。”⑧为减轻民众负担，他呼吁统治者“去甚、去奢、去泰”⑨。管子虽主张依法治国，但强调执法的基础是富民、足民。他说：“民不足，令乃辱；若民殃，令不行。”⑩战国时期，孟子将“制民之产”看作是实现王道仁政的前提条件，主张民有“恒产”，有“五亩之宅”、“百亩之田”⑪。荀子也要求统治者“罕举力役，无夺农时”⑫，并反对聚敛，他

① 《尚书·无逸》，《十三经注疏》，中华书局1980年影印本，第222页。
② 《尚书·康诰》，《十三经注疏》，中华书局1980年影印本，第203页。
③ 同上书，第205页。
④ 《尚书·无逸》，《十三经注疏》，中华书局1980年影印本，第223页。
⑤ 《尚书·酒诰》，《十三经注疏》，中华书局1980年影印本，第207页。
⑥ 《尚书·洪范》，《十三经注疏》，中华书局1980年影印本，第191页。
⑦ 《论语·公冶长》，《新编诸子集成》，中华书局1984年版，第2474页。
⑧ 《老子》第七十五章，《诸子集成》第3册，上海书店出版社1986年影印本，第44页。
⑨ 《老子》第二十九章，《诸子集成》第3册，上海书店出版社1986年影印本，第16页。
⑩ 《管子·版法解》，《诸子集成》第5册，上海书店出版社1986年影印本，第341页。
⑪ 《孟子·梁惠王上》，《十三经注疏》，中华书局1980年版影印本，第2666页。
⑫ 《荀子·王霸》，《诸子集成》第2册，上海书店出版社1986年影印本，第149页。

说:“聚敛者,召寇、肥敌、亡国、危身之道也。”①

秦汉以后,得民、安民、利民、富民、恤民等形形色色的民本思想,在一定程度上已成为封建统治阶级意识形态的重要组成部分。西汉陆贾总结历史事实得出的结论是:“欲建国强威辟地服远者,必得之于民。”②如何得民,晁错指出明主应“务民于农桑,薄赋敛,广蓄积以实仓廪,备水旱,故民可得而有之”③。东汉王符为保障民众有足够的“日力”(劳动时间)从事致富的生产活动,要求统治者“务省役而为民爱日”④。西晋傅玄针对汉魏以来“农工之业多废,或逐淫利而离其事”的社会弊端,提出“分民定业”的主张,建议统治者“亟定其制,通计天下……若干人为农,三年足有一年之储;若干人为工,足其器用;若干人为商贾,足以通货而已”⑤。隋朝王通认为,君主应当庇护人民,“生民有庇,即吾君也”⑥。庇护生民就要减轻民众的负担,“兵卫少而征求寡”,“国不费而民不劳”⑦。北宋张载“为生民立道”,提出“为政者在乎足民,使无所不足”。⑧ 南宋陈亮主张“正人心以立国本,活民命以寿国脉”⑨。清朝初年唐甄指出,养民是治国的基础,是为政最根本的出发点。他说:“天下之官皆养民之官,天下之

① 《荀子·王制》,《诸子集成》第2册,上海书店出版社1986年影印本,第98页。

② 陆贾:《新语·至德》,《诸子集成》第7册,上海书店出版社1986年影印本,第13页。

③ (汉)班固撰,(唐)颜师古注:《汉书·食货志上》,中华书局1962年版,第1131页。

④ 王符:《潜夫论·爱日》,《诸子集成》第8册,上海书店出版社1986年影印本,第89页。

⑤ (唐)房玄龄等:《晋书·傅玄传》,中华书局1974年版,第1318页。

⑥ 王通:《中说·述史》,中华书局1985年版,第25页。

⑦ 王通:《中说·王道》,第3页。

⑧ (宋)张载著,章锡琛点校:《张载集·正蒙·有司》,中华书局1978年版,第47页。

⑨ (宋)陈亮著,邓广铭点校:《陈亮集(增订本)》,中华书局1987年版,第121页。

事皆养民之事,是竭君臣之耳目心思而并注之于匹夫匹妇也,欲不治得乎？诚能以是为政,三年必效,五年必治,十年必富。”为实现国治民富的目的,唐甄提出了“勤农丰谷”“彰孝举节”“省刑轻杖”“纳赋有方”等18条“养民之善政”措施。①

从“民惟邦本”的基本认识出发,为达到“本固邦宁”的目的,古代思想家、政治家在提出上述安民、保民、爱民、富民等民本思想的同时,还在一定程度上重视自我约束的廉俭和整肃吏治的惩腐问题。最早提出:“重我民”的商王盘庚,表示“朕不肩好货,敢恭生生,鞠人谋人之保居,叙钦。”②意为我不用贪财好货之人,仅尊重、叙用能养民、为民谋安居的人。周公告诫成王要加强自我约束,“无淫于观、于逸、于游、于田”③。即不要贪图安逸,放纵于享乐游猎。《周礼·小宰》提出,以“六计”(即“廉善、廉能、廉敬、廉正、廉法、廉辩”),弊群吏之治,④考核官员的要求。晏婴提出“廉政可以长久”的理念,把廉政看成像水一样清、一样美好:“其浊无不雩除,其清无不洒除,是以长久也。”⑤管子认为,廉是关系国家安危的四大原则之一,他说,礼义廉耻,国之四维,“四维不张,国乃灭亡”⑥。孔子指责鲁国当政的季氏贪婪,“富于周公”,并批评“为之聚敛而附益之”的弟子冉求,声明冉求“非吾徒也,小子鸣鼓而攻之可也”。⑦ 孟子严厉谴责“上下交征利”的腐败行为,他说:“庖有肥肉,厩有肥马,民有饥色,野有饿莩,此率兽而食人也。兽相食,且人恶之;为民父母行政,不免于率兽而

① (清)唐甄:《潜书·达政》,中华书局1963年版,第139页。
② 《尚书·盘庚》,《十三经注疏》,中华书局1980年影印本,第172页。
③ 《尚书·无逸》,《十三经注疏》,中华书局1980年影印本,第222页。
④ 《周礼·小宰》,《十三经注疏》,中华书局1980年影印本,第654页。
⑤ 《晏子春秋·内篇问下》,《新编诸子集成》,中华书局1982年版,第248页。
⑥ 《管子·牧民》,《诸子集成》第5册,上海书店出版社1986年影印本,第1页。
⑦ 《论语·先进》,《十三经注疏》,中华书局1980年影印本,第2499页。

食人,恶在其为民父母也。"①在孟子看来那些只顾自己富足而不顾民众困苦、如同率兽而食人的人,不配作人民的父母官。商鞅把"鬻权以约禄""隐下而渔民"的官吏看成是祸国殃民的"此民之蠹也"②。韩非深刻揭露卖官鬻爵的腐败现象为"财利多者买官以为贵,有左右之交者请谒以成重"。同时痛斥腐败的危害性:"是以贤者懈怠而不勤,有功者堕而简其业。此亡国之风也。"③

秦亡汉兴,在此后二千余年的封建社会中,历代重民的统治者,其廉俭和惩腐的思想往往体现在他们修身及治国的实践中。汉文帝躬行节俭,"即位二十三年,宫室苑囿车骑服御无所增益。……身衣弋绨,所幸慎夫人衣不曳地,帷帐无文绣"④。诸葛亮治蜀,将官吏"因私为公,乘权作奸"的行为视为"民之五害"之一,并实行"不可不黜"的严厉打击⑤。北魏孝文帝改革,"纠守宰之不法,坐赃死者四十余人,食禄者跼蹐,赇谒之路息绝"⑥。唐太宗李世民,"深恶官人贪浊,有枉法受财者,必无赦免"⑦。宋代在防贪治贪的法律规定方面,制定了官吏犯赃罪的罪名和惩治条例。宋律对犯赃罪官员依数额和情节轻重分别处以笞刑、杖刑、流刑直至死刑等不同的处罚。明太祖朱元璋对贪官深恶痛绝,规定贪污六十两银以上者,枭首剥皮。"府、州、县、卫之左特立一庙,以祀土地,为剥皮之场,名曰皮场庙。官府公座旁,各悬一剥皮实草之袋,使之触目警心。"⑧清顺治帝十分赞赏

---

① 《孟子·梁惠王上》,《十三经注疏》,中华书局 1980 年影印本,第 2665、2667 页。
② 《商君书·修权》,《诸子集成》第 5 册,上海书店出版社 1986 年影印本,第 25 页。
③ 《韩非子·八奸》,《诸子集成》第 5 册,上海书店出版社 1986 年影印本,第 39 页。
④ (汉)班固撰,(唐)颜师古注:《汉书·文帝纪》,中华书局 1962 年版,第 134 页。
⑤ (三国)诸葛亮著,段熙仲、闻旭初编校:《诸葛亮集》,中华书局 1960 年版,第 66 页。
⑥ (北齐)魏收:《魏书·刑罚志》,中华书局 1974 年版,第 2877 页。
⑦ (唐)吴兢编著:《贞观政要·政体第二》,上海古籍出版社 1978 年版,第 24 页。
⑧ (清)赵翼著,王树民校证:《廿二史劄记校证》卷三十三《重惩贪吏》,中华书局 1984 年版,第 803 页。

并仿效明太祖对贪官的严厉惩治，顺治一朝经纠劾革职削爵、追赃入官，或抄没家产、凌迟处死的大贪官主要有漕运总督吴惟华、江宁巡抚土国宝、山东巡抚耿焞、江南按察使卢慎言等。康熙、雍正、乾隆三朝基本上沿袭顺治帝安民惩贪的政策，也惩治了一大批滥征耗羡、勒派受贿、侵蚀库帑、婪索盐规的贪官污吏。

毋庸讳言，在"民惟邦本"认识的基础上，统治阶级形成的上述关注民生，保民、安民、富民、养民和重视廉俭、惩治贪腐的民本思想，以及在这一思想指导下对牧民政策的调整和对吏治的整肃，无疑都缓和了社会矛盾，给人民带来了一定的益处，并推动中国封建社会出现了"文景之治""贞观之治""康乾盛世"等社会经济繁荣时期。然而，由于地主阶级与农民阶级根本利益的对立和斗争，由于君主专制人治的本质无法从根本上扼制腐败的愈演愈烈，传统民本思想终究不能也不可能引导中国社会走出各封建王朝"其兴也勃焉，其亡也忽焉"的周期律。

（三）反腐败的群众运动对传统民本思想的超越和创新

中国共产党自建党以来，坚持以马列主义为指导思想，同时继承和弘扬了中华民族传统文化的优秀成果。美国学者列文森在阐述中国共产党与传统文化的关系时曾颇具见地的指出："传统文化是中国共产主义的强大思想资源。"①中央苏区党领导群众运动开展反腐败斗争，其思想渊源与传统民本思想的影响密切相关。

传统民本思想尽管不可能认识到人民群众创造历史的真谛，但它重视民众力量和作用的"民惟邦本"的核心理念，对在中国土壤上成长、受传统文化熏陶的中国最早接受和信仰马列主义的知识分子，

① ［美］列文森著，郑大华、任菁译：《儒教中国及其现代命运》，中国社会科学出版社2000年版，第121页。

仍然是融入和坚持唯物史观的民族意识。早在五四运动前夕，李大钊就感觉到中华民族的解放离不开广大民众的积极参与。他认为："我们中国是一个农国，大多数的劳工阶级就是那些农民。他们若是不解放，就是我们国民全体不解放。他们的苦痛，就是我们国民全体的苦痛；他们的愚暗，就是我们国民全体的愚暗；他们生活的利病，就是我们政治全体的利病。"①1919 年 7 月，毛泽东指出，实行社会改造"根本一个方法，就是民众的大联合"。在他看来，"历史上的运动不论是哪一种，无不是出于一些人的联合。较大的运动，必有较大的联合，最大的运动，必有最大的联合。"②只有造成中国各阶层民众的大联合，才能实现救国救民的理想。1927 年 2 月，毛泽东激情洋溢地赞扬湖南农民运动所彰显的伟力和成就，"简直是急风暴雨，顺之者存，违之者灭。其结果，把几千年封建地主的特权，打得个落花流水"，"孙中山先生致力国民革命凡四十年，所要做而没有做到的事，农民在几个月内做到了。这是四十年乃至几千年未曾成就过的奇勋"。③在中央苏区，针对国民党反动派的军事"围剿"，毛泽东指出："真正的铜墙铁壁是什么？是群众，是千百万真心实意地拥护革命的群众。这是真正的铜墙铁壁，什么力量也打不破的，完全打不破的。反革命打不破我们，我们却要打破反革命。在革命政府的周围团结起千百万群众来，发展我们的革命战争，我们就能消灭一切反革命，我们就能夺取全中国。"④为加强红色政权的廉政建设和反腐败斗争，中央苏区党和政府广泛发动群众，"吸引广大民众对于自己工作的监督与

① 李大钊：《青年与农村》，《李大钊文集》（上），人民出版社 1984 年版，第 648 页。

② 毛泽东：《民众的大联合（一）》，中共中央文献研究室、中共湖南省委《毛泽东早期文稿》编辑组编：《毛泽东早期文稿》，湖南人民出版社 2013 年版，第 239 页。

③ 毛泽东：《湖南农民运动考察报告》，《毛泽东选集》第 1 卷，人民出版社 1991 年版，第 15 页。

④ 毛泽东：《关心群众生活，注意工作方法》，《毛泽东选集》第 1 卷，第 139 页。

批评"①,决定"要来一个大大的检举运动"②,"以群众的力量来开展"清除"一切官僚腐化贪污浪费消极怠工等份子"③的斗争。由此可见,发动群众、依靠群众反腐败,不仅继承了民本思想重视民众力量的核心理念,而且将其升华到群众是党的力量源泉、是反腐败胜利之本的高度,从而实现了对传统民本思想的超越。

传统民本思想所追求的政治理想,终究是君主专制统治下"本固邦宁"的社会秩序。毋论其重民的核心理念起源于防覆舟之患的畏民心理,其所衍生的爱民安民、富民恤民,以及廉俭和惩腐等思想内涵也都是出于缓和社会矛盾、维护统治阶级根本利益的需要;即使是明清之际激烈抨击君主专制"暴民""虐民"的黄宗羲,也仅仅是在道义上认可推翻暴君的合理性,而在根本立场上仍视一人主宰天下的王权政治为天经地义。这表明传统民本思想归根结底代表剥削阶级利益,是一以贯之地主张君为民之主、彻头彻尾地维护君主专制统治的思想,民众的价值、社会地位和政治权利实质上都得不到体现和尊重。中央苏区党领导群众运动反腐败,深刻把握民本思想的两重性,在吸收和继承民本思想精华的同时,剔除其糟粕,并创新其内涵。

其一,变革民本思想维护剥削阶级利益的本质,坚持人民利益至上的反腐败价值追求。早在中央苏区创建时期,毛泽东就明确规定"不拿群众一针一线"为人民军队的三大纪律之一,鲜明体现了他从细微处关心、维护人民利益和防微杜渐,从苗头上扼制腐败的思想。中华苏维埃共和国临时中央政府成立后,因各种原因滋生和蔓延的

---

① 《中华苏维埃共和国中央执行委员会与人民委员会对第二次全国苏维埃代表大会的报告》,江西省档案馆、中共江西省委党校党史研究室选编:《中央革命根据地史料选编》下册,江西人民出版社 1982 年版,第 309 页。

② 中央工农检察人民委员部训令第二号:《关于检查苏维埃政府机关和地方武装中的阶级异己份子及贪污腐化动摇消极份子问题》,《红色中华》第 45 期,第 3 版,1932 年 12 月 19 日。

③ 《中央政府进行检举运动》,《红色中华》第 166 期,第 3 版,1934 年 3 月 24 日。

贪污浪费、官僚主义等腐败现象,加剧了中央苏区财政经济和群众生活的困难,严重危害革命战争的发展和红色政权的生存。腐败从实质上讲是对最广大人民群众根本利益的损害。与群众保持血肉联系、全心全意为人民服务的中国共产党,广泛发动群众,大张旗鼓地开展廉洁自身的反腐败斗争,表明中国共产党除了人民的利益之外,自己没有任何特殊利益。相信群众、组织群众反腐败,体现了人民利益至上的价值追求,实现了民本思想质的变革。

其二,否定民本思想君为民之主、民无参政权的观念,体现了群众监督政府的人民民主制原则。君临天下、君为民主是传统民本思想一直奉行的政治原则;循此原则,匍匐于君威下的芸芸众生只能是供统治阶级驱使利用,为实现君主个人意志服务的工具。荀子说:"民不亲不爱,而求其为己用、为己死,不可得也。民不为己用,不为己死;而求兵之劲,城之固,不可得也。"①由此可见,亲民、爱民不过是手段,为己用、为己死才是真实的目的。"民可使由之,不可使知之"②"劳心者治人,劳力者治于人"③,也都清楚地表明民众是无自主意识的工具,是"劳心者"治理的对象。"不可使知之"的群氓,只有尽"劳力"的本分,丝毫没有参与管理的权利。梁启超曾鞭辟入里地揭示"无参政权的民本主义","徒言民为邦本,政在养民,而政之所出,其权力乃在人民之外"。④ 青年时代的毛泽东就彻底否定这种奴化民众的民本观念,他大声疾呼人民是天下、国家、社会的主人,"天下者我们的天下。国家者我们的国家。社会者我们的社会"。⑤

---

① 《荀子·君道》,《诸子集成》第2册,上海书店出版社1986年影印本,第154页。
② 《论语·泰伯》,《十三经注疏》,中华书局1980年影印本,第2487页。
③ 《孟子·滕文公上》,《十三经注疏》,中华书局1980年影印本,第2705页。
④ 梁启超:《先秦政治思想史》,岳麓书社2010年版,第5页。
⑤ 《民众的大联合(三)》,中共中央文献研究室、中共湖南省委《毛泽东早期文稿》编辑组编:《毛泽东早期文稿》,湖南人民出版社2013年版,第276页。

中国共产党建党伊始，就在纲领中旗帜鲜明地规定自己的奋斗目标是推翻帝国主义、封建主义的反动统治，实现劳苦大众的翻身解放。取得局部执政地位后，党领导下的苏维埃政权由人民当家作主，“所有工人、农民、红军兵士及一切劳苦民众，都有权选派代表掌握政权的管理”①，“每个革命的民众都有揭发苏维埃工作人员的错误缺点之权”②。一切权力来源于群众，群众管理政府，群众监督政府；苏维埃各级领导干部和公职人员都是人民的公仆，为人民服务并置于人民的监督之下。为防止权力异化和滥用，为遏制腐败的滋生和蔓延，在党的领导下，中央苏区采取群众运动的方式开展反腐败斗争，充分体现了群众监督政府的人民民主制原则。

其三，摈弃民本思想的明主、清官意识，坚信群众是清除腐败的根本力量。民本思想作为君主专制的政治意识形态，是统治阶级不断反省政治得失，总结历史经验教训的产物。民本思想家在提出“民惟邦本”“民贵君轻”等重民观念的同时，也深刻反思君主的行为以及官吏的所作所为对民心向背造成的影响和后果。所谓“一言而兴邦，一言而丧邦”③就是把君主视为政治至关重要的因素，寄期望于明君治国、贤臣理政。因此，传统民本思想特别重视帝范、官德的修养和道德约束，希冀通过统治者的自省，自律，来自我调整地改善、改良其牧民之道和御民之术，以实现“本固邦宁”，所谓“明主”“清官”意识即为这种民本思想的产物。然而，在中国长达两千多年的封建社会里，明主、清官毕竟是凤毛麟角，道德约束也终究不能普遍地抑

① 《中华苏维埃共和国宪法大纲》，《红色中华》第 149 期，第 2 版，1934 年 2 月 14 日。

② 《中华苏维埃共和国中央执行委员会与人民委员会对第二次全国苏维埃代表大会的报告》，江西省档案馆、中共江西省委党校党史研究室选编：《中央革命根据地史料选编》下册，江西人民出版社 1982 年版，第 309 页。

③ 《论语 · 子路》，《十三经注疏》，中华书局 1980 年影印本，第 2507 页。

制私欲的膨胀和泛滥。另一方面,明主、清官意识,置民众于受人主宰的地位,奴化民性,剥夺民权,仍然是旨在维护君主专制统治的思维导向。中央苏区党和政府组织和领导群众运动反腐败,不仅彻底摈弃了民本思想的明主、清官意识,确立群众的监督主体地位,由人民当家作主地行使最广泛的监督权,而且坚信群众是清除腐败的根本力量,重视发挥群众组织的作用,充分拓宽群众监督的渠道,持续开展与贪污浪费、官僚腐化、消极怠工等各种腐败现象的斗争,实现了对传统民本思想的批判继承和推陈出新。

第二章

中央苏区反腐败的群众运动的基本形态

中央苏区自1931年11月中华苏维埃共和国临时中央政府成立，至1934年10月中央红军主力转移长征，三年来一直处于国民党军阀的经济封锁和军事“围剿”中。“一切工作应以战争为中心”①，是中国共产党和苏维埃政府的必然选择，群众运动反腐败斗争自然成为“执行苏维埃一切战斗任务不可分离的部分”②，并呈现出多样化的基本形态：为了“建立坚强而有工作能力的苏维埃政府，以实际执行领导革命战争的任务和工作，”③群众运动反腐败与选举运动相结合，洗刷淘汰苏维埃政府中的阶级异己分子和贪污浪费、官僚腐化消极怠工分子；为保障红军给养，充裕革命战争经费，群众运动反贪污浪费的斗争，与节省运动相互激荡，相辅相成；为推动苏维埃政治、经济、文化建设和战争动员各项任务的完成，群众运动反官僚主义、反消极怠工的斗争，贯穿于转变苏维埃工作方式、发展生产以及“扩

---

① 中央执行委员会第十五号训令：《关于继续改造地方苏维埃政府问题》，《红色中华》，第35期，第1版。1932年9月27日。

② 中央工农检察部的指示：《怎样检举贪污浪费》，《红色中华》，第140期，第2版。1934年1月4日。

③ 中央执行委员会第十五号训令：《关于继续改造地方苏维埃政府问题》，《红色中华》，第35期，第1版。1932年9月27日。

红”“优红”、支前参战等各项运动和工作中。

一、民主选举与反腐败相结合

中华苏维埃共和国成立后，在中国共产党和临时中央政府领导下，中央苏区共进行了三次民主选举。第一次是地方苏维埃选举，从1931年12月开始至次年5月基本完成；第二次是继续改造地方苏维埃政府的选举，从1932年9月开始至当年年底结束；第三次是从乡、市苏维埃直至中央执行委员会的全部改选，从1933年8月开始至1934年1月“二苏”大会召开结束。中央苏区的这三次选举，既是不断健全完善苏维埃政权体系的建设运动，也是广大工农群众激浊扬清的反腐败运动。

（一）反腐败是苏维埃选举的题中之义

中央苏区的选举运动是伴随新生的红色政权统一政令、反对旧官僚恶习的斗争同时开展的。1931年12月18日，临时中央政府副主席项英在《红色中华》发表《地方苏维埃的建设问题》，指出：“各地苏维埃政府，虽领导了很广大的土地革命斗争，可是在他的本身组织上和工作上，都未有很好的建立起来，还不能脱离临时政权的形式，而进入正式政权的组织；还没有充分去实施一切政纲和发挥政权的作用。”项英所言“不能脱离临时政权的形式”的主要表现是“下级政府对上级政府的命令之忽视已成为一种因循的恶习”。负责起草《中华苏维埃共和国宪法大纲》的梁柏台也深有同感，他撰文公开斥责这种“忽视上级命令和敷衍塞责”，破坏“苏维埃政府的中央集权制”的现象，“完全是旧官僚恶习”。他举例指出：“中央执行委员会发了第六号训令，明白的指出各级政府不得随便逮捕人。”但“最近，瑞金第九区苏维埃政府还是随便扣留人，把富农拿来当地主办，把人禁闭起来不解决。中央政府通知瑞金县苏转告第九区苏不要乱捕人，将人释放。第九区不但不肯执行，反做了一个虚伪的报告来欺骗中央政府。”他又以执行1931年11月28日颁布的《中华苏维埃共和国婚姻条例》为例说：“在去年（1931年——引者注）十二月间，瑞金第九区及第四区等地方曾发生乡苏主席出布告强迫寡妇限五天内去嫁人的事情。为了这个问题，中央政府曾下了一个命令给瑞金县苏，叫瑞金县苏立即更正这种错误，瑞金县苏维埃也把这个问题在去年12月间区、乡两级政府主席联席会议上批评过，到会的主席都说是要不得的，但是事实上又怎么样？瑞金城区又有政府强迫寡妇嫁人的事情发生，把那种不应犯的错误恐怕忘了，重新来温习一道！”梁柏台还进一步指出：“下级政府对上级政府发下来的命令和决议，不是随便敷衍翻印下去就是置之不理，很少来详细讨论规定具体执行办法，很实际的去做，对于做了以后加以检查，并且将执行结果报告给上级机关。这在江西、福建两省从来很少看见有这一回事，变成麻木不仁、上下敷衍的恶现象，这样怎么能去执行苏维埃政纲和其领导责任?!”①

与此同时，代表中央在江西省检查指导选举运动的陈毅，对地方政府沿用苏维埃建国前独立开展武装斗争各自为政的工作方式也感触颇深。他说：“我觉得江西苏区的政权割据状态十分厉害，下级苏维埃可以脱离上级苏维埃自由行动，如捕人，杀人，抽税，没收，颁布法律等，这次省选如继续这一错误无从得到正确领导也是不能完成任务的。”②

① 柏台：《反对忽略上级命令和敷衍塞责的恶习》，《红色中华》第9期，第8版，1932年2月10日。

② 陈毅：《江西全省选举运动中各地的错误及如何纠正》，《红色中华》第7期，第8版，1932年1月27日。

1932年2月18日，临时中央政府在给江西省苏维埃的指示信中严肃指出："因循苟且，敷衍塞责的恶习气，在许多地方苏维埃工作人员中充满了这种精神，无论上级政府命令通令，决议，拿到下级政府总是不发生作用，好像'命令决议是命令决议，我干我的'，或者将油印翻印一下以塞责，或者随便做一下敷衍了事，甚至置之不顾和随意抛弃，从来很少看见下级政府对上级的文件，加以详细讨论，拟就执行办法，切实去做，至于做了后将其结果报告上级政府，那更是没有的事。"①

针对中央苏区民主选举前的上述状况，项英强调："临时中央政府的训令，所指示的地方苏维埃的建设运动，不是普遍的改选各级苏维埃和一般的改造，而是从基本上来进行苏维埃的建设工作。"②这种以民主选举（改选）的形式所展开的，从"基本上来"改造苏维埃、建设红色政权的运动，原本就负有激浊祛腐的历史使命。其纯洁干部队伍和反腐败的具体任务主要有以下几个方面。

其一，反对因循苟且、敷衍塞责、作假欺骗等"旧官僚恶习"。主要体现为转变地方政权割据时的那种"自由行动"的工作方式，切实履行地方政府的职责，严格执行中央的命令、政纲和法纪。而这一工作方式的转变，本身也是苏维埃民主选举依法开展的前提条件和根本保证。倘若各地仍沿袭"割据状态"下的"（自由行动——引者注）这一错误，无从得到正确领导"，苏维埃民主选举必然如陈毅所言，"也是不能完成任务的"。由此可见，选举运动与反腐败斗争实际上是相辅相成、互相促进的关系。

其二，清除隐藏在苏维埃内部的阶级异己分子。中央苏区"初期

---

① 《中央政府指示江西省苏的一封信》，《红色中华》第10期，第8版，1932年2月17日。

② 项英：《地方苏维埃的建设问题》，《红色中华》第2期，第1版，1931年12月18日。

的政府委员会中,特别是乡政府一级,小地主富农争着要干。他们挂起红带子,装得很热心,用骗术钻入了政府委员会,把持一切,使贫农委员只作配角"①。在安远县龙布区"苏维埃被异己份子所操纵最具体的事实,是一贯的非阶级工作路线,区乡办事人员的成份,大部份是流氓富农,甚致于地方豪绅子弟。纵有些少数工农份子,亦受他们的包围和欺骗,分田则富农豪绅分了好田,中农分中田,贫农雇农分坏田,甚致有假分田的,借口打土豪,实际上是打中农贫农"②。更为严重的是,有少数乡苏维埃政府实际上已成为阶级异己分子与苏区内外反动势力相勾结、从事反革命活动的藏身之所。例如,宁都县甫田区"竹笮埬,田头一带,有少数勾结靖匪,打着假红旗的乡苏"③。瑞金县九堡区慈坑乡苏维埃主席钟天昆,如变色龙般地"由红而白,再由白而红,反水几次,反复无常","替白匪散发白证章,以诱惑苏区群众","时常与团匪分团长钟运伦私通消息,曾通过三封信,口信时常来往"④。苏维埃民主选举只有清除隐藏在地方政权机构中的阶级异己分子,才能实现地方苏维埃的改造,确保中央苏区各地方政府真正成为维护人民群众根本利益的工农民主政权。

其三,驱除贪污腐化分子。中央苏区各地方政权机关依法担负分田、查田、打土豪、没收地主财产、征收富农捐款、收集农业税、推销公债等工作任务。在履行职责的过程中,少数党员干部和工作人员发生以权谋私、贪污腐化甚至勒索敛财等腐败现象。如福建省上杭

① 毛泽东:《井冈山的斗争》,《毛泽东选集》第 1 卷,人民出版社 1991 年版,第 73 页。

② 如痴:《怎样去转变安远龙布区的工作》,《红色中华》第 23 期,第 6 版,1932 年 6 月 16 日。

③ 柏台:《宁都苏维埃工作之一班》,《红色中华》第 18 期,第 6 版,1932 年 4 月 21 日。

④ 《瑞金县苏裁判部判决书(第十八号)》,《红色中华》第 23 期,第 6 版,1932 年 6 月 16 日。

县通贤乡党支部书记“查田中把十三担好田换给自己”①。瑞金县叶坪村苏维埃主席谢步升“借主席的势力，强奸妇女，包庇富农，将富农改为中农”②。宁都县“南田区一部份乡苏，向人民一毛二毛的派捐，军事部长是贪污，湛田区井元乡乱打土豪，调查得那家有钱进来了，不管是贫苦工农和小商人都当做土豪打。不拿钱给乡苏政府，就扣留人”③。诸如此类已完全蜕化变质的党员干部和政府工作人员，无疑应在民主选举中将他们逐出苏维埃。

其四，淘汰官僚主义者。官僚主义脱离群众、脱离实际，或高高在上，崇尚空谈、不求实效，或衙门作风、欺骗恐吓，强迫命令。例如，“永丰县苏财政部长陈鸿烈是十足的官僚腐化他的经常工作是每天带着老婆，背着驳壳枪，在街上闲玩，或者同老婆坐在房里讲笑话从没有到外面去巡视过工作”④。江西有少数苏维埃机关“抄袭封建军阀国民党官厅的办法，也用‘某某主席之印’，‘某某局长之印’等”⑤，弥漫着一股腐朽的官僚习气。在扩红运动中，“有许多乡政府对于扩大红军在表面上好像积极，其实是一种强迫命令和欺骗利诱方式，不问成份质量如何，只要足数就完了，于是小的老的弱的都送到红军去，甚至很多开小差为生活的坏份子，政府也不加考察，随便充数送去”⑥。“赣县黄塘区梢坑乡乡苏主席曾照科，他对于扩大红

---

① 张鼎丞：《选举运动的好模范》，《红色中华》第126期，第3版，1933年11月17日。

② 《瑞金县苏裁判部判决书（第八号）》，《红色中华》第21期，第5版，1932年6月2日。

③ 张谈高：《反对脱离阶级的宁都政府的工作路线》，《红色中华》第17期，第4版，1932年4月13日。

④ 《官僚腐化的永丰县财政部长》，《红色中华》第25期，第4版，1932年6月30日。

⑤ 《官印》，《红色中华》第34期，第10版，1932年9月20日。

⑥ 项英：《猛烈扩大红军反对对于扩大红军的消极》，《红色中华》第33期，第1版。1932年9月13日。

军不去艰苦耐劳的工作,在政治上宣传鼓动,专用强迫恐吓手段,前次竟持武装去捉某人当红军,他去的时候,表示出虎狼似的威武。"①官僚主义还表现为不深刻了解下情、不迅速解决群众的生活困难问题。如福建汀州市群众"没有柴烧,资本家把盐藏起来没有盐买,有些群众没有房子住,那里缺米,米价又贵。……但是汀州市政府一点也不讨论"②。因此,毛泽东主席号召:"要把官僚主义方式这个极坏的家伙抛到粪缸里去。"③

中央苏区民主选举所面临的上述情形和任务,临时中央政府执行委员会在 1932 年 9 月 18 日颁布的《关于继续改造地方苏维埃政府问题》,即开展第二次民主选举的第十五号训令中有较为全面系统的阐述,兹摘录如下:

> 有的政府还有阶级异己份子隐藏在内,在工作上有些还充分表现非阶级的路线。这种非阶级路线,常在土地问题,劳动保护问题上表现出来。官僚腐化的现象,在一部份地方苏维埃政府内生长着。贪污的现象还很严重,政府的工作方式,往往脱离群众,大都用命令方式,强迫群众去执行,对于红军优待条例没有全部去执行,以妨害扩大红军的工作。忽视妇女权利,不切实执行婚姻条例,以阻碍妇女来参加革命工作。下级政府对上级政府的命令的玩忽和敷衍,城乡苏维埃的经常代表会还未建立起来,甚至有的乡苏关着门不做事,全部工作大半挂着空名而没有工作,这些严重现象和错误,表示地方苏维埃之不健全,还不能有力的担任领导革命战争的任务。

---

① 李志遥:《破坏扩大红军的扩大红军工作》,《红色中华》第 25 期,第 4 版,1932 年 6 月 30 日。

② 毛泽东:《关心群众生活,注意工作方法》,《毛泽东选集》第 1 卷,人民出版社 1991 年版,第 137 页。

③ 毛泽东:《必须注意经济工作》,《毛泽东选集》第 1 卷,第 124 页。

苏维埃的中心任务是领导与发展革命战争。中央苏区开展的三次选举活动，也是“以战争为中心”而进行的三次反腐败的群众运动。民主选举的实质就是：“从改选中洗刷出去非阶级的异己份子及一切对革命战争工作消极怠工的份子，驱逐贪污腐化官僚等份子出苏维埃，吸引积极的新的干部，建立坚强而有工作能力的苏维埃政府，去实际执行领导革命战争的任务和工作。”①

（二）选举运动的动员和组织

“苏维埃最宽泛的民主，首先表现于自己的选举。”②苏维埃选举也必然要求最广泛地动员民众，并依靠广大民众的积极参与，才能在取得反腐败实效的基础上，实现各地苏维埃政府的改造和改选，从而建立起适应领导和发展革命战争需要的政权体系。然而，中央苏区所辖的赣南、闽西一带，主要是山区和农村，经济文化落后，小农意识浓厚。在这种历史条件下，怎样才能唤起民众、组织民众，广泛深入地开展反腐败与选举相结合的群众运动呢？中央苏区党和政府精心谋划，周密部署，审慎地实施以下办法和措施。

1. 缩小行政区域，改小选举单位，方便群众就近参加选举

中华苏维埃共和国成立不久的第一次选举运动，鉴于地方苏维埃所辖区域基本上是传统的政治区范围，“行政区域太宽”，既不便于行政实施，也不便于选民直接参加选举，临时中央政府于 1931 年 12 月 15 日颁布《苏维埃建设重要的训令》，宣布“重新划分行政区域”，

① 中央执行委员会第十五号训令：《关于继续改造地方苏维埃政府问题》，《红色中华》第 35 期，第 1 版，1932 年 9 月 27 日。

② 《中华苏维埃共和国中央执行委员会与人民委员会对第二次全国苏维埃代表大会的报告》，《红色中华》第二次全苏大会特刊，第 3 期，第 5 版，1934 年 1 月 26 日。

要求“使行政区域的划分和各级苏维埃的选举,……有步骤的很好的完成起来”,并特别强调“乡一级的划分和选举应用去大部分的时间和力量”。[①] 依照中央执行委员会颁布的重新划分行政区域的《暂行条例》,乡的区域范围规定:“(子)山地:每乡管辖纵横不得超过十五里,人口不得超过三千。(丑)平地:每乡管辖纵横以五里为主,最多不得超过十里,人口不得超过五千。(寅)城苏:除城市范围外,加入附近周围二里的地方。”[②]1933 年 7 月 22 日,中央政府第四十六次人民委员会会议根据苏维埃行政区域“要和每个革命群众接近,每个革命群众都要参加政权”的划分原则,议决规定:“乡是按照地势,以人口为标准,大的不得超过二千五百人,最小的可少至四百以至二百五十人。”[③]

中央苏区 1931 年 11 月至 1932 年 5 月的第一次选举和 1932 年 9 月至当年年底的第二次选举,大多是以这种缩小了范围的乡为单位召开选举大会。但由于乡辖的各村选民仍需集中到乡参加选举,影响生产和生活,尤其是山区交通不便,“有的路隔上十里或七八里,要他们有选举权的都到,事实上是不可能的”[④]。

1933 年 8 月至 1934 年 1 月的第三次选举,总结前两次选举的经验教训,为方便选民参选而改变做法,“把选举单位改小了”,“乡村居民,百把个人的村子或屋子,就可单独开会”。毛泽东在《在南部十八县选举运动会议的报告》中指出:“这一个改变与争取选举完满胜利有很大关系,因为选举的单位小,不但可使选民的多数甚至全体都到选举会,并且可使选民对于被选举的人的选择更加容易,选民的提

---

① 《苏维埃建设重要的训令》,《红色中华》第 2 期,第 4 版,1931 年 12 月 18 日。

② 《中华苏维埃共和国划分行政区域暂行条例》,江西省档案馆、中共江西省委党校党史教研室选编:《中央革命根据地史料选编》下册,江西人民出版社 1982 年版,第 192 页。

③ 《人民委员会第四十六次会议》,《红色中华》第 104 期,第 4 版,1933 年 8 月 22 日。

④ 觉哉:《怎样开选举会》,《红色中华》第 116 期,第 3 版,1933 年 10 月 6 日。

案必定更好更多，日后的撤回权也更容易行使。”①

2. 深入开展阶级斗争，激发群众参加选举运动的主动性

1931年底至1932年初，中央苏区开展第一次选举运动时，由于“一般群众对于选举，脑筋里的印象很浅”②，对选举的意义认识不足，各地选举的空气一度“非常沉寂”。中央巡视员陈毅在检查江西省选举运动情况时发现上述现象后，于1932年1月17日在《红色中华》发表文章指出，产生这种现象的原因是：“还没有动员起来把分土地分谷物打土豪等斗争与省选联在一起，群众还不懂得从这些斗争中物色自己应该举的人，以及自己怎样从斗争中争取自己在选举中的地位。”临时中央政府副主席项英特地为该文写按语，明确指出：“深入阶级斗争，是动员群众最主要办法。”③此后，中央苏区乡一级的直接选举，与查阶级巩固土地革命成果、肃清革命政权中的阶级异己分子和消灭封建残余势力的阶级斗争紧密结合，提高了工农群众对“苏维埃政府是自己的政府”④的认识，从而激发了工农群众为选出能替大家谋利益的代表而自觉参加选举运动的主动性。

3. 联系群众的实际生活，调动群众参加选举运动的积极性

苏维埃“是群众生活的组织者与领导者”⑤。苏维埃选举运动如

① 毛泽东：《今年的选举》，《红色中华》第108期，第1版，1933年9月6日。

② 柏台：《宁都苏维埃工作之一班》，《红色中华》第18期，第6版，1932年4月21日。

③ 陈毅：《江西全省选举运动中各地的错误及如何纠正》，《红色中华》第7期，第7—8版，1932年1月27日。

④ 中央执行委员会决议：《关于各级选举运动的检查》，《红色中华》第43期，第2版，1932年12月5日。

⑤ 《中华苏维埃共和国中央执行委员会与人民委员会对第二次全国苏维埃代表大会的报告》，《红色中华》第二次全苏大会特刊，第3期，第5版，1934年1月26日。

脱离群众的实际生活，空喊发动群众的口号，是不可能达到目的的。因此，中央执行委员会号召："在整个苏维埃选举运动中，必须连系到工农群众的实际生活。"①遵循中央的这一指示要求，乡一级的选举运动十分注重收集群众的意见和建议，解决群众的生产和生活问题，真心实意地为群众谋利益。"在选举大会上普遍的有提案，其中以扩大红军，优待红军家属，解决几年来无音讯的红军老婆的问题，消除市面现洋与纸币的差异现象，进行节省运动，推销公债，扩大合作社组织，准备春荒，女子由甲地嫁到乙地土地问题解决，修理道路桥梁，设俱乐部列宁小学等问题为最多。"②杨殷县泮溪区长教乡群众的提案着重于经济建设方面，重要的提案有"开发油山，石灰矿，加紧冬耕，禁宰耕牛，巩固苏维埃金融等"③。该乡根据当地的客观情况，还在选举运动中"建立了一个皮纸生产合作社"④。同区二坑乡在选举中"消费合作社和粮食合作社都有极大的发展"⑤。为改善群众生活，兴国县城冈区演元乡群众提出"日用品，药材、棉花、食盐等输入问题，请求上级苏维埃国民经济部门特别注意"⑥，胜利县"平安区群众要求发展对外贸易，尽量把苏区出产品运出白区，从白区运进大批的盐布"⑦。

为改变乡村交通落后、群众出行不便的情况，兴国县城冈区各乡

① 《中央执行委员会关于召集第二次全苏大会的决议》，《红色中华》第86期，第2版，1933年6月14日。

② 梁柏台：《今年选举的初步总结》，《红色中华》第139期，第6版，1934年1月1日。

③ 雷永炳：《一切利益帮助战争》，《红色中华》第129期，第6版，1933年11月26日。

④ 雷永炳：《各地选举珍闻》，《红色中华》第128期，第3版，1933年11月23日。

⑤ 《选举运动中的经济动员》，《红色中华》第129期，第6版，1933年11月26日。

⑥ 雷永炳：《各地选举珍闻》，《红色中华》第128期，第3版，1933年11月23日。

⑦ 卓夫：《胜利县选举运动的经验》，《红色中华》第122期，第3版，1933年10月27日。

在选举运动中开展修理道路、桥梁的竞赛，城冈乡“增修石桥一座，木桥一条”，“小获乡增修木桥三条，县路五里”，“白塘乡增修县路五里，石桥一座”，“回龙乡增修县路十里，……增修木桥一条”，“增溪乡增修县路五里，木桥二条”。[①] 由于乡村选举密切联系群众的实际生活，从而极大地调动了群众参加选举运动的积极性。临时中央政府主席毛泽东曾就此总结说：“苏维埃选举运动的发展，使选民群众极大的认识了选举与自己生活的关系，过去不积极参加选举的民众，现在许多都积极起来了。”[②]

4. 进行普遍的宣传动员，提高群众参加选举运动的广泛性

由于封建地主阶级超经济的剥削和压迫，中国农民普遍缺乏文化知识和民主参政意识。中央苏区开展选举运动时，许多群众不仅对民主选举的意义缺乏认识，而且对选举的法令茫然无知。“有人说：选举权是可以参加选举的意思，被选举权是豪绅地主富农等被剥夺了选举权的意思。又有人说：十六岁以上的贫苦工农享有选举权，老的少的，不能做事的。是享有被选举权。”[③]宁都县“安福区把吃鸦片烟的，不分阶级成份，一概剥夺了选举权。固厚区富足乡把四十五岁以上的都剥夺了选举权”[④]。鉴于这种情况，为普及苏维埃选举的法令知识和提高群众的民主参政意识，中国共产党和各级苏维埃政府，组织苏维埃的工作人员“挨门挨户作宣传工作”，“动员所有

① 《选举运动的革命竞赛》，《红色中华》第114期，第5版，1933年9月30日。

② 《中华苏维埃共和国中央执行委员会与人民委员会对第二次全国苏维埃代表大会的报告》，《红色中华》第二次全苏大会特刊，第3期，第5版，1934年1月26日。

③ 柏台：《关于选举法上几个疑问的解释》，《红色中华》第114期，第5版，1933年9月30日。

④ 柏台：《宁都苏维埃工作之一班》，《红色中华》第18期，第6版，1932年4月21日。

宣传机关和群众团体,进行普遍的宣传鼓动工作”①。1933 年第三次选举,“普遍的以乡为单位,组织了三人至七人的宣传队,比较先进的地方组织了化装讲演,演新戏,俱乐部开晚会,各学校上选举课等”②。

为使宣传动员取得好的效果,中央苏区直接领导选举运动的内务部,除大造声势分别召开了北部 18 县和南部 18 县两个选举动员大会外,还办了两期培训宣传和指导选举工作的干部培训班。各省、县、区也开办了选举运动的训练班,如江西省博生县梅江区召集各乡宣传队到区苏维埃集中训练,“讨论关于选举运动的各项问题,对于选举运动的重大意义和重要方法,宣传鼓动工作,选举手续及选举的条文,都有了相当的了解,才回到各乡区工作”。胜利县有的区“宣传的内容,比较活泼,不是一般的背诵几个中心口号,能够实际的与群众的切身利益联系起来,使群众了解今年选举运动重大意义”③。福建省永定县有的“村组织了宣传队,深入各家,各屋去作广泛宣传,使每个选民都来参加选举”④。通过上述广泛深入的宣传动员,中央苏区工农群众的民主觉悟和参加选举的广泛性不断提高,“一苏大会后两次选举中,第二次比第一次参加选举的人数更见增多”⑤。1933 年的第三次选举更是“吸收了最广大的选民。根据几个统计,先进的

① 陈毅:《江西全省选举运动中各地的错误及如何纠正》,《红色中华》第 7 期,第 7—8 版,1932 年 1 月 27 日。

② 梁柏台:《今年选举的初步总结》,《红色中华》第 139 期,第 6 版,1934 年 1 月 1 日。

③ 卓夫:《胜利县选举运动的经验》,《红色中华》第 122 期,第 3 版,1933 年 10 月 27 日。

④ 张贵招:《永定积极进行选举运动》,《红色中华》第 126 期,第 3 版,1933 年 11 月 17 日。

⑤ 《中华苏维埃共和国中央执行委员会训令第二十二号——关于此次选举运动的指示》,厦门大学法律系、福建省档案馆选编:《中华苏维埃共和国法律文件选编》,江西人民出版社 1984 年版,第 125 页。

如：兴国全县，上杭才溪区瑞京武阳区平均到会的选民都在百分之九十以上。比较落后地方如西江县洛口县，到会的选民平均在百分之六十二以上。中等区如瑞京的下肖区到会选民平均在百分之七十一以上。拿这些数字来推算，今年的选举，到会的选民当在百分之八十以上”①。

（三）选举运动反腐败的程序规定和实践成效

为确保苏维埃选举运动，尤其是地方各级苏维埃政府的选举和改造，能成功洗刷和防范混入阶级异己分子、贪污腐化以及官僚主义分子，“把大批最觉悟、最先进、最积极的分子选进苏维埃”②，中国共产党和临时中央政府，不仅最广泛地动员和组织中央苏区广大工农群众投身选举运动，并按苏维埃选举法规范地开展选举的各项工作，而且在选举制度的程序设计和具体规定上，为切实开展群众性的反腐败斗争，建立清正廉洁且坚强有力的各级苏维埃政府，进行了周密细致的谋划，并在实践中不断修正完善，务求实效。

1. 群众监督选民登记和资格认定，防止阶级异己分子窃取选举权

苏维埃宪法和选举法尊重并保护工农群众的民主权利，苏区工农群众依法享有选举权和被选举权，选民登记是在选举的过程中具体贯彻这一原则的步骤和手段，其目的是：“使到会的选民都是真正的工人农民及其他应得选举权的人，而没有一个已经剥夺选举权的被他混了进来，没有一个应该剥夺选举权的被他假冒工人农民偷取

---

① 梁柏台：《今年选举的初步总结》，《红色中华》第139期，第6版，1934年1月1日。

② 毛泽东：《今年的选举》，《红色中华》第108期，第1版，1933年9月6日。

了选举权去。”①

《中华苏维埃共和国的选举细则》规定，在开始选举的两星期前实行选民登记，有组织的人可经过该组织登记，无组织的人由选举委员会登记员登记，登记时按中央执行委员会统一规定的表格填写。登记结束后由选举委员会审查选民资格，然后公布选民名单和被剥夺了选举权的人的名单。通常做法是用红纸公布选民名单，用白纸公布被剥夺了选举权的人的名单。如有个别阶级异己分子混进了选民名单，便会在群众的监督揭发下被清除出去。如福建上杭县才溪乡公布选民名单时，“有一个省苏工作人员阙聚五，是通贤东里区的富农，他的名字是写在红纸上，该乡群众立刻到乡苏向选举委员会来斗争，不准在红纸上发布，不准他有选举权”②。选举大会召开时，在大会入口也实行登记，选举委员会严格验查选民身份，防止无选举权的人窃取选举权。如洛口县王陂区“平江乡开选民大会的时候，有三个阶级异己份子，混进会场，想来偷窃选举权，立时被选举委员会发觉，领导全体选民和他们斗争”③，将他们驱逐出会场。

2. 选民审议政府工作报告，严厉打击消极怠工分子和官僚腐化分子

在选举运动的过程中，乡苏维埃、市苏维埃按选举制度规定，须在选举之前一星期，以屋子或村子为单位召集选民大会，做总结乡苏维埃的尤其是最近一个时期工作情况的报告，发动选民讨论，提出批评和改正工作的意见。这种报告制度在前两次选举运动中，“除一部

---

① 毛泽东：《今年的选举》，《红色中华》第108期，第2版，1933年9月6日。

② 张鼎丞：《选举运动的好模范》，《红色中华》第126期，第3版，1933年11月17日。

③ 《各地选举运动珍闻》，《红色中华》第123期，第3版，1933年11月2日。

分地方外,多数地方没有实行”。第三次选举,中央执行委员会训令:“必须在这次选举运动中真正地实行起来。”①中央内务部为此“拟出报告大纲,发往各级政府,要各级政府按照这个大纲起草报告书,向同级的、下级的代表大会及选民大会做报告”②。依照中央的训令,第三次选举运动,“市苏乡苏向选民做工作报告,一般的是进行了。而且报告之后,或多或少对政府下了批评。许多地方批评政府对战争动员如扩大红军,归队运动等,工作没有达到应有的成绩,地方建设事业注意得不够等等,给了对工作消极怠工,官僚腐化的苏维埃工作人员以严厉的打击”③。

3. 选民对候选人逐个讨论、表决,唾弃贪污腐化、消极怠工、官僚主义等腐败分子

根据《中华苏维埃共和国的选举细则》的规定,乡苏维埃、市苏维埃实行直接选举。候选人名单由选举委员会在选举前征集各群众团体的意见后提出,并予以公布,以便于选民对于各候选人能够加以充分的了解和考虑。1934 年元月“二苏”大会上,毛泽东代表中央执行委员会和人民委员会所作报告中,阐述苏维埃民主制度,总结两年来各地苏维埃的选举经验指出:“一九三三年下半年进行的选举,实行了候选名单制度,使选民在选举之先就有应否选举某人的准备。”④梁柏台在《红色中华》发表的文章中具体说道:“所提的候选名单,许

① 《中华苏维埃共和国中央执行委员会训令第二十二号——关于此次选举运动的指示》,厦门大学法律系、福建省档案馆选编:《中华苏维埃共和国法律文件选编》,江西人民出版社 1984 年版,第 130 页。

② 同上书,第 131 页。

③ 梁柏台:《今年选举的初步总结》,《红色中华》第 139 期,第 6 版,1934 年 1 月 1 日。

④ 《中华苏维埃共和国中央执行委员会与人民委员会对第二次全国苏维埃代表大会的报告》,《红色中华》第二次全苏大会特刊,第 3 期,第 5 版,1934 年 1 月 26 日。

多地方超过了应选代表人数之一半或三分之二以上。”①使选民有了充分的选择余地。

为了在候选人提出环节把好苏维埃的干部选举关，中央执行委员会在 1933 年 8 月 9 日发布第三次选举运动的指示时特别强调：“乡苏市苏的选举名单，不但应注意不使一个阶级异己分子（成份与工作均坏的）混了进来，还应注意各人的政治表现与工作能力。凡属工作不积极的分子，同地主、富农、资本家妥协的分子，表现过贪污腐化的分子，工作方式上表现浓厚官僚主义的分子，凡有这些错误表现的，都不能使之当选。”②

选举大会对候选人的表决，在 1932 年中央苏区开展的两次选举运动中，许多地方是采用《中华苏维埃共和国的选举细则》中关于“用个别的，或用整个的名单来提”③的后一种表决方式，即“将候选人名单整个的报告讨论表决”。因此，造成了部分乡（市）苏维埃选举，“不良分子”“蒙混当选”④的弊端。1933 年第三次选举，中央执行委员会修改选举法，规定提出候选人付表决时，必须实行逐个表决的方法，并强调“不得拿整个名单一次付表决”⑤。与此同时，中央执行委员会在以训令方式发布的《关于此次选举运动的指示》中进一步

① 梁柏台：《今年选举的初步总结》，《红色中华》第 139 期，第 6 版，1934 年 1 月 1 日。

② 《中华苏维埃共和国中央执行委员会训令第二十二号——关于此次选举运动的指示》，厦门大学法律系、福建省档案馆选编：《中华苏维埃共和国法律文件选编》，江西人民出版社 1984 年版，第 129 页。

③ 《中华苏维埃共和国的选举细则》，厦门大学法律系、福建省档案馆选编：《中华苏维埃共和国法律文件选编》，第 115—116 页。

④ 《中华苏维埃共和国中央执行委员会训令第二十二号——关于此次选举运动的指示》，厦门大学法律系、福建省档案馆选编：《中华苏维埃共和国法律文件选编》，第 127 页。

⑤ 《苏维埃暂行选举法》，厦门大学法律系、福建省档案馆选编：《中华苏维埃共和国法制文件选编》，第 134—135 页。

明确要求:"当实行选举时,须按名逐一提出,逐一讨论,逐一表决,使选民尽量发表意见,使革命的民主精神充分表现出来。绝对禁止用强迫命令方式去通过代表名单。当着选民中有不赞成某人的表示时,须立即注意群众的意见,如果为多数人所反对,立即撤销原提议,而另提适当的候选人,或由群众提出候选人。"①

充分尊重选民意愿,对候选人"逐一提出,逐一讨论,逐一表决"的选举方式,犹如一道群防群守的严密关口,不仅将混入革命队伍的阶级异己分子清洗出去,而且唾弃了原苏维埃政府中的腐化堕落分子。

1933 年 10 月 27 日,《红色中华》刊登《胜利县选举运动的经验》一文,其中第三部分《发动群众的斗争,反对和平的改选》记载:"群众更加认识了苏维埃是自己的政权,必然要起来为拥护苏维埃不让一个坏份子当选,所以在古龙区某乡的选民大会场上,所提出的主席团,其中有一个是前方开小差回来的,大家都起来反对他,并且在候选名单中,有五个贪污嫌疑消极怠工份子,都由选民自动揭发出来了,另外提出几个积极份子候选。"

1933 年 10 月 29 日下午,瑞金"沙州乡工农群众和中央政府工作人员,在中央政府背后的新建大礼堂及苏维埃大学分组开选举大会,选举乡代表。……在通过名单的过程中,各选民同志的斗争非常兴奋与热烈,当时有些与地主富农妥协的份子,及几个对革命工作表示消沉,和斗争比较不积极的份子,均经多数选民的反对而否决"②。

福建省上杭县才溪区的选举,"发布了候选名单,有些立刻受了

① 《中华苏维埃共和国中央执行委员会训令第二十二号——关于此次选举运动的指示》,厦门大学法律系、福建省档案馆选编:《中华苏维埃共和国法律文件选编》,江西人民出版社 1984 年版,第 128—129 页。

② 何秉才:《沙州乡选民大会纪盛》,《红色中华》第 124 期,第 3 版,1933 年 11 月 11 日。

群众批评，甚至不准当选为代表的。如上杭才溪区王保子在暴动以前曾收过捐税，列为候选名单，很多群众批评甚至提出不准他有选举权……蓝广发，群众调查他是从前在红军工作没有介绍信回来……也受过群众批评不准当选代表。有一个女子虽然嫁在贫农家里，但是过了地主劣绅家庭的生活比较久，群众也不准他当选代表并无选举权，在通贤乡发布候选名单后，最先没有人批评，该乡选举委员会再动员群众批评候选名单，结果有二个最主要负责的人，一个是党支部书记，查田中把十三担好田换给自己，一个是乡苏主席经常募捐的工作没有发布清单无数算，一方面他经常吃东西比人家好，这二个同志都被群众最严重的批评，选举大会中没有当选为代表"①。

总之，在党的领导下，群众的广泛参与和积极斗争，以及严格规范的选举程序，有力地保障了中央苏区的民主选举，尤其是第三次选举，在激浊扬清反腐败洗刷淘汰阶级异己、贪污腐化、官僚主义、消极怠工等分子的基础上，选举出了政治坚定、斗争经验丰富、工作积极的"真正能代表广大劳苦工农群众的代表"②。

二、节省经济与检举贪污浪费相互促进

（一）"节俭经济运动"与反浪费贪污斗争的兴起

1932 年 2 月，在中央苏区红军积极向外发展革命战争，为夺取赣州和其他中心城市而浴血奋斗的紧张时刻，临时中央政府人民委员会颁布《帮助红军发展革命战争实行节俭经济运动》的第三号

① 张鼎丞：《选举运动的好模范》，《红色中华》第 126 期，第 3 版，1933 年 11 月 17 日。

② 何秉才：《沙州乡选民大会纪盛》，《红色中华》第 124 期，第 3 版，1933 年 11 月 11 日。

通令。通令首先指出,一切工作都要以“完全这一任务(发展革命战争——引者注)为主体”,其中“经济一项更为重要,假如红军给养和其他军事上的必需经费,发生缺乏则影响甚大,有防碍革命战争进展的危险,因此对于节俭经济,供给发展革命战争,帮助红军给养,这是当前紧急任务之一”。紧接着在批评“过去各地方政府和群众团的许多浪费,随意滥用”的现象和缺乏节俭的观念之后,通令号召:“各级政府,务须立即实行节俭运动,所有各地方政府的预算,杂费,特费等,必须尽量减少,不必要的工作人员须一律裁减,甚至一张纸一枝笔都不要乱费,以免多耗经费要存着:(节减一文钱即是对革命工作有一分帮助)的观念来实行广大的节俭运动来积蓄金钱或积蓄粮食以作供给红军发展革命战争之用,同时要将这一节俭运动在群众中作广泛的宣传,使他们了解节俭运动的意义,都积极的实行节俭,储蓄粮食热烈的自动的来帮助红军和革命战争的发展。”①

2 月 17 日,临时中央政府机关报《红色中华》刊发社论《发展生产,节俭经济来帮助红军发展革命战争》,社论响应中央政府的号召,为推动节俭经济和反浪费运动在中央苏区各地迅速开展,主要从以下三个方面诠释人民委员会第三号通令的精神。

其一,阐述“准备充分的经济”对发展革命战争的重要意义。社论回顾中央苏区三次反“围剿”战争取得胜利的经验指出:“当一二三次革命战争中,若是经济准备不充分,红军给养困难,那末,三次伟大的胜利,就不能很完满获得。就过去的很多经验来讲,常常因为经济困难,红军给养发生问题,而直接影响到我们的战略和发展方向;同时红军因为要自己筹给养,使得本身训练减少,这对于创造红色铁

① 人民委员会通令第三号:《帮助红军发展革命战争实行节俭经济运动》,《红色中华》第 10 期,第 8 版,1932 年 2 月 17 日。

军,争取革命战争更伟大的胜利上,都有很大妨碍的。”社论联系当时的战况进一步强调：在中央红军“夺取赣州,吉安,争取江西首先胜利”的紧急时刻,“我们准备充分的经济来帮助红军,供给红军的给养,减少红军筹款的工作,使其无顾虑的顺利的去积极进行革命战争,这是我们各级政府和广大工农群众一个很重要的任务,同时也就是积极参加革命战争一个很实际的工作”。

其二,社论要求各级政府“应该坚决的去执行”中央节俭经济的通令,“要大大的发动起来,形成广大的群众运动,要使每个工农同志,都了解发展生产与节俭运动的意义”;并且“用革命竞赛的方法来鼓励他们,并鼓励储蓄粮食,供给红军,使其自动的捐助粮食给红军,以建立一个强大的发展革命战争的经济力量,去争取苏维埃更大的胜利”。

其三,提出了反浪费的斗争任务。社论明确要求:“各级政府和各群众团体,一切费用都要十二分的节俭,不急用的费不要用,要用的就要节俭,不要浪费一文钱,滥用一张纸,多点一点油。”“我们要坚决的同那些浪费金钱,滥耗政府财政的人作斗争,我们要号召工农群众驱逐那些人出苏维埃机关。”①

3 月 2 日,项英在《红色中华》发表《反对浪费严惩贪污》的署名文章,文章严厉指出:“这个时候,谁要浪费一文钱,都是罪恶,若是随意浪费,那实际是破坏革命战争。至于吞没公款,营私舞弊等贪污行为,简直是反革命的行为,都非用革命的纪律制裁不可。”为推动反浪费贪污斗争的开展,项英在文章中公开揭露中央苏区存在浪费贪污等腐败现象时说:

最近中央政府派人到兴国,清查兴国万太赣县等县的财政,

---

① 社论:《发展生产,节俭经济来帮助红军发展革命战争》,《红色中华》第 10 期,第 1 版,1932 年 2 月 17 日。

发现许多政府，每月开支浪费得很，一个区政府每月要用到四五百元的经费，有一个区政府每月的信封用了二千九百个，吃仁丹一个人一天吃了八包，诸如此类的很多，这是何等骇人听闻的事呵！不仅如此，像兴国县主席与财政部长，鼎龙区财政科长，兴国所办的国家商店的经理等，吞没公款，假造账目，扯旧账造新账，等等贪污舞弊情形，更为严重。还有一种普遍的现象，就是将存款打埋藏，隐藏不报，差不多在兴国各区都是这样做，真是无奇不有的怪现象！

对于上述的随意浪费，项英表示："我们要坚决的反对，如若继续不改的，就要用革命纪律来制裁。"与此同时，文章通报了中央政府对上述贪污行为的惩办结果，即"已命令江西省苏，将兴国县主席，财政部长，鼎龙区财政科长，国家商店的经理一律撤职查办，将来还要开法庭审判"。文章最后，项英特别指出："贪污是苏维埃政权下，绝不准许有的事，如若发生呢，即是苏维埃政府的羞耻。"因此，项英"号召工农群众起来，帮助政府，来反对各级政府浪费政府的钱，驱逐各级政府中的贪污分子出苏维埃。对于一切浪费经济，特别是贪污分子，都要给以严重的惩办"。①

上述临时中央政府颁布的人民委员会第三号通令和《红色中华》刊发的社论，以及项英的署名文章，均围绕从经济上支援红军发展革命战争这一中心任务，深刻阐明了节俭与反浪费贪污之间的关系，鲜明地表达了党和苏维埃政府发动群众、依靠群众，部署开展这项工作的决心和意愿，从而揭开了中央苏区节省经济与反贪污浪费相互促进的群众运动的序幕。从 1932 年 3 月至 1933 年 2 月，中央苏区开展的节俭经济与反贪污浪费的群众运动主要表现如下：

① 项英：《反对浪费严惩贪污》，《红色中华》第 12 期，第 6 版，1932 年 3 月 2 日。

1. 节省每日食粮、伙食费

据《红色中华》报道，中央政府警卫连于“（三月——引者注）十四日起，全体实行每日吃两餐饭，节省米粮，帮助红军发展革命战争。中央政府工作人员，亦于十五日，由群众团体召集会议，报告目前节省粮食、帮助红军意义之伟大与重要，经过大会热烈讨论，一致通过每天吃两顿饭，已于十六日开始实行”①。少共江西省委在3月14日晚召开全体工作人员会议，“经过热烈讨论，决定每人每天节省半碗米，帮助红军粮食，并在每五天将自己的伙食尾子，捐出二分之一，作为红军军费”②。少共福建省委“实行每人每月伙食费四元，减出半元送给前方作为战费，并决定每天吃一餐粥两餐饭，省出米来帮助红军粮食”③。中革军委红军休养所全体休养战士及工作人员，“热烈的自动决定，每人每天在本身伙食费中，节省大洋三分去帮助前线作战经费”④。

1933年1月，“革命军事委员会印刷所工友节省伙食慰问红军大洋二十六元四角七分”，“胜利县刨烟工友节省伙食帮助战费一月份大洋十七元六角”⑤。1933年2月22日，《红色中华》的“红板”专栏记载：“中央政府（自去年十月十六至十二月十七日止）节省大洋八十七元九角零六厘。”“全总执行局交来江西省工联及兴（国）寻（乌）二县工联（自去年九月二十六至十二月二十七日）节省大洋四百四十二元八角二分四厘。”“邮总局交来各县邮局（自去年十一月

① 《中央政府工作人员节省粮食帮助红军》，《红色中华》第14期，第6版，1932年3月16日。

② 《少共江西省委全体工作人员实行节省帮助红军》，《红色中华》第14期，第6版，1932年3月16日。

③ 荣光：《少共福建省委及汀市委履行节省运动》，《红色中华》第15期，第6版，1932年3月23日。

④ 《节省经济》，《红色中华》第52期，第2版，1933年2月13日。

⑤ 同上。

二十六至十二月一日)，节省大洋二百八十二元三角二分一厘。”“红校附属各部及直属各部(自去年七月三十一日起)，节省六百四十一元六角六分五厘。”“红板”是中央苏区开展各种竞赛活动时常用的表彰先进方式。“譬如在一个竞赛中，那些同志的成绩最好，在一个红板上就把这些同志的姓名登出来。”①上述“红板”中所登载的单位名称，就是在节省经济帮助战费的竞赛中取得优秀成绩的先进集体。

2. 节省办公费，节省一个铜片运动

据《红色中华》报道，江西省胜利县“实行节省运动以来，时间不过五十天，却得到了很大的成绩，在经济方面，统计区一级所节省出来的办公费，就有百余元”②。中央无线电队“举行了每人节省一个铜片的运动，参加人数过半，(1932 年——引者注)十二月份共得铜元五千六百二十文”③。“宁都邮务工友十二月份节省大洋二十八元六角一分五厘”，“中央印刷厂工友节省大洋二十四元五角七分。革命军事委员会印刷所工友节省大洋三十二元七分”，“中央造币厂工友节省大洋四十五元一角七分”，“中央军委会被服厂工友节省铜元十九吊八百四十文”④。

3. 批评浪费滥用

中央苏区在热烈地开展节俭经济的群众运动的同时，对各种浪费滥用、贪污腐化的行为展开了激烈的斗争。1932 年 3 月 16 日和 5 月 25 日，《红色中华》反贪污浪费专栏“突击队”刊登文章，揭露批评

① 《紧急战争动员中的〈红板〉名单》，《红色中华》第 46 期，第 6 版，1933 年 1 月 7 日。

② 《胜利县节省运动良好成绩》，《红色中华》第 23 期，第 5 版，1932 年 6 月 16 日。

③ 《节省运动的中央无线电队》，《红色中华》第 47 期，第 7 版，1933 年 1 月 14 日。

④ 《节省经济》，《红色中华》第 52 期，第 2 版，1933 年 2 月 13 日。

了“好阔气”浪费滥用的两个典型事例。一个是《好阔气的江西政治保卫分局》，“做一面旗子就花了九块多大洋，两根手枪丝带，去了一块贰毛四，买日历一买十本，用去了三块多大洋，一个月点洋烛就点了三十包。这大概是政治保卫分局的负责同志，认为没有漂亮的旗子、好看的手枪丝带，不足显示保卫局的特别威风”。另一个是《好阔气的小岔乡苏》，“两个月用去大洋五百余元，其中每五天有杂用费贰拾余元，（没有细数），每五天有客饭二十余元，犯人伙食每天算小洋一元，都拿来作伙食尾子分，每五天每人分二三元的伙食尾子，公家出钱买电油一次，就化费了六元四角，真阔气极了”。

4. 检举和惩治贪污腐化

1932年4月，江西省委，省苏维埃在群众举报下，严肃查处了胜利县苏维埃主席钟铁青、县委书记钟圣谅等“私拿了公款公开贩卖鸦片”的贪污腐化案，钟铁青被判处死刑，“钟圣谅因为不是明知故犯，判决监禁二年”①。与此同时，宁都县各区“财政部长因贪污被扣留者已有几人”②。瑞金县九堡区、武阳区“贪污腐化已发生不少”，中央执行委员会在《检查瑞金工作后的决议》中明确指示：“反对浪费严惩贪污，对于九堡区、武阳区的账目须彻底查究。”③

在领导群众广泛开展节俭经济运动的过程中，党和临时中央政府往往将节省经济与反腐败并重地反复强调要检查检举和严厉制裁贪污浪费分子。1932年7月1日，中央执行委员会发布训令指出：“各级苏

① 《肃清贪污腐化份子！钟学湘等判处死刑》，《红色中华》第57期，第4版，1933年3月3日。

② 柏台：《宁都苏维埃工作之一班》，《红色中华》第18期，第6版，1932年4月21日。

③ 中央执行委员会：《检查瑞金工作后的决议》，《红色中华》第16期，第5—6版，1932年4月6日。

维埃政府要领导群众团体做节省一切开支以充裕战争经费的运动,政府中一切可以节省的开支,如客饭,办公费,灯油杂费,都须尽量减少,尤其纸张信套,更可以节省使用。这一切节省,虽在各部份为数甚少,但集少成多,并可以养成苏区中更加刻苦更加节省的苏维埃工作作风——这是万分必要的,对苏维埃中贪污腐化的份子,各级政府一经查出,必须给以严厉的纪律上的制裁。谁要隐瞒,庇护和放松对这种份子的检查与揭发,谁也要同样受到革命的斥责。"①同年9月,中央财政部发布训令强调各级政府"领导群众发展节省运动,特别在各机关各部队中,一切用费如洋油、洋火、纸张及一切日常用品,必须有计划地减少用途节省用量,对于滥用浪费分子,须给以严厉的打击"②。

1932年12月1日,中央工农检察部颁布《关于检查苏维埃政府机关和地方武装中的阶级异己份子及贪污腐化动摇消极份子问题》的第二号训令,训令规定中央苏区各省、县、区、城市均须建立由工农检察机关和职工会、雇农工会、少先队部等群众团体与各级政府主席团的代表组成的检举委员会,并由它领导、指挥、监督对"本级政府机关及本级所属地方武装组织"的检举工作。训令要求各级检举委员会必须充分发动群众,"要来一个大大的检举运动"。这次检举运动的主要目的,虽然是为了洗刷"混入我们的苏维埃政府机关和地方武装中"的"一切阶级异己份子及各种反动政治派别",但各机关和地方武装中的贪污腐化分子,仍然是这场群众运动斗争的主要对象和检举的重点之一。③

---

① 中央执行委员会训令第十四号:《关于战争动员与后方工作》,《红色中华》第28期,第6版,1932年7月21日。

② 财政人民委员部训令(财字第六号):《目前各级财政部的中心工作》,《红色中华》第33期,第7版,1932年9月13日。

③ 中央工农检察人民委员部训令第二号:《关于检查苏维埃政府机关和地方武装中的阶级异己份子及贪污腐化动摇消极份子问题》,《红色中华》第45期,第3版,1932年12月19日。

（二）节省运动的蓬勃发展与惩治贪污浪费条例的颁布

1933年3月至1934年3月，在党和临时中央政府的领导下，中央苏区广大工农群众，红军官兵和苏维埃工作人员，为了支援革命战争和发展苏维埃经济，持续开展以每人每天节省一个铜板，减少伙食费，以及退回公债为主要内容的节省运动。

每人每天节省一个铜板的理念，是中央财政部在1932年9月为了“转变过去依靠红军筹款的路线，做到政府供给红军战费”而颁布的第六号训令中提出来的。训令在阐述各级财政部“领导群众进行节省运动”对“实现政府供给红军战费”的重要性时指出：“就以政府机关及各军队、各团体人数假定十万人来说，每人每天最少节省一个铜板，那么每天就可节省十万个，一个月可节省三百万，扣大洋可得一万元。如果将这个运动扩大到整个苏区群众中去，‘每人每天至少节省一个铜板帮助红军作战’，那么以中央区三百万群众计算，一个月所得就有三百万元，这个数目厉害不厉害！”因此，训令要求：“各级政府必须了解这个意义，领导群众发展节省运动。”①但当时仅有中央无线电队、红校炮兵队第一连等“几个团体开始节省一个铜板运动”，“做得十分不够，没有引起全苏区工农劳动群众的普遍响应”。② 1933年3月6日，《红色中华》“特向全体同志们作一最热诚的号召：以革命竞赛的方法立刻开始节省一个铜板，退回公债，减少伙食费的运动！”③号召立即得到中央苏区广大民众、苏维埃工作人员和红军指战员的热烈

① 财政人民委员部训令（财字第六号）：《目前各级财政部的中心工作》，《红色中华》第33期，第7版，1932年9月13日。

② 《本报号召立刻开始节省一个铜板、退回公债、减少伙食费的运动》，《红色中华》第58期，第3版，1933年3月6日。

③ 同上。

响应,并迅速掀起了节约一个铜板、减少伙食费、捐津贴等的节省运动高潮。《红色中华》密切关注、紧密配合并及时跟踪报道节省运动在中央苏区各地的发展情况:

(红军)残废院的全体休养及工作同志,自热烈自动的实行一个铜片的节省运动后,已节省了很大的数目,兹分录于下:第一所大洋四十三元三角九分五厘,第二所大洋六十一元四角三分五厘,训练队大洋二十五元五角四分四厘,疗养所大洋十三元九角五分,院部大洋十六元二角二分八厘,总共大洋一百五十六元五角五分二厘。①

(江西)各县邮务工人都很热烈的参加了节省经济运动,把伙食费减少,把所得的工资拿出来帮助战费、慰劳红军,总计节省:公略一三六元四角,雩都一三五元二角,安远二十二元一角八分,永丰八十九元,寻乌五元九角余,会昌四十二元五角,博生九十二元六角六分,乐安十五元,总局二十二元,瑞金四十六元六角三分,宜黄二十五元,胜利八十六元六角六分,赣县五十七元九角五分,兴国二百一十元,石城十五元,广昌二十四元四角,万太九十九元五角。②

兴国城市缝业工人"每人每天自动节省伙食费三十文,每人捐助谷子六升,钱一百,每人(女工占半数)节省(1932年)十二月年关费的十分之二,并实行礼拜六,以每月四天工资,优待红军家属"③。

兴国城市刨烟工人"自动的拿出老板赔偿罢工损失的大洋

---

① 吴茂林:《残废院二月份节省成绩》,《红色中华》第62期,第3版,1933年3月18日。

② 《江西省邮务工人热烈节省经济的总结》,《红色中华》第68期,第6版,1933年4月11日。

③ 《自动退回公债的好模范》,《红色中华》第60期,第3版,1933年3月12日。

二十元,全部捐给红军”①。

福建军区后方第二分院“许多伤病战士自动要求每天每人减少伙食费大洋五分,并取消每月的休养费。军区政治部为优待伤病战士,只允许每天每人减少大洋二分。而该院工作人员亦同样热烈的自愿每天每人减少伙食大洋一分”②。

红军学校工科主任教员吴子罕,“红校为优待国家技术人员,特给他五十元津贴,但吴子罕同志……坚决要求全部免发该项津贴”③。

中央兵工厂“工人自动节省了大洋五百元,更有东三省来的韩日升、刘广成、郝希英等三同志,均自愿减少工资十元,帮助革命战费”④。

红军一军团“自接到《红色中华》的号召后,全体指挥员战斗员更热烈的起来响应,成绩伟大惊人,四月一日至二十日止,计节省经费一千八百零六元、退还公债七千一百十二元五角、捐助战费五百八十三元一角,共计九千五百零一元六角”⑤。

“退回公债”是与节省一个铜板、减少伙食费竞赛同时在中央苏区各地兴起的群众性节省经济的运动。在1933年3月6日《红色中华》发出开展这一运动的号召之前,中央苏区已先后发行了两期革命战争公债,第一期于1932年6月发行60万元(含湘鄂赣苏区发行的10万元);第二期于同年10月发行,原定发行120万元,实际发行

① 《拿出罢工赔偿金来全部帮助红军战费》,《红色中华》第60期,第3版,1933年3月12日。

② 《伤病战士继续退还公债》,《红色中华》第72期,第2版,1933年4月23日。

③ 《学他的样吧!》,《红色中华》第63期,第3版,1933年3月21日。

④ 《战争动员中的中央兵工厂》,《红色中华》第63期,第3版,1933年3月21日。

⑤ 《首先胜利终竟归于英勇红军》,《红色中华》第72期,第2版,1933年4月23日。

128万元。中央苏区广大工农群众、苏维埃工作人员以及红军指战员节衣缩食踊跃认购。第二期战争公债圆满完成发行任务后，中国店员手艺工人工会会员、瑞金城市工人等秉持拥护苏维埃政权、充裕革命战争经费的赤诚之心，纷纷“将自己所认购的二期公债票自动退回政府，不要还本”①。《红色中华》及时传播这种无私奉献的精神，号召人们以竞赛的方式来开展退回公债运动。《红色中华》的号召迅即在中央苏区各地得到“风起云涌般的热烈响应”。

1933年3月12日，《红色中华》退回公债的号召发出仅6天，会昌县“各业工友退还公债票的总数已一百零六元”。与此同时，“胜利县工会在第三次执委扩大会上，出席代表自动退还公债二十四元”。瑞金县“苦力工友共退还了十五元，药业工友共退还了十六元”。“会昌门岭市全体工人，得到退还第二期公债来帮助战争的号召，非常热烈，当即开会一致通过全市工人的二期公债都退回政府，在会场上立即踊跃退回来的有一百一十元。”②

3月16日，红军“残废院的全体休养员及工作员，在《红色中华》的号召之下，一齐响应退回第二期公债，不要政府还本。……该院同志又退回三百五十多元”③。随后，红军总兵站后方分站所属第十三中站的全体指挥员与红色战士们，“都很热烈的自动退还了第二期公债，计大洋四十一元五角。又自愿捐助战费现金大洋一十九元四角五分”④。

3月27日，在《红色中华》提出将退还公债运动深入到农村去的号召后，“农村中退还公债的巨浪”不断高涨。瑞金县武阳、壬田、云

① 《响应退还二期公债》，《红色中华》第58期，第3版，1933年3月6日。

② 《响应本报号召——风起云涌般的热烈》，《红色中华》第60期，第3版，1933年3月12日。

③ 《继续响应》，《红色中华》第64期，第2版，1933年3月27日。

④ 张凤岗：《退还公债又捐现洋》，《红色中华》第64期，第3版，1933年3月27日。

集三区“退还五千余元”①。石城县“大猷区已经退还了二千一百元”②。宁化县“淮阳区十天退还公债二千余元”③。长汀县红坊区洋亨乡洋亨村“全村一晚退还了二百余元”④。福建上杭县才溪区上才溪、下才溪、曾坑三乡“全体群众,将所买的全数公债,不要本息退还政府。共退回公债三千零四十一元”⑤。

与此同时,红军中“退还公债像狂潮一般汹涌”,“每个红军战士以冲锋杀敌的精神来响应《红色中华》的号召”。红三军团“在三月份至四月中间,全军团共退还公债与自动捐助的数目,共计五千八百十八元五角”⑥。红军总司令部、总政治部、总供给部、总卫生部、无线电总队等总部直属机关,“在短时期内的成绩就一鸣惊人”,退还公债“总共一千八百十五元”。⑦ 红五军团“全体战斗员指挥员为响应《红色中华》经济动员的号召,在十天内退还公债三千五百元”⑧。

随着节省运动的蓬勃发展,在广大工农群众的热烈要求下,“中央执行委员会特批准瑞金、会昌、雩都、胜利、博生、石城、宁化、长汀八县苏维埃工作人员查田运动大会及八县贫农团代表大会的建议,发行经济建设公债三百万元”⑨。其中,“一百万元用来借给红军,帮

① 《本报号召深入到了农村中》,《红色中华》第67期,第2版,1933年4月8日。
② 《农村中退还公债的巨浪》,《红色中华》第69期,第2版,1933年4月14日。
③ 罗维祺:《淮阳区十天退还公债二千余元》,《红色中华》第77期,第3版,1933年5月8日。
④ 李胜标:《一村一夜退回二百余》,《红色中华》第78期,第3版,1933年5月11日。
⑤ 李中:《把所有公债退还政府》,《红色中华》第82期,第3版,1933年5月29日。
⑥ 《谁跟红三军团来比赛》,《红色中华》第76期,第5版,1933年5月5日。
⑦ 《一鸣惊人的红军中退还公债运动》,《红色中华》第71期,第3版,1933年4月20日。
⑧ 《红五军团来电告捷》,《红色中华》第74期,第3版,1933年4月29日。
⑨ 《中央执行委员会关于发行经济建设公债的决议》,《红色中华》第96期,第1版,1933年7月26日。

助革命战费。一百万元交与粮食调剂局与国家贸易局,来发展国家企业并调剂商品流通。一百万元用于帮助合作社的发展,其中分配与粮食合作社及消费合作社的各三十万,分配与信用合作社及生产合作社的各二十万”。在南部八县区以上苏维埃负责人的查田运动大会上,“八县承认推销的数量,已达二百四十四万五千元,即已达三百万总数的百分之八十以上”①。福建长汀县红坊区工农群众,“仅在三个会议上,热烈的争先恐后的购买了一万一千多元的经济建设公债票”②。江西博生县流南区,“在十多天内一次动员,就销了一千多元公债”③。瑞金县九堡区山下乡,“在经济建设公债没有发下来之前,就有许多革命群众,聚集了七百多担谷子,送区苏,首先登记,准备购买经济建设公债”④。公略县开岑区“工农群众用竞赛方法来购买公债,在十天中完成一万八千五百元”⑤。

为了在节省经济的高潮中推动反浪费贪污斗争的开展,“使这一运动成为有组织有计划的群众运动”,1933 年 11 月 20 日,中央政府召开全体工作人员会议,会上经中央财政部部长林伯渠提议,议决组织了中央节省委员会。与此同时,党中央局指示:“开展节省运动,抓紧每件事实,发动反浪费贪污的斗争,组织经常的经济审查委员会,每月一次清算各机关自己的账目。”⑥12 月 1 日,中央财政部“开工作人员会议,讨论节省经费,帮助战争,开展反浪费斗争问题”。会议对财政部管理科科长王益哉浪费公款等行为“作了残酷的斗争”,揭露

① 亮平:《全体工农群众及红色战士热烈拥护并推销三百万经济建设公债》,《红色中华》第 96 期,第 1 版,1933 年 7 月 26 日。

② 《经济动员中的福建群众》,《红色中华》第 110 期,第 3 版,1933 年 9 月 18 日。

③ 钟平:《购买公债的冲锋突击》,《红色中华》第 113 期,第 3 版,1933 年 9 月 27 日。

④ 《准备了七百担谷子》,《红色中华》第 113 期,第 3 版,1933 年 9 月 27 日。

⑤ 许益平:《推销公债的热潮》,《红色中华》第 114 期,第 3 版,1933 年 9 月 30 日。

⑥ 《猛烈开展节省运动》,《红色中华》第 128 期,第 3 版,1933 年 11 月 23 日。

指斥王益哉在物质、经费、人力等方面浪费公款的表现和在工作方面“没有精密的组织与分配”①的官僚主义作风。

1933 年 12 月 2 日,《红色中华》号召全苏区革命群众实践六项节省规约时,特别提出要“残酷的开展对一切浪费的官僚主义者的斗争”②。12 月 5 日,《红色中华》发表《节省经济与开展反浪费斗争》的社论,社论在充分肯定苏区广大工农群众和红军指战员退还公债,“得到实数一百万以上”“节省伙食和零用,外籍红军请求不发红军公谷钱”“江西有些县区乡工作人员自带伙食一月或二月”等所取得成绩的基础上,严肃指出:“目前却有许多的苏维埃及军事机关,发生极大的浪费和预算不实的事情。”社论列举事实说:“(1932 年)十月份,中央总务厅预算浮开至五千元之多,总卫生部十月份预算记载后方医院伤病及工作人员,人数与实际所有数相差很远,瑞金县苏每月灯油费一项达一百二十元之多,其他不少的苏维埃机关及军事机关浮支浪费的事亦时常发现,这证明浪费现象现在差不多仍是普遍的存在着。”社论号召各级政府、各级军事机关严格执行中央人民委员会关于节省经济开展反浪费斗争的训令,“为每月节省二十万至三十万元经费”“必须节省一切不急需的开支,裁减一切不必要的人员”③。

12 月 10 日,中央工农检察部在瑞金县苏维埃财政九、十月份经费收支决算报告书内,发现许多浪费的现象:“如九月份文具费用了三百六十元,仅仅白纸一项,就支出了二百三十八元;十月份算是减少了一点,也买了一百三十元。在我们的苏区内,纸是重要生产品之

① 《经济战线的前哨战》,《红色中华》第 132 期,第 1 版,1933 年 12 月 5 日。

② 《本报号召全苏区革命群众实践六项节省规约》,《红色中华》第 131 期,第 3 版,1933 年 12 月 2 日。

③ 社论:《节省经济与开展反浪费斗争》,《红色中华》第 132 期,第 1 版,1933 年 12 月 5 日。

一，价格原是极便宜的，但瑞金县苏这一个机关在一个月内需用二百多元钱白纸。在文具费内，十月份用了八元钱复写纸、五十二元钱银珠，这些都是骇人听闻的浪费。修理房屋方面，瑞金县苏是经常进行的，九月份修理花了一百多元钱，十月份又花了二百六十二元钱，在九月份用了一百二十六元钱的点灯油，每天均四元多钱，十月份也花了一百多元灯油费。”中央工农检察部经调查访问，“和从群众中得到的报告，结果检查出瑞金县苏财政部长有重大的贪污嫌疑”①。为了遏制和惩治贪污及浪费行为，中央执行委员会于 1933 年 12 月 15 日颁布《关于惩治贪污浪费行为》的第二十六号训令。训令以法律条例的形式，规定了贪污罪、挪用罪、浪费罪犯罪的概念和依其数额程度的惩罚办法。依此条例的规定，中央人民委员会于 12 月 28 日对中央政府总务厅和瑞金县苏维埃的检举结果予以公开处分：“中央总务厅长赵宝成撤职，管理处长徐毅拘押讯办，瑞金县财政部长蓝文勋撤职查办，会计科长唐仁达交法庭处以极刑，并给予县苏主席杨世珠以警告处分。”②

（三）节省运动和反贪污浪费斗争掀起新高潮

1934 年 3 月 13 日，《红色中华》号召，为粉碎敌人第五次“围剿”，“充裕前方红军战争的经费，帮助目前财政困难的解决，我们后方的全体工作人员应该在生活上完全服从战争。……因此，本报提议在四月至七月这四个月中来节省八十万元经费”。为实现这一目标，“使这个节省运动成为广大的热烈的群众运动”，《红色中华》号召：“动员党团工会全体苏维埃工作人员及各学校一致热烈的举行节

① 《开展广泛的反贪污斗争——瑞金财政部九、十月份决算检讨》，《红色中华》第 134 期，第 3 版，1933 年 12 月 11 日。

② 《人民委员会对于中央总务厅与瑞金县苏贪污浪费案的处分》，《红色中华》第 140 期，第 2 版，1934 年 1 月 4 日。

省经费的革命竞赛。”并提出政府工作人员每人每日照规定食米量节省二两，裁减非必要人员，分了田的工作人员自备伙食一个月，减少国家企业工作人员津贴等节省的具体办法。①

《红色中华》的号召首先得到中央各机关的“一片响应声”，中央国民经济部全体工作人员“请求人民委员会以后减发苏维埃工作人员的伙食，每人每天油盐菜钱减至三分（原来四分），食米减至一斤（原来一斤二两）”。中央政府总务厅、中央粮食部、中央劳动部全体工作人员，“决定在伙食上每人每天节省二两米”。中央土地部全体工作人员一致通过“每天每人节省食米二两，……菜钱节省一分”，并且提出“今年不要公家发单衣”。中央土地部部长“胡海同志打头报名写信回家送一月火食”，随后有多名同志报名自带半月伙食。② 中央教育部全体工作人员“具体讨论了节省运动，对办公费、灯油、工具提出了许多节省办法，在伙食方面每人每天节省二两米，并决定自己种菜，以补助伙食”。中央工农检察委员会“节省办公费文具，过去有十五盏灯，现决定二人共一盏就可减少一半”，并“裁减了非必要的人员”。③ 中共中央机关外籍工作人员联署签名致信《红色中华》，响应节省的号召，情真意切地表示：

我们是从白区来的我们在苏区没有分田，但是我们为着革命战争，使我们能在持久战中取得彻底胜利，愿意：

一，每天节省二两米，使前方红军，吃饱，好打胜仗。

二，今年公家，不发我们热天衣服，把这些衣服给新战士穿。

① 《本报号召：为四个月节省八十万而斗争》，《红色中华》第161期，第1版，1934年3月13日。

② 《对于本报号召的一片响应声》，《红色中华》第161期，第2版，1934年3月13日。

③ 《猛烈开展的节省运动》，《红色中华》第164期，第3版，1934年3月20日。

我们要求其他白区来的同志，和在苏区分了田的同志，都同我们一起，来响应《红色中华》的节省号召！

签名人：左觉农，陆定一，余长生，邓颖超，博古，刘群先，陈云，毛泽覃，朱琪，覃伯益，林恺，郭香玉，刘自升，彭儒，廖昔崐，成仿吾，刘素珠，罗迈，阿金，潘汉年，赵婉媛，陈一新，贾拓夫。①

少共中央局胡耀邦、凯丰、张爱萍、刘英、曾光、施碧晨、陈良佑、肖月华等"外籍同志要求今年不发热天衣服"，李才莲、陈互显、钟昌材、俞维新、李中等"苏区的同志自动从家里带伙食来"，"全体工作人员每人每天减二两米"。②

党中央局的节省运动深入到工作的各个方面和点滴细微处："通信员减少百分之卅五，公差（路费补贴——引者注）完全取消，挑夫减少百分之十五"，"火油减少百分之卅，办法：是以木油代火油，无事时把灯熄了。信封减少百分之七十五，在本埠完全用已经用过的信件或毛边纸自造的信封"，"铅笔每月只用以前的百分之十五，毫笔以后每月只用以前的百分之二十，浆糊只用自己造的，邮票减少百分之二十"。③

紧随中央党政机关"为实现四个月节省八十万元"而掀起的节省高潮之后，中央苏区各地苏维埃工作人员、工农群众以及学校师生等都积极响应《红色中华》的号召，争先恐后地投入到火热的节省运动中。中革军委印刷所工人集体讨论后，"决定要求中央政府批准免发

① 《中共中央机关外籍工作同志给本报节省运动号召的回答》，《红色中华》第164期，第3版，1934年3月20日。

② 《少共中央局热烈响应本报号召》，《红色中华》第167期，第3版，1934年3月27日

③ 《党中央局的节省运动》，《红色中华》第166期，第3版，1934年3月24日。

工资”，并豪迈地表示：“牺牲个人的利益来争取彻底粉碎敌人五次‘围剿’的胜利是我们所有工人最光荣应当有的任务。”①兴国县上社区“节省办法是发动群众大家少吃油盐，不做衣服，多做劳动，如挑担、卖柴、种菜等等，把赚来的钱都节省起来帮助革命战争”②。福建红军补充团响应节省号召，“全体上山砍柴已达值百余元的数目”，“砍松明（有油的树）点火代替灯油”，“在军人大会上举行节省竞赛”。③ 瑞金通信学校师生，“节省灯油的实际办法——早晨提早起床，把温习的时间提到早上，把会议和讨论放在晚上，并利用月光开会，实行会合办公。节省纸张，尽量利用一切废纸写字”④。

国家银行总行全体工作人员向中央财政部、粮食部、贸易局、粮食调剂局、中央印刷厂、造币厂、合作总社等机关挑战，订立了一百天三大项节省的竞赛条约：“一、节省工资津贴帮助战费，二、每天每人节省二两米帮助红军给养，三、种菜种杂粮，使得一百天内能够自给伙食五天（国家银行自给十天）。”并且“一致要求免发五个月工资津贴帮助战费”⑤。瑞金县苏维埃裁减非必要的工作人员，“（1934年——引者注）三月份比一、二月份，全县、区、乡三级共裁减了二百八十三人，比去年十月至十二月减少了五百零九人，差不多减少了一半。……节省客饭、药费，减少旅程费，规定到三十里以外的黄柏、隘前两区才发一角钱的路费，总共每月约可节省五百元”⑥。

---

① 《军委印刷所要求免发工资》，《红色中华》第165期，第3版，1934年3月22日。

② 菲莪：《兴国节省运动的模范》，《红色中华》第165期，第3版，1934年3月22日。

③ 赖盛华：《红色战士的节省运动》，《红色中华》第167期，第3版，1934年3月27日。

④ 《通讯学校的节省运动》，《红色中华》第168期，第3版，1934年3月29日。

⑤ 亚光：《国家银行的节省运动》，《红色中华》第169期，第3版，1934年3月31日。

⑥ 王首道：《介绍瑞京裁减闲员节省经费的经验》，《红色中华》第169期，第3版，1934年3月31日。

在逐浪高涨的节省运动中,中央苏区党和政府高度重视并领导广大工农群众齐头并进地同时开展反贪污浪费的斗争。1934 年 1 月 24 日,毛泽东主席在第二次全国苏维埃代表大会的报告中指出:“应该使一切苏维埃人员明白,贪污浪费是极大的犯罪。向着贪污浪费作坚决斗争,过去虽有了些成绩。以后还应加紧的用力。”①

3 月 13 日,《红色中华》在发出“四个月节省八十万元”号召的同时,发表社论指出:“节省的开展必须更进一步的来深入反贪污与浪费的斗争。”社论在阐述这两者之间紧密联系、相互促进的关系时说:“贪污的案件在部分地方(如中央总务厅、瑞金县苏及雩都等地)虽然相继破获,但我们相信一定还有不少的有经验的机妙的贪污犯逍遥在苏维埃法律之外。至于浪费的现象,同样的还是没有消灭,腐败的管理方法与浮支乱用实际上在个别地方仍然是有的。现在我们必须把所有的反贪污浪费斗争的经验运用到各地去,深入到每一个机关中间,使这一个斗争更进一步的开展起来,这应该是保障节省运动成功的主要前提。”②

3 月 21 日,中央政府全体工作人员召开会议,“讨论进行各部门间的检举工作”。会议深刻指出:“必需把检举运动造成广大的群众运动,从各种组织上来动员,经过党团工会的支部小组,列宁室会议,工作人员会议等来进行检举,利用墙报,控告箱等来告发一切官僚腐化贪污浪费消极怠工等份子,以群众的力量来开展这一斗争。”③

4 月 19 日,中央人民委员会在号召开展“每人节省三升米捐助红军”的指示信中着重指出:“要从节省运动中去开展反贪污浪费与

① 《中华苏维埃共和国中央执行委员会与人民委员会对第二次全国苏维埃代表大会的报告》,《红色中华》第二次全苏大会特刊,第 3 期,第 1 版,1934 年 1 月 26 日。

② 社论:《一切节省给予战争》,《红色中华》第 161 期,第 1 版,1934 年 3 月 13 日。

③ 《中央政府进行检举运动》,《红色中华》第 166 期,第 3 版,1934 年 3 月 24 日。

消极怠工的斗争,从节省运动与反贪污浪费、消极怠工的斗争中来肃清混入苏维埃及军事机关中的阶级异己分子。"①六天后,中央粮食部部长陈潭秋在为《红色中华》撰写《把节省运动发展到群众中去》的社论中特别强调:"防止贪污的发生,是节省运动中一个非常重要的工作。各级粮食部须印发节省收据与存根,随时检查经手人的登记和账目,随时将节省者的姓名和节省数目在各村各屋悬榜公布,发动群众来核对检查,如有贪污的事件,必须严厉的给予制裁。"②

在党和临时中央政府的领导和组织下,反贪污浪费的斗争与节省运动在中央苏区各地相互激荡、相互促进地蓬勃发展。1934 年初,中央各机关开展的反贪污斗争的检举运动,"发动了中央一级的工作人员,积极参加这一斗争,特别是各机关的工农通讯员,他们起了很大的作用,大多数的贪污案件,是由于通讯员的通讯而检举的。更由于群众的参加与揭发,使反贪污斗争更加开展"。3 月底,中央工农检察委员会公布《关于中央一级反贪污斗争的总结》:"被检举的处罚,经过群众提议贪污份子送法庭制裁的二十九人,开除工作的三人,包庇贪污与官僚主义者送法庭的一人,……建议行政机关撤职改调工作的七人,给严重警告的二人,警告的四人。"③

1934 年 3 月 29 日,《红色中华》登载项英撰写的《雩都检举的情形和经过》,详细记述了项英代表中央党务委员会和中央工农检察委员会,率领中央工作团在雩都领导检举以及所开展斗争的经过。通过发动群众,调查取证,中央工作团终于揭发了"雩都党与政权机关

① 《人民委员会为节省运动的指示信》,《红色中华》第 179 期,第 3 版,1934 年 4 月 24 日。

② 社论:《把节省运动发展到群众中去》,《红色中华》第 180 期,第 2 版,1934 年 4 月 26 日。

③ 中央工农检察委员会公布:《关于中央一级反贪污斗争的总结》,《红色中华》第 167 期,第 3 版,1934 年 3 月 27 日。

的领导者及大批工作人员违反党、违反苏维埃的行为”。雩都县委书记刘洪清“贩卖谷盐进出口”被撤销职务。县苏维埃主席熊仙璧“贪污公款做生意”，经群众审判会审判后，移送司法机关被判决监禁一年并剥夺公民权一年。贪污首犯县军事部部长刘仕祥和刘天浩、李其芬及少共县委书记滕琼，在全县公审大会上当场判决并执行死刑。同年4月，石城县劳动部副部长谢德昌“渎职并贪污社会保险金”，城市区工会主任温彩腾“假借募捐援助白区工人和优待红属的名义，向木船工人索款”敛财，经群众斗争和中央劳动部检查员提起控诉，均移送法庭制裁。①

1934年5月，《红色中华》报道中央苏区各地检举的贪污分子有：“瑞金保卫分局管理员王立贵，每天克扣每个同志二两米，一共扣了三十五斤半。”“中央印刷厂社会保险局长曾玉浪、会计寥前生、保险委员王承根三人互相串通共贪污了保险金七十二元七角。”“石城新村少共区委书记温庆祯把上级发给部员的伙食费（九元）克扣下来，拿去吃肉吃酒，在粮食突击尚未完成前便把该区委四个部员打发回家，贪污他们的伙食费。”“赤水县马头区苏工作人员仅有二十一人，但是该区财政部造预算决算时以四十三人计算，冒领公家的伙食。”“长胜县苏司务长罗庆祥贪污米四百八十二斤，经过数次和他斗争，他总是坚不承认，后经同志们举出他贪污的确实证据，他才哑口无言。”②

1934年7月7日，《红色中华》刊登文章揭露各地粮食收集突击运动中的贪污浪费现象有：雩都“全县还有一千多担谷没有下落，最近仅在各乡查出贪污的公债款有八、九十元。在新坡区藤桥乡和壇头区查出打埋伏的公谷几十担”。“赤水县有大批乡苏和支部负责人员贪污公谷，如马头区肖交乡主席与支部书记贪污公谷二百余斤，赤

---

① 《开展反贪污社会保险金的斗争》，《红色中华》第180期，第3版，1934年4月26日。

② 《检举这些贪污的坏蛋》，《红色中华》第186期，第2版，1934年5月9日。

水区杨坊乡苏工作人员把没收的谷子拿去吃完，塘坊区长岭乡苏主席和党支部吃去公谷五百余斤，交田区琴交乡主席贪污公谷三百余斤、大洋十余元。”广昌县山头乡“该乡人员到乡苏去，不论任何工作均可吃饭，不索取伙食费。每顿饭大家是无限制的吃，尽肚皮吃个大饱。同时拿收谷子的谷票去换盐吃”。“洛口池布区湖岑嘴乡苏浪费粮食的现象也是一样。”①在揭露上述贪污浪费等腐败现象的同时，《红色中华》痛斥：“这些破坏节省运动的坏蛋，直接使我们工农红军的给养发生影响，实际上也就是敌人进攻我们的助手！”并结合形势警醒人们：“前线上的战争更加紧急了，后方群众的节省运动也正在猛烈的开展！可是这中间，我们一分钟也不要疏忽了贪污浪费的坏蛋。”②

如上所述，中央苏区反贪污浪费的斗争是时刻伴随着反“围剿”的激烈炮火和节省运动的逐浪高涨而不断发展的。

三、反官僚主义贯穿苏维埃各项工作中

（一）官僚主义是“遮塞在苏维埃与民众之间的废物”

官僚主义，在学界通常分为两个方面：其一，是就国家形态、政治制度而言的官僚主义，即体制上的官僚主义；其二，是就工作作风、领导方式而言的官僚主义，即所谓技术性的官僚主义，或称作风上、领导方式上的官僚主义。③ 体制上的官僚主义，在剥削制度下，官僚

① 《立即把粮食集中起来，猛烈开展反贪污浪费的斗争！》，《红色中华》第211期，第1版，1934年7月7日。

② 《检举这些贪污的坏蛋》，《红色中华》第186期，第2版，1934年5月9日。

③ 参见金波：《官僚主义若干问题的政治学考察》，《国际关系学院学报》1998年第3期；田猛：《官僚主义的涵义、形态和马克思的认知》，《西安交通大学学报（社会科学版）》2012年第3期。

就是“人民的主人”，是居统治地位的特殊阶层，“人民在官吏面前完全无权，特权官吏完全不受监督”①。这种官僚主义的基本特征是官与民的对立，其实质是剥削阶级进行政治统治和社会管理的制度和法则。土地革命战争时期，中国共产党领导工农武装在中央苏区推翻旧的官僚体制，建立了中华苏维埃共和国临时中央政府；尽管中央苏区的辖区仅限于赣南、闽西等局部区域，但在工农民主专政的新型国家，执政的中国共产党全心全意为人民服务，苏维埃政府由人民当家作主，中央苏区绝大多数党员、干部和苏维埃工作人员，心系群众疾苦，从群众切身利益相关的生产、生活问题入手，想群众之所想，急群众之所需，卓有成效地开展苏维埃各项工作。在“二苏”大会上受到毛泽东主席高度赞扬的“乡苏工作模范”——江西兴国县长冈乡和福建上杭县才溪乡，就是苏维埃执政为民、勤政爱民的典范。体现绝大多数人意志，代表绝大多数人利益的苏维埃政权，虽然其本质决定了不存在官与民的对立，即不存在少数人对多数人进行剥削压迫的体制上的官僚主义，但“在任何设官而治的社会中都可以见到”的技术性的官僚主义，也即任何“科层制”管理体系中都必然会有的工作作风和领导方式上的官僚主义，在中央苏区许多地方都不同程度地存在，其表现主要有以下方面。

1. *漠视群众疾苦*

官僚主义者忽视或违背为人民服务的宗旨，脱离群众，不关心群众疾苦；“不深刻了解下级实情，不迅速解决群众切身问题”，如汀州市群众“没有柴烧，资本家把盐藏起来没有盐买，有些群众没有房子住，那里缺米，米价又贵”。但是汀州市政府对于群众十分

① 列宁：《俄国社会民主党人的任务》，《列宁全集》第 2 卷，人民出版社 1984 年版，第 437 页。

盼望帮助解决的这些实际问题,漠不关心,“一点也不讨论”①。洛口县王陂区“山陂乡的乡代表不肯优待红军家属,迫得红军老婆赶到县里叫老公回家。雩都城郊的红军家属没有禾种,要求发给备荒的谷子,而不得允许。城市优待红军合作社赚的钱被主任和会计拿去用了,而红军家属得不到分文”。瑞金县“云集区某乡的乡苏主席,不但不管红军家属的春耕,甚至红属到乡里来哭,反受他痛骂一顿”②。

1934 年 5 月 11 日,中央人民委员会在《关于红五月优待红军家属工作的检阅》训令中曾严厉指出:“在目前春耕运动快要结束的时候,尚有许多红军家属的田没有水,没有插秧。给红军家属做工要饭吃的还是不少。甚至有些地方不仅要饭吃而且要拿工资,至于红军家属的日常生活(如油盐米)还有许多的困难。在目前青黄不接的时候,已经发现了有些红军家属没有粮食的现象,然而我们还没有设法完全解决。其次,城市红军家属的生活困难,成为比乡村中更大的问题。这主要的是由于城市红军家属多半未分土地,但是我们的同志往往忽视他们的困难,没有想出许多办法去解决。”③

2. 强迫命令和欺骗威吓

官僚主义者在执行苏维埃政纲,开展苏维埃政治、经济、文化建设以及战争动员等各项工作中,不愿深入基层、深入群众做耐心细致的宣传解释、说服鼓动等思想工作,而是依仗权势,采取强迫命令或

① 毛泽东:《关心群众生活,注意工作方法》,《毛泽东选集》第 1 卷,人民出版社 1991 年版,第 137 页。

② 《坚决反对优待红属工作怠工忽视红军家属春耕莳田的可耻现象》,《红色中华》第 189 期,第 3 版,1934 年 5 月 16 日。

③ 中华苏维埃共和国人民委员会训令(中字第二号):《关于红五月优待红军家属工作的检阅》,《红色中华》第 189 期,第 3 版,1934 年 5 月 16 日。

欺骗威吓的方法，“命令主义地推销公债，不管群众了解不了解，买不买得这样多，只是蛮横地要照自己的数目字去派”①。“以致在许多乡中发生了平均摊派的极严重现象，不经过工会、贫农团、妇女代表会及其他群众团体的论讨与承认，不在乡苏的代表会议上做报告，更不开群众大会将公债意义解释清楚，而只把公债票发交乡苏，乡苏平均分配于各个乡代表，乡代表又平均分配于群众，不管群众了解不了解，一律平均分摊。个别地方则强迫中农买，不买就说他是富农，以致许多地方引起了群众不满意。”②

命令主义的扩红突击，杨殷县黄塘区少先队部的参谋黄宗栋和均材区少先队区队长吴杨星，“在开团员大会上，根本不做政治鼓动，公开用出强迫团员的办法，强迫团员在大会上报名当红军。还说今天你们不报名当红军就不散会，同时把开会的门都关起来，不准团员行动，结果团员以及群众大起恐慌，引起群众的反对”③。门岭县“强迫命令的动员方式，甚至曾经把一部分群众闭（即“逼”——引者注）得跑到白区去”④。威吓、捆绑、利诱、欺骗等极端手段的运用，也是命令主义的扩红突击所衍生的现象。长胜县长胜区“发生了用欺骗、捆绑、封门、夜间搜山的极严重的强迫命令，如窖下乡贫农团去封门，少共支书宣传人家不去用绳绑，果园乡、通天乡夜间拖梭标去搜山，还有用‘坐一下训练’来欺骗模范队员集中”⑤。万泰县寺下区在一

① 毛泽东：《必须注意经济工作》，《毛泽东选集》第1卷，人民出版社1991年版，第125页。

② 中央人民委员会训令：《关于推销公债的方法》，《红色中华》第108期，第7版。1933年9月6日。

③ 钟昌材：《反对扩大红军突击运动中的消极怠工》，《青年实话》第3卷第10号，第13页，1934年2月11日。

④ 《半月来各县扩大红军突击工作的检阅》，《红色中华》第135期，第1版，1933年12月17日。

⑤ 乙工：《把乐观的官僚主义突击队长清扫出去》，《红色中华》第235期，第2版，1934年9月18日。

个党的会议中，强迫一个反帝同盟主任报名，“不报名，就处罚苦工当伙夫”①。西江县“梅坑、黄安（区）以集中训练代替直接的动员群众参加红军，特别是高安区圆埧乡突击队，欺骗人到区苏来开会，结果到了区苏便不得回去”②。会昌县“高排区要人当红军便骗人说到县城有钱发，到瑞金又有四块大洋”③。西江县洛口区苏维埃主席黄谷波“在赤少队上操时去做扩大红军突击工作，这只主席不仅不从政治上去动员赤少队加入红军，且公开向下操的赤少队员说：‘你们大家去报名当红军去吧，不要紧，到了补充团可以开小差回来。’在他这样欺骗下，大批的赤少队员当时就加入红军了，结果送到补充团去了一夜，开小差开得精光，不留一个”④。

对红军中“因政治觉悟不够而个人逃回者”，中央执行委员会颁布《关于红军中逃跑份子问题》的命令规定：“各政府应加强对他们的宣传鼓动，组织优待他们家属的工作，使他们自愿归队。对他们决不能采取逮捕禁闭等办法。”⑤然而，长胜县苏维埃对逃跑分子是“计划要叫补充师的武装去搜山，用这种办法来代替艰苦的宣传工作，他们不去向逃跑群众的家庭做宣传解释的工作，不去广泛的开展反逃跑斗争，不立即检查自己是否有强迫命令摊派等方式上的错误”⑥。瑞金县城市区东郊乡苏维埃“对逃兵不耐心地宣传鼓动他归队，却用

---

① 陈寿昌：《万泰工作的转变在哪里?》，《斗争》第39期，第11版，1933年12月19日。

② 《西江已从斗争中转变过来了》，《红色中华》第233期，第2版，1934年9月13日。

③ 《中共会昌县苏十、十一月两月工作报告》，中央档案馆、江西省档案馆编：《江西革命历史文件汇集》（一九三二年·二），馆存本，1992年，第365页。

④ 郭南燻：《破坏突击运动的罪人》，《红色中华》第136期，第1版，1933年12月20日。

⑤ 中央执行委员会命令：《关于红军中逃跑份子问题》，《红色中华》第136期，第1版，1933年12月20日。

⑥ 碧辰：《要求长胜县立即纠正错误的动员方式》，《红色中华》第233期，第2版，1934年9月13日。

‘马上要归队，不归队即用纪律制裁’的话来威吓逃兵，结果逃兵都跑完了”①。

命令主义的开展节省经济运动，“在动员方式上，许多地方表现着浓厚的强迫命令，十分缺乏动员群众与宣传鼓动的工作。这里错误的具体表现就是节省运动中的‘沿家抖米’，节省及借谷中的‘平均摊派’或‘指名硬要’，在长胜欧底乡因为指名摊派，使有些群众哭起来，胜利乡用摊派方式强迫‘硬要借’，以致发生两件群众自杀的严重事件。在长汀、兆征、汀东等地用‘沿门收米’的办法去推行节省，以致运动不能广泛地开展为广大的群众运动”②。龙岗县南坑区雄江乡的“乡苏负责人和代表不肯去做广大的宣传鼓动工作，只抄一张谷单发到各家去，要每人抖几升米子”③。赣县节省粮食的号召流为征发，“动员方式和取老债一样，担着箩子沿家挨户的要谷”④。

除上述扩红突击、推销公债、节省经济等运动中较多地采取命令主义的工作方式外，中央苏区在开展合作社运动，征收土地税，征调支前劳役队、担架队，以及“武装全体壮年和青年男女选民”⑤随时准备上前线的赤少队突击运动和收集军用器材等突击运动中，都在不同地区不同程度上存在强迫命令、平均摊派或威吓欺骗等官僚主义现象。

3. 敷衍塞责

中华苏维埃共和国临时中央政府成立不久，梁柏台就撰文公开

① 《一鸣惊人瑞京县首先胜利》，《红色中华》第194期，第2版，1934年5月28日。

② 《粮食突击不能如期完成的危险是在威胁着我们——粮食人民委员陈潭秋同志的谈话》，《红色中华》第210期，第2版，1934年7月5日。

③ 《纠正粮食突击中不正确的动员方式》，《红色中华》第206期，第3版，1934年6月23日。

④ 《赣县储谭区现象严重》，《红色中华》第218期，第2版，1934年7月24日。

⑤ 《中革军委为扩大红军的紧急动员的号令》，《红色中华》第229期，第2版，1934年9月4日。

批评中央苏区各地方政府严重存在的"麻木不仁、上下敷衍的恶现象"。[①] 中央苏区举行第一次选举时,瑞金县各区乡的选举敷衍走过场,"大多是沿用过去的群众大会方式来选举的,就是开选民大会来选举的,也有很多是没有到过半数的人数就选举,乡主席有的是由选民大会选举的,出席区苏代表会的代表,不是由各乡代表会选举,而是四个代表选一个,这些都是违反中央所规定的选举细则和训令的"[②]。

这种马虎草率,不遵照选举法令进行的敷衍,还表现在瑞金乡及区代表会"只是简单的选举,没有发动群众来批评和检查过去苏维埃的工作,来鼓励工农群众发表意见,向代表提出意见,这将一个重要的选举会做成极简单的选举会议了"[③]。第三次选举时,江西省不仅存在"选举委员会的组织还有部分地方是不合法"的现象,而且在选举的工作程序中出现诸多谬误。如"广昌长桥区选委会只由区苏主席、各部长组织,以主席为主任。龙岗乡苏维埃不经过乡苏维埃代表会议改造,只召集选民大会改选,对于选民名单的准备,不经过各群众团体的讨论,只照过去分田册把姓名抄起贴出来,以致洛口县吴村区吴乡、小田乡把死了的人也列在候选名单上。……博生城市的选民登记,照土地登记名册抄,以致把豪绅地主也列入选民;万泰下坪区洲溪乡把当过警察的也公布有选举权"[④]。

敷衍塞责的官僚主义,在扩红突击运动中的表现是,"有许多乡政府对于扩大红军在表面上好像积极",而实际上是"不问成份质量

① 柏台:《反对忽视上级命令和敷衍塞责的恶习》,《红色中华》第9期,第8版,1932年2月10日。

② 中央执行委员会:《检查瑞金工作后的决议》,《红色中华》第16期,第5版,1932年4月6日。

③ 同上。

④ 《江西省选举运动检阅》,《红色中华》第137期,第2版,1933年12月23日。

如何，只是足数就完了，于是小的老的弱的都送到红军去，甚至很多开小差为生活的坏份子，政府也不加考察，随便充数送去"①。福建上杭县太拔乡苏维埃"竟拉一个前次破坏红军被开除军籍的张天恩扩大到前方去"②。长汀县黄陂区第四乡"有个没有分田的吃鸦片烟道士，在家里找不到出路"，也被"该乡政府吸收他来当红军"③。会昌县"茶子区送来十一个当红军的，七个是烟鬼"④。

对于优待红军家属工作的弄虚作假、敷衍了事在中央苏区部分地区也时有发生。如瑞金县云集区砂背乡"耕田队每月仅替红属和红军公田作工四、五天，没有能实现平时每月六、七天，忙时每月十五天的办法"⑤。叶坪乡"对于红属缺乏肥料和柴水等问题也没有设法解决，以致第一村的一个年老的红属，还要一步推一步地去担水挑柴"⑥。赤水县赤水区"区一级机关从来不做礼拜六（帮助红属的劳动），党团员同样的没有履行。各乡耕田队由几个老头儿去敷衍塞责，因此红军家属的田不能很快的耕好"⑦。诸如此类违反中央政府优待红军家属条例的严重现象，既是影响扩大红军的消极因素，也是导致红军战士在前方有后顾之忧、不断有人开小差逃回的重要原因之一。1932 年 4 月，中央执行委员会在检查瑞金县工作时，曾发现

① 项英：《猛烈扩大红军反对对于扩大红军的消极》，《红色中华》第 33 期，第 1 版，1932 年 9 月 13 日。

② 阙如珍：《用拉夫式来扩大红军的太拔乡苏》，《红色中华》第 33 期，第 9 版，1932 年 9 月 13 日。

③ 陈子球：《道士烟鬼也当红军?》，《红色中华》第 36 期，第 7 版，1932 年 10 月 16 日。

④ 《中共会昌县苏十、十一月两月工作报告》，中央档案馆、江西省档案馆编：《江西革命历史文件汇集》（一九三二年·二），馆存本，1992 年，第 365 页。

⑤ 《云集区优红工作严重》，《红色中华》第 193 期，第 3 版，1934 年 5 月 25 日。

⑥ 《向瑞金县苏内务部敲着警钟》，《红色中华》第 193 期，第 3 版，1934 年 5 月 25 日。

⑦ 《打击对执行红军优待条例的怠工份子》，《红色中华》第 201 期，第 3 版，1934 年 6 月 12 日。

"一区二乡发生因政府没有领导群众去帮助红军家属耕种，使其家属到中央政府要求准许他的儿子退伍，回家耕田"①的事件。

4. 消极怠工

消极怠工的官僚主义有两种具体表现形式，一是尸位不作为。如"头陂区石上乡的苏维埃政府主席，是个百事不管的官僚。一次，红军由头陂到达石上宿营，因找不到禾草，就请他找一点禾草，他置之不理。又有一次，前方由头陂送三个犯人经过石上，因天已经晚了不能走，请他找一个小房子关犯人，他说无从找起"②。"大梦沉沉"的会昌县乱石区苏维埃主席刘经波，县委、县苏维埃星夜派人通知他参加战争动员工作的会议，"各区的到会人也都连夜赶路赴会，只有乱石区苏的主席刘经波同志不到会，据说是因为'冒睡醒'，但实际上，这不是简单的'冒睡醒'的问题，而是他一贯的消极怠工的表现"③。不履行职责的粤赣省裁判部部长李世森，"省苏主席团曾派他到信康雩都去解决积案，对反革命施行大的镇压。但他到了那边却只打了一个圈子就回来，主席团给他的任务没有丝毫完成。粤赣每县关一二百犯人，甚至于关了七八个月还未审，对于这事他也置之不问。他对下级的工作从不检查，对派出去的巡视员既不给他任务，回来以后也不检查工作。真是十足的标本的官僚主义领导方式"④。更有甚者，会昌县苏维埃主席邹武称，军事部部长蔡东松"在敌占门岭后，对许多重要工作全无一点布置，消极抵抗省苏的指示，……查

① 《中央执行委员会检查瑞金工作后的决议》，《红色中华》第16期，第5版，1932年4月6日。

② 《百事不管的乡苏主席》，《红色中华》第68期，第4版，1933年4月11日。

③ 《大梦沉沉的区苏主席》，《红色中华》第60期，第6版，1933年3月12日。

④ 《在整理裁判部工作中中央司法部洗刷动摇妥协分子》，《红色中华》第174期，第2版，1934年1月19日。

田运动放弃不管,反革命造谣捣乱、敌探自由出入不管,群众生活不管"①。大敌当前这种三不管的失职、渎职行为,必然给党的事业和人民的利益造成重大损失。

二是畏难不进取。官僚主义者意志薄弱,遇到困难退缩、萎靡不振,工作无成效可言。如福建新泉县扩红突击运动"派到各区的突击队同志,有一部分是没有用布尔什维克的精神去动员,……特别是王作然同志,派他到南阳区去负责突击工作,表现没有办法,说:'群众组织涣散,召集会不到,双溪乡的负责人今天答应工作,明天又去担柴,逃兵简直见不到,谈话宣传始终是无路可通'等语,竟然向困难投降了"②。在收集粮食的突击运动中,"会昌乱石区财政部部长公开说:'群众无谷子,这一工作不便进行。'又城区石坛乡支部书记,同样向困难投降"③。太雷县珠江区进行收集粮食工作,"各乡大都仅仅是开个代表会和群众会,便手拿簿子、肩担箩子,去沿街挨户向群众讨谷,讨不到谷便说群众冒谷和不愿借谷等鬼话来掩饰自己的怠工"④。

官僚主义的表现形式还有整天忙于"办差""招待过路人""打路条""应付日常工作"的事务主义⑤;扩大红军,"只为得锦标,随便拉人充数的锦标主义"⑥;"会议时间延长到三四个钟头,会议空气异常

---

① 《会昌县苏召集执委扩大会》,《红色中华》第189期,第2版,1934年5月16日。

② 饶新:《新泉突击运动中的弱点》,《红色中华》第145期,第1版,1934年1月19日。

③ 贺坚:《粉碎各种各式机会主义》,《红色中华》第152期,第2版,1934年2月20日。

④ 《为什么动员工作不能开展》,《红色中华》第220期,第3版,1934年7月28日。

⑤ 中央执行委员会:《检查瑞金工作后的决议》,《红色中华》第16期,第5版,1932年4月6日。

⑥ 劳动与战争委员会:《关于扩大红军与逃兵归队问题》(通知第二号),中共江西省委党史研究室等编:《中央革命根据地历史资料文库·政权系统》第7册,中央文献出版社、江西人民出版社2013年版,第638页。

枯涩、寂寞无味，毫无成绩”①，以及突击运动“空喊的计划”②，无实际成效的形式主义，多发乱发“滥发文件”以及连篇累牍的指示信中“大部分缺乏方针的、缺乏具体性与实际性的”③文牍主义；“检举中没有区别的一律撤职处罚”④的惩办主义；“敌人杀到门前还不知”的“戒严工作中的官僚主义”⑤，等等。官僚主义上述各种表现的共同特征是脱离实际、脱离群众。毛泽东主席在全苏“二大”会议上痛斥官僚主义是“遮塞在苏维埃与民众之间的废物”⑥。

（二）“苏维埃的工作方式根本是要肃清官僚主义”

中央苏区许多地方存在的，反映相关苏维埃机关、国家企业和工作人员病态工作作风和思想意识的官僚主义，不仅腐蚀党的肌体、败坏苏维埃形象和威信，而且严重制约和阻碍苏区政治、经济、文化建设和战争动员等各方面工作的正常开展。其危害主要有以下方面。

1. 离心离德，使党和苏维埃面临失去群众拥护和支持的危险

中国共产党和苏维埃政府最大的政治优势是密切联系群众，反“围剿”巩固红色政权的铜墙铁壁是千百万真心实意拥护共产党执政

① 《向官僚主义形式主义的工作方式开火》，《红色中华》第 103 期，第 6 版，1933 年 8 月 19 日。

② 欧阳秋：《雩都模范赤少队检阅的流产》，《红色中华》第 168 期，第 2 版，1934 年 3 月 29 日。

③ 然之：《反对滥发文件》，《红色中华》第 177 期，第 2 版，1934 年 4 月 19 日。

④ 中央工农检察委员会训令检字第二号：《继续开展检举运动》，《红色中华》第 177 期，第 3 版，1934 年 4 月 19 日。

⑤ 觉哉：《关于杨殷的赤色戒严——难道还值不得警觉吗?》，《红色中华》第 233 期，第 3 版，1934 年 9 月 13 日。

⑥ 《中华苏维埃共和国中央执行委员会与人民委员会对第二次全国苏维埃代表大会的报告》，《红色中华》第二次全苏大会特刊，第 3 期，第 12 版，1934 年 1 月 26 日。

的工农群众。然而，违背立党为公、执政为民理念和宗旨，漠视群众疾苦，损害群众利益；依仗权势、强迫命令、威吓欺骗等官僚主义工作方法和领导方式，严重伤害群众感情，离心离德，破坏党群关系，削弱党的执政基础。

瑞金县“黄柏、壬田、河东与云集等区，由于突击队的强迫命令主义都发生了许多群众逃跑上山的现象”①。赣县黄塘区梢坑乡苏维埃主席曾照科，扩红突击专用强迫恐吓手段，“结果十几人吓得跑过河西去了”②。而变本加厉地强迫推销公债，甚至逼人致死，“如西江赤鹅区朱田乡苏，有个工作人员要一个雇农买十块钱公债，雇农答应了，第二天又要加上十块，这个雇农又满口答应了，第三天又要加上十块，共销三十块，雇农说：‘我没有钱！’这个工作人说：‘你不销三十块就是地主！’在这个命令强迫之下，结果使雇农吊颈死了！”③雩都罗坊区也“因强派公债，一个中农及区苏主席自杀”④。

一个地区如长期盛行强迫命令的工作作风，最终还会酿成尽失民心、群体逃离的恶果。1934 年 2 月，江西万泰县就突发“成群结队，整村整乡”共 2 600 余人逃离苏区的重大事件。中央人民委员会对此高度重视，经调查后认定这起事件发生的“主要原因是由于我们苏维埃政府领导上的错误。我们许多区乡苏维埃的工作人员，不论在推销公债、扩大红军或收集粮食方面都采取了严重的摊派与强迫命令的办法，任何宣传鼓动、解释说服的工作也没有。坐禁闭、罚苦

---

① 《瑞京红五月扩大红军突击中的宝贵经验——金维映同志的谈话》，《红色中华》第 195 期，第 2 版，1934 年 5 月 30 日。

② 李志遥：《破坏扩大红军的扩大红军工作》，《红色中华》第 25 期，第 4 版，1932 年 6 月 30 日。

③ 《严厉镇压地主富农活动》，《红色中华》第 150 期，第 1 版，1934 年 2 月 6 日。

④ 中央政府给各级政府的信：《纠正推销公债的命令主义》，中共江西省委党史研究室等编：《中央革命根据地历史资料文库 · 政权系统》第 7 册，中央文献出版社、江西人民出版社 2013 年版，第 1003 页。

工差不多是这些工作人员对付群众的唯一办法”。① 1933 年 9 月，“雩都小溪区有群众 400 余人向外逃跑，也与强派公债有关”②。此外，“西江在（1934 年——引者注）三月份逃跑了几百人，四月底只有庄埠区跑了十多个，然而五月初逃跑数目又增加起来，六个区一共逃跑了三百余人。杨殷四月份逃出的群众有两千”。中央工农检察委员会主席董必武虽分析“这种逃跑现象，主要的是因为反革命的活动”，但同时特别强调指出：“而我们地方机关某些工作上的官僚主义强迫命令的错误，使群众感觉不满，就为反革命欺骗所藉口，同时政治宣传的不深入，也是一个因素。”③

官僚主义者不仅隔阂，而且恶化苏维埃与群众的关系，削弱党的执政基础和根本力量。正如当年沙可夫在《红色中华》撰文中所言：“如果我们不把苏维埃机关中的官僚主义彻底肃清，那么我们是没有办法能使苏维埃成为真正千百万工农群众所拥护的政权机关，也就不能使苏维埃在目前日益开展与剧烈的革命战争中起领导作用，来动员千百万劳动群众为了战争集中一切力量与准备一切牺牲。”④

2. *滋生助长贪污浪费等腐败行为，损害党和人民的利益*

“官僚主义的作风没有精密的组织与分配”，致使“一切不必要的支出仍旧存在，浪费苏维埃政府经费”。中央财政部管理科科长王

---

① 《人民委员会为万泰群众逃跑问题给万泰县苏主席团的指示信》，《红色中华》第 173 期，第 2 版，1934 年 4 月 10 日。

② 中央政府给各级政府的信：《纠正推销公债的命令主义》，中共江西省委党史研究室等编：《中央革命根据地历史资料文库 · 政权系统》第 7 册，中央文献出版社、江西人民出版社 2013 年版，第 1003 页。

③ 董必武：《把检举运动更广大的开展起来》，《斗争》第 61 期，第 5 版，1934 年 5 月 26 日。

④ 沙可夫：《反对官僚主义消灭逃兵现象》，《红色中华》第 65 期，第 4 版，1933 年 3 月 30 日。

益哉“正是这种浪费者典型的标本，王益哉浪费公款的主要表现为：在物质方面，不能有计划合理地购买使用品，以致过多而搁置不用；在经费方面，过度修饰防空飞机洞；在人力方面，对于伙夫、洗衣队等没有适宜裁减”①。类似的现象又如，中央印刷厂厂长古远来，“不了解整个生产情形及每个生产品的成本，因而不知道那些是浪费、那些人是多余，所谓生产计划、劳动纪律、节省运动都提不出具体办法来”。“该厂印刷《红中》一期，只需油墨十二磅，而报账为二十四磅半，排字只七工半而报账为十二工，这是说印刷厂得的利益当更多，但这些利益都那里去了，他们也可以回答不知道。这里面当然包含着很大的不仅是浪费而是贪污。”②1934 年 3 月，中央工农检察委员会主席团在总结中央一级开展反贪污的检举运动时，也明确指出：“贪污腐化的发生，由于官僚主义的领导存在，因此反贪污浪费与反官僚主义的斗争，是密切不可分离的。”③

官僚主义既是滋生、助长贪污浪费的温床，也是纵容、姑息腐败分子的保护伞。瑞金县财政部会计科科长唐仁达贪污大洋两千余元，县财政部部长蓝文勋“对于瑞金财政的收支，全未理会，唐仁达的贪污他是知道的，但不举发”，县苏维埃主席杨世珠“事先全无觉察，检查又不上紧”④。中央总务厅厅长赵宝成“在厅长任内，对于行政费用及管理建筑，从无正确预算，与节省观念，用的时候，也不去实际考查，几个月间，浪费达三四千元。浪费之下，必然发生贪污，赵宝成也全无觉察，甚至已发现的贪污犯左详云，命令他扣留，他也不执行，

① 《经济战线的前哨战》，《红色中华》第 132 期，第 1 版，1933 年 12 月 5 日。

② 《中央审计委员会审查国家企业会计的初步结论》，《红色中华》第 169 期，第 6 版，1934 年 3 月 31 日。

③ 中央工农检察委员会公布：《关于中央一级反贪污斗争的总结》，《红色中华》第 167 期，第 3 版，1934 年 3 月 27 日。

④ 《人民委员会对于中央总务厅与瑞金县苏贪污浪费案的处分》，《红色中华》第 140 期，第 2 版，1934 年 1 月 4 日。

仅予监视以致逃跑。在借用群众房子,砍取群众竹木,挖取群众田泥等,许多未取得群众同意,……实属有负职务”。①

此外,还有一些腐化堕落、以权谋私或敲诈索要、直接侵害群众利益的官僚主义者。如博生县湖柏区高田乡代表“对没收地主来的东西,将好的概行归自己买去,红军家属有钱都买不到,只有部分坏的才发给群众”②。瑞金县苏维埃主席黄正“每月向每个工人取六毛钱的津贴”③。长汀县芦竹坝乡苏维埃主席“用很巧妙的方法向工农群众每天支二毫小洋为做主席工资”④。这些已蜕变的党员干部和苏维埃公职人员,既是老爷气十足的官僚主义者,也是鱼肉百姓的剥削分子。

3. 阻碍战争动员,给党的事业造成重大损失

“官僚主义发展一分,对于战争动员就增加一分困难。”⑤其中尤其以给优红、扩红增加的困难最为严重。“二苏”大会期间,在军委电台和化学研究室给大会的提案中,就曾触及这种困难的现象及其原因的分析,该提案指出:“每乡在乡苏下面设立有优待红军家属委员会的组织,专门解决红军家属的一切困难,因优待红军家属工作的作到与否是巩固和扩大红军的主要条件之一;我们又看到过去的开小差、开大差的原因,我们就可觉得除一般动员方式不好外,大都是由

① 《人民委员会对于中央总务厅与瑞金县苏贪污浪费案的处分》,《红色中华》第140期,第2版,1934年1月4日。

② 匡悦显:《严厉打击脱离群众的查田运动》,《红色中华》第132期,第3版,1933年12月5日。

③ 《临时中央政府人民委员会的第四次常会》,《红色中华》第5期,第5版,1932年1月13日。

④ 郭南炜:《两位乡区苏主席的写真》,《红色中华》第40期,第8版,1932年11月14日。

⑤ 社论:《战争紧急动员与反官僚主义的斗争》,《红色中华》第45期,第2版,1932年12月19日。

于家庭的一切困难没有得到完满解决。”①而瑞金县黄沙区部分乡苏维埃的优红情况则为这一提案中所提及的开小差、开大差的原因用事实作了注解，该区“所属之杨坊乡、竹坊乡、杨田乡、黄沙乡等四乡，对前方红军家属的田地没有切实帮助优待，只在机关工作或在当地工作同志的家属（优待）做得比较更好，前方战士回来看见后竟有出眼泪的，同时后方同志看见也就不想去当红军了”。② 官僚主义者执行优待红军家属条例的敷衍塞责和歧视对待，不仅使前方浴血奋战的红军战士寒心，而且给后方的扩红动员工作添堵。

“官僚主义实在是战争紧急动员的最大障碍。”③“太平苛安”观念，无火线意识，办事拖拉、行动迟缓的官僚主义往往给党的事业造成重大损失。第五次反“围剿”战争时期，筠门县苏维埃主席许清庭，不及时地执行粤赣省苏维埃关于迅速将已收集的粮食运往会昌县的指示，结果遭白军袭击，“致敌人将乌鸦泊的公谷一千余担抢劫去了”④。国民经济部江口贸易分局局长刘炳奎，“直接违背中央国民经济人民委员部的屡次指示与警告，对于敌人的进攻没有任何的警觉，并且不做任何必要的准备”。敌人袭击江口得逞，“在占据江口的二小时内，大肆劫掠，江口的各经济机关，特别是贸易分局遭受了巨大的损失，总计贸易分局所损失的现金与货物达三万七千九百二十六元之巨”。⑤

丧失警惕、麻木不仁的官僚主义还造成赤色戒严的松懈，“而且

---

① 《军委电台和化学研究室对“二苏”大会的提案》，《红色中华》第 144 期，第 2 版，1934 年 1 月 16 日。

② 《黄沙区的严重现象》，《红色中华》第 143 期，第 2 版，1934 年 1 月 13 日。

③ 社论：《战争紧急动员与反官僚主义的斗争》，《红色中华》第 45 期，第 2 版，1932 年 12 月 19 日。

④ 《把许清庭送到法庭去》，《红色中华》第 174 期，第 3 版，1934 年 4 月 12 日。

⑤ 《国民经济人民委员部关于江口贸易分局损失事件的决定》，《红色中华》第 230 期，第 2 版。1934 年 9 月 6 日。

常常是敌人打到了门前还不知道，使我们的机关和人员受到不应有的损失”①。万泰县的赤色戒严，“曾是有名的松懈，几十里路可以没有一个哨”②。赣县储潭区是和敌人最接近的一个区，“秋收已经开始，白鬼子正在组织抢禾队，准备来夺取我们土地革命的果实，而区级的秋收委员会还是和睡在鼓里一样，对于武装保护秋收工作半点都没有。不仅警戒队、潜伏队、游动队等没有组织，号炮没有建立，对于赤色戒严也是非常忽视，除了区苏门口有一个步哨外，其余的地方完全没有放哨”③。安远县苏维埃“没有了解敌人进攻的严重性，对戒严工作也不注意”，遂使“县苏驻地被敌包围之后才发觉，结果安远县苏的条印、圆印及内务部的条印以及各种文件等概行失掉，捉去保卫分局局长一名、各科员及保卫队七名，打死支库主任一名、保卫队二名”④。1934 年“八月十二日，杨殷县茶元区苏被敌人袭击，号炮所没有放炮，敌人杀到门前还不知。……二十八日，杨殷县苏被敌袭击，同样号炮所没有放炮，敌人杀到门前还不知”⑤。对此，中央内务部部长谢觉哉严厉指责这种“戒严工作中的官僚主义”是对“革命的罪恶”，“是客观上帮助了反革命”。他一针见血地指出：“敌人已在我们的门内，甚至床上杀死人”，“这不是敌人有甚么力量和技术，也不是当地群众不积极，而只是我们机关的同志，过于麻木不仁”。⑥

---

① 觉哉：《关于杨殷的赤色戒严——难道还值不得警觉吗?》，《红色中华》第 233 期，第 3 版，1934 年 9 月 13 日。

② 吴亮平：《严厉纠正自己封锁自己的错误》，《红色中华》第 230 期，第 2 版，1934 年 9 月 6 日。

③ 《赣县储潭区现象严重》，《红色中华》第 218 期，第 2 版，1934 年 7 月 24 日。

④ 《粤赣各县代表大会总结》，《红色中华》第 137 期，第 2 版，1933 年 12 月 23 日。

⑤ 觉哉：《关于杨殷的赤色戒严——难道还值不得警觉吗?》，《红色中华》第 233 期，第 3 版，1934 年 9 月 13 日。

⑥ 同上。

由于官僚主义贻害无穷，1931 年 11 月，中央苏区党的第一次代表大会通过的《关于党的建设问题决议案》就特别提出要“严紧党的纪律反对官僚腐化现象”，强调共产党员要“真正成为群众中的模范者，防止一切腐化、官僚化、贪污等现象的产生”。① 次年 3 月 2 日，中央人民委员会在《切实执行工作检查》和《政府工作人员要抓紧学习》的两个命令中，明确提出了反对“因循敷衍，消极怠工”等官僚主义恶习的任务。② 同年 9 月 20 日，中央执行委员会训令，要从地方苏维埃政府改造中“驱逐贪污、腐化、官僚等分子出苏维埃”。③ 11 月 29 日，中央人民委员会在《关于战争动员和工作方式》的紧急决议中指出：“官僚主义，是脱离群众，破坏苏维埃与群众的关系，对于苏维埃胜利和发展有莫大危害，照例敷衍，强迫命令，是官僚主义的重要表现，这是苏维埃政府中绝对不允许存在的。”决议分析苏维埃政府产生官僚主义的原因有三方面：

（一）由于中国半封建社会和国民党的官僚主义之传染。（二）由于农民散漫性的笼罩，缺乏无产阶级的组织性，纪律性。（三）缺乏艰苦奋斗的精神，只图一时便宜，使官僚主义侵入到苏维埃机关，日益生长起来。

为反对和克服官僚主义，创造苏维埃新的工作作风，决议“号召各级苏维埃机关和广大工农群众，一致的与官僚主义作最坚决斗争，来肃清苏维埃机关中的官僚主义，驱逐不可挽救的官僚腐化份子”④。12

① 《苏区党第一次代表大会通过的决议案——党的建设问题决议案》，江西省档案馆、中共江西省委党校党史研究室选编：《中央革命根据地史料选编》上册，江西人民出版社 1982 年版，第 645 页。

② 人民委员会命令第五、第六号，《红色中华》第 12 期，第 5、6 版，1932 年 3 月 2 日。

③ 中央执行委员会训令：《关于继续改造地方苏维政府问题》，《红色中华》第 35 期，第 1 版，1932 年 9 月 27 日。

④ 中央人民委员会紧急决议：《关于战争动员和工作方式》，《红色中华》第 43 期，第 2 版，1932 年 12 月 5 日。

月 19 日,《红色中华》发表《战争紧急动员与反官僚主义的斗争》的社论,指出:“苏维埃的工作方式根本是要肃清官僚主义,建设新的苏维埃的工作方式。”①

1933 年 7 月 24 日,中共中央局总负责人博古在中央一级党的活动分子会议的报告中强调:“要开展最坚决的斗争反对苏维埃机关中的官僚主义。”②同年 8 月 12 日,毛泽东主席在南部十七县经济建设大会上阐述“经济建设中的领导方式问题”时着重指出:“动员群众的方式,应该不是官僚主义的。官僚主义的领导方式,任何革命工作所不应有的,经济建设工作同样来不得官僚主义。要把官僚主义方式这个极坏的家伙,抛到粪缸里去,没有一个同志喜欢他。每一个同志喜欢的应该是布尔什维克的工作方式,即是群众化的方式,即是最能接近群众而为每一个工人,农民所欢喜接受的方式。”③1934 年 1 月,全国“二苏”大会通过的《关于苏维埃建设的决议案》明确要求:为了使苏维埃更加接近群众,更能动员群众,“必须在苏维埃系统内开展无情的反对官僚主义的斗争。苏维埃应该最清楚的明了群众的生活情形,迅速的恰当的解决群众的困难问题,热烈的动员最广大的群众,为实现苏维埃的每一决定、每一任务而斗争。任何脱离群众,不明了群众情形,不迅速解决群众提出的问题,不从群众的广大的动员去进行苏维埃工作,而只凭空谈空喊甚至强迫命令的官僚主义,应该遭受最严厉的打击”④。

---

① 社论:《战争紧急动员与反官僚主义的斗争》,《红色中华》第 45 期,第 2 版,1932 年 12 月 19 日。

② 博古:《为粉碎敌人的五次“围剿”与争取独立自由的苏维埃中国而斗争》,《红色中华》第 99 期,第 6 版,1933 年 8 月 4 日。

③ 毛泽东:《粉碎五次“围剿”与苏维埃经济建设任务》,《红色中华》第 102 期,第 3 版,1933 年 8 月 16 日。

④ 《中华苏维埃共和国第二次全国苏维埃代表大会关于苏维埃建设的决议案》,江西省档案馆、中共江西省委党校党史教研室选编:《中央革命根据地史料选编》下册,江西人民出版社 1982 年版,第 352 页。

综上所述，中央苏区时期，中国共产党和临时中央政府始终高度重视反官僚主义的斗争，在苏区建设和革命战争发展的各重要时期、重大会议以及各项具体工作的部署和检查中，都持之以恒、常抓不懈地绷紧反官僚主义这根弦，时时处处动员并组织广大工农群众广泛深入地开展反官僚主义的斗争，力求达到“巩固工农苏维埃的政权，同时创造苏维埃新的工作作风”①的目的。

（三）“官僚主义应该遭受最严厉的打击”

中央苏区反官僚主义的斗争，既是巩固和建设红色政权所肩负的重大政治使命，也是一项需统筹兼顾、综合治理的系统工程。中国共产党和临时中央政府在实施取消“旧的官僚主义的大而无当的行政区域”②，重新设置接近群众的地方基层政府；统一财政，建立会计、审计制度，严厉打击失职渎职犯罪等一系列反官僚主义的措施和办法的同时，尤其重视依靠群众的力量，采用群众运动的方式，在中央苏区各地和苏维埃各项工作中全面开展反官僚主义的斗争。临时中央政府号召全体选民“监督苏维埃人员不使有官僚主义份子存在”③。《江西省第二次工农兵代表大会决议案》指出：“各级工农检查委员会最基本的工作，应当成为反官僚主义的斗争机关，应当是苏维埃内反官僚主义、反对不能执行苏维埃一切法令的报警者。因此，大会责成省苏首先要严格转变省工农检查委员会的组织和工作，使各级工农委员会，应广泛建立通讯网，要依靠广大群众的力量来开展

---

① 中央人民委员会紧急决议：《关于战争动员和工作方式》，《红色中华》第 43 期，第 2 版，1932 年 12 月 5 日。

② 《中华苏维埃共和国第二次全国苏维埃代表大会关于苏维埃建设的决议案》，江西省档案馆、中共江西省委党校党史教研室选编：《中央革命根据地史料选编》下册，江西人民出版社 1982 年版，第 310 页。

③ 《中华苏维埃共和国临时中央政府成立两周年纪念对全体选民的工作报告书》，《红色中华》第 122 期，第 2 版，1933 年 10 月 27 日。

群众的反官僚主义的斗争。"①第二次全国苏维埃代表大会的《决议案》要求,"各级工农检查委员会,必须经过各种群众团体,领导广大工农群众,来进行反官僚主义的以及反贪污浪费的斗争","官僚主义,应该遭受最严厉的打击"。②

在党和政府的动员和组织下,中央苏区广大工农群众积极参加反官僚主义的斗争。除前述的三次选举运动各地选民对官僚主义的揭发批判、对相关候选人的否决以及代表撤回权的行使之外,各地的群众监督组织——突击队、轻骑队在工农检察机关的部署和指导下,"既可搞突然袭击,也可开展经常性的检查",随时监督苏维埃机关、国家企业"关于政纲政策执行得是否真确,工作计划是否实现,参战工作的程度如何",并"揭破该机关或企业等的贪污浪费及一切官僚腐化的现象"。③ 工农检察委员会在各机关、企业,各乡、村、屋子里设置的工农通讯员以及广大工农群众,更是经常性地通过苏区报刊、墙报等媒体,对各种官僚主义现象进行公开的揭露和猛烈的抨击。其中"引导工农群众对于自己的政权,尽了批评,监督,拥护"④之责的中央政府机关报——《红色中华》,无疑是中央苏区舆论监督的主要阵地。仅就《红色中华》发表的文章和刊登工农通讯员等群众的来信、来稿上看,对官僚主义的打击具体表现在以下方面。

---

① 《江西省第二次工农兵代表大会决议案》,中央档案馆、江西省档案馆编:《江西革命历史文件汇集》(一九三三年——一九三四年及补遗部分),馆存本,1992 年,第 354 页。

② 《中华苏维埃共和国第二次全国苏维埃代表大会关于苏维埃建设的决议案》,江西省档案馆、中共江西省委党校党史教研室选编:《中央革命根据地史料选编》下册,江西人民出版社 1982 年版,第 352、353 页。

③ 《突击队的组织和工作》,厦门大学法律系、福建省档案馆选编:《中华苏维埃共和国法律文件选编》,江西人民出版社 1984 年版,第 414 页。

④ 《发刊词》,《红色中华》创刊号,第 1 版,1931 年 12 月 11 日。

1. 揭露抨击扩红突击中的官僚主义

“扩大红军是苏维埃政府实际领导和发展革命战争”，粉碎国民党反动派军事“围剿”，“完成一切任务”的“一个最基本条件”和“最基本一个工作”。[①] 党中央、临时中央政府、中革军委从1932年12月至1934年9月发布了一系列扩大红军的决议、训令、通告和指示，要求各级党组织和地方政府“要以宣传鼓励方式来发动工农群众的热情，鼓动群众当红军的勇气”，“要运用一切组织上（如选民大会乡代表会议，赤卫军少先队，工会贫农团等）的会议来进行经常的扩大红军工作，特别是政治上的宣传与教育，使工农群众在政治上深刻认识当红军和扩大红军的伟大意义”。[②] 然而，由于主客观等方面的原因，在中央苏区不断高涨的扩红运动中，许多地方逐渐滋生蔓延强迫命令、威吓利诱等官僚主义现象。对此，《红色中华》开辟的“警钟”“铁帚”“铁锤”等舆论监督专栏，大量刊发文章和来信来稿，集中火力揭露抨击扩红突击中的官僚主义。其中揭批的典型事例如：

福建省宁化县的扩红突击强迫命令等官僚作风盛行：“县军事部副部长，在横锁区，简单的指派干部，说：你做几个当红军，他做几个当红军，要是做不到就要自己去。城市少共市委组织科，到人家宣传男子当红军，若发现壮年青年男子不在家时，便认为是逃跑的反革命份子，不然就是乱捉逃跑家属的妇女。石碧区有个别乡关起门来开会，如果不肯报名就不准出门。方田军事部长把不去当红军的群众用梭标押送到县苏，其余几区的个别乡也或多或少的发现这样的

---

① 中央执行委员会：《关于扩大红军问题训令》，《红色中华》第34期，第1版，1932年9月20日。

② 中央执行委员会：《关于扩大红军问题训令》，《红色中华》第34期，第2版，1932年9月20日。

现象。”①

原中革军委动员武装部部长杨岳彬被派到福建宁化县当扩红突击队队长,“他在宁化终日都是坐在机关中,一步也不向群众中间走去,究竟宁化各地的实际情形怎样他是不了解的,究竟被分配下区下乡的突击队的动员方式如何他也是不了解的,他只是等在机关中等报告,和偶而开两只会而已。正因为他的官僚主义的领导,所以宁化一直动员(?)了半个多月才集中到县二百多个报名当红军的群众,但是,说也笑话,这二百多人在集中后不久便逃跑了一大半……并且所剩下的这八十多个人中还有许多老的小的,残废的”。②

江西省太雷县扩大红军,“新的官僚主义的露骨表现”是以野营演习的名义欺骗群众去当红军。野营演习本是对赤少队员的军事政治训练,以养成战时集体生活的习惯。“那些官僚主义,以为‘野营演习’这是他可以用来欺骗群众去当红军一个很好的新的名堂、新的好宝宝,因此太雷县委的书记,就提出以野营演习的名义,来号召全县赤少队集中起来,‘运用’兴国扩大红军的工作经验,做三天的动员工作,把全体赤少队都动员加入红军去。”结果,“只珠江区有几十个赤少队(员)被他以野营演习的名义欺骗来了,听得原是欺骗了去扩大红军,马上走了回去。因此,一点工作成绩也没有获得”③。

2. 揭露抨击优红工作中的官僚主义

“红军是为解放工农阶级的压迫而作战为苏维埃政权而作战的战士,是以最大牺牲精神来为工农阶级利益和解放而奋斗”,优待红军战士及其家属,既是对他们的尊重和慰藉,也是为了使红军战士

① 《宁化落后的原因在那里?》,《红色中华》第238期,第1版,1934年9月26日。

② 《一个标本的官僚主义者》,《红色中华》第140期,第1版,1934年1月4日。

③ 李中:《太雷扩大红军工作检阅,新的官僚主义的露骨表现》,《红色中华》第125期,第2版,1933年11月14日。

“对于家庭没有什么挂念,可以一心一意去勇敢作战”①。为此,1931年11月全苏“一大”会议决议颁布《中国工农红军优待条例》,规定:“红军战士在服务期间,无劳动力耕种家中田地或分得之公田,应有苏维埃政府(区政府计划,乡政府执行),派人帮助全部耕种、灌溉、收获工作,所派人工,每年不得少于五十工;红军家中缺少劳动力的,应按其需要予以补助。”该条例还规定:“凡未在红军中服务者,应实行无代价的‘红军优待工作日’,每人每月帮助红军家属工作两天,时间与工作种类依红军家属之要求而定。”②

为保障优红条例的贯彻执行,临时中央政府于1932年2月3日颁布《执行红军优待条例的各种办法》,训令各地方政府“以区为单位立即调查本区内充当红军的人数,这些红军家庭中的人数,土地多少,能劳动力的人多少,缺乏劳动力和不定劳动力的人有多少,……由区乡政府依照调查的名册和总计该区内各个红军家属之无劳动力或缺乏劳动力的总计,共需要义务劳动力多少,然后总计全区内各乡之劳动力多少适当分配某地工农群众帮助某地之红军家属耕田”③。

1934年1月10日,中共中央、中央人民委员会颁布《优待红军家属礼拜六条例》,明确规定:“党、苏维埃后方军事机关,共青团,工会,以及一切群众团体的各级机关——从中央直到乡支部、乡政府、每个党员、每个团员及每个工作人员,凡是脱离生产,都应参加执行红军家属的礼拜六的工作。”“实行礼拜六的工作时间,必须算足四小时。”“礼拜六的工作包括着替红军家属做一切关于土地、山林以及砍

① 临时中央政府训令第九号:《执行红军优待条例的各种办法》,《红色中华》第8期,第8版,1932年2月3日。

② 《中国工农红军优待条例》,《红色中华》第5期,第5版,1932年1月13日。

③ 临时中央政府训令第九号:《执行红军优待条例的各种办法》,《红色中华》第8期,第8版,1932年2月3日。

柴、挑水日常家事等工作。”[①]对以上优红条例和办法的执行，在中央苏区少数党政机关，尤其是区、乡政府和工作人员中，往往存在失职、敷衍、消极怠工等官僚主义现象，《红色中华》大量刊登工农通讯员和工农群众的来稿与文章予以揭露抨击：

福建上杭县部分乡苏维埃“竟可以二个月之久不派劳动帮助红军家属工作，甚至有一老翁二子都去当红军，家无人劳动了，政府也不管的。同时还有部分赤少队不参加耕田队，空喊做‘礼拜六’，还有些帮助红军家属劳动要吃饭的”[②]。

粤赣省会昌县“珠兰区第九乡的耕田队，不做优待红属的义务劳动工，以致大家都莳田了，红军家属的田仍旧荒着。红军家属报告主席，主席也不理。红军家属无饭吃，向主席要求设法救济，他就敷衍着说等召集会议来解决，结果会也始终没有召集，而红军家属已经饿了几天，迫得没有办法，只好去讨饭”。

会昌县麻州区苏主席，红军家属向他要求设法救济，他便大骂他一顿，说“如果再敢来要求什么，便把你捆起来！”

瑞金下肖区沙州乡的耕田队长，“红军家属要他派人帮助他趁着有水的时候来莳田，他说：‘你要莳田，大家也要莳田，不得闲！如果急得不得了等政府工作人员来做礼拜六好了。’结果终究没有派人去，及到礼拜六那一天，田里的水已干尽了，不能莳田了”[③]。

瑞金县《云集区优红工作严重》，新县乡直到五月下旬“还有五家红属的田约卅担左右没有栽下禾秧，虽然一部分的原因是因为水浆缺乏，需要两三驳水车才能引水进田，但是这并不是不可克服的问

---

① 《优待红军家属礼拜六条例》，《红色中华》第 144 期，第 1 版，1934 年 1 月 16 日。

② 陈霆：《严重的上杭的突击运动应该立刻来一个转变呵！》，《红色中华》第 146 期，第 2 版，1934 年 2 月 6 日。

③ 《把破坏优待红属条例的份子送到法庭去！》，《红色中华》第 191 期，第 3 版，1934 年 5 月 21 日。

题，只要能够适当的调动耕田队，注意水利的发展，问题自然可以顺利的解决。这里最主要的原因就是乡苏对于优待红属的忽视，如该乡苏主席一贯的消极怠工，红属向他要求派人帮助耕种，他总是置之不理；至于耕田队的组织，除了总队长、副队长比较负责外，连排长、班长都没有。劳动力的分配方面，也不顾及农忙和平时的调剂，以致时常发生冲突。各队也没有准备组织，因此红军家属眼看着别人家的田里都长满了高高的禾秧，而自己的田还没莳好，心里焦躁异常，甚至急得哭起来”①。

江西省赤水县赤水区“赤水乡、大港乡发现几家红军家属讨饭吃的严重现象，至于无油盐柴的更多。还有赤水从市上搬到乡下居住的红军家属没有分得土地”②。文章作者严厉指出：“这些严重的现象，是影响扩大红军的重要原因，也是反革命分子作破坏扩大红军运动的反动宣传的资料。”《红色中华》号召广大工农群众“我们要把这些坏分子以及同他一类的破坏优红条例的分子送到法庭去，给以最严厉的处罚”③。

3．揭露抨击推销公债中的官僚主义

1933年7月，中央执行委员会根据瑞金、会昌、雩都、胜利、博生、石城、宁化、长汀八县苏维埃工作人员查田运动大会及八县贫农团代表大会的建议，决定发行经济建设公债300万元。④ 推销公债的方法，毛

① 《向瑞金县苏内务部敲着警钟——云集区优红工作严重！》，《红色中华》第193期，第3版，1934年5月24日。

② 饶人：《警钟向着赤水敲——打击对执行红军优待条例的怠工分子》，《红色中华》第201期，第3版，1934年6月12日。

③ 《把破坏优待红属条例的分子送到法庭去！》，《红色中华》第191期，第3版，1934年5月21日。

④ 社论：《全体工农群众及红色战士热烈拥护并推销三百万经济建设公债》，《红色中华》第96期，第1版，1933年7月26日。

泽东主席指示,“购买公债票一个有力的动员群众的基础”是贫农团,要“经过以村子,屋子为单位的群众大会去做经济建设宣传,在宣传中要把革命战争与经济建设的关系提得十分明白,要把改良群众的生活,增加斗争的力量,讲得十分实际。号召群众购买三百万公债票”①。

中央人民委员会在训令各省苏、县苏维埃抓紧推销公债的工作推动、检查和经验的收集与推广外,特别强调:“区苏是发行公债动员群众的枢纽。要召集乡苏主席、贫农团主任及其他群众团体的负责人开会,详细告诉他们发行公债的意义与动员群众的方法,同时要派人分往各乡帮助乡苏去召集乡代表会、贫农团会、工会及其他群众团体的会,对他们详细的解释。要经过乡一级的干部到各村各屋子去召集群众大会向群众详细的说明经济建设公债的意义。如果一次会之后群众还不明了,必须再到各村、各屋子去开第二次会。如果还有不明了的地方,必须再到那个地方去开第三次会。总要使群众完全明了,为了自己的利益、为了战争的胜利踊跃购买公债票。”②然而,在推销公债的实际工作中,部分区苏维埃、乡苏维埃政府违背中央指令,简单粗暴强行摊派的官僚主义现象时有发生。对此,《红色中华》刊登工农通讯员和工农群众来信、来稿予以公开揭露和抨击,其中可分列的强行摊派类型主要有以下几种。

(1) 按土地摊派。如胜利县的半迳乡,“推销公债票的方式,是依照群众每人所分了土地的多少平均派买,这样的脱离群众方式,减少了工农群众的对推销公债的热情”③。

---

① 毛泽东:《粉碎五次“围剿”与苏维埃经济建设任务》,《红色中华》第102期,第3版,1933年8月16日。

② 中央人民委员会训令:《关于推销公债的方法》,《红色中华》第108期,第7版,1933年9月6日。

③ 邹志华、姜南春:《显微镜下的官僚主义命令强迫与平均摊派》,《红色中华》第131期,第3版,1933年12月2日。

（2）按人数摊派。博生县湖背区“区苏把公债发到了以后，不召集什么会议去向群众解释，只和支部负责同志与乡苏主席商定，按照全区人数摊派，分了田的每人派两块或一块，举个例子，某乡的代表拿了三块钱公债送到群众家里去，遇到该家男人不在家，女人在灶下做饭吃，该代表把三块钱公债放在灶上，叫‘大嫂你拿得去，失掉了也要你三块钱’，女同志说‘某代表我无钱，只能买一块钱’，代表说‘你要不要政府决定了，后两天要你的钱’，结果气得该女不会作声”①。

（3）按村摊派。“博生县竹窄岈区松埧乡一千五百元公债，该乡刚（好）三个村，就不论村大小，又免得公债票的分散，每村派五百。”②

（4）按户摊派。信康县牛岑区小坋乡苏维埃和马岑乡苏维埃“不讨论推销公债办法及动员工作的方式，不从各种群众团体的会议，作充分的宣传鼓动，解释其意义，推销经济建设委员会，推销队，突击队，宣传队等，都没有组织，不从政治上及组织上的动员，……只把公债票拿给代表，由乡代表负责，挨屋挨户去摊发，使得群众不满意”③。

（5）将商人、中农进行分等摊派。会昌县麻州区“区委区苏的负责同志在推销公债时，希图方便，怕麻烦，不去做宣传鼓动的政治动员工作，把麻州本街上的商民分成甲，乙，丙，丁，戊等五级，去摊派”④。雩都县罗坊区三门滩乡，“推销经济建设公债，发生摊派命令强迫的方式，说什么中农分三等，来摊派强迫推销经济建设公债，以

① 邹志华、姜南春：《显微镜下的官僚主义命令强迫与平均摊派》，《红色中华》第131期，第3版，1933年12月2日。

② 正冈：《粉碎命令强迫平均摊派》，《红色中华》第138期，第3版，1933年12月26日。

③ 邹志华、姜南春：《显微镜下的官僚主义命令强迫与平均摊派》，《红色中华》第131期，第3版，1933年12月2日。

④ 同上。

致发生中农吊颈死的事件”①。

此外,还有以上级压迫为借口强行摊派、企图以没收的物资抵销公债等官僚主义现象。《红色中华》第138期刊发华任民《销公债是被压迫?》一文揭露:“西江赤鹅区罗洋乡主席,在推销经济建设公债的时候,不能吃苦耐劳来向群众很好的解释,使群众对公债有很好的认识自动来购买,还说中央政府压迫省苏来购买,省苏即压迫县苏,县苏压迫区苏,区苏压迫乡苏,乡苏即压迫群众。这个主席说出这样的话完全是破坏经济建设,反把上级来掩护他们的官僚主义方式。”《红色中华》第110期《检举运动专号》所载《脱离群众的经济动员》一文指出:“瑞金下肖区蓝玉乡主席钟国生,对工作一贯的消极怠工,特别对推销经济建设公债表现更坏,到区苏领到了公债票,锁在橱子里不给代表知道,因为在肚子里有了奇妙的推销方法,他打算把在查田运动中没收地主的谷子拿来抵销公债。这种秘诀被群众察觉了,群众是喜欢购买经济建设公债的,不喜欢他们鬼头鬼脑的作法,所以异口同声的骂他,自动的热烈要求购买公债。所以这个主席应当给他一铁锤。”

4. 揭露抨击整理赤少队突击运动中的官僚主义

赤少队是赤卫队和少年先锋队的合称。赤卫队亦称赤卫军,是苏区不脱产的地方革命武装,也是红军兵员补充的主要来源。赤卫队以16—60岁的男女队员(以男性为主),按军队班、排、连、营、团、师编制,分别隶属于村、乡、区、县苏维埃军事部。少年先锋队简称少先队,是“广大的工农青年群众的军事化的团的附属组织”②,以有选

① 方祥光:《粉碎命令摊派官僚主义》,《红色中华》第113期,第3版,1933年9月27日。

② 斯顿:《把我们的全部力量放在整理少先队的突击运动上去!》,《红色中华》第155期,第3版,1934年2月27日。

举权的青年(16—23岁)组成,按乡(或工厂、街道)、区、县、省的行政区划分设队部,中央设总队部。1934年3月,中央组织局和中革军委决定开展整理赤少队突击运动,"建立赤少队经常的政治军事教育工作,健全赤少队中的领导干部,从赤少队中建立和发展模范营(即"赤少队模范营")",并且"举行赤少队和模范赤少队的检阅与野外演习"①。同年6月6日,中央组织局、中革军委总动员部、中央少先队总部在联合颁发的指示信中强调:"赤少队突击的目的,是要在目前紧急的战争状况之下,全体壮年和青年的男女选民完全武装起来,并根据具体情形,做到每区一营模范赤少队,准备在一声号召之下就上前线去消灭敌人。"②整理赤少队突击运动,是党和临时中央政府领导开展第五次反"围剿"战争的重要部署之一。《红色中华》报在配合党和政府的中心工作,及时报道和表彰瑞金、兴国、长汀、宁化、兆征、连城、博生等地整理赤少队突击所取得的成绩的同时,通过刊登工农通讯员通讯和工农群众来稿的舆论监督方式,对整理赤少队突击运动中发生的敷衍塞责、弄虚作假等官僚主义现象进行了无情的揭露和抨击。

《严重的赣县的赤少队突击》一文指出:"(赣县)山溪区的赤少队虽然在名义上说是编好了,但是还有一部分不能紧急集合,并且党的组织也还没建立。太湖江的赤少队只整理了班、排,而连、营级的组织还没有编好。陂头区有一部分集合不到,新式武装还在军事部的房子里放着,不拿去武装赤卫军,以致使他们一部分空着手。白络区编制时抛开了妇女,大都区连数目字都较不清楚,形式上虽然说是编好了,但实际上,比过去的编制并没有大的转变,写着名字就叫做

① 《中央组织局与中革军委公布关于整顿赤少队的决定》,《红色中华》第159期,第2版,1934年3月8日。

② 《中央组织局总动员部赤少队总部关于扩大赤少队地方部队及粮食动员的指示信》,《红色中华》第207期,第1版,1934年6月26日。

编好了。”①

《雩都模范赤少队检阅的流产》揭露该县军事部领导的官僚主义工作作风，分析：“流产的可笑的原因：第一，不顾客观环境，不了解下层情形。……不去估计和讨论目前是否有检阅和集中训练的一切条件，不去耐心和坚决执行上级的整顿赤少队的一切命令和步骤，甚至在连各区名册上有了好多人还不知道的时候，而糊里糊涂的梦想用一道通知来一个‘全体检阅’来代替艰苦的群众工作，这是幻想，这无疑义的是会遭到惨败。第二，空喊的计划，……在县军事部司令部的决议和通知上都有响亮的规定和计划，然而怎样去实现这些计划？怎样去督促实现这些计划？检查实现的成绩？却仍然是在会议上和油印上。第三，动员工作不深入，……第四，思想斗争未开展。”②

《要求长胜立即纠正错误的动员方式》曝光长胜县，“有些区、乡争取模范赤少队报名是用分猪肉的办法，企图争取其首先报名。他们规定首先报的得分五斤猪肉，第二报名得四斤，第三报名得三斤。他们不去从政治上来动员他们，宣传鼓动他们为土地、为自由、为苏维埃政权而加入红军，他们不用中革军委的紧急动员令来号召队员奋勇的自动的武装上前线！”③

5. 揭露抨击文化教育工作中的官僚主义

《中华苏维埃共和国宪法大纲》规定：“中国苏维埃政权以保证工农劳苦民众有受教育的权利为目的。在进行国内革命战争所能做到的范围内，应开始施行完全免费的普及教育。”④中央苏区的文化

① 《严重的赣县的赤少队突击》，《红色中华》第163期，第2版，1934年3月17日。

② 《雩都模范赤少队检阅的流产》，《红色中华》第168期，第2版，1934年3月29日。

③ 碧辰：《要求长胜立即纠正错误的动员方式》，《红色中华》第233期，第2版，1934年9月13日。

④ 《中华苏维埃共和国宪法大纲》，厦门大学法律系、福建省档案馆选编：《中华苏维埃共和国法律文件选编》，江西人民出版社1984年版，第8页。

教育既具有新民主主义大众化教育的性质，同时还负有积极地引导工农劳苦民众“参加政治和文化的革命生活，以发展新的社会力量”①的历史使命。1933 年 7 月，中央教育部训令强调：“文化教育应成为战争动员中一个不可少的力量，提高广大群众的政治文化水平，吸引广大群众积极参加一切战争动员工作，这是目前文化教育建设的战斗任务。”②在党和苏维埃各级政府的领导下，中央苏区各地的文化教育事业虽然取得了普遍开办列宁小学、识字班、夜班、职业学校、干训班等多种办学形式，广泛开展俱乐部、列宁室、墙报、化装演讲、歌舞戏剧等文化活动，卓有成效地提高了民众的文化水平和阶级觉悟，增强了人们投身政治、经济、文化建设和发展革命战争的积极性等巨大成就；但在某些落后地方也存在消极怠工等官僚主义现象。对此，工农通讯员和工农群众在《红色中华》发表文章予以揭露抨击。例如：

1933 年 7 月 8 日，《红色中华》在《无产阶级的铁锤》专栏刊载《扫除文化教育工作中的坏蛋》一文指出：“石城县教育部长赖世经，消极怠工，上级加以督促，反而领导部员来反对，反对省教育部的决议。……石城县教育部部员邓明星下乡巡视工作，就逃回家里住上十多天，没有一字工作报告；部员赖质如不在政府膳宿，每天在部工作至多不过一小时。”③

1934 年 1 月 10 日，《红色中华》第 142 期在“严厉打击破坏文化教育的消极怠工官僚主义份子！”专栏刊发系列文章，其中《打击文化

① 《中华苏维埃共和国宪法大纲》，厦门大学法律系、福建省档案馆选编：《中华苏维埃共和国法律文件选编》，江西人民出版社 1984 年版，第 8 页。

② 江西省文化厅革命文化史料征集工作委员会、福建省文化厅革命文化史料征集工作委员会编：《中央苏区革命文化史料汇编》，江西人民出版社 1994 年版，第 161—162 页。

③ 《扫除文化教育工作中的坏蛋》，《红色中华》第 92 期，第 6 版，1933 年 7 月 8 日。

战线上的官僚主义》指出："兆征县大埔区教育部长龚梦祥，他的工作一贯来是官僚主义工作方式，工作不深入群众。在乡苏工作的时候，早上只跑到乡苏主席问一问有没有会开，如果没有会开马上跑回来了。他很少下乡天天坐在他家里，不管文化教育工作，只管回家。本来，在过去大埔区的教育工作是非常好的，自从他当教育部长以来，俱乐部，夜学校，识字组，都停止了工作。因为被他的官僚主义所破坏了。"

《踏巡区教育工作为什么落后?》揭露：在 1933 年 10 月，会昌县踏巡区"据报告列小有三十余校，到十一月份县教育部巡视时，据说只有二十余校了"。踏巡区教育部负责人"天天坐到区教育部不闻不知，即或下乡，又是走马看花的巡视一番。就在区附近的乡来说，谢坊乡下村的列小，教员学生没有一个，犹为冷庙一样"。

《兴国永水乡忽视文化教育》批评："在举行各列小秋季大检阅时，该乡乡苏主席，和教育主任，置之不理。把上级所发下来的一切文件通知，都藏在箱子里去，当作废物。同时在本月十四日，区教育部派了员到乡苏巡视工作，没有一点准备，而且是一般工农群众，和各学生，都不晓得目前举行秋季大检阅，尤其是把教员调到乡苏去做填写土地纳税证的工作，把学校关闭了很久，台上的尘埃有几尺厚。"①

中央苏区群众性舆论监督对官僚主义的揭露和抨击，还贯穿于粮食收集运动、查田运动、合作社运动以及春耕、秋收、支前保障等各项运动和工作中。除《红色中华》外，《斗争》《青年实话》《苏区工人》《红星报》等苏区报刊也重视刊登工农群众反官僚主义的文章，曝光各种官僚主义现象，剖析官僚主义产生的原因及其危害，倡导苏维埃新的工作方式，并形成红色报刊激浊扬清、舆论监督的鲜明特征。

① 《打击文化战线上的官僚主义者》，《红色中华》，第 142 期，第 4 版，1934 年 1 月 10 日。

第三章

中央苏区反腐败的群众运动的斗争方式

中央苏区多形态开展的反腐败斗争的群众运动，既是苏维埃民主监督本质的具体体现，同时也充分反映了中国共产党依靠群众的力量清除腐败的坚定信念和决心。中央苏区职掌对国家机关、国家企业及其工作人员等实施监察，“把检举运动当作自己第一等重要的任务”①的各级工农检察部，在直接领导和组织群众运动开展反腐败的斗争中，不断拓宽群众监督渠道，创新群众监督手段，具体部署和指导反腐败斗争的群众运动，并采取了一系列群众性的斗争方式。

一、群众性检举揭发

群众无处不在、无处不有，群众监督是最广泛最基本的监督。群众性的检举揭发，能为监察力量有限而监督对象广泛的专职监察机关起到源源不竭地提供反腐败信息和线索的重要辅助作用。否则，职能监察往往成为无源之水，也无的放矢。中央苏区群众性的检举

---

① 董必武：《把检举运动更广大的开展起来》，《斗争》第 61 期，第 4 版，1934 年 5 月 26 日。

揭发主要表现在以下方面。

（一）设控告箱投递意见书

控告箱是中央苏区各地为方便群众检举而特设的控告信投递箱，是群众参与监督和反腐败斗争以及各级工农检察部接受群众举报的常设渠道之一。1931 年 11 月，中华苏维埃共和国第一次全国工农兵代表大会通过的《工农检察部的组织条例》规定："工农检察部之下，须设立控告局，以接受工农对于政府机关，或国家企业的缺点和错误的控告事件，在工农集中的地方，得指定可靠的工农分子，代收工农的控告书，并须在工农集中的地方，可悬挂控告箱，以便工农投递具名意见书。"①同月，中央执行委员会第一次全体会议通过《地方苏维埃政府的暂行组织条例》，明确各级地方苏维埃政府监察机关设立控告局及其工作方式为："工农检察部有他的特殊任务，得设立控告局，以接收工农的控告事件。在工农群众集中的地方，可委托忠实可靠的工农干部，代收工农群众的控告事宜，并且在各地方须挂控告箱，使工农群众投提意见书。"②

1932 年 8 月，中央政府工农检察委员何叔衡签署颁布《工农检察部控告局的组织纲要》，具体规定控告局与工农检察部之间的关系，控告局的职责权限以及工作方式。主要内容如下：

> 各级工农检察部或科之下，得设立控告局。
>
> 各级控告局直属各级工农检察部或科受其指导和节制，没有上下级的隶属关系。
>
> 在工农集中的地方，控告局可设立控告箱，以便工农投递控

① 《工农检察部的组织条例》，江西省档案馆、中共江西省委党校党史教研室选编：《中央革命根据地史料选编》下册，江西人民出版社 1982 年版，第 163 页。

② 《地方苏维埃政府的暂行组织条例》，厦门大学法律系、福建省档案馆选编：《中华苏维埃共和国法律文件选编》，江西人民出版社 1984 年版，第 32 页。

告书，还可以指定不脱离生产的可靠工农分子，代替控告局接收各种控告。

控告局日常的工作，是接受工农劳苦群众对苏维埃机关或国家经济机关的控告，及调查控告的事实，但是控告局，只是接收控告某机关，或控告某机关的工作人员的控告书，不接受私人争执的控告书。

苏维埃的政府机关和经济机关，有违反苏维埃政纲政策，及目前的任务，离开工农利益，发生贪污浪漫官僚腐化，或消极怠工的现象，苏维埃的公民，无论何人都有权向控告局控告。

人民向控告局控告，可用控告书，投入控告箱内，或由邮件都可，不识字的可到控告局用口头控告，有电话的地方也可用电话报告控告局。①

在中央工农检察部的直接领导下，控告箱、邮件、口头控告、电话报告，以及指定可靠工农分子代替接受控告等多途径举报方式的运用，时刻畅通着广大工农群众实行监督和揭发检举的渠道，中央苏区许多腐败的大案、要案的破获，就往往发轫于群众的"报告""控告"。1933年底，"瑞金县苏财政部长有重大的贪污嫌疑"，就有"从群众中得到的报告"②。"中府管理处左祥云贪污了公款"，也有"群众来报告"。③ 1934年初，"中央印刷厂会计员杨其兹，军委印刷所会计路克勤，造币厂会计科长凌全香的贪污，都是因工人的控告，而检举出来的"④。中央工农检察委员会高度称赞："更由于群众的参加与揭发，

① 《工农检察部控告局的组织纲要》，江西省档案馆、中共江西省委党校党史教研室选编：《中央革命根据地史料选编》下册，江西人民出版社1982年版，第164—165页。

② 《开展广泛的反贪污斗争》，《红色中华》第134期，第3版，1933年12月11日。

③ 耕得利：《反对腐朽的自由主义》，《红色中华》第134期，第3版，1933年12月11日。

④ 中央工农检察委员会公布：《中央印刷厂造币厂与军委印刷所之贪污检举》，《红色中华》第153期，第3版，1934年2月23日。

使反贪污斗争更加开展。”①

（二）工农通讯员通讯举报

工农通讯员是中央苏区各地工农检察部的耳目。各级工农检察部在各地的政府机关、国家企业、群众团体以及街道、村庄均设立不脱产的工农通讯员，挑选工农群众中的优秀分子担任，由他们负责对所在地区、部门、单位及其工作人员违法渎职、消极怠工以及侵害群众利益等腐败行为的日常监督，并经常性地以书面通讯或口头报告的方式向其所属的工农检察部举报腐败现象和违法、违纪行为。

1931 年 11 月，第一次全国工农兵代表大会通过颁布的《工农检察部的组织条例》第三章《各级工农检察机关的工作方式》第七条特别强调：“检察的时候，检察委员会须注意听工农通信员的报告，听工农的个别谈话。”②1933 年 4 月 13 日，中央工农检察部在《关于健全各级工农检察部组织事》的第三号训令中明确要求：“各级工农通讯员要广泛建立起来，凡是各机关各群众团体各圩场各村庄，以及城市中各街道，都要找得当地群众团体的人员，机关中的职员，工厂中的工人，农村中的农民，街道中的工人及贫民等好的份子加以委任，来担任通讯员，作为工农检察部的眼目，要他们经常作书面通讯和口头报告。”训令对工农通讯员在省、县、区（市）各级工农检察部的人员编制和管理分工作出了专门规定。③

1933 年 12 月 12 日，中央执行委员会颁布《中华苏维埃共和国地

① 中央工农检察委员会公布：《关于中央一级反贪污斗争的总结》，《红色中华》第 167 期，第 3 版，1934 年 3 月 27 日。

② 《工农检察部的组织条例》，江西省档案馆、中共江西省委党校党史教研室选编：《中央革命根据地史料选编》下册，江西人民出版社 1983 年版，第 162 页。

③ 《中华苏维埃共和国临时中央政府工农检察人民委员部训令（第三号）（摘录）——关于健全各级工农检察部组织事》，厦门大学法律系、福建省档案馆选编：《中华苏维埃共和国法律文件选编》，江西人民出版社 1984 年版，第 420—421 页。

方苏维埃暂行组织法》规定:“省县区市各级工农检察委员会必须在一切国家机关中、企业中、工厂中、作坊中、矿山中、学校中、社会团体中、街道中、村落中建立通信员,形成通讯网,通信员不脱离生产。”①同月,中共中央局常委张闻天在苏区中央局机关报《斗争》上发表《苏维埃工作的改善与工农检察委员会》的文章指出:“为得要使工农检察委员会能够很迅速的把下面所发生的各种情形反映到上面来,工农检察委员会必须同群众有最密切的关系。在每个乡、每个村、每个屋子、每个机关、每个企业中都应该有它的工农通讯员,这些工农通讯员把他们本乡、本村、本屋子、本机关、本企业中所发生的事件告诉中央的、省县的、区的以至乡的工农检察员。工农检察员就很迅速的来处理这些大大小小的事件,使每一事件能够得到正确的解决。在这里,群众的控告箱也是为了要达到同样的目的。”②此处“同样的目的”是指揭露“关于官僚主义与贪污腐化等等一切大大小小的事件”③。

1934 年 1 月 22 日,中央工农检察部代部长高自立指出:“工农检察通讯员是人民监督政权的一种形式。他们所要通讯的,只要是事实,不论大小,也不必写成一个很通顺的文章,只要把事实说清楚出来就可以的。”同时,他特别提出通过邮局邮寄工农通讯员通讯的“贴邮花问题”,指示:“可以减价,原来平信贴 3 分,只要贴 1 分;挂号贴 8 分,减为贴 4 分;快信 15 分,减为贴 8 分。”④

① 《中华苏维埃共和国地方苏维埃暂行组织法(草案)》,厦门大学法律系、福建省档案馆选编:《中华苏维埃共和国法律文件选编》,江西人民出版社 1984 年版,第 70—71 页。

② 洛甫:《苏维埃工作的改善与工农检察委员会》,《斗争》第 37 期,第 10 版,1933 年 12 月 5 日。

③ 同上。

④ 《中央工农检察人民委员部代部长高自立致李克钧的信》,中共江西省委党史研究室等编:《中央革命根据地历史资料文库 · 政权系统》第 8 册,中央文献出版社、江西人民出版社 2013 年版,第 1294 页。

作为工农检察机关的耳目,如恢恢天网般密布于中央苏区各地的工农通讯员,在监督、揭发各种贪污腐化、官僚主义等腐败现象中发挥了极其重要的作用。仅以1934年1—5月中旬的检举运动为例:"在检举运动中,大批的洗刷了坏份子,如中央政府各部共洗刷了六十四人,在中有九个贪污的,十五个破坏苏维埃法令和政府威信的,四十个消极怠工自由回家的。江西乐安县一级及善和增田两区乡共洗刷了七十二人,万太县区各机关中洗刷了的六十人,胜利县一级二十三人,石城县一级洗刷了二十人,区一级二十五人,乡一级四人。福建明光县共洗刷了七十四人。粤赣雩都自进行检举以来,在县一级洗刷了三十八人,在区乡共五十五人,合作社洗刷了三十一人。西江在县一级洗刷了二十人,区乡共六十人。会昌检举才开始,已在县一级洗刷了九人。在几个国家企业和军事工业中,亦检举了个别的贪污消极,浪费公物的份子。"①其中,中央政府各部"大多数的贪污案件,是由于通讯员的通讯而检举的"。中央工农检察委员会在公布反贪污斗争的总结中特别指出:"更由于群众的参加与揭发,使反贪污斗争更加开展。"②

(三)突击队、轻骑队检查检举

"突击队是人民在工农检察部指导之下,监督政权的一种方式,凡有选举权的人都可加入突击队。"③1932年8月13日,中央工农检察部颁布《突击队的组织与工作》条例,主要内容如下:

突击队只隶属于当地的工农检察部,受他的直接指导。

① 董必武:《把检举运动更广大的开展起来》,《斗争》第61期,第4版,1934年5月26日。

② 中央工农检察委员会公布:《关于中央一级反贪污斗争的总结》,《红色中华》第167期,第3版,1934年3月27日。

③ 《突击队的组织和工作》,《红色中华》第32期,第7版,1932年9月6日。

突击队的队员不脱离生产，他们执行工作是在空暇的时间或休息日。并且不是固定的，每次突击可以改换队员份子。

突击队的工作方式有以下两种：

一、公开的突然去检查某苏维埃机关，或国家企业和合作社，以揭破该机关或企业等的贪污浪费及一切官僚腐化的现象。

二、扮作普通工农群众到某机关去请求解决某种问题看该机关的办事人员对工农的态度，办事的迟速，以测验该机关的工作现状。

突击队所突击的范围，仅限于苏维埃机关和国家企业方面，私人企业及私人间的关系，不是突击的目标。突击队所要突击的是关于政纲政策执行得是否真确，工作计划是否实现，参战工作的程度如何？官僚，腐化，贪污现象等等问题。

突击队未得工农检察部的许可和指示，不得自由去突击，但是突击队的每个队员，看到或听到了某种不好现象，应随时报去工农检察部。①

轻骑队是少共(共青团前身)直接领导下的青年群众组织，“由团公开发起，征求青年自愿加入”②。轻骑队与工农检察部保持密切联系，在开展监督和反腐败的工作上接受工农检察部的委派和指导。1933年12月20日，少共中央局通过的《轻骑队的组织与工作大纲》指出，轻骑队是“与官僚主义消极怠工，和贪污，腐化现象作斗争的一个重要武器，是群众的对于这些份子的监督”。轻骑队的工作任务主要是：“检查苏维埃机关内，企业内，经济的和合作社的组织内的官僚主义，贪污，浪费，腐化，消极怠工等现象，举发对于党和政府的正确政策执行的阻碍与曲解。”轻骑队的工作方式主要是“为着举发某一

① 《突击队的组织和工作》，《红色中华》第32期，第7版，1932年9月6日。

② 《轻骑队的组织与工作大纲》，《斗争》第41期，第16版，1934年1月5日。

个事件或彻底清查某一事件的原因，可以组织轻骑队的袭击”，“轻骑队应当经常注意机关内或个人以（应作“的”——引者注）官僚主义，贪污，浪费，腐化，怠工，等现象，随时提向苏维埃控告，只要获得苏维埃政府的（如工农检查部）委托时，他可以检查苏维埃内的工作，或清查某些机关的账目”。①

（四）新闻媒体曝光

中央苏区的新闻媒体主要是中央党政机关、群众团体、中革军委总政治部等创办的报刊。《红色中华》，1931 年 12 月 11 日创办时是临时中央政府机关报，1933 年 1 月 27 日始改为中共苏区中央局、临时中央政府、全总苏区执行局、少共苏区中央局的联合机关报。②《斗争》是中共苏区中央局于 1933 年 2 月 4 日合并《实话》和《党的建设》两刊后创办的机关报。③《青年实话》由少共中央局主办，《苏区工人》由全总苏区中央局主办，《红星报》由中革军委政治部主办。其中《红色中华》是苏区报刊的代表，发行量最大时每期多达 4 万份。苏区报刊是党和人民的喉舌，且负有“组织苏区广大工农劳苦群众积极参加苏维埃政权”，“引导工农群众对于自己的政权，尽了批评，监督，拥护的责任”。④

1933 年 12 月 12 日，中共中央局宣传部部长张闻天在《斗争》上发表《关于我们的报纸》一文中指出，我们的报纸“是工农民主专政的报纸，是阶级斗争的有力武器，我们对于一切损害革命利益、损害苏维埃政权的官僚主义者、贪污腐化分子、浪费者、反革命异己分子、破坏国家生产的怠工工人等，必须给以最无情的揭发与打击，使他们

① 《轻骑队的组织与工作大纲》，《斗争》第 41 期，第 15、16 版，1934 年 1 月 5 日。
② 《特别通知》，《红色中华》第 49 期，第 4 版，1933 年 2 月 4 日。
③ 《党报委员会的通知》，《斗争》第 1 期，第 1 版，1933 年 2 月 4 日。
④ 《发刊词》，《红色中华》创刊号，第 1 版，1931 年 12 月 11 日。

在全苏区工农劳苦群众的前面受到唾骂、讥笑与污辱，使他们不能在苏维埃政权下继续生存下去”①。为了务实地履行舆论监督的职能，中央苏区的报刊普遍开辟了“反贪污浪费”“警钟”或“铁帚”“突击队”“铁棍”“铁锤”“轻骑”“黑板”等专栏。广大工农群众和各报刊通讯员通过来信来稿，不留情面、点名道姓地在报刊上大量曝光形形色色的各种腐败现象，是中央苏区党领导群众运动反腐败斗争的方式之一。其中通过《红色中华》曝光揭露的腐败类型主要有以下几种。

1. 贪污公款公物

如，门岭县洞头区军事部部长将没收土豪的款子“打了埋伏二百多元”②；“江西省苏土地部部员邹贵华、欧阳邦佳，由省苏土地部派去湛田区帮助查田运动，在该处清查豪绅地主所没收的东西，他老实不客气卷在自己包袱里背了回来”③。除隐瞒吞没打土豪的钱物外，对各种罚款、捐款也有贪污和私分的现象，如，西江县砂星区高屋乡俱乐部的邓昌香、杨兹栋等“把买卖婚姻的罚款来塞个人的腰包”④。瑞金县互济会财务部部长朱宗英“把群众一片、二片募捐来慰问红军、救济被难群众的款子拿去乱花，进馆子，拿回家去，贪污了一百十七元多”⑤。

2. 做假账，虚报冒领

如，“军委印刷所的路克勤之贪污，主要是多开工人工资，多报工

① 洛甫：《关于我们的报纸》，《斗争》第38期，第11版，1933年12月12日。

② 九舍：《吃洋参炖鸡子的军事部长》，《红色中华》第136期，第3版，1933年12月20日。

③ 《清洗政权机关中的败类》，《红色中华》第110期，第7版，1933年9月18日。

④ 杨斯桂：《挪扯合作社俱乐部公款》，《红色中华》第142期，第4版，1934年1月10日。

⑤ 《朱宗英吞没捐款》，《红色中华》第154期，第3版，1934年2月24日。

人米贴与火食”①。腐败分子除采用做假账的手法外，还有涂改凭证数目、以假收据入账和收款不进账等方式。如，博生县苏总务处记账员廖和倚，涂改报账的医药费数目，“二分他改二角，三分就改三角，甚至九分改九角”②。中央印刷厂社会保险局局长曾玉浪、会计廖前生、保险委员王承根三人“假造账目和打假收据”，“共贪污了保险金七十二元七角”③。虚报冒领还有“克扣来往人员的伙食，来分‘伙食尾子’”的贪污方式，“如大柏地兵站十天中每人能分到六、七角，胡岭咀兵站十天分得五角至一元，特别是御连兵站十天内每人分得二元。”④

3. 随意滥用，铺张浪费

小岔乡苏维埃“两个月用去大洋五百余元，其中每五天有杂用费贰拾余元，……，每五天有客饭二十余元”⑤；洛口县政府修理房屋，省财政部只批准了二十元修理费，“但是他们就不管上级批准不批准”，大手大脚“用了大洋一百余元”⑥。滥用和浪费的现象不仅在地方政府中时有发生，也存在于中央机关中。如中央财政部管理科“对于使用品不(适)量购买，以致过多而搁置不用，在经费方面如对于飞机洞的过度修饰，在人力方面如对于伙伕、洗衣队等没有适宜裁减”⑦。

① 中央工农检察委员会公布：《中央印刷厂造币厂与军委印刷所之贪污检举》，《红色中华》第153期，第3版，1934年2月22日。

② 《博生记账员的卑劣》，《红色中华》第154期，第3版，1934年2月24日。

③ 《检举这些贪污的坏蛋》，《红色中华》第186期，第2版，1934年5月9日。

④ 《中革军委关于改善兵站对来往人员的招待与护送工作的命令》，中共江西省委党史研究室等编：《中央革命根据地历史资料文库·军事系统》第13册，中央文献出版社 江西人民出版社，2015年版，第3278页。

⑤ 卓夫：《好阔气的小岔乡苏》，《红色中华》第20期，第8版，1932年5月25日。

⑥ 正冈：《大兴土木的洛口县政府》，《红色中华》第137期，第3版，1933年12月23日。

⑦ 《经济战线的前哨战》，《红色中华》第132期，第1版，1933年12月5日。

4. 经商投机,中饱私囊

建宁县邮局李局长派递信员贩盐,“大做盐买卖,在建宁一块大洋赚一斤盐,在得胜关一块大洋赚两斤盐”①。江西省互济会巡视员尹、陈两同志到兴国县去巡视工作,路上“贩了几斤黄烟,带回来送到各机关去销,每斤赚四角大洋”②。除个别单位少数干部有这种倒买倒卖经商牟利行为外,在雩都县委、县苏维埃甚至出现带普遍性的经商投机、集体腐败的现象。县委书记刘洪清“领导一些党员做贩卖谷盐进出口生意”;县苏维埃主席熊仙璧“领导与包庇县苏很多工作人员私拿公款做生意”③。

5. 巧立名目、剥削群众

宁化县曹坊区苏维埃军事科科长曹周魁,强迫结婚的群众“‘请客’才能结婚,没有钱请客他就说不准他结婚”④。会昌县珠市区第二乡苏维埃主席吴永连,“他有一身‘好本事’,学到了反革命民团剥削群众的方法:要群众领一张分田证,便要照人口每人纳五个铜板;开会时有群众不到会的,便要缴小洋五毛”⑤。长汀县芦竹坝乡苏维埃主席“用很巧妙的方法向工农群众每天支二毫小洋做主席工资”⑥。

---

① 黄森林:《建宁县邮局李局长(贩盐)》,《红色中华》第139期,第4版,1934年1月1日。

② 郭南爊:《江西省互济会巡视员尹、陈二同志(贩烟)》,《红色中华》第139期,第4版,1934年1月1日。

③ 中共中央党务委员会、中央工农检察委员会:《检举雩都县营私贪污官僚》,《红色中华》第159期,第3版,1934年3月8日。

④ 巫子元:《暗藏异己份子的曹坊区苏》,《红色中华》第37期,第4版,1932年10月23日。

⑤ 《剥削群众的乡苏主席》,《红色中华》第68期,第4版,1934年4月11日。

⑥ 熊珍:《贪污与腐化》,《红色中华》第40期,第8版,1932年11月14日。

6. 吃喝嫖赌，生活腐化

门岭县洞头区“吃洋参炖鸡子”的军事部部长，“手上金手表、金戒子样样都有”。[①] 永丰县七都工委书记刘彦才的日常生活是“嫖妇女、赌钱”[②]。兆征县工农检察部负责管理工农通讯员的陈唐子在酒楼大吃大喝无钱付账，竟冒充县苏维埃主席赊欠[③]。宜黄县东陂区苏维埃裁判部部长李衣禄将区苏部关押的一位土豪女子“公开地把这个女子放出来弄去同他一张床睡觉”[④]。

《红色中华》对上述各种丑恶现象的公开揭露与曝光，不仅使形形色色的腐败分子原形毕露，无可遁逃地受到党纪、政纪和国法的严惩，同时也将他们押上了社会的道德法庭，使腐败分子声名狼藉、无地自容。

二、群众性调查取证

（一）涉案单位全体群众参与调查举证

中央苏区发生的贪污腐化等腐败现象，因损害群众利益、违背中国共产党的宗旨和苏维埃政权的性质，一般都具有较大的隐蔽性。群众性的控告检举通常也只是提供案件的侦查目标或零星线索，若要查清案情，将腐败分子绳之以法，还需要做大量艰苦细致的调查取证工作。1934 年 1 月 4 日，中央工农检察部在关于《怎样检举贪污浪费》的指示中指出：“一定要注意查察，有一点小的表现就要跟着去

① 九舍：《吃洋参炖鸡子的军事部长》，《红色中华》第 136 期，第 3 版，1933 年 12 月 20 日。
② 《样样来得的贪污分子》，《红色中华》第 101 期，第 6 版，1933 年 8 月 13 日。
③ 南治：《好吃的苏维埃害虫》，《红色中华》第 138 期，第 4 版，1933 年 12 月 26 日。
④ 熊珍：《贪污与腐化》，《红色中华》第 40 期，第 8 版，1932 年 11 月 14 日。

查,常常能从小的事件查出大的问题来,瑞金的大贪污案,就是从他们灯油费浪费一件小事着手查出来的。"①在各级工农检察机关的充分发动和具体指导下,广大工农群众积极参与腐败案件的调查与举证,是当时群众运动开展反腐败斗争的重要方式之一。中央工农检察部强调:"要知道反对贪污浪费是残酷的阶级斗争之一种,因此必须发动群众对于这一现象的斗争。一个贪污案子如果不发动那一机关的全体群众就不能彻底根查清白,就不能禁绝以后再产生贪污事件。浪费的彻底消灭,也是如此。"②

1934 年 2 月 20 日,中央工农检察委员会在公布的《中央印刷厂造币厂与军委印刷所之贪污检举》中,曾充分肯定群众性调查举证在破获中央印刷厂、造币厂、军委印刷所三个会计工作人员和干部贪污案件中所起的重要作用。该文明确指出:"中央印刷厂杨其兹贪污一百七十元三角三分二厘,造币厂凌全香吞污二百十七元六毛七分八厘,军委印刷所(路克勤贪污)已查出四十余元,……这三个贪污案件,都是在群众的积极赞助之下检查出来的,主要的是在发动了全厂的群众,个个出来同他们对账,因此得以彻底查出,使得一切假账与吞没完全查清,弄个明白。"在中央工农检察委员会公布的调查报告中,还较详细地叙述了这三个贪污案件在群众的积极赞助下检查出来的具体经过和情形:

> 中央印刷厂杨其兹的账目,开始查了很久查不出,因为他的贪污不是公开的,所以单纯算账就查不出,后来我们发动了工会与少共的轻骑队,特别是该厂的轻骑队与全体工友,参加了审查委员会,就发觉他的付账与清算的数目不对,主要是多开工人的工资,还有工人借了公家的钱,扣还后不上账。于是由全体工友

---

① 中央工农检察部的指示:《怎样检举贪污浪费》,《红色中华》第 140 期,第 2 版,1934 年 1 月 4 日。

② 同上。

对数与清查他的贪污账目就完全检查出来了。

造币厂的凌全香,开始只发现他付账与结存数目不对,后来发动了全厂工友参加审查,贪污的账目完全查出了。

军委印刷所的路克勤之贪污,主要是多开工人工资,多报工人米贴与火食,吞没公款。发动了群众清查,对证,他才正式承认。①

全国苏维埃第二次代表大会期间两个司务长的贪污案也是在群众积极参与"搜查"等调查举证的斗争中才揭露出来的。一个是"苏大"内务工作班司务长陈拔英贪污案。1934 年 1 月 7 日,《红色中华》发表《苏大又发现一只贪污大家》的文章,揭露了此案案情及破获经过:

他(陈拔英——引者注)在内务工作班管理伙食等仅仅四十天的时间内,贪污了工作班全体人员的伙食等费共计大洋廿元,来买东西吃和穿。当时虽有许多同志注意查他的账目,结果因为他的贪污手段很高,查不出来,直到昨天结总账的时候才查得他在米数出入上浮出有钱十余元,又还有许多买进的东西没有付出数,特别在工作班结束时,剩下有四五斤油盐,他私自卖了不出数,还骗人说耗蚀了等等。但是他还是强词争辩,坚决不肯承认一点,因此大家就把他包里搜查,搜出公家剩下火柴二包、油心带三札、药丸数包、铁钉一大包等,又继续向他身上搜查,搜得国币十四块半,这时才把他的贪污经过完全揭发出来,送到瑞金县裁判部去审判监禁。②

另一个是"苏大"工程所输送队司务长陈世仁贪污案。同期《红

① 中央工农检察委员会公布:《中央印刷厂造币厂与军委印刷所之贪污检举》,《红色中华》第 153 期,第 3 版,1934 年 2 月 22 日。

② 肖残:《苏大又发现一只贪污大家》,《红色中华》第 141 期,第 4 版,1934 年 1 月 7 日。

色中华》刊登《奇妙的贪污方法》一文，揭露陈世仁的罪行：

> 在粮食调剂局买米，因调剂局斗大，他就拿出地主阶级的剥削方法，进大斗出小斗的算给公家，共贪污了四担六斗五升二合，计大洋四十余元。买油盐也是一样，贪污了十余元。在群众热烈反贪污浪费之下，检查出来了。

此文的重点是揭露贪污分子的卑鄙手段，虽不涉及破案的经过，但文中的简明结语仍高度概括地揭示了“群众热烈反贪污浪费”与该案“检查出来了”的因果关系。

1934年3月，在中共中央党务委员会、中央工农检察委员会检举的雩都县贪污和投机经商案中，除县委书记刘洪清领导经商、县苏维埃主席熊仙璧强借公款做生意、县军事部部长刘仕祥报假账贪污之外，雩都城市区苏维埃政府的3个主席、9个部长中，就有3个主席（区苏维埃正、副主席，工农检察委员会主席）、6个部长（土地、劳动、内务、国民经济、财政、裁判部部长）都是做贩卖谷盐进出口投机生意的。雩都全县43个粮食合作社、12个消费合作社，基本上都是苏维埃机关工作人员合股做投机生意的机关。中央政府副主席项英代表中共中央党务委员会、中央工农检察委员会，在亲临雩都领导检举的过程中，起初困难和阻力重重，后来中央工作团“在下面发动了工人进行向合作社的检举，市苏的检举也推动了几个同志来参加，于是市苏与合作社贩卖谷盐的大黑幕才揭开了，检举工作才有大的开展”①。项英在《雩都检举的情形和经过》中的这段带有山重水复、柳暗花明之感的亲身经历回顾，也充分说明在全国苏区影响和规模最大的这一贪污和投机经商案的深入清查中，雩都城区苏维埃政府主席易效美、土地部部长邱玉池、内务部部长赖晃乐、国民经济部部长

① 项英：《雩都检举的情形和经过》，《红色中华》第168期，第6版，1934年3月29日。

罗志恒、财政部部长肖仁焕、裁判部部长管德桂、工农检察委员会主席刘福元，以及区苏维埃副主席丁良科，劳动部副部长丁云汉等假借合作社名义，偷漏国家税收，大肆贩卖谷盐进出口的集体腐败的“大黑幕”，也是在群众性地配合党政检察机关调查举证，即在“发动了工人进行向合作社的检举”后，才最终被“揭开了”的。①

（二）群众监督团体协助调查取证

中央苏区反腐败的调查取证，除采取发动涉案单位的全体工作人员、“全部工友”或全体群众参与案件调查举证的方式之外，对那些案情错综复杂、查处阻碍重重的大案、要案，工农检察机关通常组建或调派群众监督团体——突击队或轻骑队到涉案单位，充实加强检察力量，协助调查取证。

1934 年 3 月 29 日，项英在《红色中华》发表《雩都检举的情形和经过》一文中，就曾三次高度评价地提起突击队协助中央工作团检举所取得的成绩。第一次是他在叙述解散机关合作社与改组各合作社的情况时谈到：“合作社经过我们突击队的检举，大大的发现了私做生意的事。特别是互济会主任袁成文等，假借合作社名义，瞒税出私谷，已将这东西送法庭追究。并发动互济会员与合作社社员来审查合作社的营业与账目。”

第二次是他在回顾打击包庇贪污的分子的情况时提起：“在新主席团第一次会议时，我们突击队已查出县劳动部的文书又拿保险金回家去做糖的生意。当即询问劳动部长丁仁功，他坚决否认有此事，后来拿出证据，并且该部长自己知道，不仅没有立即揭发出来，开展斗争，反而公开包庇，于是在主席团展开斗争，正式决定开除他主席

① 中央工农检察委员会公布：《在雩都继续检举情形》，《红色中华》第 161 期，第 3 版，1934 年 3 月 13 日。

团的委员,撤消其劳动部长的职。”

第三次是他在介绍开始到各区进行检举的情况时说:“除了城市区正在大的检举与开展斗争外,党与工农检委的突击队已在里仁区进行检举,已检举出区委宣传部长赌钱,公开包庇 AB 团份子,鼓动打工作团,区委书记消极怠工,跑回家很久不管工作,并在区苏查出几个开小差份子。”

雩都县委、县苏维埃在经过反贪污、反投机经商斗争并进行初步改造后,由于“能力很弱,还有一部分老的分子留在指导机关内,并且继续发觉这些分子中仍有坏分子的存在”。因此,项英认为,在雩都县“我们的突击队继续进行检举”,“十分必要”。①

1934 年 4 月 17 日,《红色中华》发表文章,对项英和中央工作团离开雩都半个多月后雩都县的改造情况予以报道:“雩都县苏自从开展了一次大检举运动,撤销了县苏主席熊仙璧以后,在中央工农检察委员会突击队的领导下,继续开展广泛的检举运动,洗刷了大批的坏分子,吸收了积极的干部,彻底的改造了县苏维埃政府。在继续检举中,县苏被又发现了下列各种各式的害虫:国民经济部两个部员,领了二十天的伙食到小溪区担任突击队工作,可是仅仅在该区住了两天,便逃回自己家里‘突击’去了。熊仙璧私自调来的土地副部长(熊的弟弟)和部员一贯的消极怠工。粮食部某部员是当过十多年的流年先生,……此外还有大批开小差的份子,如粮食部员钟仁海,土地部文书和一部份部员等等。还有罚苦工未满期的粮食部文书和被开除军籍的部员。”②

同年 5 月 4 日,中共中央党务委员会、中央工农检察委员会在公布的《西江检举运动初步检阅》中,也充分肯定突击队在西江县检举

① 项英:《雩都检举的情形和经过》,《红色中华》第 168 期,第 8、9 版,1934 年 3 月 29 日。

② 《雩都县苏的改造》,《红色中华》第 176 期,第 3 版,1934 年 4 月 17 日。

运动中所发挥的重要作用:“我们于三月底派一突击队去检查西江党和苏维埃的工作,我们的突击队查出了下面的一些严重现象。”随后分类细列了查出的“反革命公开活动”“领导群众反水和群众的逃跑”“土地问题的未解决”“土地部长领导改阶级和包庇地主富农”等相关人物、事件的具体内容。其中关于“党与苏维埃机关中的坏份子”,突击队查出的主要有“县苏内有十二个阶级异己份子,最标本的是县苏副主席宋运山是富农,工农检查委员会主席林焕仪吃地主的酒,劳动部部长是地理先生,副部长当过靖卫团,……庄埠区苏财政部长及主席团特派员贪污公款四百多元,其余的消极怠工的也不少,大庄乡支书写介绍信给地主富农逃跑,新圩乡支书抽鸦片烟”。①

在上述两例有关突击队的报道、公告中,一例是直白地讲雩都县苏维埃“在中央工农检察委员会突击队的领导下,继续开展广泛的检举运动”。另一例根据事实公告派出的突击队在西江县检查党和苏维埃工作所取得的成绩。由此可见,中央苏区由工农检察机关派出的突击队(含临时组建的群众团体),经工农检察机关授权后,在派驻单位不仅仅是协助工农检察机关开展调查取证工作,有时甚至是代替工农检察机关在实际行使纠察检举的权力,抑或检举工农检察机关中的违法违纪分子。1934 年 5 月,中央工农检察委员会主席董必武在《斗争》上发表文章指出,粤赣省许多县的检举“斗争都是由突击队去发动的,而且有很多检委主席自己,就成为被检举的对象,如雩都石城赣县的检委主席等”②。

在中央苏区与突击队同属群众监督团体、由“团公开发起,征求青年自愿加入”的轻骑队,作为“与官僚主义消极怠工,和贪污,腐化

① 中共中央党务委员会、中央工农检察委员会公布:《西江检举运动初步检阅》,《红色中华》第 187 期,第 3 版,1934 年 5 月 11 日。

② 董必武:《把检举运动更广大的发动起来》,《斗争》第 61 期,第 9 版,1934 年 5 月 26 日。

现象作斗争的一个重要武器"①,同样深受工农检察机关的高度信任和倚重,并在其委派或指导下,通过开展艰苦细致的调查取证工作,攻坚克难地为反腐败破获一系列的大案、要案做出了重要贡献。

1933年12月26日,《红色中华》的"轻骑队通讯"专栏登载《瑞金县苏的浪费与贪污揭发了》的文章报道:"自从中央政府人民委员会和工农检查部公布关于瑞金县苏的浪费材料后,少共和工会即组织一个轻骑队进行工作,十天来的工作,完全暴露了县苏内的贪污腐化。"文中在《轻骑队的袭击》小标题下记叙了该轻骑队细心调查,克服种种困难的情形:

> 轻骑队从十二月十五日开始工作,召集了县苏主要负责人的会议,工作人员的会议,与个别工作人员谈话,对于账的检查费了更多时间,到廿一日才得出结论,并召集了工作人员大会报告工作的经过,在进行工作中,受到最大的阻碍,是财政部的全部工作人员互相包庇,因此更加使我们的工作费了更多的时间,然而因为轻骑队员的努力与细心对于县苏本身的贪污事实大部份已检查出来……

该文还详细报道了轻骑队检查出瑞金县苏维埃各类用品和经费浪费、贪污的各项数据:

> 县苏十月份超过预算八百五十八元。九月份买了二百卅六元纸,十,十一月又出了二百〇五元的纸数,假造收条。九月廿六日至十月五日搬房子实有一千二百余餐伙食,虚报二千二百余餐。共有六十八个灯每晚至多须油五斤,在十,十一月出了五百五十斤油。十月买了三十三元邮票,只用廿八元其余的五元拿去换钱了。七月二日收到刘名宜罚款四十元,七日收到各区

① 《轻骑队的组织与工作大纲》,《斗争》第41期,第15版,1934年1月5日。

款子三百五十余元,八月份各区退还的四百三十七元,群众退还公债三百三十二元,七日群众退还谷票二百八十四担,总共贪污了二千八百卅余元。十月平均每日实有二百人吃饭,出了三百零七人的伙食数,(如许祥焕回家一月余还领伙食)贴壁的毛边纸用了十五刀以上,十月买了七元二角毛笔,每枝一百余买了八元的复写纸乱用乱丢,丢在字纸篓内,买了三十三元的邮花,特别快信贴了一半,买了六十多元的药,不管有无病有药单子就可拿钱,……饮补药也算公家的数,买了五十二元银朱做印色油,不管有无事灯总光到天明,十月挖了一只飞机洞和修理房子用了二百〇六元(也无细数)。①

轻骑队调查取证瑞金县苏 1933 年 7—11 月上述造假、虚报、浪费、贪污的事实,每笔、每项都具体细致、清楚确凿。

与瑞金县苏维埃贪污浪费案揭破的同时,中央印刷厂贪污案的破获也得力于轻骑队的查账取证。1934 年 1 月 7 日,《红色中华》刊登《印刷厂贪污的会计员》的文章,简要报道了此案的情形。主要内容为:"中央印刷厂会计杨其锑同志,自负担会计以来,不负一些责任,每月的账目没有呈报,也没有公布。以致最近有工农检察部少共中央局等的轻骑队来查他的账目,结果查出糊涂账目,有九十余元之多,现在已交工农检察部办理去了。这种贪污分子,应给以法律的制裁。"②

1934 年 4 月 15 日,《青年实话》记载博生县轻骑队"在工农检委协同下,根据中央政府反贪污浪费命令",积极开展检查检举活动以及所取得的主要成绩如下:

① 轻骑队通讯:《瑞金县苏的浪费与贪污揭发了》,《红色中华》第 138 期,第 4 版,1933 年 12 月 26 日。

② 顾长瑞:《印刷厂贪污的会计员》,《红色中华》第 141 期,第 4 版,1934 年 1 月 7 日。

(一) 他的目标向着县苏,结果检(举)出总务处长何学仁为首的浪费,如像旧年(1933 年)九、十、十一三个月的开支,无论在文具及其他消耗,都有很大的浪费。如毛边纸每月要四十六万刀,复写纸每月要二百余张,铅笔每月要四打,药费每月要九十余元。这惊人的浪费,他采不闻不问的官僚态度去对付。拿现在来比各项消耗及其文具等要节省百分之五十以上。

(二) 财政部没收委员会的账目也极为严重,企图有计划的贪污,收多报少、改账目等,如罚款二十八元零二角五分,则改为二十元零五分;又二百五十二元,则改一百八十五元;再捐款支出二十二元,则改为九十四元。宋登得,计贪污一百四十七元,现正在积极的清查中。

(三) 查出县合作总社破坏合作社的章程,有严重的贪污。主要是营业部长罗科培,在旧年(1933 年)十一月至二月十二日止,查日记簿,总数上少收九十六元八角七分,账目计角改为元,贪污一百四十六元八角三分。再杂用上付出二十八元作伙食报销,总计贪污三百余元。

……

这些破坏革命战争的苏维埃害虫,经过斗争后,已交苏维埃加以纪律的制裁。①

综上可见,中央苏区群众性的调查取证,充分显示了广大工农群众积极参与反腐败的强大威力,尤其是群众性监督团体突击队和轻骑队,在各地工农检察机关的直接指挥和指导下,深入调查访谈、细心查账取证,充分发挥了遏制和清除腐败的“轻骑”“突击”、攻坚克难的作用,是中央苏区反腐败克敌制胜的锐器和法宝。

① 《轻骑队的活动在博生》,《青年实话》第 3 卷第 19 号,第 22 页,1934 年 4 月 15 日。

三、群众法庭公开审判

（一）群众法庭制度及其审判与报道

群众法庭又称“同志审判会”或“群众审判会”。1931 年 11 月，中华苏维埃共和国第一次全国工农兵代表大会通过的《工农检察部的组织条例》规定：“工农检察机关，如发觉各机关内的官僚主义者和腐化分子，有必要时，可以组织群众法庭，以审理不涉及犯法行为的案件，该项法庭有权判决开除工作人员，登报宣布其官僚腐化的罪状等。”①中央苏区“第一次破天荒的群众法庭”是 1933 年 4 月 16 日对国家银行出纳科职员袁雨山、刘道彬贪污案进行的审判。5 月 2 日，《红色中华》以《贪污腐化份子滚出去!》为标题，详细报道该群众法庭审判等情形：

> 国家银行出纳科职员袁雨山刘道彬，贪污腐化，此次被银行发觉，于四月十四晚把他们扣留在中央警卫营，同时向司法部提起控告。工农检察部为教育群众起见，特于四月十六日召集中央政府各机关各工厂工人及工作人员，组织同志审判会。当由到会群众公推周月林等五人为审判委员，即时开始审问。首先由银行代行长李六如报告两人贪污腐化事实及侦察破获经过，嗣后向袁刘两人分别审问，他们最初尚饰词狡辩，变更口供，后经各人当面证实，始无词可对。最后由审委会做结论如下：
>
> 刘道彬，生活腐化，工作不负责任，有贪污行为，判决开除职务送法庭依法讯办。

① 《工农检察部的组织条例》，江西省档案馆、中共江西省委党校党史教研室选编：《中央革命根据地史料选编》下册，江西人民出版社 1982 年版，第 163 页。

袁雨山也是贪污腐化，且屡次变更口供，判决开除职务，并送法庭依法讯办。

这两个贪污腐化份子，经过同志审判会判决后，第二天即送往瑞金裁判部看管，处以应得之罪。

这是苏维埃第一次破天荒的群众法庭，全苏区群众要大家起来，利用这一法庭形式来清查揭发苏维埃机关中一切贪污腐化份子，只有肃清一切贪污腐化份子，才能强健苏维埃组织，争取革命的更大的胜利。

根据上述报道，关于群众法庭及其开庭审判制度，大致可以得出以下几点认识：

（一）群众法庭由工农检察机关根据反官僚腐化等腐败分子的斗争需要，即“有必要时”设立，并由工农检察机关召集当地各机关工作人员、各工厂工人等广大群众组成，事毕解散，群众法庭可以说是临时性的反腐败的群众团体、临时召集的反腐败的群众大会。

（二）工农检察机关仅职掌群众法庭的发起和召集，群众法庭审判的主持机构——审判委员会，“由到会群众公推”的审判委员组成，审判委员会产生后即时开庭。庭审的全过程，从报告“贪污腐化事实及侦察破获经过”、“分别审问”、“答辩”（贪腐分子“饰词狡辩”）、“举证”（群众“各人当面证实”），到最后的庭审结论，均由审判委员会独立自主地安排进行。

（三）群众法庭虽冠以“法庭”之名，并且在法庭的组织和审判程序上类似于苏区各级裁判部设立的刑事法庭、民事法庭。如刑事、民事法庭有“由职工会、雇农工会、贫农团及其他群众团体选举出来”①

① 《裁判部的暂行组织及裁判条例》，厦门大学法律系、福建省档案馆选编：《中华苏维埃共和国法律文件选编》，江西人民出版社1984年版，第390页。

的陪审员,群众法庭也有"由到会群众公推"出来的审判委员;刑事案件的审理,县级以上裁判部设立的"检察员是代表国家的原告人,开庭审案时,可以代表国家出庭告发"①,"苏维埃第一次破天荒的群众法庭"也有类似于代表国家出庭的原告人,即"首先由银行代行长李六如报告两人贪污腐化事实及侦察破获经过";此案嗣后庭审中的分别审问、答辩、对证、做结论等程序,在形式上也照搬刑事法庭、民事法庭的庭审程序。然而,群众法庭在实质上并不是等同于刑事、民事法庭的司法机关。群众法庭的设立是为了以群众运动的方式开展反对官僚主义、贪污腐化等腐败现象的斗争。群众法庭的审判,没有司法上的判决意义,而重在审、重在调查举证,彻底揭露官僚主义、贪污腐化的事实。诸如庭审中贪腐分子"最初尚饰词狡辩,变更口供,后经各人当面证实,始无词可对"的过程,实际上是群众与腐败分子面对面激烈斗争、短兵相接的交锋过程,是群众集中火力围剿贪腐分子的过程。群众法庭审判实为群众运动反腐败斗争方式之一的这种性质,正如《红色中华》上述报道中所言,是"利用这一法庭形式来清查揭发苏维埃机关中一切贪污腐化份子。"

（四）群众法庭不是司法机关,不仅表现为"由到会群众公推"产生的审判委员,以及由审判委员组成的审判委员会,不必如同刑事法庭和民事法庭的设立,以及担任主审的裁判部部长或裁判员那样,必须由上级裁判部"委任"和"撤销"②,而纯属群众团体性质。更具标志性的制度规定是,群众法庭没有司法量刑和判刑权,仅仅是"有权判决开除工作人员","如发觉某机关或某团体的工作人员,有违法的

---

① 《裁判部的暂行组织及裁判条例》,厦门大学法律系、福建省档案馆选编:《中华苏维埃共和国法律文件选编》,江西人民出版社 1984 年版,第 393 页。

② 同上书,第 389 页。

行为,应将这些材料转给司法机关,以便提出诉讼"[①]。也就是说,贪腐等事实的最后认定,以及宣布对被告人"警告、罚款、没收财产、强迫劳动、监禁、枪决之权"[②],概由裁判部、最高法庭等司法机关依法行使。

(五)群众法庭的审判,除注重营造群众运动反腐败的强大声势,以及与官僚主义、贪腐分子开展面对面的激烈斗争,彻底揭露其违纪违法的事实外,还兼有通过具体的反腐败斗争和鲜活的反面教材,对广大群众进行反腐倡廉教育的作用。如"苏维埃第一次破天荒的群众法庭",就是"工农检察部为教育群众起见"[③]而发起和召集的。

1934年3月21日,中央政府召开检举会议指出:"必需在斗争中进行广泛的教育工作,抓住每一具体的斗争去教育全体的工作人员。"[④]4月2日,中央工农检察委员会发布《继续开展检举运动》的训令,强调"检举运动是带着充分的实际教育性质","我们在检举与斗争中不仅是反对某一现象或某一坏份子,而是拿着这一现象与份子来做例子开展斗争,教育群众,实际的改善与转变我们的工作(比如反贪污浪费不仅是检举几个贪污的份子,而是拿这一事实来教育全体工作人员,什么是贪污浪费,他对于革命的危害是怎样,并实际建立和改善会计制度,实行节省……),我们在每一检举与斗争中,都要达到这一目的"。[⑤] 由此可见,群众性的反腐败与群众性的教育紧

① 《工农检察部的组织条例》,江西省档案馆、中共江西省委党校党史教研室选编:《中央革命根据地史料选编》下册,江西人民出版社1982年版,第163—164页。

② 《裁判部的暂行组织及裁判条例》,厦门大学法律系、福建省档案馆选编:《中华苏维埃共和国法律文件选编》,江西人民出版社1984年版,第392页。

③ 《贪污腐化份子滚出去!》,《红色中华》第75期,第3版,1933年5月2日。

④ 《中央政府进行检举运动》,《红色中华》第166期,第3版,1934年3月24日。

⑤ 中央工农检察委员会训令检字第二号:《继续开展检举运动》,《红色中华》第177期,第3版,1934年4月19日。

密结合，既是中央苏区反腐败斗争的重要特点，也是党和中央政府设立群众法庭制度的初衷和目的。

为了扩大宣传教育的范围和效果，群众法庭审判结束后，该法庭有权"登报宣布其（指被判决开除的工作人员——引者注）官僚腐化的罪状等"①。因此，中央苏区各地检举揭发腐败分子，通常在群众法庭审判后，都及时登报公布开庭审判和庭审结论等情况。

1934 年 3 月 3 日，《红色中华》刊登《瑞京同志审判会的威权》一文，专门报道瑞金群众法庭审判"暴露贪污官僚六人"的消息如下：

（二月二十六日）在中央政府俱乐部开同志审判会，审判五只贪污份子、一只官僚主义者，到会同志均热烈发言，结果如下：

（一）曾还连，过去在壬田区（担任）裁判部长时，包庇富农，脱离群众；调工检会总务处兼会计时，未经任何人许可，私打一张路条，给他兄弟逃跑，后来他兄弟在兴国良村被扣留，他又偷用总务处的公章，私写信到良村区，叫该区释放他的兄弟；并且经常消极怠工，有组织的来破坏苏维埃。经同志审判会判决，送最高法庭惩办。

（二）刘忠泗，在财政部征发局工作，他是一个贪污分子，贪污了公家的茸片一包、广高丽参两支、当归三支、鹿桂一包、痧症丸二瓶、洋帽二顶、白沙帽一丁（顶）、胶皮鞋一双、西装裤一条、苎布衫一件、斗袋一个、白布包一个、袜四双、软料手巾一条、国币（五分）七十二张、（五角）二张，共计十七件，以上的东西是他贪污的证据，在二十六日审判的会中他一口的承认，结果以上东西限他一星期交还公家，给他以严重警告。

（三）何景新，系中央政府勤务科科员，他是贪污腐化、官僚

① 《工农检察部的组织条例》，江西省档案馆、中共江西省委党校党史教研室选编：《中央革命根据地史料选编》下册，江西人民出版社 1982 年版，第 163 页。

主义、消极怠工分子，此次中央运输队有一苦工，在前方带来大洋三十元，被何景新知道此事，他用出欺骗手段，对苦工说：'你的钱须要归公家，因为你是前方来的，不缴不行。'该苦工队员当时不允，何景新又说：'放在你自己处会用完的，放我这里保存，以后有病，可以拿回去用。'苦工无法，只得交给他大洋三十元。何景新得钱后，于一天内用去大洋三元，此事被管理处长查悉；还有在苏大会时，上级分配伕子挑煤，他故意迟延，以致妨碍工作，平日谩骂下级，对上级不听指挥，自己错误不肯承认，经大会判决送最高法庭惩办。

（四）黎隆生，于去年十二月十六日至一月十五日，负责全苏大会司务长时，贪污公家款项达十七元之多，经大会判决送最高法庭办理。

（五）李茂初，劳动部会计，贪污公款二十四元余，在同志审判会上，他说："我不懂会计事情"，企图抵赖，经大会判决送最高法庭办理。

（六）黎化湘，在二次全苏大会工作时，到胜利去买鸡鸭，贪污一百九十余斤，经大会判决，送胜利县裁判部处理。

此篇报道与"苏维埃第一次破天荒的群众法庭（审判袁雨山、刘道彬）"的报道相比较，报道的内容几乎都是审判会的审判结论，至于庭审过程中原告的检举揭发、被告的答辩、群众的举证以及与腐败分子斗争的情形，全文仅以"到会同志均热烈发言"这一言以蔽之，报道把握的重点是《工农检察部的组织条例》所规定的"登报宣布其官僚腐化的罪状"（甚至细致到具体的情节，如何景新案）。

与上述对群众法庭审判进行专题性报道不同的另一种"登报宣布"的方式是，在公布或全面报道某一腐败案件从"发踪"检举、深入调查、走访询问、查账举证、群众斗争、被告承认事实、到最后送法庭审判的整个过程中，顺便传递曾召集群众法庭审判及其相关情况的信息。如中央工农检察委员会于1934年12月20日在《红色中华》报上公告的“中央互济总会财务部长谢开松贪污案件”，首先简要告知此案侦查目标的发现和组织审查的情况为：“这一案件是由本会通讯员的报告与该会主任的控告，该部长有贪污嫌疑，本会立即到该会召集全体工作人员会，组织临时审查委员会进行检举该财部长的工作与账项。”

接着报道检举的具体情况：“（甲）在检举生活与工作中查出该部长谢开松平素工作一贯的消极怠工与生活腐化”的四个方面，“（乙）谢开松用各种方法贪污公款共三十三元八角二厘”的六项细数等事实。

然后公布此案群众审判会的召集、审判及结论：“经过审查委员会检举出以上的事实，并经本人正式承认当由本会于十二日召集该会全体工作人员及瑞金城市区东西南北郊互济会的会员留驻瑞金城的被难群众附近的中央一级机关，……工作人员，组织群众审判会，来审判谢开松，在这一会中发动了反贪污腐化，反消极怠工的斗争，特别是一般城市附近的互济会员，更是严厉指斥贪污罪恶，与引起被难同志的愤恨，要求送法庭严办。”

最后结论如下：“（一）建议该会将谢开松财务部长撤职，并开除其会籍。（二）决议立即将谢开松交法庭严办，并限两星期将贪污之数款全数赔还公家。”①

公告中关于群众审判会的有关内容，由于此前已有“检举出”“并经本人正式承认”的谢开松消极怠工、生活腐化以及贪污款项等具体情况的告知，因此无须再重新“宣布其官僚腐化的罪状”，也不需要再详细报道群众法庭审判的过程。

---

① 中央工农检察委员会公布：《检举中央各机关的贪污案件的结论》，《红色中华》第152期，第3版，1934年2月20日。

（二）组织群众法庭的不同考量

群众法庭审判，作为中央苏区群众性反腐败的斗争方式之一，工农检察机关认为“有必要时”组织群众法庭主要有以下三方面的考量。

一是营造群众运动反腐败的强大声势，震慑腐败分子，教育群众，并促进整个运动在当地深入发展。

二是针对审判的腐败案件深入进行调查举证，与腐败分子开展面对面的斗争，彻底揭发其贪污腐化的事实。

三是有的腐败案件扑朔迷离，腐败势力盘根错节，反腐败斗争处于胶着状态，需通过群众法庭审判贪腐分子的方式，来广泛发动群众，依靠群众的力量以推动反腐败斗争突破阻力向纵深发展。

而就某一群众法庭的发起、召集而言，不同的群众法庭各有不同考量所侧重的方面，且召集的人数、范围及规模大小也各不相同。如前述审判谢开松贪污案的群众法庭，由于是在“经过审查委员会检举出的以上事实，并经个人正式承认”的前提下召集的，因此发起该群众法庭的考量是侧重于上述第一方面，即营造声势、震慑腐败且重在教育群众。

前述审判袁雨山、刘道彬贪腐案的群众法庭，其发起、召集的考量是侧重于上述第二方面，即深入取证、查实案情。另如群众法庭对金华堂贪污案的审判，其发起、召集该法庭的考量也是侧重于这第二个方面。

1933年12月11日，《红色中华》刊登《贪污公费的省苏文书》一文，报道金华堂贪污案案情及群众法庭审判情形如下：

> 福建省苏文书兼俱乐部游艺委员会的主任金华堂，一贯来消极怠工，对于工作一点也没有成绩，而且又是贪污腐化之极！将俱乐部的钱贪污了四元二角。有一天他就想了一个鬼计，企

图想掩饰他贪污的事实，就说：'我的皮包被人偷去了，里面还有俱乐部的钱。'就向总务处报告。当时总务处长立即就叫他去寻究，而他仍是似乎不要紧的样子，第三天自己就走到街上跑了一转，回来说：'我的皮包在水东街货担上被我买回来了，但是钱都没有了。'总务处长即叫他去找那个卖皮包的人来对问，他不得已就走到街上，东跑一转，西跑一转，回来说：'卖皮包的人找不到了。'如此就引起了多数同志的怀疑，省工农检察部立刻就召集了同志审判会来审判他贪污的事实，他当时仍不肯说出，用各种的话来抵赖，后经多数同志的证明，他才直说：'是我贪污了四元三角。'而私藏总务处长的手表及私自没收反革命的风衣一件，也都在审判会中公公道道地说出来了。①

此案中，金华堂企图以造假皮包被盗、公费遭窃的一番卑劣表演来"掩饰他贪污的事实"，反腐败对付这种贪污加无赖的分子，福建省苏工农检察委员会采用且"立刻就召集"来进行的也是同志审判会的斗争方式。会上尽管金华堂起初"仍不肯说出"，故伎重演地"用各种的话来抵赖"；但"后经多数同志的证明"（即经与会群众的激烈斗争），腐败分子最后不得不"直说"交代贪污公费私吞公物等事实。该同志审判会的发起是为了揭穿贪污分子的"鬼计"，主要是斗争会、破案会；因此"立刻就召集"来参加审判斗争的人数、范围必然较提前通知，广而告之的同志审判会人数少、规模小。由此可见，同志审判会（群众法庭）又是随机变化、灵活机动的反腐败的斗争方式。

工农检察机关认为"有必要"组织群众法庭，其考量侧重于上述第三方面（发动群众突破反腐败阻力）的典型事例，有雩都县贪污和投机经商案检举过程中召开的两个群众审判会。这两个群众审判会

① 丘史昌：《贪污公费的省苏文书》，《红色中华》第134期，第3版，1933年12月11日。

召开之前，雩都县反腐败斗争的胶着状况，项英在《雩都检举的情形和经过》①的文章中有以下叙述：

县常委会的斗争，除了县委书记刘洪清“照着省委的批评自己承认了一点错误，至于党与苏维埃内的严重现象，只就我们所知道的说一说，特别是做生意的事，只承认自己的错误，与我们工作团提出的几个，其他一点也不讲”。会上，县委宣传部部长王达三甚至“证明熊仙璧借钱是买牛，不是做生意，其他的人也是照样说一说，没有很好的发展这一斗争，更多的揭发一些严重现象”。县苏维埃的主席团会议，“同县常委会一样，大家都是重复说一顿工作上的缺点，甚至东扯西拉的说一套。我与王孚著同志用各种方法鼓动发言，特别指出雩都的工作严重现象，应谁负责任，来引导他们发言与熊仙璧斗争，但终未达到目的。后来我正式提出撤熊仙璧主席的职，（因为做生意的事，他坚决不承认，那时我们调查的材料尚未到）几乎有半点钟之久，没有一个人讲话，最后还是由内务部长起来讲话同意这一意见。”此后，“为了发动下层的积极份子起来斗争”而召开的县一级与城市的活动分子大会，“到了七八十人，虽有很多人讲话，但斗争还没有大的开展，说话的人以县苏的部长与区一级的人居多，下层讲话的人很少，特别是关于市一级做生意的事，并未在斗争中揭发出来”。

当时，代表中央党务委员会和中央工农检察委员会来雩都领导开展斗争的项英，曾为检举一直处于这种胶着状态而深感困惑，他在文章中写道：“我到了雩都几天后，很困难得着更新的材料去开展检举，县委县苏的工作人员，特别是负责人，好像有组织似的，互相隐瞒，包庇不言。问到他们来，总是答应不知道。即或告诉一些，也是在各区已发生的事。对于城市的问题，合作社的问题，绝口不谈。我

① 项英：《雩都检举的情形与经过》，《红色中华》第168期，第6—8版，1934年3月29日。

派县检委几个同志,告诉他的材料,到市苏去检察,但没有查出什么大的问题出来,这样使我开展检举工作与斗争上十分感觉困难,只有将工作团调回来,才能深入下层,开展工作。”在县财政部副部长以及军事部部员老杨贪污与投机经商的问题查出来后,项英立即组织了群众审判会进行审判。在文章中项英以“两个群众审判会”为小标题叙述以下有关情况:

> 当我们发觉财政副部长贪污公家的表,特别是假借公家名义私运谷米,以及军事部部员老杨贪污公债做生意,即拿这两件事作发动斗争的材料,组织群众审判会来审判这两个东西,这个会到了有二三百人,虽然没有很多群众起来讲话,(只有七八个人讲话),但在群众中的影响扩大起来了,帮助了我们对于城市与合作社的检举。
>
> 第二个群众审判会是审判县主席熊仙璧。这个时候,调查材料已有确实证据,熊在县常委会上不得不正式承认,主席的职早已撤了,中央开除他的命令已到这个审判会本是全县公审大会,可惜只到了五六个区代表,后来扩大会的代表到了,也参加这个公审,各区乡代表与当地群众参加约两百余人,以中央工农检察委员的名义宣布这一个审判会的举行,在会议上,群众发言的虽少,但他们在下面表示极高兴,并说中央的人来了才将这些事实说出来。在群众中发生了很大的影响。

上述前一个群众审判会的召集,项英明言是“作发动斗争的材料”,并实际产生了在群众中扩大了影响的效果,“帮助了”对于雩都市区苏维埃和全县数十个粮食合作社及消费合作社,基本上都是借公家名义做走私贩卖谷盐进出口投机生意的检举。后一个群众审判会对县苏维埃主席熊仙璧的公审,是“以中央工农检察委员的名义宣布”举行,群众“在下面表示极高兴”,“在群众中发生了很大的影响”。此些记述联系这两个群众审判会召集之前,项英在雩都县委常委会、县苏维埃主席团会议、县一级与城市的活动分子大会上，虽多次发动斗争但一直打不开局面的状况，显而易见，这两个群众审判会实际上都是为揭开检举斗争盖子广泛发动群众的大会，是反腐败攻坚战前发动群众聚集新生力量的大会。

表 3－1　中央苏区依法惩治的腐败分子统计表

姓名及职务	违法犯罪行为及所受惩处	资料来源
谢步升，瑞金县九区叶坪村苏维埃主席	“强奸妇女，包庇富农，报私仇杀了谢深润。……1927 年杀了贺龙、叶挺军队的医官。”1932 年 5 月，瑞金县苏维埃裁判部“根据中央执行委员会第六号训令，判决谢步升枪决”。	《瑞金县苏维埃裁判部判决书》，1932 年第 8 号。《红色中华》第 21 期，第 5 版，1932 年 6 月 2 日
李军彪，会昌县游击队队长、瑞金赤卫军第五连连长	“本属土匪意识、封建社会里的秘密危险分子。其后投机革命，又复破坏革命法纪、违反阶级路线，妥协反派，因私仇私爱残杀工农革命分子。”1932 年 7 月，江西省苏维埃裁判部判决李军彪处以死刑。	《江西省苏维埃裁判部判决书》，1932 年第 11 号。《红色中华》第 35 期，第 9 版，1932 年 9 月 27 日
兴国县苏维埃主席、县苏维埃财政部部长、县鼎龙区财政科科长、县国家商店经理	“吞没公款，假造账目，扯旧账造新帐，贪污舞弊。一律撤职查办，开法庭审判。”	《反对浪费严惩贪污》，《红色中华》第 12 期，第 6 版，1932 年 3 月 2 日
钟铁青，胜利县苏维埃主席；钟圣谅，胜利县临时县委书记；钟学湘，胜利县委组织部部长等	“他们私拿了公款公开贩卖鸦片，并且勾结他们的阶级同类——地主富农，来欺压劳苦工农。而生活上更是腐化不堪。” 1933 年 3 月，江西省苏维埃裁判部“根据胜利县苏第二次代表大会的决议”，判处钟铁青、钟学湘等四人死刑，“钟圣谅因为不是明知故犯，判决监禁二年”。	《肃清贪污腐化份子！钟学湘等判处死刑》，《红色中华》第 57 期，第 4 版，1933 年 3 月 3 日

姓名及职务	违法犯罪行为及所受惩处	资料来源
谢秋生，南丰县甘竹区军事部干事	在率领赤卫军模范营协助红军作战，到杨林渡守浮桥时，“捉窑下银坑的十几个农民打地雷公（敲诈勒索）要钱，擅拿贫苦农民的被帐大洋铜片，赶走人家的老公滥施奸淫，没收小商人的糖果，并且领导模范营开小差。经南丰工作委员会发觉后，即报告南广县苏逮捕。经过当地群众的公审，即就地枪决”。	《苏维埃纪律的森严》，《红色中华》第76期，第3版，1933年5月5日
袁雨山、刘道彬，国家银行出纳科职员	贪污腐化。1933年4月16日，中央工农检察部召集中央政府各机关、各工厂工人及工作人员，组织群众法庭审判袁雨山、刘道彬，判决开除两人职务，“第二天即送往瑞金裁判部看管，处以应得之罪”。	《贪污腐化份子滚出去!》，《红色中华》第75期，第3版，1933年5月2日
林耕先，瑞金模范师某部营政委	在福建吴坊“私打土豪的金戒指八只，又表三个，私吞没收土豪款子三十五元。又于犯人释放时私罚大洋十元，……殴打士兵，贪污腐化”。1933年7月，瑞金县苏裁判部判处该犯死刑。	《肃清破坏红军的坏蛋》，《红色中华》第94期，第6版，1933年7月14日
刘彦才，永丰县七都工作委员会书记	贪污腐化，消极怠工，脱离群众，乱打土豪。“没收土豪两个金戒子，一个给老婆，自己留一个。穿新衣，戴金戒子，嫖妇女，赌钱，这是他的日常生活。”1933年8月，刘彦才被开除党籍，永丰县“财政部已将他拘押，送交裁判部审判”。	《样样来得的贪污分子》，《红色中华》第101期，第6版，1933年8月16日
唐仁达，瑞金县苏维埃财政部会计科科长	“吞蚀各军政机关交来的余款，群众退回公债谷票等款，变卖公家的物件谷子及隐瞒地主罚款等共三十四项，合计大洋二千余元。”1933年12月28日，中央人民委员会决定“将唐仁达交法庭处以极刑，并没收其本人财产”。	《人民委员会对于中央总务厅与瑞金县苏贪污浪费案的处分》，《红色中华》第140期，第2版，1934年1月4日

姓名及职务	违法犯罪行为及所受惩处	资料来源
陈瑞华，唐立吉、雷春亭，兵站站长；赵玉龙，兵站科科长	1933年12月，中央工农检察委员会查获："第七中站站长陈瑞华贪污了公款几块钱，对工作不负责，还是腐化分子。""第廿中站站长唐立吉，贪污了公款几百元。""第十四中站站长雷春亭，贪污公款三块多钱，官僚主义脱离群众，及奸淫红军老婆。""第十七中站科长赵玉龙，贪污公款二十余元。"均移送军事裁判部审判惩处。	《从反贪污浪费的斗争中转移了兵站工作》，《红色中华》第141期，第4版，1934年1月7日
陈拔英，"二苏"大会内务工作班司务长	"在内务工作班管理伙食等仅仅四十天的时间内，贪污了工作班全体人员的伙食等费用共计大洋廿元。"1934年1月，移送瑞金县裁判部审判惩处。	《苏大又发现一只贪污大家》，《红色中华》第141期，第4版，1934年1月7日
会昌县内务部部长	"会昌的内务部长因贪污了六十余元，于最近粤赣省工农兵代表大会闭幕的早晨，即日（会昌县——引者注）裁判部开庭公审，全体代表都出席听审。"裁判部判决，"罚他苦工六个月"。	《会昌内务部长撤职查办》，《红色中华》第141期，第4版，1934年1月7日
谢博文，江西军区特务营政委	"这个贪污腐化、违抗命令、公开违反苏维埃政策的军阀残余分子，已经军区党务委员会决定永远开除党籍，同时经军事法庭判决两年的徒刑。"	《谢博文徒刑两年》，《红星报》第27期第3版，1934年2月4日
钟阶廷，会昌县高排区特派员	"把没收地主的金耳环一对（八分重），竟敢和区苏主席分赃（各人一只）贪污起来，这种家伙绝对不允许存在苏维埃机关里。因此，除将钟阶廷撤职之外，并交当地裁判部查办了。"	《吞没罚款》，《红色中华》第146期，第4版，1934年2月6日

姓名及职务	违法犯罪行为及所受惩处	资料来源
周梓林,石城县教育部副部长	负责办理石城县教育干部训练班,“做决算到中央教育部,虚报一月当中平均每天都有五十四名的伙食费”。县教育部“协同县工农检查部检查周梓林的账目结果揭破周梓林贪污了大洋七十多元”。石城县苏维埃主席团决定,对周梓林“除责令赔款和撤职外,并交裁判部裁制”。	《坚决打击各式各样的贪污份子》,《红色中华》第146期,第4版,1934年2月6日
廖和意,博生县苏维埃总务处记账员	“私改单据贪污二十五元多,他贪污的妙法,就是将单上的码涂改,把四角改为九角,五分改为五角,一帖改为四帖,……该贪污份子廖和意,在全县工作人员大会公审后,即交裁判部惩办。”	《坚决打击各式各样的贪污份子》,《红色中华》第146期,第4版,1934年2月6日
左祥云,“二苏”大会工程所主任	“贪污公款大洋二百四十六元七角,……并企图逃跑到湖南组织蒋介石的游击队来进攻苏维埃”,“经开群众大会公审一次”,1934年2月13日复由临时最高法庭在全苏大会场举行审判,“判决左祥云处以枪决”。	《加紧开展反贪污浪费的斗争》,《红色中华》第151期,第3版,1934年2月18日
徐毅,中央政府总务厅管理处处长	“故意放走反革命贪污犯左祥云和已受苏维埃法庭判决的苦工队二名”,“浪费公款不下数千元”,“经开群众大会公审一次”,1934年2月13日复由临时最高法庭在全苏大会场举行审判,“判决徐毅处以六年监禁,剥夺公民权六年”。	《加紧开展反贪污浪费的斗争》,《红色中华》第151期,第3版,1934年2月18日
赵宝成,中央政府总务厅厅长	浪费公款,包庇贪污分子,“官僚主义,脱离群众,下级人员的工作毫不检查,给贪污分子以良好机会来进行贪污行为”。1934年2月13日,临时最高法庭在全苏大会场举行审判,“判决赵宝成罚苦工一年”。	《加紧开展反贪污浪费的斗争》,《红色中华》第151期,第3版,1934年2月18日

姓名及职务	违法犯罪行为及所受惩处	资料来源
管永才，中央政府总务厅事务股股长	“贪污公款九十七元八角”，生活腐化，消极怠工。1934 年 2 月 13 日，临时最高法庭在全苏大会场举行审判，“管永才本应判监禁一年半，因他因公残废判半年监禁，贪污公款追回”。	《加紧开展反贪污浪费的斗争》，《红色中华》第 151 期，第 3 版，1934 年 2 月 18 日
刘兆山，中央政府运输司务长	“贪污伙食克扣工钱共计大洋六十九元二角九分”。1934 年 2 月 13 日，临时最高法庭在全苏大会场举行审判，“刘兆山处以半年监禁，贪污公款追回”。	《加紧开展反贪污浪费的斗争》，《红色中华》第 151 期，第 3 版，1934 年 2 月 18 日
杨其兹，中央印刷厂会计员；凌全香，造币厂会计科科长；路克勤，军委印刷所会计	“中央印刷厂杨其兹贪污一百七十元三角三分二厘，造币厂凌全香吞污二百十七元六毛七分八厘，军委印刷所（路克勤贪污——引者注）已查出四十余元，还有七八九三个月的账还未查。” 1934 年 2 月 11 日，经群众公审会审判，杨其兹、凌全香、路克勤三个贪污犯，“由群众提议，正式送法庭裁判去了”。	《中央印刷厂造币厂与军委印刷所之贪污检举》，《红色中华》第 153 期，第 3 版，1934 年 2 月 22 日
曾还连，瑞金壬田区裁判部部长；何景新，中央政府勤务科科员；黎隆生，“二苏”大会司务长；李茂初，中央劳动部会计；黎化湘，“二苏”大会采购员	曾还连，“包庇富农，脱离群众；调工检会总务处兼会计时，未经任何人许可，私打一张路条给他兄弟逃跑”，“并且经常消极怠工，有组织的破坏苏维埃”。 何景新“是贪污腐化、官僚主义、消极怠工分子”，用欺骗手段骗取中央运输队一苦工大洋三十元。 黎隆生在“二苏”大会期间，“贪污公家款项达十七元之多”。 李茂初“贪污公款二十四元余”。 黎化湘“在‘二苏’大会工作时到胜利县去买鸡鸭，贪污一百九十余斤”。 1934 年 2 月 26 日，经中央政府在俱乐部召开的同志审判会审判，判决曾还连、何景新、黎隆生、李茂初送最高法庭惩办，黎化湘送胜利县裁判部惩处。	《瑞京同志审判会的威严》，《红色中华》第 157 期，第 3 版，1934 年 3 月 3 日

姓名及职务	违法犯罪行为及所受惩处	资料来源
刘仕祥，雩都县苏维埃军事部部长。	“贪污公款二百余元”，1934 年 3 月 8 日，“在全县公审大会当场枪决了”。	《检举雩都县营私贪污官僚》，《红色中华》第 159 期，第 3 版，1934 年 3 月 8 日
	1934 年 1—3 月，中央一级反贪污的斗争，“被检举的处罚，经过群众提议贪污份子送法庭制裁的二十九人，开除工作的三人，包庇贪污与官僚主义者送法庭的一人”。	《关于中央一级反贪污斗争的总结》，《红色中华》第 167 期，第 3 版，1934 年 3 月 27 日
熊仙璧，中央执行委员会委员、雩都县苏维埃主席	“包庇贪污，私用公款做生意谋利”。 1934 年 3 月 20 日，中央执行委员会颁布命令，“除批准人民委员会将其主席撤职外，并开除其中央执行委员会委员，交最高法院治罪”。 1934 年 3 月 25 日，最高法院组织特别法庭，以董必武为主审，何叔衡、罗梓铭为陪审，判处熊仙璧监禁一年，期满后剥夺公权一年。	《中央执行委员会命令》，《中华苏维埃共和国最高特别法庭判决书（特字第一号）》，《红色中华》第 168 期，第 9 版，1934 年 3 月 29 日
丁仁功，雩都县苏维埃劳动部部长	“包庇贪污，反抗上级，经扣留并公审后，他竟拔起脚想逃到白区去，可是又在禾丰附近被扣留了。现经判裁部判决，罚监禁一年。同时该部文书贪污保险金二十余元，也想学部长的办法逃往白区，结果也被半途扣回，判处五个月的苦工。”	《雩都县苏的改造》，《红色中华》第 176 期，第 3 版，1934 年 4 月 17 日

姓名及职务	违法犯罪行为及所受惩处	资料来源
邓贤煌，胜利县裁判部副检查员；黄伦纪，胜利县赖村区裁判部部长；赖尊柳，赖村区裁判部副部长	1934年3月间，邓贤煌“到赖村区巡视工作，当地群众举发宋士明破坏扩大红军等等罪恶，要求枪毙。而邓贤煌竟敢隐瞒反革命宋士明的一切罪恶，将该犯释放，反将控告宋士明的工农群众陈定仁等十余人扣留监禁，并枪决了陈定仁等三人”。黄伦纪“与反革命宋士明有密切关系，宋士明被捕后，黄伦纪不但不接受群众的要求，把他枪决，反敢与宋士明同房共睡，并且强奸了红军战士的老婆”。赖尊柳“对宋士明一案不坚决执行枪决，不接受广大群众的意见，又不实际调查，表示同意邓贤煌处决该案的意见”。 江西省裁判部经调查核实后，于1934年5月1日组织巡回法庭在赖村区公审，判决邓贤煌就地枪决；黄伦纪监禁两年半，剥夺公权一年；赖尊柳监禁两年，剥夺公权一年。	《从斗争中彻底改造胜利县裁判部》，《红色中华》第192期，第3版，1934年5月23日
曾傅善，六十四团一营一连长	“曾傅善，自到工作以来，工作消极，看不起政治工作人员，对战争动摇；命令他去袭击敌人，看见敌人一枪不放就回来了。并且他在工人师时曾贪污公款擦枪费三元，无耻的要求战斗员给他两元钱买鞋穿，后经撤职调团部当管理员，他又鼓励其他同志逃跑，现已扣留送去军事裁判所了。”	《贪污逃跑的双料货》，《红星报》，第26期第3版，1934年1月28日

表3－2　中央苏区违纪受处分的党政干部和工作人员统计表

姓名及职务	违纪行为及所受处分	资料来源
黄正，瑞金县苏维埃主席。	“因主席王正，每月向每个工人取六毛钱的津贴，剥削工人的行为，（中央人民委员会——引者注）决定撤销主席职务。”	《临时中央政府人民委员会第四次常会》，《红色中华》第5期，第5版，1932年1月13日

姓名及职务	违纪行为及所受处分	资料来源
新泉区工联委员长	新泉区工联的委员长“竟于(1932年)八月份将收□安乡的社会保险费及办公费大洋二十四元,匿报不缴,全部吞食下去。经县工联经济审查委员会审查出来,同时并搜集了其他吞食公款的事实。这种贪污分子,我们要给他严厉的打击。所以,对该委员长之决定,经工人大会通过后,予以撤职”。	《新泉区工联的委员长该撤职吗?》,《苏区工人》第10期第5版,1932年10月16日
彭耀庭,红军廿二军军医;彭国荣,红一军团军医	彭耀庭、彭国荣“故意违反苏维埃法令,消极怠工,虐待伤病士兵,平日嫖赌吃喝”,总卫生部决定开除他们的军籍。	《两个腐化的医生滚出去》,《红色中华》第59期,第3版,1933年3月9日
许文亮,中央财政部会计处处长;刘开,中央政府总务厅厅长	许文亮贪污“打土豪来的金表一只,鞋一双,自来水笔一枝……以财政部名义打电话给瑞金财政部代买糖给他老婆吃,限定星夜送到,养成下级政府替上级私人办差的官僚恶习”。刘开消极怠工,官僚腐化,“脱离群众,瞧不起工农份子,对上狡猾,对下骄傲”,“在总务厅工作一年多,工作毫无成绩”,“在节省运动中,他不但不节省,反用公家洋油煮肉吃”。1933年4月29日,中央工农检察部召集群众大会公审许文亮、刘开,判决开除许文亮中央财政部会计处处长之职,开除刘开中央政府总务厅厅长之职。	《两个“宝贝”的公审》,《红色中华》第75期,第3版,1933年5月2日
彭士谆,江西省木船工会委员长	“江西省木船工会委员长彭士谆和卢汗魁,朋比为奸,大吃油饼(明吃暗拿占便宜),私吞伙食,并把工人的社会保险费拿去做买卖,私人图利,吃喝赌博。”全总执行局“撤销了他们的工作,并在公开法庭上罚做苦工四十天”。	《贪污腐化分子滚出去》,《红色中华》第86期,第6版,1933年6月17日
邹贵华、欧阳邦佳:江西省苏维埃土地部部员	邹贵华、欧阳邦佳在湛田区帮助开展查田运动时,“清查豪绅地主所没收的东西,他们老实不客气地竟卷在自己包袱里背了回来。……(省苏维埃)已决定开除他二人的工作”。	《清洗政权机关中的败类》,《红色中华》第110期,第7版,1933年9月18日

姓名及职务	违纪行为及所受处分	资料来源
谢家兰，江西省苏维埃土地部没收分配科科长	一贯工作消沉，“省苏派他到清塘区动员群众借谷，竟不经过省苏许可，自由跑回家去，并且散布许多不正确的言论，说‘没有到社会主义的时候，我家里困难无法解决’，‘宁愿坐紧闭吊绳都要回家’，……已撤职，洗刷出苏维埃机关去”。	《清洗政权机关中的败类》，《红色中华》第 110 期，第 7 版，1933 年 9 月 18 日
钟碧楚，后方医院院长；周承令，预备医院院长；张新，后方医院第一所所长等	“原后方医院院长钟碧楚，一贯官僚主义作风，贪污腐化，经手公款不报账，……包庇管理科长汪福清的贪污行为，并且领导少数坏的干部反对政委制度。原预备医院院长周承令，工作不深入，军阀残余习气很重，……多领乐安支库的大洋九十余元，经多方追究才肯吐实，并企图以自杀的威胁来逃避自己的罪恶。后方医院第一所所长张新、预备医院一所副所长王祖坤和管理排排长张善林、事务员雷裕和均吞没公款，生活腐化，王、雷二人更无耻地窃取牺牲同志的遗金并滥报埋葬费，共同分赃。附属医院管理排排长艾苏涛，工作消极，经济不清，涂改账簿，买东西吃油饼，并经常以‘不懂得工作’来掩饰自己的贪污。以上七个坏蛋，均已撤职。”	《一批坏家伙被撤职查办》，中央革命军事委员会政治部：《红星报》第 8 期，第 4 版，1933 年 9 月 24 日
张子金，长汀县邮局局长	“由总局训练后分配到红军总信柜工作，走到石城因怕去前方即折回总局，总局又分配他去福建管理局，该局即分配做长汀县邮局长，在负责时即发生贪污，以致撤职送工农检察部办理，后即由福建省召回总局，一到总局即称有病要去医院休养，总局即介绍他去医院休养，他即借医院休养的名义不知逃跑到哪里去了。”邮政总局“决定开除他滚出邮局去”。	中央邮政总局通知（第 41 号）：《关于开除张子金邮务工作、处罚肖文楚盗窃行为问题》，中共江西省委党史研究室等编：《中央革命根据地历史资料文库·政权系统》，中央文献出版社、江西人民出版社 2013 年版，第 8 册，第 1180 页

姓名及职务	违纪行为及所受处分	资料来源
陈友三，粤赣第一后方医院管理科科长	“粤赣第一后方医院管理科长陈友三，过去本是疗养所所长，因工作一贯消极怠工和军阀残余习气很重，故撤了职调至第一医院任管理科长，依然贪污腐化，私吃公款，现经发觉，决定开除党籍一年，并提议用苏维埃法律来裁制。”	邹明安：《把贪污分子送到法庭去》，《红星报》第19期，第2版，1933年12月9日
郑茂德，少共中央局巡视员；	郑茂德“在雩都巡视工作，偷了县保卫局的骡子，把自己骑去的马卖了，赚了八块钱，回来就与那些少共中央局的某些同志大吃馆子。……少共中央局已经把他开除了”。	《郑茂德偷骡子吃馆子》，《红色中华》第134期，第3版，1933年12月11日
蓝文勋，瑞金县苏维埃财政部部长	“对于瑞金财政的收支，全未理会，唐仁达贪污他是知道的，但不举发。反直至中央工农检察部审查到无可掩饰时，才说出唐仁达贪污了土豪刘绳仪罚款二十元，听其赔还了事，再不追究。”1933年12月28日，中央人民委员会决定对蓝文勋处以撤职处分。	《人民委员会对于中央总务厅瑞金县苏贪污浪费案的处分》，《红色中华》第140期，第2版，1934年1月4日
杨世珠，瑞金县苏维埃主席	瑞金县苏维埃主席团对于县财政部唐仁达贪污案“事先全无察觉，检查又不上紧。故予主席杨世珠以警告的处分”。	《人民委员会对于中央总务厅瑞金县苏贪污浪费案的处分》，《红色中华》第140期，第2版，1934年1月4日
胡玉连，固厚区军事部部长	“固厚区军事部长胡玉连，在扩大红军工作中，完全消极怠工，时时回家，对军事部工作不理，这回捉到拖枪逃跑的反革命分子，他竟自由放走了，现军事部已决定”将其撤职。	《由消极怠工到犯罪的军事部长撤职》，《红星报》第27期第3版，1934年2月4日

姓名及职务	违纪行为及所受处分	资料来源
龚霸，中央警卫师三团三营代营长等	中央警卫师三团三营代营长龚霸、一团二营营长丁义太、三团四连连长叶岳太、六连长李德法、三团代理俱乐部主任王克明，常常打骂红军战斗员。“上面几个军阀残余习气的分子已经撤职”。	《给这帮军阀残余分子以当头一棒》，《红星报》第27期，第4版，1934年2月4日
熊桂宁，太雷县少先队队长	“太雷县少先队长熊桂宁，用假报虚数的方法，贪污了省队部发来县队部的经费十九元二角五分大洋。太雷县在一九三三年十二月才成立，他写出十月五号就有许多数目。同时各区的伙食费也不发，拿去三十三元三角大洋，与县队部总务科合并去图谋私做生意。区队部常派人来领伙食，县队长都不发，反而说上级没有发来，故下级同志弄的饭都没有吃，它却坐在县队部，常在横江街上吃馆子，喊馆子老板弄猪肉食。查出熊桂林贪污事件后，团县委即召集会议与他作残酷的斗争，并决定撤销其县队长之职，开除其团籍。”	《太雷县队长的贪污应该撤职查办》，《青年实话》第3卷，第10号，第23页，1934年2月11日
李显富，洛口县苏维埃主席	消极怠工，在1934年1月扩大红军运动中，“竟不坚决执行党的决定以及省苏的指示，借口有病，跑回家里去，逍遥自在。虽然洛口县的逃兵问题十分严重(全县500余)，但洛口县苏在李显富机会主义的领导下，竟毫不察觉的予以及时处理，甚至于有个别开小差的坏分子尚充任部长(县军事部副部长、南关区裁判部长)。对于组织领导开小差的分子，不坚决执行中央政府的十五号命令，立即在广大群众面前执行枪决”。1934年2月，江西省苏维埃主席团决定撤销李显富县苏维埃主席职务。	《把机会主义者赶出苏维埃去》，《红色中华》第148期，第2版，1934年2月12日

姓名及职务	违纪行为及所受处分	资料来源
刘忠泗，中央财政部征发局工作人员	“他是一个贪污分子，贪污了公家的茸片一包、高丽参二支、当归三支，……共计十七件。”1934 年 2 月 26 日，在中央政府俱乐部召开的同志审判会上，经审判“以上东西限他一星期交还公家，给他以严重警告”。	《瑞京同志审判会的威严》，《红色中华》第 157 期，第 3 版，1934 年 3 月 3 日
古远来，中央印刷厂厂长；杨其鑫，中央印刷厂前厂长	国民经济人民委员部检查中央印刷厂的工作，发现诸多浪费的事实，决定“对于生产采取不可容忍的官僚主义的态度”的现厂长和前厂长，“给他们二人以严重警告”。	《国民经济人民委员部关于中央印刷厂工作的决定》，《红色中华》第 157 期，第 3 版，1934 年 3 月 3 日
刘洪清，雩都县委书记	刘洪清“领导一些党员做贩卖谷盐进出口生意，二十元的资本，赚了七十元的利息，作个人享用，因此影响雩都党员大做生意”。1934 年 3 月，“由粤赣省委撤了他的书记职务”。	《检举雩都县营私贪污官僚》，《红色中华》第 159 期，第 3 版，1934 年 3 月 8 日
	1934 年 1—3 月，中央一级反贪污斗争，被检举的处罚，“开除工作的三人”，“建议行政机关撤职改调工作的七人，给严重警告的二人，警告的四人”。	《关于中央一级反贪污斗争的总结》，《红色中华》第 167 期，第 3 版，1934 年 3 月 27 日
刘明镜，中央粮食调济局工作人员	1934 年 2 月收集粮食的突击运动中，“到赣县工作时，假借在中央工作的地位，公开包庇江口前财政部长，现在负责贸易分局、贪污公款私扯账簿、包庇地主富农、欺压群众的刘光普；并正式在群众中阻止党与政府对刘光普的检举。……公开破坏地方党与苏维埃的威信，抑制群众斗争”。1934 年 3 月 27 日，中央党务委员会决定开除刘明镜的党籍。	《中央党务委员会开除刘明镜党籍的决定》，《红色中华》第 174 期，第 3 版，1934 年 4 月 12 日

姓名及职务	违纪行为及所受处分	资料来源
	1934年3、4月，西江县的检举运动，“在县苏本身检举了工作人员二十名，……计撤职公审的两个，撤职查办的七个，经过斗争后开除出党的六个，调动工作的二个，归队的三个。县派出的工作团也洗刷了二十一个。……庄埠区乡两级共检举了二十六个，内撤职查办的九个，撤职公审的五个，归队的七个，警告的四个，洛口区乡两级共检举了十九个，撤职公审的五个，撤职查办的七个，归队的三个，警告的二个，调动工作的二个，赤鹅区乡两级共检举了五个，撤职公审的二个，撤职查办的三个，砂星高陂两区的正副土地部长同样的撤职公审”。	中共中央党务委员会、中央工农检察委员会公布：《西江检举运动初步检阅》，《红色中华》第187期，第3版，1934年5月11日
广昌县尧山区委书记、区委宣传科员，新安区苏维埃主席、长桥区苏维埃军事科科长；乐安县财政部部长	皆因贪污“被洗刷出党”。	《党的组织状况》，江西省档案馆、中共江西省委党校党史教研室选编：《中央革命根据地史料选编》上册，江西人民出版社1982年版，第695页
陈日兴，闽西总工会代理委员长	“他在虎岗时，私人没收社党熊炳华两个金戒指，没有交给政府，也没有交给工会。”福建省工联“决定给他一个严重的警告，并要他交出私行没收的金戒指和清还在工会所用过的钱”。	《福建省工联对陈日新乱用工会银子的决定》，中央档案馆、福建省档案馆编：《福建革命历史文件汇集》（群团文件，一九二八年——一九三四年），馆存本，1985年，第195页

姓名及职务	违纪行为及所受处分	资料来源
蓝兴南，长汀县苏维埃主席	“身为县苏主席，不但不能负起领导责任，坚决的和土匪斗争，反而屡次闻风逃跑，以致县苏受匪摧残，事后又不能有丝毫布置，积极地领导群众来坚决消灭土匪，不执行省政府命令，放弃一切工作。”福建省苏维埃“政府主席团议决，将长汀县苏主席蓝兴南撤职查办以照炯戒”。	《福建省苏维埃政府通令——关于查办长汀县苏主席蓝兴南事》，中央档案馆、福建省档案馆编：《福建革命历史文件汇集》（苏维埃政府文件，一九三一年—一九三三年），馆存本，1985年，第301、303页
钟裕昌，安远县重石区苏维埃主席	“一贯的消极腐化，并且观念很不正确（嫖红军的老婆），把所负重职于不顾，……因此县苏将钟裕昌所负重石区苏主席撤职。”	《安远县苏维埃政府通知——重石区苏主席钟裕昌消极腐化予以撤职》，中央档案馆、江西省档案馆编：《江西革命历史文件汇集》（一九三三年—一九三四年及补遗部分），馆存本，1992年，第112页
	1934年初的检举运动，“中央政府各部共洗刷了六十四人，其中有九个贪污的、十五个破坏苏维埃法令和政府威信的、四十个消极怠工自由回家的。江西乐安县一级及善和、增田两区乡共洗刷了七十二人，万泰县区各机关中洗刷了六十人，胜利县一级二十三人，石城县一级洗刷了二十人，区一级二十五人，乡一级四人。福建明光县共洗刷了七十四人。粤赣雩都自进行检举以来，在县一级洗刷了三十八人，在区乡共五十五人，合作社洗刷了三十一人。西江在县一级洗刷了二十人，区乡共六十人。会昌检举才开始，已在县一级洗刷了九人”。	董必武：《把检举运动更广大的发动起来》，《斗争》，第61期，第9版，1934年5月26日

四、群众性批评与自我批评

（一）批评与自我批评是反腐败的思想斗争武器

中央苏区反腐败的群众运动，在中国共产党和临时中央政府的领导下，除对涉及犯法行为的贪污腐化和官僚主义者进行检举控告，协助工农检察机关调查举证，并组织群众法庭公开审理判决开除工作人员的案件外，对各种官僚主义的工作方式，对诸多利用职权自私自利、贪小便宜、多吃多占等轻微的腐败现象和不廉洁行为，主要是采取批评与自我批评，即思想交锋的斗争方式。

批评与自我批评，原本是中国共产党修正错误、自我完善的思想斗争武器，是解决党内矛盾、增进团结的重要工具。1929 年 12 月，毛泽东起草《古田会议决议》，针对红四军内存在的各种非无产阶级思想，在分析其表现、来源及纠正方法时，着重指出："党内批评是坚强党的组织、坚强党的战斗力的武器。"同时特别强调："批评的目的是增加党的战斗力以达到阶级斗争的胜利。"①同样是根源于各种非无产阶级思想的影响，中央苏区各地存在的官僚主义工作方式和利用职权贪小便宜、多吃多占等轻微的腐败现象和不廉洁行为，也同属党内矛盾、苏维埃内部矛盾，而非对抗性的矛盾和斗争。在正确认识这种内部矛盾和斗争实质的基础上，中央苏区党和政府倡导运用解决内部矛盾纠正错误和缺点的批评与自我批评的方法，通过开展思想斗争来达到克服官僚主义工作方式和纠错杜渐、遏制轻微腐败蔓延和恶化的目的。

① 毛泽东：《关于纠正党内的错误思想》，《毛泽东选集》第 1 卷，人民出版社 1991 年版，第 90 页。

为了创造开展批评与自我批评的条件和氛围，1931 年 11 月中央执行委员会第一次全体会议通过的《地方苏维埃政府的暂行组织条例》规定，苏维埃政权的基本组织乡苏和城市苏维埃每月、区苏维埃每两月、县苏维埃每四月、省苏维埃每半年，"须向选民做自己的工作报告一次"，选民群众"可在该工作报告大会上批评政府的工作"①。

1933 年 7 月 24 日，中共临时中央总负责人博古在中央一级党的活动分子会议上所作的报告中指出："在苏维埃机关的工作方面，我们必须继续采取一切方法来改善他的工作，要使苏维埃成为千百万群众自己管理自己的机关，成为千百万群众学习管理的学校。为着这个目的，要开展最坚决的斗争反对苏维埃机关中的官僚主义。……要最广大的发展苏维埃的民主主义精神，要发展对于工作的弱点和错误的严酷的自我批评。"②

同年 8 月 9 日，中央执行委员会发布关于选举运动的第二十二号训令，指示："工农检察人民委员部应抓紧这一时机，开展苏维埃工作人员中的检举运动，有系统地迅速地发动思想斗争。用自我批评的火力反对贪污腐化现象，反对对于查田运动，对于检查劳动法实施的消极怠工现象，反对对于选举工作的官僚主义方式。"③8 月 15 日，中央苏区《南部十七县经济建设大会的决议》第八项，以《开展自我批评》为标题，强调："在进行经济建设的过程中，必须最高度地发展自我批评，坚决的反对官僚主义、命令主义的工作方

① 《地方苏维埃政府的暂行组织条例》，厦门大学法律系、福建省档案馆选编：《中华苏维埃共和国法律文件选编》，江西人民出版社 1984 年版，第 26、30 页。

② 博古：《为粉碎敌人五次"围剿"与争取独立自由的苏维埃中国而斗争》，《红色中华》第 99 期，第 6 版，1933 年 8 月 4 日。

③ 《中华苏维埃共和国中央执行委员会训令第二十二号——关于此次选举运动的指示》，厦门大学法律系、福建省档案馆选编：《中华苏维埃共和国法律文件选编》，第 127—128 页。

式，严厉地打击那些不良倾向。”①8 月 25 日，中央政府在《关于整顿财政部工作》的训令中，针对“官僚主义领导方式在苏维埃财政机关内是浓厚地存在着”，“部分的贪污腐化分子，不注意去批评洗刷”等错误和缺点，责令新任财政部部长林伯渠“加以根本的整理”，并明确要求“应从开展整个财政系统的自我批评，去纠正财政政策上的错误认识，去建立适应战争发展的财政计划，去转变领导方式”②。9 月 3 日，中央国民经济部副部长吴亮平在《红色中华》发表署名文章，该文在分析推销公债、发展合作社等经济建设工作中强迫命令方式的各种表现及危害后，发出号召：“我们绝对不能允许强迫命令、摊派方式的继续存在与发生，各级苏维埃工作同志，应该以自我批评的精神，开展思想斗争，立刻纠正这种错误，开展深入的、普遍的群众动员，只有这样我们才能胜利的完成经济建设战线上的重大任务。”③

1933 年 10 月，中共江西省委在《关于全省选举运动的检阅的通讯》中要求：“各级党应立即督促同级苏维埃充分准备工作报告，以自我批评的精神来揭发过去苏维埃工作中的弱点。特别要打击脱离群众的强迫命令、官僚主义工作方式。在选民大会上，发展选民对苏维埃工作的批评，并提出苏维埃以后工作的意见，交到乡区代表大会讨论。同时，应发动选民将自己的每个具体要求及对苏维埃工作批评与意见写成指令，交给代表带到各级苏维埃代表大会去，实现苏维埃

---

① 《中央苏区南部十七县经济建设大会的决议》，《红色中华》第 103 期，第 1 版，1933 年 8 月 19 日。

② 《中央政府关于整顿财政部工作的训令》，《红色中华》第 107 期，第 2 版，1933 年 9 月 3 日。

③ 亮平：《立刻纠正经济建设工作中的强迫命令主义》，《红色中华》第 107 期，第 2 版，1933 年 9 月 3 日。

最大限度的民主化。”①

综上所述，开展批评与自我批评，是获得局部执政地位的中国共产党引导“群众自己管理自己的机关”，“发展苏维埃的民主主义精神”的具体体现。各级苏维埃政府必须向选民做工作报告的规定，不仅方便广大工农群众了解苏区政务活动的实情，有的放矢地发挥群众监督政府的作用，而且为批评与自我批评的定期、持续地开展提供了制度保障。“深入的普遍的群众动员”，“吸引广大群众对于自己工作的监督与批评”，在依法惩治官僚腐化分子的同时，通过开展思想斗争，集中火力反对贪污浪费、官僚主义和消极怠工等腐败现象，是中央苏区党和苏维埃政府领导群众运动反腐败采取的重要措施之一。

（二）自下而上的批评以及自我批评

在党和苏维埃政府的倡导和组织下，中央苏区广大工农群众积极开展的反腐败的思想斗争，主要是自下而上的群众监督政府和对国家企业及其工作人员提出批评意见。开展这种思想斗争的重要阵地，一是群众广泛参加或群众代表参加的各种会议，如选民大会、合作社代表大会、贫农团代表大会、工农兵代表大会等；二是中央苏区出版发行的各种报刊，如《红色中华》《青年实话》《红星报》《苏区工人》等。其中通过各种会议开展的自下而上的批评，通常是面对面地直言抨击官僚主义、消极怠工等腐败现象。例如：

江西省第二次工农兵代表大会，“在党和中央政府领导之下，……从开展无情的自我批评中，发扬了思想斗争，严厉的打击了

---

① 中共江西省委：《关于全省选举运动的检阅的通讯》，中央档案馆、江西省档案馆编：《江西革命历史文件汇集》（一九三三年——一九三四年及补遗部分），馆存本，1992 年，第 289 页。

苏维埃系统中存在着对扩大红军个别的机会主义观点，特别揭发了省工农检察部部长吴家俊同志庇留开小差的分子在省工农检察部工作的错误"①。

瑞金县踏径区在 1933 年 11 月的选举运动中，"发动群众作思想斗争，详细的批评过去工作"，"特别是对于检阅土地部长孙和鸣、内务部长朱永昌、国民经济部长刘振城的工作更是非常注意，每个都有两点钟的时间的斗争"。②

石城县第三次工农兵代表大会，"把过去苏维埃的工作详细地检阅了一下，指出过去工作上许多错误和缺点，特别是指出对战争领导的不够。并且开展了思想斗争，严厉打击了总务处长温积昌超越苏维埃的职权，文书郑辉坊包庇富农及藉县苏主席名誉禁止小松区财政部长向一富农筹款，又严格地指斥了丰山区苏维埃主席陈必兴对消灭残余刀匪的机会主义动摇，及该区财政部长提高现洋压低苏维埃纸币、破坏苏区金融的罪恶。对县苏教育部长黄宥宽的官僚主义与消极怠工，大会也给了严厉的打击"③。

博生县粮食突击队，"在党与省苏正确领导之下，推动了各种团体，利用各种会议发动了广泛的工农群众，打击了那些消极怠工的官僚主义与机会主义者"④。

万泰县圹上区含背乡"开选民大会时，到会群众一百余人，该乡

① 中共江西省委通讯：《全省第二次工农兵大会中猛烈扩大红军的热潮》，中央档案馆、江西省档案馆编：《江西革命历史文件汇集》（一九三三年——一九三四年及补遗部分），馆存本，1992 年，第 321 页。

② 中央工农检察部：《踏径区的转变》，中共江西省委党史研究室等编：《中央革命根据地历史资料文库·政权系统》第 8 册，中央文献出版社、江西人民出版社 2013 年版，第 1187 页。

③ 萧峰云：《石城工农兵苏维埃大会严格开展反倾向斗争》，《红色中华》第 134 期，第 1 版，1933 年 12 月 11 日。

④ 肖正冈：《博生粮食突击队的活跃》，《红色中华》第 151 期，第 2 版，1934 年 2 月 18 日。

苏主席报告过去经过一切情形后，群众都有热烈的意见发表，并批评乡主席是官僚主义的领导，没有彻底解决土地问题，妇女没有得到婚姻自由，儿童未能得受免费教育”。又该区桥头乡“开选民大会，群众很热烈的反对乡政府主席的官僚主义，脱离群众，不相信群众力量”等错误。①

中央苏区消费合作社第一次代表大会，“开展了严格的工作批评”，“在几个模范合作社报告之后，紧接着大会对几个经营失败的合作社进行检举，在会场上揭发了瑞金官仓区、会昌踏径区以及其他几个区乡的合作社的工作人员拉扯赊欠、贪污腐败的现象”。②

瑞金云集区第三次工农兵代表大会，“会期虽只三天，而会场的斗争情绪是极其高涨，……大会的斗争火线是非常激烈的，所有代表的火力都是向着谢标（区苏土地部长——引者注，下同）、骆春晖（特派员）、曾存茂（没收征发委员）三人猛烈进攻”③。

西江县第一次工农兵代表大会，“代表多数认为（县委书记）邱惠广同志犯了官僚主义，对下级没有很好的法子去教育，只是大骂特骂，对保卫局、县工联、主席团都是一贯的官僚指示，要他参加一个会议，都是难得来；并且邱惠广同志又包庇宽田区的高利贷者邱佐泉，用个人的机会主义观点来断他是富裕中农，后来群众不肯，他居然用县委的名义写信到县土地部、工农检察部说黄龙区的工农检察部长站在私仇方面，来判定邱佐泉的成份，实际上黄龙区的工农检察部长是根据群众的报告，是站在阶级立场，并没有什么私仇，这样包庇高

① 肖先铜：《万泰各区选举运动》，《红色中华》第 130 期，第 3 版，1933 年 11 月 29 日。

② 《中央苏区消费合作社第一次代表大会纪盛》，《红色中华》第 133 期，第 3 版，1933 年 12 月 8 日。

③ 《云集区第三次工农兵代表大会经过》，《红色中华》第 134 期，第 1 版，1933 年 12 月 11 日。

利贷者，最后自己承认是犯了官僚主义，工农兵的力量，把官僚主义、机会主义完全揭发了、克服了”①。

中央苏区通过报刊开展的自下而上的批评，与上述会议上面对面、直言不讳的批评同样具有不讲情面、公开指名道姓的特点。而从批评的内容上看，也广泛涉及官僚主义、消极怠工等腐败现象。其中所刊载的对强行摊派推销公债提出批评的事例，如：“石城（县）珠江区仁里乡苏主席孔翠荣，他推销公债票，并不召集群众开会讨论，做政治宣传，只是把公债票照他自己的意思，摊派一下，送到各个群众家里，不管他有钱无钱，一定要销他所摊派的数目，群众不肯接受，他就在他们的桌子上一放，说：‘随你要不要，我就写你的数。’有的群众真拿不出钱，要缴款时，有将饭锅送到代表家里抵数，也有把棉被当掉来偿公债票的。因这位乡苏主席这样推销公债票，不但不能发动群众，反而使群众怨恨，完全是脱离群众、妨碍战争紧急动员工作的十足的官僚主义领导方式！”②“博生县竹筲岍区新街乡苏主席邓日升，看见经济建设公债二千五百元发到了乡苏，他就同新街乡小组长赖福山同志二人，想出绝巧妙的方法，将二千五百元公债票，写几张五元、七元、八元的条子，派交通按姓名分送。各村群众看到了条子，就说：‘我不是富农，要我买这样多的公债。’群众反对。”③

批评消极怠工，办事推诿、拖拉的事例，如：江西省苏维埃土地部没收分配科科长谢家兰，“一贯来工作消沉，农民落后意识非常浓厚。省苏派他到青塘区动员群众借谷，竟不经过省苏许可，自由跑回家去，……又该部文书科长萧七斤脾气骄傲，不服从部长领导，轻视工农干部，官僚主义脱离群众，屡经教育不改，他在土地部半年，工作

① 刘敏强：《西江县第一次工农兵大会的热烈动员与残酷的思想斗争》，《红色中华》第 136 期，第 2 版，1933 年 12 月 20 日。

② 《推销公债的怪现象》，《红色中华》第 68 期，第 4 版，1933 年 4 月 11 日。

③ 《推销公债像迫富农捐款》，《红色中华》第 138 期，第 3 版，1933 年 12 月 26 日。

上一贯虚伪，毫无成绩”①。“福建省苏为了消灭闽西六万担荒田特召集主席团扩大会，各县土地部长参加专门讨论消灭荒田及土地登记，而武平县的土地部长（王长茂）不但不能将这一扩大会的决议回去实现，而且连讲都不讲，经省苏土地部巡视员到该处检阅他们的工作时竟说‘群众粮食困难，不会开荒，无钱买纸来印表，无法登记’，想这样来掩盖他们的消极怠工。”②瑞金城市区反帝拥苏同盟青年部主任郭连升，“只顾做自己的生意，一切工作只说冒（没）办法。在动员模范队加入模范师时，他不但不去加入模范师，而且还破坏。县青年部屡次催促他的工作报告，他只说下级没有报告来，问他的工作怎样呢，连屁都没有放一个，曾经与他这种现象斗争总不接受，这是十足消极怠工的分子，应该与他作无情的斗争。”③

中央苏区自下而上的批评，除了在各种会议和报刊这两大思想斗争阵地上开展之外，各乡村、街道、企业和机关中普遍设立的列宁室、墙报、夜校等学习宣传政治理论和文化知识的教育基地，也常常成为广大工农群众和机关工作人员关心时政、针砭时弊，对发生在自己身旁的各种官僚主义、贪污浪费等腐败现象提出批评、开展思想斗争的重要场所。

批评主要是明辨是非，揭露各种非无产阶级思想的表现；自我批评则注重思想深处的深刻反省，自觉认识错误产生的根源和危害性。两者的出发点和归宿点都是“治病救人”，促使思想上的错误向正确方向转化。

为引导开展自我批评，《红色中华》公开发表主动承认错误、自我检讨的文章。如后方某医院负责人欧阳仪在自我批评中公开检讨他自己“是个贪污腐化、官僚主义者，例如我领取抚恤金，曾在军团（未

① 《清洗政权机关中的败类》，《红色中华》第110期，第7版，1933年9月18日。

② 《巩固苏维埃政权肃清一切官僚主义》，《红色中华》第92期，第6版，1933年7月8日。

③ 《消极怠工的青年部主任》，《红色中华》第101期，第6版，1933年8月13日。

领残废证）领了抚恤金十五元，后在抚恤委员会领残废证，又领了抚恤金卅元（计重领十五元）。……从慰劳伤病员的慰劳品中，我就自私自利的拿了毛线衣一件、小瓶的牛乳两瓶，这些事实上表现我的生活是贪污腐化的。……我官僚主义的领导方式，对爱护与慰问伤病员的工作也同样是缺乏（耐心——引者注）。对于节省经济，是‘右倾估计’表现没有办法来节省。上级命医院移动，我只是报告行动的手续与该地的给养如何的困难。这些都是我自己的贪污腐化、官僚主义在实际工作中的反映”。在剖析他的错误表现和根源之后，欧阳仪表示：“我不是以悲痛与哭泣来追悔我自己的错误，是要露骨的揭发贪污腐化、官僚主义，自己与自己作不调和的斗争，我们只有在思想意识上、行动工作上与生活上纠正自己的错误，来粉碎贪污腐化、官僚主义。”①

马克思共产主义学校管理员谢傅乐，自我批评在采购食品时“私用了公家的四块多钱拿去买表及吃东西，这不是我自己的贪污腐化的表现，是什么？正是由于我在经济上有了贪污腐化的现象，所以在工作中是不积极的，而是消极怠工，对一般的工作不负责任”。他检讨：“错误的主要来源，由于对目前政治不深刻认识，对于加紧一切战争的动员尤其是经济动员，来彻底粉碎敌人的‘围剿’，争取革命战争的全部胜利是不深刻的了解，甚至走上经济动员中的相反方向（私用公家的钱）的危险道路上去。”②但碍于情面，他的自我批评在《红色中华》发表时使用“傅禄”的假名。知情者毫不客气，在《红色中华》上发表文章，“揭穿谢傅乐的西洋镜”，直呼其姓名批评他《隐名匿姓的自我批评》，“这种敷衍遮盖的不彻底的揭发错误，丝毫没有自我批

① 《火力向着腐化——欧阳仪同志的自我批评》，《红色中华》第101期，第4版，1933年8月13日。

② 傅禄：《粉碎贪污腐化官僚主义——傅禄同志的自我批评》，《红色中华》第92期，第6版，1933年7月8日。

评的精神”①。

在开展思想斗争的过程中，倘若批评与事实有出入，《红色中华》也为自我辩解提供便利，并予以澄清事实。如《红色中华》第14期刊登《好阔气的江西政治保卫分局》一文，批评该局“做一面旗子就花了九块多大洋”，“一个月点洋烛就点了三十包”。对此，该分局在《红色中华》第23期发表声明，做旗子共花八元七角五分，是做四面旗子，并详列细账“计红洋布一丈五尺，四元七角；旗刀一对，一元；旗把一对，八角三分；旗缒一对，一元；旗绥二付，一元二角二分。”“三十包洋烛是点了两个月（在一、二月份决算列着三十包洋烛，而下面注着存有十包）”②。又如，《红色中华》第134期刊登文章，揭发少共中央巡视员郑茂德在雩都巡视工作时偷骡子卖钱，“回来就与那些少共中央局的某些同志大吃馆子”，后经调查证明“回来就与那些少共中央局的某些同志大吃馆子”，“完全不是事实”，《红色中华》第135期特刊发“重要更正”予以澄清，实事求是地纠正其中的错误。

表3－3　中央苏区舆论监督批评的主要报道和文章摘要表

标　题	主要内容	资料来源
《好安乐的民警局长》	汀州市民警局长，“中午才从安乐窝里爬起来”；接待办事的红军代表，怠慢推诿，“有十足的官僚架子”。	《红色中华》第13期，第8版，1932年3月9日
《好个石城县主席的迁家大喜》	石城县革委会主任，“由县城对河搬到城里来住，收了群众的很多贺礼”。	《红色中华》第16期，第8版，1932年4月6日

① 钟昌艾：《隐名匿姓的自我批评——揭穿谢傅乐的西洋镜》，《红色中华》第101期，第6版，1933年8月13日。

② 《江西省政治保卫分局的声明》，《红色中华》第23期，第8版，1932年6月16日。

标　题	主 要 内 容	资料来源
《反对脱离阶级的宁都政府的工作路线》	“宁都县南田区一部份乡苏,向人民一毛二毛的派捐,……湛田区井元乡乱打土豪,调查得那家有钱进来了,不管是贫苦工农和小商人都当做土豪打,不拿钱给乡苏政府,就扣留人。”	《红色中华》第 17 期,第 4 版,1932 年 4 月 13 日
《保障师父老板的冒牌合作社运动》	“胜利县苏维埃政府的发展合作社运动,根本是非阶级的,离开阶级立场的,……县苏将大洋交给一些师父甚至老板合股来办冒牌合作社,专做操纵市场。”	《红色中华》第 15 期,第 8 版,1932 年 3 月 23 日
《区苏主席反对执行红军优待条例》	宁化四区区苏维埃主席不执行红军优待条例,该区赤背岭乡红军战士要求派人帮助家属耕田,区苏主席“懒洋洋的答复,‘哪个要你去当红军呀’”。	《红色中华》第 17 期,第 6 版,1932 年 4 月 13 日
《好大胆的连副政治委员》	独立第五团第二营六连副政治委员赵九苟,“收土豪大洋十元,把数目改为一元,其余九元放到自己荷包里,这还不算,他还要领导伙夫同志吃大烟”。	《红色中华》第 18 期,第 8 版,1932 年 4 月 21 日
《反对散漫腐化的苏维埃政府》	宁都县戴坊区政府,“发起伙食来就有十多个人的伙食费,做起工作来,只有主席文书和伙夫,其余的统统走回家去了,甚至写几封信催促都不回政府工作”。	《红色中华》第 20 期,第 8 版,1932 年 5 月 25 日
《破坏扩大红军的扩大红军工作》	赣县黄塘区梢坑乡苏维埃主席曾照科,扩大红军“专用强迫恐吓手段,前次竟持武装去捉某人当红军”。	《红色中华》第 25 期,第 4 版,1932 年 6 月 30 日
《官僚腐化的永丰县财政部长》	永丰县苏维埃财政部部长陈鸿烈官僚腐化,“每天带着老婆,背着驳壳枪,在街上闲玩,或者同老婆坐在房里讲笑话从没有到外面去巡视过工作”。	《红色中华》第 25 期,第 4 版,1932 年 6 月 30 日
《破坏红军的乡苏主席》	龙岩外山前区第二乡主席林胜山“不但不去努力扩大红军,反而写信喊已经去当红军的同志回家”。	《红色中华》第 27 期,第 8 版,1932 年 7 月 14 日

标　题	主 要 内 容	资料来源
《官僚式的河田乡苏主席》	长汀县河田区河田乡苏维埃主席"素不注意群众工作,有一次医院要几名洗衣队员到医院去洗衣,他不发动群众,只打张条子来命令群众,不来的就处罚"。	《红色中华》第27期,第8版,1932年7月14日
《雩都合作社倒会赚红军的钱》	雩都县合作社内有胶皮鞋子卖,平时每双卖大洋一元。"红军开到雩都,来合作社买胶皮鞋的很多,该社的经理人员眼见生意兴隆,于是马上加价,每双胶皮鞋子卖大洋一元一角"。	《红色中华》第30期,第4版,1932年8月4日
《拿公款贴伙计婆的头陂军事部长》	"头陂赤卫军组织游击队实行向外发展游击战争,筹款供给红军。最近筹了三百多块钱。可是该区的军事部长,首先将此款暗中拿了十余元,去津贴他的伙计婆。"	《红色中华》第31期,第10版,1932年8月30日
《好个"发洋财"的妙计》	"雩都县江渡区少队部主任刘汉,领导几个人去捉鸦片烟鬼,把烟鬼捉到了,把他的烟枪拿到了,但把烟鬼放囚转去,烟鬼就拿了七毫钱来把烟枪买了回去,刘汉与他同去的两个人平分了这七毫钱。像刘汉这种人还叫他做领导者,还不号召少先队起来反对他吗。"	《青年实话》第25期,第31页。1932年9月10日
《原来富农是这样变成的》	"武平湘湖区刘立贵曾担任过区(团)委常委,犯了不少错误,最近他同别人共做生意,……人家不愿意共做生意了,要求分开,他就说:'你不同我一起做生意就是会变富农,政府要向你筹一百大洋款子,……你同我一起做生意就不会变富农。'这样的商业家和理论家,共产青年团是容不得的。"	《青年实话》第25期第32页,1932年9月10日
《用拉夫式来扩大红军的太拔乡苏》	太拔乡苏维埃扩大红军不详细考察,"竟拉一个前次破坏红军被开除军籍的张天恩,扩大到前方去"。	《红色中华》第33期,第9版,1932年9月13日

标 题	主 要 内 容	资料来源
《道士烟鬼也当红军》	“黄陂区第四乡苏政府拉夫式的吸收吃鸦片烟的道士来当红军。”	《红色中华》第36期，第7版，1932年10月16日
《官印》	江西少数苏维埃机关负责人的私章，“抄袭封建军阀国民党官厅的办法，也用‘某某主席之印’，‘某某局长之印’等，这种印子，无以名之，名之曰‘官印’吧！”	《红色中华》第34期，第10版，1932年9月20日
《好家伙这样子来贪污呀》	兴国县杰村区团委书记钟先涛“从负责区委工作以来一贯的拿他工作能力薄弱来掩盖他的消极，并且看不起同志，大摆官僚架子，特别是竟侵吞公款六元多，报假帐欺骗上级，这种贪污腐化消极怠工、摆官僚架子的东西，配做共产青年团员吗？”	《青年实话》第26期，第42页，1932年9月20日
《偷偷摸摸无独有偶》	上抗县儿童局书记林同丰“工作不积极，架子很大，并大穿大吃大（讲究）漂亮，以致侵用公款十余元，恐怕人家发觉，就把组织科那里的团费偷了十二元”。	《青年实话》第26期，第43页，1932年9月20日
《宁都职工会委员长怠工腐化》	宁都职工会委员长万松柏“自进工会以来，经过了数月之久，工作上未见有半点成绩，只是坐在机关里面吃饭，不理半点事情。上级文件都不看，下级工作不指示，同神庙中的木偶人一般的徒费了工农的香烛，不谋工农的利益。并且把公家经费浮支浪费，每月决算都要五十元，调查他的数目，许多不确实”。	《苏区工人》第10期，第5版，1932年10月16日
《贪污与腐化》	宜黄县东陂区苏维埃裁判部部长李衣禄将区苏维埃拘押的土豪女子“公开放出来，弄去与他一床睡觉”。	《红色中华》第40期，第8版，1932年11月14日
《两个区乡苏主席的写真》	长汀县芦竹坝乡苏维埃主席“向工农群众每天支两毫小洋为做主席工资”。	《红色中华》第40期，第8版，1932年11月14日

标　题	主 要 内 容	资料来源
《合伙瓜分公款》	会昌县罗塘区苏维埃工作人员“因为伙食费分钱不多,便加土豪罚款之零数,拿来当作伙食尾子来瓜分。譬如罚款五十五元的,五十元归政府,其零头五元则归入伙食钱计算”。	《红色中华》第 47 期,第 8 版,1933 年 1 月 14 日
《副主席的威风十足官僚主义》	长汀县苏维埃副主席张仁标“出发濯田巡视工作,骑匹高马,背支短枪,得意洋洋,威风凛凛”。岂料过李湖乡的木桥时险些跌落桥下,他大骂该乡苏维埃主席和群众没有把桥修好,故意害他。	《红色中华》第 48 期,第 8 版,1933 年 1 月 28 日
《原来是区苏主席的亲戚》	宁都县安福区清查户口,发现“一个富农是不良分子,当时就经过群众(斗争),扣押在乡里”。但区苏维埃主席赖进,“不经过会议讨论怎么处理,大胆的就将该犯放了,还叫他吃了一顿饭去,这个富农一直大摇大摆的跑回家。原来该犯和主席是亲戚”。	《红色中华》第 48 期,第 8 版,1933 年 1 月 28 日
《马上的文化部长》	“瑞金云集区文化部长朱同志,由区政府回家,或到各乡巡视工作,不管是三里两里,总是骑马。无论在哪条路上遇着他,他总是在马上。”	《红色中华》第 48 期,第 8 版,1933 年 1 月 28 日
《热闹!区苏主席的婚礼》	宁都县安福区苏维埃主席赖进结婚时,收群众贺礼后,“大设宴席,款宴宾客,酒席二十多席,每次百数人,杀了两只大肥猪”。	《红色中华》第 48 期,第 8 版,1933 年 1 月 28 日
《“党国要人”的事务科长》	中央革命军事委员会后方办事处事务科科长梁“老爷”“出门从办事处到桥头街,不过半里路,都要两个背花机关的通讯员同志跟在两边走,恐有反革命要暗杀他一样,你说威风不威风呢!”	《红色中华》第 48 期,第 8 版,1933 年 1 月 28 日

标　题	主 要 内 容	资料来源
《盗用公款的贪污分子》	福建军区特务营副政委黄裕福“在邱坊把没收土豪的一瓶洋油和一只猪子拍卖后,放进了自己的袋里。另外还有办公费、擦枪费共有四十四元五角之多,竟与第二大队长黄生辉平均分配”。	《红色中华》第59期,第3版,1933年3月9日
《两件“宝贝”》	宁化县雇农工会组织部谢浪金“将准土区雇农工会向富农捐来的大洋三十元,拿给反动富农的家属做鸦片生意”。 宁化县职工联合会委员长王寿春,“在常委会中议决派他到武层区工作几天,他竟自逃跑回家去了”。	《红色中华》第59期,第3版,1933年3月9日
《大梦沉沉的区苏主席》	会昌县乱石区苏维埃主席刘经波一贯消极怠工。在全县中共、少共区委书记,区苏维埃主席和军事部部长,区少队长布置战争动员的联席会议上,“据说是因为‘冒(没)睡醒’不到会”,“在战争紧急动员中,还是在做梦”。	《红色中华》第60期,第6版,1933年3月12日
《剥削群众的妙计》	雩都县罗江区前村乡苏维埃主席梁官廷,“他自己家里做了一副新棺材,并且砌了一个新灶,他觉得非常高兴,自己就写帖子去请群众吃酒,每人至少要送八毛至一元的贺礼,结果赚到了不少钱”。	《红色中华》第60期,第6版,1933年3月12日
《躲避战争的排长》	兴国县赤少队模范师到前方去配合红军作战时,“有一个排长吕继作,他不但不去动员士兵同志,而且当士兵同志请他出发的时候,他就躲避了起来”。	《红色中华》第65期,第4版,1933年3月30日
《拥护红军为着发洋财》	红军开到官坑乡,“该乡苏主席认为这是发洋财的时候,真是妙想天开,他向群众买来一元十二斤的米,卖给红军就卖一元十一斤。红军一天吃一百斗,于是,那无耻的主席就发了十个大花边的洋财”。	《红色中华》第65期,第4版,1933年3月30日

标　题	主 要 内 容	资料来源
《瓜分公款的好办法》	宜黄县东陂区苏维埃工作人员,"他们觉得伙食尾子分得太少,就把土豪的罚款及中央政府批准的行政费用不完的,拿来当作伙食尾子来瓜分。比如罚了土豪一千元左右,至少要拿五六十元当做土豪伙食费,由他们来瓜分。在两个多月中,区政府竟付了土豪伙食及客饭大洋三百元"。	《红色中华》第 65 期,第 4 版,1933 年 3 月 30 日
《大批赤少队员开小差》	"永丰公略动员参加红军的赤少队一千三百余人,和胜利博生的一千四百人,开到前方后,在九天内大半已经开了小差,有的甚至未到前方在途中就跑走了,这次所动员的现在只剩下七百余人,这是多么严重的可耻的现象。"	《红色中华》第 66 期,第 2 版,1933 年 4 月 2 日
《好一个浪费的俱乐部主任》	江西省苏维埃俱乐部"布置一个俗不可耐的纸牌坊,花了三十多吊钱。当这战争紧急关头,一切应该服从战争的利益,这样浪费几十吊钱去扎一个毫无用处的纸牌坊,简直是革命的罪人"。	《红色中华》第 68 期,第 4 版,1933 年 4 月 11 日
《推销公债的怪现象》	石城县珠江区仁里乡苏维埃主席孔翠荣"推销公债票,并不召集群众开会讨论,做政治宣传,只是把公债票照他自己的意见摊派一下,送到各个群众家里,不管他有钱无钱,一定要销他所摊派的数目"。	《红色中华》第 68 期,第 4 版,1933 年 4 月 11 日
《剥削群众的乡苏主席》	会昌县珠市区第二乡苏维埃主席吴永连"要群众领一张分田证,便要照人口每人纳五个铜板,开会时,有群众不到会的便要缴小洋五毛,这和反动民团所设的苛捐杂税是没有丝毫不同呵!"	《红色中华》第 68 期,第 4 版,1933 年 4 月 11 日

标　题	主 要 内 容	资料来源
《百事不管的乡苏主席》	“头陂区石上乡的苏维埃主席是个百事不管的官僚，一次，红军由头陂到达石上宿营，因找不到禾草就请他代找一点禾草，他置之不理；又有一次，前方由头陂送三个犯人经过石上，因天已经晚了不能走，请他找一个小房子关犯人，他说无从找起。”	《红色中华》第 68 期，第 4 版，1933 年 4 月 11 日
《怕死鬼躲避战争》	兴国城市区城市村少共街道支部书记吕道炉，在兴国赤少队模范师全师自动加入红军集合出发时，“唯有吕道炉同志，他不仅不领导其他的同志前来集合，并且还走到他的岳父家中躲避，他是躲避战争的怕死鬼”。	《红色中华》第 86 期，第 6 版，1933 年 6 月 17 日
《好家伙骂‘鸡巴教育’》	“陈家法是胜利县江口区营上乡的乡代表，该乡教育委员会主任要求他在开乡群众大会的议事日程上加教育文化一条，他坚不认可，反骂‘鸡巴教育’，阻止不要加这一条。像这样忽视教育工作的‘宝贝’，应该无情的打击他。”	《红色中华》第 86 期，第 6 版，1933 年 6 月 17 日
《贪食贪钱的耕田队》	“永丰区永丰乡永丰村有部分耕田队，帮助红军家属耕田，没有饭吃就不与他做工，同时食了红军家属的饭，又说没有什么菜，尤其是黎阳（还是党员），又私得红军家属的工钱一吊六百文。这样的耕田队是何等可耻！”	《红色中华》第 86 期，第 6 版，1933 年 6 月 17 日
《巩固苏维埃政权肃清一切官僚主义》	“福建省苏为了消灭闽西六万担荒田特召集主席团扩大会各县土地部长参加专门讨论消灭荒田及土地登记，而武平县的土地部长（王长茂）不但不能将这一扩大会的决议回去实现，而且连讲都不讲。”	《红色中华》第 92 期，第 6 版，1933 年 7 月 8 日

标　题	主要内容	资料来源
《两个吃冤枉的工农检察部长》	中央政府召集的八县区苏维埃以上各部负责人的查田运动大会，在“四天的充分讨论”中，“宁化下木坊区的工农检察部长王木生与准土区的部长张士提两同志，在会议中既无工作报告，又不发言，连坐着会场上也不愿意”。	《红色中华》第92期，第6版，1933年7月8日
《官僚主义滚出去》	反帝拥苏总同盟委员、工农剧社常委兼教员张欣，贪污腐化，“将总同盟的经费，天天拿了去上酒馆。前次自反帝拥苏总同盟调到贵社去工作时，竟将一切经费带走，再三追究，始交出一部分。”	《红色中华》第92期，第6版，1933年7月8日
《官僚主义的区委组织科长》	瑞金南阳区委组织科科长曹富运“每天坐在区委机关里，如姑娘一般不出闺房半步，打打介绍信、收发一些文件罢了，自到区委后没有出席过各乡党的各种会议，即区苏会议也很少参加，同时很少发表意见”。	《红色中华》第103期，第6版，1933年8月19日
《一个形式主义的南坑乡支部会议》	“这应该说是一个十足形式、呆板的传统会议方式。(一) 宣布开会、唱歌，推举主席、记录等；(二) 政治报告，消息报告，参加人报告，乡苏主席报告，工作报告等等；(三) 讨论题目‘怎样扩大少共国际师’，你推我发言，我推你发言，大家默默相视，只好指定发言，若断若续，有三四个同志发言，会议时间延长到三四个钟头，会议空气异常枯涩，寂寞无味，毫无成绩。”	《红色中华》第103期，第6版，1933年8月19日
《给官僚主义以无产阶级铁锤的痛击》	“兵站第九中站(博生县站)，在工作上犯了十足的官僚主义的错误，有脱离群众、强迫命令和欺骗群众等现象。他对逃兵的处置，一概的当犯人捉绑起来解送到前方，没有经过什么宣传鼓动的工作和分别处置逃兵的领袖。”	《红星报》第8期，第4版，1933年10月1日

标　题	主 要 内 容	资料来源
《两个破坏合作社的败类》	红校政治部谭詠华"原非本(合作)社社员,某日竟冒充本社员来本社购买货物,窃取优待本社社员之优先权,及'九五'折扣。当时,本社营业部同志因为一时的疏忽,竟被其欺骗"。	《红色中华》第127期,第3版,1933年11月21日
《强迫命令的乡苏主席》	宁化县武层区黄金乡苏维埃主席黄龙标用欺骗的手段扩大红军,"骗到了二十余个老头子,说是到区苏开会,这些老头子到了区苏后才知道是要他们去加入模范团,他们不肯去,闹了一场大笑话"。	《红色中华》第129期,第5版,1933年11月26日
《说大话吹牛皮的动员》	"西江县梅坑区在县委所召集的会议上,几次都承认了扩大二连或三连红军,但每次结果都半个没有扩大,甚至于还打假报告来县委说今天就可以集中,以后三次会议总结,只扩大了有六名红军。"	《红色中华》第130期,第2版,1933年11月29日
《显微镜下的官僚主义——命令强迫与平均摊派》	博生县湖背区推销经济建设公债,"全是采用摊派强迫办法,区苏把公债发到了以后,不召集什么会议去向群众解释,只和支部负责同志与乡苏主席商定,按照全区人数摊派,分了田的每人派两块或一块"。 会昌县麻州区委、区苏维埃的负责同志"希图方便,怕麻烦,不去做宣传鼓动的政治动员工作,把麻州本街上的商民分成甲,乙,丙,丁,戊等五级,去摊派"。 胜利县半迳乡"推销公债票的方式,是依照群众每人所分了土地的多少平均派买"。 信康县牛岑区小坊乡与马岑乡,"只把公债票拿给代表,由乡代表负责,挨屋挨户去摊发"。	《红色中华》第131期,第3版,1933年12月2日

标　题	主 要 内 容	资料来源
《反对虚浮的预算案》	中央政府总务厅1933年“预算做三千套棉衣，把预算案做好，就买了许多材料。可是实际所发的棉衣却只有一千多套，与原来的预算竟差三分之一，结果一万多元的衣料便完全囤积起来了。同时在这发出的一千多套之中，实际上也有浪费的现象”。	《红色中华》第132期，第1版，1933年12月5日
《把贪污分子送到法庭去》	“彭杨学校第二营指导员黄贻茂，贪污办公费大洋六元多。第四预备医院多报人数和客饭，又假造单据，用肥皂伪作商店的图章。第一警备医院政治委员陈远炳，将打土豪的款子二百余元不缴，而拿来买皮袄及弥补过去因浪费而超过的费用。彭杨学校第五连指导员方启茂，身上有许多的钱，但来历不明，在谈话与会议上，一味支吾，完全掩盖自己的贪污腐化事实。”	《红星报》第19期，第2版。1933年12月9日
《一个戏台预算一百八十元》	中央政府总务厅管理科科长徐毅，“据说因为中府人员多，经常有晚会，所以他提议建筑一个戏台。……小小一个戏台（预算）竟要一百八十元，虽然赵宝成（总务厅厅长——引者注）同志改为二十元左右，但是一开工已成耗出劳动力九十工，要花五十四块大花边”。	《红色中华》第134期，第3版，1933年12月11日
《挪扯捐款的儿童局书记》	闽赣省黎川县儿童局书记马玉堂“把儿童团一文一片募来买平射炮的钱，乱用一场，天天在街上吃油粑粑果子，进馆子，吃香烟等，不做一点工作，贪污了大洋廿余元”。	《红色中华》第134期，第3版，1933年12月11日

标　题	主 要 内 容	资料来源
《吃洋参炖鸡子的军事部长》	门岭县洞头区军事部部长将打土豪的款子办酒席，欢迎从白区打土豪回来的区模范团，“模范团士兵只十三名，却摆了七八桌酒，酒席很丰，……查他的账，打了埋伏二百多元。并在账上记该军事部长买洋参、买鸡子记账十余元，说是有病不敢吃药，要洋参炖鸡子吃。该部长很阔气，手上金手表、金戒子样样都有”。	《红色中华》第136期，第3版，1933年12月20日
《伙食尾比吃饭钱还多》	“门岭县苏工作人员经常请假回家，一回就十多天、个把月不来，这些人不在县苏吃饭，但县苏却依旧账原有人数向上级报领伙食费。这些多领的伙食费，便拿来当伙食尾分。”	《红色中华》第136期，第3版，1933年12月20日
《大量吃药的博生县政府》	“博生县苏工作人员每天平均一百四十人就有十一个病人，食药的大洋三元三角。在(1933年——引者注)十月份一个月吃了三百三十二帖药，计大洋九十八元，至十一月份呢，药单子同样的多，药费也同样的九十九元大洋。至十二月刚十二天，又有了药费三十多元。”	《红色中华》第137期，第3版，1933年12月23日
《大兴土木的洛口县政府》	“洛口县政府要修筑新房子，省财政部只批准了二十元修理费，要他们修整一下子便可以。但是他们就不管上级批准不批准，自己做了再说。……前月做了一间，用了大洋一百余元，省苏未批准分文；现又要做一间，又要大洋一百余元。”	《红色中华》第137期，第3版，1933年12月23日
《粉碎命令强迫平均摊派》	“博生县竹苲岭区新街乡苏主席邓日升，看见经济建设公债二千五百元发到了乡苏，他就同新街乡小组长赖富山同志二人，想出绝妙的方法，将二千五百元公债票，写几张五元、七元、八元的条子，派交通按姓名分送。” “博生县竹苲岭区松坝乡一千五百元公债，该乡三个村，就不论村大小，又免得公债票的分散，每村派五百。”	《红色中华》第138期，第3版，1933年12月26日

标　题	主 要 内 容	资料来源
《好吃的苏维埃害虫》	兆征县工农检察部负责管理工农通讯员工作的陈唐子“一贯来是消极怠工,经常吃了饭只知道跑街子,流流荡荡在街上赊人家东西吃。有一次他走到龙山酒楼,摆起官僚的架子,叫老板炒菜”。大吃大喝后无钱结帐,竟冒充县苏维埃主席赊欠。	《红色中华》第138期,第4版,1933年12月26日
《(反对)那些消极怠工贪污腐化退却逃跑官僚主义的人们》	“建宁县邮局李局长,你当邮局长,却派递信员替你贩盐,贩来之后大作盐买卖,在建宁一块大洋赚一斤盐,在得胜关一块大洋赚两斤盐,你们想发大财么?” “刘大文等四同志,你们在红校毕业后,福建军区分配你们的工作已经给了你们的路费、伙食,但你们在路上却无所不为,在馆前乡苏吃饭不给钱,在童坊冒领伙食,有这种欺骗贪污的现象,怎么可以充当军队干部呢。” “宁化县酆坊区土地部长徐高明,你贪富农的贿赂,收他们的金钱和猪肉,和这些阶级敌人妥协,酆坊的土地到现在还没彻底分好,你是要负责的。” “瑞金城市区东郊乡苏主席钟腾贵,你的儿子当红军是很光荣的,你为什么叫他开小差,你这种行为还能够领导全乡革命工农参加革命战争吗?” “门岭县石螺区石螺乡主席朱文胜、支书王奇松,你们床底下有一个大谷萝,全装的是上级文件,文件一到你们也不看,也不讨论,就丢在床下,有人指出这一错误,你们还说‘我不识字’,这是领导群众的负责人吗?” “江西省互济会巡视员尹、陈二同志,你们到兴国去巡视工作,路上想赚点钱,于是你们贩了几斤黄烟,带回来送到各机关去销,每斤赚四角大洋,你们真是做生意的好手,可惜你们只是为了自私自利。”	《红色中华》第139期,第4版,1934年1月1日

标　题	主 要 内 容	资料来源
	“石城县屏山区财政部,你们做苏维埃政府工作,却自己破坏苏维埃法令,要收工人们的土地税,甚至还要收到去年的,国民党预征钱粮,是地主资产阶级剥削群众的办法,你们也要学习么?”	
《挪扯俱乐部公款》	西江县砂星区高屋乡苏维埃的邓昌香“在俱乐部工作,一贯贪污浪费。计挪扯了俱乐部公费七十毛,又吞没了没收买卖婚姻的款子十二元,这笔买卖婚姻的款子,还有杨兹栋得了四元、邓庆琪得了七十毛,他们都把买卖婚姻的罚款来塞个人的腰包”。	《红色中华》第 142 期, 第 4 版, 1934 年 1 月 10 日
《打击文化战线上的官僚主义者》	兆征县大埔区教育部长龚梦祥“的工作一贯来是官僚主义工作方式,工作不深入群众,在乡苏工作的时候,早晨只跑到乡苏主席处问一问有没有会开,如果没有会开马上跑回家了。他很少下乡天天坐在他家里,不管文化教育工作,只管回家。本来,在过去大埔区的教育工作是非常好的,自从他当教育部长以来,俱乐部、夜学校、识字组都停止了工作,因为被他的官僚主义所破坏了”。	《红色中华》第 142 期, 第 4 版, 1934 年 1 月 10 日
《这样算帮助红军家属做劳动吗?》	兆征县红鄞区罗坊、东关营两个乡的耕田队“派至红军家属做劳动,每天要吃三餐饭,早上要到九点钟才去,去了后便吃早饭,开始工作还要等一等,而且派去的耕田队多是老的、小的,工作也是坏的;同时红军家属有什么困难,乡苏也不想办法去解决,这种现象实际上是妨碍战争动员、阻止扩大红军”。	《红色中华》第 143 期, 第 2 版, 1934 年 1 月 13 日

标　题	主 要 内 容	资料来源
《上杭才溪乡的苏维埃工作》	1933年10月的选举,“候选名单下才溪乡160多人(内应选91人),一村贴一张,每张均写160多个名字。群众在个人名下注意见的很多,注两个字的、五六个字的、十多个字的,儿童们也在注。注‘好’‘不好’等字的多,注‘同意’或‘消极’的也有,有一人名字下注着‘官僚’两个字。受墙报批评的二十多人,被批评的都是只知找自己生活不顾群众利益、工作表现消极的”。	《斗争》第45期,第16版,1934年2月2日
《好家伙以少报多》	“杨殷县畔溪少共区委书记杨国汉,在一九三三年十一月、十二月两月,区委实际只驻有五个人,他却向上级报告六个人,多领了一个人的伙食,私自用了。”	《青年实话》第3卷第9号,第22页,1933年4月1日
《真是会做生意,乐安的推销工作》	“《青年实话》的推销工作,在乐安的望仙区,他们真是可说是生意行中的好手。‘青实’的卖价人人都知道是四个铜片一本,但他们即用‘一本万利’的手段,将‘青实’每本卖十个铜片,这不是生意行中的好手吗?”	《青年实话》第3卷第9号,第22—23页,1933年4月1日
《检举这些贪污的坏蛋》	石城县新村区少共区委书记温庆祯“把上级发给部员的伙食费(九元)克扣下来,拿去吃肉吃酒,在粮食突击尚未完成前,便把该区委四个部员打发回家,贪污他们的伙食费”。	《红色中华》第186期,第2版,1934年5月9日
《坚决反对对优待红军家属工作怠工、忽视红军家属春耕莳田的可耻现象》	博生县江口区“帮助红军家属作事,非经过三请四催都不去,就是勉强去了,还要红军家属供给他们的饭,不仅是饭,还有吃肉喝酒,否则下次无论如何都请不动”。 洛口县王陂区山陂乡的乡代表“不肯优待红军家属,迫得红军老婆赶到县里,叫老公回家”。	《红色中华》第189期,第3版,1934年5月16日

标 题	主 要 内 容	资料来源
	雩都县城郊的红军家属“没有禾种,要求发给备荒的谷子,而不得允许。城市优待红军合作社赚的钱被主任和会计拿去用了,而红军家属却得不到分文”。 瑞金县黄柏区上瑕乡耕田队“不受调动,区苏工作人员对礼拜六(义务优待红军家属)的工作也是敷衍了事。云集区某乡的乡苏主席,不但不管红军家属的春耕,甚至红属到乡苏来哭,反受他痛骂一顿”。 西江县洛口区坝背乡苏主席,“叫红军家属做饭给耕田队吃,否则便不管”。	
《为什么杨志诚撤职》	中央革命军事委员会总供给部所属的采办所是采办一切军用物品的极端重要的机关,“在这个部门中,发生了汀州采办所主任贪污公款以后的自杀,最大部分职员因贪污而完全撤职。□□采办所把上万的现金借给□□机关工作人员的合股商店,拿公款买来的货再卖给采办所。出了大价钱去买假药、假电池,处处表现出与商人狼狈为奸以饱私囊的把戏”。	《红星报》第43期,第1版,1934年5月20日
《云集区优红工作严重》	瑞金县云集区砂背乡“耕田队每月替红属和红军公田做工四五天,没有能实现平时每月六七天、忙时每月十五天的办法。不去把红军公田和红属的田首先做好,乡苏主席不晓得红属发生什么困难,对优待红属工作消极怠工”。	《红色中华》第193期,第3版,1934年5月25日
《瑞金隘前区优待红属工作中几个可耻的坏例子》	瑞金隘前区柏地乡的“刘观音和刘敏子,替红属做工要红属供给他酒肉,又钟运贵(乡代表)负责耕种一家红属的田,可是他仅会在红属和人家面前说漂亮话,实际上都是最消极怠工的家伙。后来在红属联欢会上,有红属提出意见,将二刘罚苦工二十天,钟运贵罚苦工十天”。	《红色中华》第193期,第3版,1934年5月25日

标　题	主 要 内 容	资料来源
	湾子乡“优待红军家属委员会，不去调查优待红属条件的执行，对于优红工作，不有计划的去进行，时常逢到优待的那一天，发生有人而没有用具的现象”。 杨牯乡“对于政府工作人员的优待，有些反而好过红属的优待。一个负责人他有许多用不完的禾秧，不肯供给红属去用，要红属拿谷子来换禾秧。红属的田荒了十余石，虽然有困难，可是不敢说出口”。	
《打击对执行红军优待条例的怠工分子》	赤水县赤水区“区一级机关从来不做礼拜六，党团员同样的没有履行。各乡耕田队由几个老头儿去敷衍塞责，因此红军家属的田不能很快的耕好。或者是政府工作人员的田耕得好，红军家属的田耕得差。有的仍旧要红军家属的饭吃。赤水乡大港乡发现几家红军家属讨饭吃的严重现象，至于无油盐柴的更多。还有赤水从市上搬到乡下居住的红军家属，没有分得土地”。	《红色中华》第201期，第3版，1934年6月12日
《猛烈开展反贪污浪费的斗争》	赤水县“有大批乡苏和支部负责人员贪污公谷，如马头区肖交乡主席与支部负责人员贪污公谷二百余斤，赤水区杨坊乡苏工作人员把没收的谷子拿去吃完，塘坊区长岭乡苏主席和党支部吃去公谷五百余斤，交田区琴交乡主席贪污公谷三百余斤、大洋十余元等等”。 广昌县山头乡，“该乡人员到乡苏去，不论任何工作，均可吃饭，不索取伙食费。每顿饭大家是无限制地吃，尽肚皮吃个大饱，同时拿收谷子的谷票去换盐吃”。	《红色中华》第211期，第1版，1934年7月7日

标　题	主 要 内 容	资料来源
《赣县储潭区现象严重》	“赣县储潭区整理和扩大赤少队的工作还没进行,全区原有的数目是二百余名,还仅是编造了名册,完全没有进行军事训练和政治教育的工作,以致发生加入了模范营的自己还不肯承认的严重现象,这里更谈不到发动赤少队去武装起来保护秋收了。”	《红色中华》第 218 期,第 2 版,1934 年 7 月 24 日
《警钟向登贤大田区敲》	“登贤的大田区也是接近敌人的区域,敌人已经进扰一次,该区的秋收委员会,对此领导仍是非常消极,没有积极动员群众起来,这样的对‘武装保护秋收’工作的消极,是会造成极大罪恶的,特向登贤大田区撞警钟。”	《红色中华》第 220 期,第 2 版,1934 年 7 月 28 日
《反对平均摊派的动员方式》	博山县梅江区七里乡,在 1934 年的秋收借谷运动中,“发生平均摊派的现象,他们不分孤老残废等情形,一律要每人平均借多少谷,在湖背区连坡乡也同样的按分田的人数,每人要借谷三十五斤至四十斤”。“长胜瑞林区不分红军家属,不分孤老残废,每人一律借谷五斗,渡头区每人一律借谷六斗。这种平均摊派的方式,完全是那些不从政治上去动员群众、不到群众中间去进行宣传解释的工作,只想偷懒取巧的怠工分子创造出来的。”	《红色中华》第 227 期,第 4 版,1934 年 8 月 20 日
《关于杨殷的赤色戒严——难道还值不得警觉吗》	1934 年 8 月,“全苏区已是‘战时状态’,特别是在边区和战区,我们个别的边区和战区机关,常发生有被敌袭击的事,而且常常是敌人打到了门前还不知道,使我们的机关和人员受到不应有的损失。这不是敌人有什么力量和技术,也不是当地群众不积极,而只是我们机关的同志过于麻木不仁。……八月十二日,杨殷茶元区苏被敌袭击,号炮所没放炮,敌人杀到门前还不知。……二十八日,杨殷县苏被敌袭击,同样号炮所没放炮,敌人杀到门前还不知。……这是何等的麻木不仁!”	《红色中华》第 233 期,第 3 版,1934 年 9 月 13 日

第四章

中央苏区反腐败的群众运动的主要成效

在中国共产党领导下，中央苏区反腐败的群众运动，通过开展群众性的检举揭发、调查取证、群众法庭审判等斗争方式，不仅洗刷淘汰、严厉打击了苏维埃政府机关、国家企业、群众团体中的贪污浪费、官僚腐化、消极怠工等腐败分子，卓有成效地遏制了腐败现象的滋生和蔓延，造就了“空前的真正的廉洁政府”①，而且培养了艰苦朴素、廉洁奉公的一代新风，创造了“群众化，实际化，组织化，纪律化”②的苏维埃工作作风，从而提高工作效率，促进生产和经济发展，推动扩红、优红、归队、支前等各项工作的顺利进行，有力地支援了革命战争的发展。

一、激浊扬清“更加使苏维埃成为群众话事办事的机关”③

（一）选举运动淘汰苏维埃基本组织中的腐败分子

在中国共产党的领导下，中央苏区从1931年底至1934年初，开

① 中央审计委员会：《关于四个月节省运动总结》，《红色中华》第232期，第3版，1934年9月11日。

② 中央人民委员会紧急决议：《关于战争动员和工作方式》，《红色中华》第43期，第2版，1932年12月5日。

③ 《两年来苏维埃政权的巩固与发展》，《红色中华》第121期，第3版，1933年10月24日。

展了三次选举运动。这三次选举在选举系统上,区级以上的苏维埃实行间接选举,区以下的乡苏维埃和县直属的市苏维埃实行直接选举。“市苏乡苏的选举是最基本最重要的选举”①,“是广大工农群众直接参加选举的地方”②。直接选举产生的乡苏维埃、市苏维埃是苏维埃最基本的组织,乡苏维埃、市苏维埃代表直接联系和带领群众,贯彻执行党和苏维埃的政纲法令,秉承人民意志,并行使人民赋予的职权,为人民谋事办事。

地处赣南、闽西的中央苏区民众,由于过去长期受封建地主阶级的统治和奴役,经济文化落后,民主意识淡漠。为了开启民智、推行民主,动员与引导广大工农群众积极参加选举运动,“使工农群众了解苏维埃政府是自己的政府,如若选举不好的人去做工作,就不能替大家谋利益”③。中国共产党和临时中央政府“发动群众的阶级斗争”,“把分土地分谷物打土豪等斗争”与选举紧密结合,同时广泛联系群众生产和生活的实际问题,并且“挨门挨户作宣传工作”④,从而激发并充分调动了广大群众参加选举的主动性与积极性。“三次选举一次比一次更成功”,尤其是第三次选举,“到会的选民当在百分之八十以上”⑤。“唤起工农”广泛参与的选举运动,除清除混入革命队伍中的阶级异己分子之外,还唾弃了原苏维埃基本组织中以权谋私、贪污腐化、官僚主义、消极怠工等腐败分子。

---

① 毛泽东:《今年的选举》,《红色中华》第108期,第2版,1933年9月6日。

② 陈毅:《江西全省选举运动中各地的错误及如何纠正》附项英按语,《红色中华》,第7期,第8版,1932年1月27日。

③ 中央执行委员会决议:《关于各级选举运动的检查》,《红色中华》第43期,第2版,1932年12月5日。

④ 陈毅:《江西全省选举运动中各地的错误及如何纠正》,《红色中华》第7期,第8版,1932年1月27日。

⑤ 梁柏台:《今年选举的初步总结》,《红色中华》第139期,第6版,1934年1月1日。

例如，福建上杭县通贤乡有两个最主要的负责人，一个是党支部书记，查田中将十三担好田换给自己，一个是乡苏维埃主席"经常募捐的工作没有发布清单"，有经济问题，都被群众所否决，"选举大会中没有当选为代表"①。在胜利县古龙区某乡的选民大会上，主席团中"有一个是前方开小差回来的"，选民"都起来反对"，并揭发剔除了候选名单中的"五个贪污嫌疑消极怠工份子"。② 瑞金县沙州乡的选举运动，"在通过名单的过程中"，"经多数选民的反对而否决"了"有些与地主富农妥协的份子，及几个对革命工作表示消沉，和斗争比较不积极的份子"③。直接选举中这种面对面短兵相接般抨击、清除腐败的斗争，有力地保证了中央苏区各地苏维埃基本组织选出了无私奉公、勤政为民，"真正能代表广大劳苦工农群众的代表"④。

（二）各种会议和运动坚持不懈地打击、洗刷腐败分子

据《红色中华》报道，1933 年 11 月，"彭杨步校第一营第三连支部，在帮助（瑞金）下宋区的工作中，……与下宋区委、区苏领导下发动广大工农群众开了一次会"，向区苏维埃主席兼支部委员钟永福、贫农团主任李洪武、突击队队长钟连福、没收经济委员会主任钟赤兴"这些领导开小差的区苏负责同志作了广泛的无情斗争，将他们都洗刷出苏维埃政府之外！"⑤与此同时，石城县召开的第三次工农兵代

---

① 张鼎丞：《选举运动的好模范》，《红色中华》第 126 期，第 3 版，1933 年 11 月 17 日。

② 卓夫：《胜利县选举运动的经验》，《红色中华》第 122 期，第 3 版，1933 年 10 月 27 日。

③ 何秉才：《沙州乡选民大会纪盛》，《红色中华》第 124 期，第 3 版，1933 年 11 月 11 日。

④ 同上。

⑤ 滴血：《选举运动中的检举工作》，《红色中华》第 125 期，第 3 版，1933 年 11 月 14 日。

表大会，开展思想斗争，严厉打击了县苏维埃总务处处长温积昌、文书郑辉坊，丰山区苏维埃主席陈必兴及该区财政部部长，以及县苏维埃教育部部长黄宥亮等的“官僚主义与消极怠工”①。1933 年 12 月，在瑞金叶坪召开的中央苏区消费合作社第一次代表大会上，“揭发了瑞金官仓区、会昌踏径区，以及其他几个区乡合作社的工作人员，拉扯赊欠、贪污腐化的现象。”②

1934 年 1 月，瑞金县召开的第五次工农兵代表大会，“指斥了县苏主席团，在工作中的官僚主义、机会主义等腐朽的自由主义，打击了裁判部长□永松对肃反工作表现动摇、军事部长郭世松不相信群众、财政部长的贪污腐化等等官僚主义、机会主义，决定予这些分子以撤职处分”③。同年 2 月，瑞金下肖区七堡乡群众“要求开代表会议”罢免对收集粮食工作完全消极怠工的乡苏主席钟献明，“请他滚出（苏维埃——引者注）机关去”④。

中央苏区在不同时期为完成特定工作任务而开展的各项突击运动中，群众性地反官僚主义、反消极怠工和贪污腐化的斗争，既推动和促进了各项工作的深入开展与突击任务的完成，同时也改造和强固了各地苏维埃机关。如江西乐安县 1933 年 7、8 两月突击开展的查田运动，“在巩固苏维埃方面，检查出消极怠工分子十二名，检查出

① 萧峰云：《石城工农兵苏维埃大会严格开展反倾向斗争》，《红色中华》第 134 期，第 1 版，1933 年 12 月 11 日。

② 《中央苏区消费合作社第一次代表大会纪盛》，《红色中华》第 133 期，第 3 版，1933 年 12 月 8 日。

③ 《瑞金县第五次工农兵代表大会纪盛》，内容引自《石叟资料》第 17 卷第 3 册，中国井冈山干部学院、中央档案馆：《红色中华》第 143 期，第 3 版，1934 年 1 月 13 日；全编（整理本），江西人民出版社 2016 年版。

④ 贺坚：《瑞金下肖区收集粮食突击运动检阅》，《红色中华》第 153 期，第 1 版，1934 年 2 月 22 日。

阶级异己分子二十二名，检查出贪污腐化、官僚主义分子二十四名”①。瑞金县下肖区总结1933年12月扩红突击运动获得光荣成绩的经验之一，就是“改造了不健全的乡苏和赤少队，例如沙山乡苏主席只知贪污，不顾工作，……后来我们发觉了，便把他在广大群众面前公审，查出私吞公款千多毛（这款本是砂山乡群众节衣省食要帮助前方战费的），于是群众在公审会上积极要求把该主席扣留严办，我们便依据着群众积极性之高涨即改选了乡苏换上了新的领导”②。

1934年2月，博生县收集粮食突击运动，“在党与省苏正确领导之下，推动了各种团体，利用各种会议发动了广泛的工农群众，打击了那些消极怠工的官僚主义与机会主义者”。其中，“不相信群众力量，工作中表现机会主义的动摇”的湛田区委书记，“消极怠工”的梅江区苏军事部部长，“继续官僚主义的错误”的青塘区、梅江区推销（公债）队队长，“这些分子都遭受了群众火力严厉的打击，撤销了他们的职务，换了好的干部去领导工作”③。诸如上述群众要求，群众通过各种会议撤销并公审各种腐败分子的行动，实质上是群众在当家作主地行使“选举人立刻可以决定撤消他们的代表资格”④的民主罢免权力。

（三）反腐败促进苏维埃法制建设和改善工作方向

仅就苏维埃选举制度的健全而言，反腐败就促使了苏维埃基本

① 卓夫：《边区猛烈开展查田运动》，《红色中华》第110期，第8版，1933年9月18日。

② 鹤鸣：《又是一个模范的归队运动》，《红色中华》第147期，第1版，1934年2月9日。

③ 肖正冈：《博生粮食突击队的活跃》，《红色中华》第151期，第2版，1934年2月18日。

④ 《中华苏维埃共和国国家根本大法（宪法）大纲草案》，厦门大学法律系、福建省档案馆选编：《中华苏维埃共和国法律文件选编》，江西人民出版社，1984年版，第2页。

组织直接选举的表决方式从“拿整个名单一次付表决”，改进完善为“按名逐一报，逐一讨论，逐一表决”。1931年11月中央执行委员会第一次全体会议通过的《中华苏维埃共和国的选举细则》规定的选举表决方式为：“选举不用书面投票，而以举手来付表决，以举手的多数者当选。”“提候选人的姓名，用个别的，或用整个的名单来提，可随大会多数选民的主张。”①在第一次和第二次选举运动中，中央苏区各地基本上采用后一种方法，即“是将候选名单整个的报告讨论表决，而不是按名逐一报，逐一讨论，逐一表决”。由于这种方法在实际运用时，不利于选民否决候选名单中的个别或部分腐败分子，存在“使选民真意不能充分发表，不良分子容易蒙混当选”②的缺陷。因此，在第三次选举运动时，为适应选民反腐败斗争的需要，临时中央政府修改了选举表决的方式。1933年8月9日，中央执行委员会颁布《苏维埃暂行选举法》，在关于《选举的手续》附注一中特作规定：“提出候选人付表决时，须用逐个表决的方法，不得拿整个名单一次付表决。”③

中央苏区反腐败斗争的群众运动又推动了反贪污浪费的法制建设。1933年12月，随着以反贪污浪费为主的检举运动的深入发展，以及瑞金县苏维埃财政部会计科科长唐仁达贪污、中央政府总务厅预算浮开等案件的相继破获和揭露，中央执行委员会为严厉惩治贪污浪费的犯罪行为，特颁布《关于惩治贪污浪费行为》的第二十六号训令。训令对苏维埃机关、国家企业以及公共团体的工作人员犯贪

① 《中华苏维埃共和国的选举细则》，厦门大学法律系、福建省档案馆选编：《中华苏维埃共和国法律文件选编》，江西人民出版社1984年版，第115—116页。

② 《中华苏维埃共和国中央执行委员会训令第二十二号——关于此次选举运动的指示》，厦门大学法律系、福建省档案馆选编：《中华苏维埃共和国法律文件选编》，第127页。

③ 《苏维埃暂行选举法》，厦门大学法律系、福建省档案馆选编：《中华苏维埃共和国法律文件选编》，第134—135页。

污、挪用、浪费罪明确了犯罪概念，并规定了区分数额的惩处办法，从而为反腐败惩治贪污、挪用、浪费等经济犯罪行为提供了可细化且更易操作的法律遵循。

关于促进苏维埃工作方向的改善，在选举运动中主要体现在听取和接受群众的批评、建议上。依照《地方苏维埃政府的暂行组织条例》规定，乡苏维埃、市苏维埃“每月须向选民作工作报告一次”①；此外，乡苏维埃、市苏维埃直接选举时，也有“市苏乡苏向选民做工作报告”②，听取批评和意见的程序安排。在此过程中，工农群众在抨击漠视群众利益、不关心群众的生产与生活、强迫命令等官僚主义，以及消极怠工、腐化堕落等腐败现象的同时，“必然会充分发表意见，特别是关于他们切身利益的问题的意见”③。如 1933 年 12 月的选举运动中，胜利县“平安区群众要求发展对外贸易，尽量把苏区出产品运出白区，从白区运进大批的盐布来改进工农群众的生活，为要防备明年的春荒，要求今年冬季多种麦子，……古龙岗区要求开办铁厂，并且要求把铁运出白区去，仙霞贯区要求多开石灰窑，作明年的肥料，增加农业生产”④。这些要求都反映了密切关系群众切身利益的实际问题。

中央政府具体指导选举工作的内务部部长梁柏台，在总结第三次选举运动的成绩时指出：“市苏乡苏向选民做工作报告，一般的是进行了。而且报告之后，或多或少对政府下了批评。”⑤在此基础上，

① 《地方苏维埃政府的暂行组织条例》，厦门大学法律系、福建省档案馆选编：《中华苏维埃共和国法律文件选编》，江西人民出版社 1984 年版，第 26、28 页。

② 梁柏台：《今年选举的初步总结》，《红色中华》第 139 期，第 6 版，1934 年 1 月 1 日。

③ 卓夫：《胜利县选举运动的经验》，《红色中华》第 122 期，第 3 版，1933 年 10 月 27 日。

④ 同上。

⑤ 梁柏台：《今年选举的初步总结》，《红色中华》第 139 期，第 6 版，1934 年 1 月 1 日。

中央苏区各地的选举，普遍地提出了扩大红军，优待红军家属，进行节省运动，推销公债，扩大合作社组织，开办俱乐部、列宁小学等提案。“兴国还提出了实行义务军役，组织游击师，等问题。”①上述的提案，经选举大会讨论通过后，“作为新政府的行政方针”，“改善乡苏工作的方向”②，使中央苏区各地苏维埃政府“最能够接近广大群众，最能够发挥群众的积极性与创造性，最能够动员群众执行苏维埃任务”③。从而，“更加使苏维埃成为群众话事办事的机关”④。

二、反贪污浪费造就“空前的真正的廉洁政府”⑤

在中国共产党和各级苏维埃政府的动员和组织下，中央苏区广大工农群众和机关工作人员，热烈响应党和政府的号召，积极投身于逐浪高涨的反对浪费、节俭经济的运动中，并取得了显著的成效。

（一）打击滥用浮支虚报冒领等浪费贪污行为

典型事例如：1933 年 12 月 1 日，在中央财政部召开“讨论节省经费帮助战争开展反浪费斗争问题”的工作人员会议上，揭露财政部

① 梁柏台：《今年选举的初步总结》，《红色中华》第 139 期，第 6 版，1934 年 1 月 1 日。

② 毛泽东：《今年的选举》，《红色中华》第 108 期，第 2 版，1933 年 9 月 6 日。

③ 《乡苏怎样工作?》，《毛泽东文集》第 1 卷，人民出版社 1993 年版，第 343 页。

④ 《两年来苏维埃政权的巩固与发展》，《红色中华》第 121 期，第 3 版，1933 年 10 月 24 日。

⑤ 中央审计委员会：《关于四个月节省运动总结》，《红色中华》第 232 期，第 3 版，1934 年 9 月 11 日。

管理科科长王益哉浪费公款,“对于使用品不(适)量购买,以致过多而搁置不用”,“对于飞机洞的过度修饰”,“对于伙夫、洗衣队等没有适量裁减”,“会议严厉的与王益哉同志作了残酷的斗争”。①

同月5日,《红色中华》刊登文章揭露,中央政府总务厅管理科作预算,“小小一个戏台竟要一百八十元”;虽经总务厅厅长审核改为二十元左右。但是开工后,“已成耗出劳动力九十工,要花五十四块大花边”。文章指出,“在目前战争环境中,为着造一个小小的戏台,竟要花这许多钱,不真是个标本的浪费经费的官僚主义者呵!”②

1934年1月7日,《红色中华》发表蔡芳的文章批评:“江西(邮政——引者注)管理局过年的肉钱达到一百四十七元八角,这是一个可惊的浪费。”文章还对地方苏维埃机关超编制用人和办公经费浪费严重的情况提出了严厉的批评,文章指出:“在裁汰冗员方面,会昌县苏仍旧有两百零九个人,福建省苏仍旧有四百多人,和中央政府所规定的(缩减编制——引者注)人数还相差很远。会昌县苏预算上列入文具费一百卅元,雩都县苏文具费列入一百廿七元,西江县苏文具费列入四百元,甚至把修理购置费也算在经常费项下。瑞金县苏浪费的教训他们似乎毫不知道。”③

与此同时,中央政府各部工作人员,“残酷的开展反浪费、反贪污、反官僚主义的斗争。在群众的力量之下,全苏大会工程所查出了五个贪污分子,教育部查出了一个,中府总务厅下运输队查出了一个”④。

① 《经济战线的前哨战》,《红色中华》第132期,第1版,1933年12月5日。

② 《一个戏台预算一百八十元》,《红色中华》第132期,第1版,1933年12月5日。

③ 蔡芳:《深入反贪污浪费斗争来开展节省运动》,《红色中华》第141期,第4版,1934年1月7日。

④ 耕得利:《热烈响应本报节省号召:中央政府各部工作人员》,《红色中华》第139期,第3版,1934年1月1日。

在节省经济与开展反浪费的斗争中，中央审计委员会、中央国民经济部分别强化对各地苏维埃及军事机关、国家企业的审计监督和工作检查，并公告反浪费的审计检查结果，同时提出肃清浪费现象的目标要求。

1933 年 12 月 5 日，《红色中华》在社论中转载中央审计委员会审计报告的内容指出："（1933 年——引者注）十月份中央总务厅预算浮开至五千元之多，总卫生部十月份预算载后方医院伤病及工作人员，人数与实际所有数相差很远。……其他不少的苏维埃机关及军事机关浮支浪费的事亦时常发现，这证明浪费现象现在差不多仍是普遍的存在着。"社论号召："我们必须从政治上造成广泛的节省运动，开展各机关中反浪费的斗争，要使每个工作人员了解节省经费帮助战争的意义，要使每个经手用款的人员不能浪费一个铜片。"①

1934 年 2 月 28 日，中央国民经济部在《关于中央印刷厂工作的决定》中，公告检查中央印刷厂的工作发现"不可容许"的浪费事实如下：

> （一）印一期《红色中华》实际只需要油墨十二磅，而任意浪费报账二十四磅半。
>
> （二）煤炭每天用五百斤，只烧三分之一，三分之二作为废物。
>
> （三）印每期《红色中华》实际只需油墨三斤半，而浪费至五斤半。
>
> （四）每期《红色中华》排字只需七工半，而浪费人工报账十二工半。
>
> （五）最熟练的、工资最大（指工资最高——引者注）的工人

① 《节省经济与开展反浪费斗争》，《红色中华》第 132 期，第 1 版，1933 年 12 月 5 日。

(如在排字部铅印部),没有做实际的生产工作。

(六) 以一百另六人的生产工人,杂务人员有二十四人,工资二百三十元,甚至加油专用一人(而油灯则经常无油),工资六元半,有三人给工作人员买鱼肉等物,工资每人每月十一元。

(七) 工厂用的木炭,任私人拿来烤火,每做一个围裙,要多费一尺以上的布等。

(八) 照军委印刷所价格计算,每期全张报纸(二万份算)除营业管理费与利益外,只需一百三十四元三角,而中央印刷厂因种种浪费,所以每期全张《红色中华》(二万份算)需一百六十四元六角一分,相差至三十元三角一分之巨。

针对"已完全证实"的上述浪费现象,中央国民经济部决定给予"对于生产采取不可容许的官僚主义态度的"中央印刷厂前厂长杨其鑫同志和现厂长古远来同志"以严重警告"处分,并"责成该厂厂长立刻裁减不必要的人员,消灭上述不可容许的浪费现象,减低生产成本费"。①

为了加强对中央政府总务厅各直属机关反贪污浪费工作的检查和监督,切实推动节省运动中各项规定和措施的贯彻执行,1933 年 12 月,中央政府节省委员会特地组建了群众监督性质的突击队。《红色中华》对该突击队"进行反贪污浪费的具体工作略记如下:(一) 突击的目的:反浪费。保证节省的决定能施行。(二) 突击范围:总务厅直属下各处、各科以至通讯、警卫队、输送队、马夫班、伙夫班、洗衣队等。(三) 突击的(事项)对象:(1) 对节省决定不能实行的联系到检查贪污、官僚、腐化等分子;(2) 消耗大而易浪费的特别注意检查;(3) 如纸张、油灯。(四) 突击的方式:浪费的事实等检

① 《国民经济人民委员部关于中央印刷厂工作的决定》,《红色中华》第 157 期,第 3 版,1934 年 3 月 3 日。

查出后,应先向本人说服,重犯几次以上的才给他上黑版"①。继中央政府节省委员会组织突击队之后,紧接着中央财政部、劳动部、国民经济部等,"各部节省分会组织了突击队,群众自动报名的很多"②。此外,中央苏区各地、各部门间开展的节俭经济与反浪费的革命竞赛,也"实行同志与同志的监督",③这些措施的实行都有效地保障和促进了中央苏区反浪费、反贪污斗争与节省经济群众运动的深入发展。

(二)节俭经济方式和充裕战争经费的贡献

中央苏区节俭经济的群众运动,自 1932 年 2 月 6 日中央人民委员会发出各级政府开展反浪费、节俭经济运动的训令,至 1934 年 10 月中央政府随中央红军主力长征,持续了两年八个月。在此过程中,广大工农群众和红军指战员的节俭方式以及帮助战争经费的贡献主要表现在以下方面:

1. 节省一个铜板,退还公债,减少伙食费

节省注重并坚持从点滴细微处着手,既可培养良好的习惯和社会风气,也可收积少成多、聚沙成塔之功。1933 年 3 月 6 日,《红色中华》在报道和颂扬红校开展节省一个铜板运动,中国店员手艺工人工会和苦力运输工会踊跃退还第二期公债票,红军后方总医院伤病战士自动要求减少伙食费等节俭新风的专栏中,号召中央苏区全体同志"以革命竞赛的方法立刻开始节省一个铜板、退回公债、减少伙食

① 《模范的节省运动突击队》,《红色中华》第 137 期,第 3 版,1933 年 12 月 23 日。

② 耕得利:《热烈响应本报节省号召:中央政府各部工作人员》,《红色中华》第 139 期,第 3 版,1934 年 1 月 1 日。

③ 蓝其盛:《热烈响应本报节省号召:上杭县苏全体工作人员》,《红色中华》第 139 期,第 3 版,1934 年 1 月 1 日。

费的运动”①。

《红色中华》的这一号召迅即获得中央苏区各地党政机关、国家企业和工农群众以及红军指战员们风起云涌般的热烈响应。“中央局支部同志看到本报号召后，即在支部会议上提出退还公债的号召，当场就有许多同志从袋子里自动的摸出公债票来，一起退还了大洋十七元。”②“全总执行局反帝拥苏总同盟互济总会筹备会的工作人员在列宁室会议中，一致通过将自己所认购的二期公债票自动退回政府，不要还本，当时即有同志拿出公债票退回。许多没有公债的工作同志，决定以伙食尾子自动捐出帮助红军。”③

瑞金城市青年工人“自动的愿意将第二期公债全部退还苏维埃政府”④。兴国县雇农工会“召集各区执委扩大会，讨论退还公债问题，出席同志当场退还十一元五角”。“中革军委被服厂工友继续不断的节省经济，有的拿出自己的全部工资，有的退还二期公债票。”会昌门岭市全体工人“开会一致通过全市工人的二期公债都退回政府，在会场上，即踊跃退回来的有一百一十元”。瑞金县武阳区螺石乡小商人杨家佐“自愿节省平日的零用钱十元五角大洋来帮助革命战争，答复《红色中华》的号召”⑤。江西军区各直属部队“每个部队放一捐助箱，大家都向箱内争先恐后的投进钱去”⑥。红军第二医院的工作人员和休养的伤病同志“一方面很热烈的自动退还二期公债，另一方面则由休

① 《本报号召立刻开始节省一个铜板、退回公债、减少伙食费的运动》，《红色中华》第58期，第3版，1933年3月6日。

② 邹汝南：《不要落后呵》，《红色中华》第60期，第3版，1933年3月12日。

③ 木：《响应退还二期公债》，《红色中华》第58期，第3版，1933年3月6日。

④ 萍：《瑞金城市工人退回大批公债》，《红色中华》第58期，第3版，1933年3月6日。

⑤ 邹汝南：《不要落后呵》，《红色中华》第60期，第3版，1933年3月12日。

⑥ 才钦：《红色战士在经济动员中的冲锋精神》，《红色中华》第64期，第2版，1933年3月27日。

养同志自动提议每人每天减少伙食五分，作为战争经费”①。

随着节省运动的蓬勃发展和《红色中华》每三天公布节省经济统计数的激增，1933 年 3 月 21 日，《红色中华》发出在 5 月底之前达到并且超过“退还八十万元公债，节省三十万元”的号召。6 天后，《红色中华》针对此前的节省运动主要是在城市的机关工作人员、工人、小商人，以及红军后方医院和地方武装中展开的状况，特提出号召：“把退还公债与节省经济的运动深入地发展到农村中去。”同时要求“前方的红军战士要以同作战一样的冲锋精神，来取得经济动员战线上光荣伟大的胜利”。②

回应《红色中华》的号召，“农村中退还公债的巨浪”不断高涨，瑞金黄安区“在‘四一二’纪念大会上，以区为单位设立了退还二期公债处，各乡的群众都很热烈的把公债带来会场，当场退还。……这一天共退还大洋二千五百七十一元”③。“在‘五一’纪念节，雩都西区官前乡在一个共产党支部书记领导下，一乡的工农群众热烈退还二期公债，结果不到一点钟的时间，就退还了一百余元，交给乡政府去了。”④“公略县富田区的工农群众，在《红色中华》的号召之下，热烈的响应着，在七天内就自动退还公债票三千三百六十三元，不要政府还本利。”⑤“石城县群众退还了三千多元。”⑥长汀县红坊区涂坊乡“一下子动员，就退回了公债一百九十四元五角”⑦。

---

① 张凤岗：:《双方并进》，《红色中华》第 64 期，第 2 版，1933 年 3 月 27 日。

② 《各方经济动员的比较数字》，《红色中华》第 64 期，第 2 版，1933 年 3 月 27 日。

③ 汝南：《大声的响应来了》，《红色中华》第 75 期，第 2 版，1933 年 5 月 2 日。

④ 国盛：《本报号召深入到农村》，《红色中华》第 79 期，第 5 版，1933 年 5 月 14 日。

⑤ 钱恩龙：《要把公债票完全退还，七天内退还三三六三元》，《红色中华》第 80 期，第 3 版。1933 年 5 月 17 日。

⑥ □山：《农村中退还公债的巨浪》，《红色中华》第 69 期，第 2 版，1933 年 4 月 14 日。

⑦ 《巨浪般的响应声——光荣的涂坊乡》，《红色中华》第 76 期，第 6 版，1933 年 5 月 5 日。

1933年7月5日,《红色中华》在《六月份各县退还公债总结》中公布中央苏区各县、区、乡竞赛的成绩为:“各县退还公债以胜利为最优胜(退还二万零八百九十四元),在各县、各区中,上杭的才溪区(退还五千三百十元)和万泰的石坪区(退还五千一百六十元)是光荣的模范,每个乡比较起来,赣县的横龙乡(退还五百元)也创造了优胜的记录,特别是新泉县的南阳区和仟畲区,在和敌人艰苦斗争的环境中,仍然在经济动员上获得了很好的成绩,这是更值得钦佩的。”①

与此同时,响应《红色中华》的号召,退还公债运动也在“红军中成了自觉自动的狂潮”。红五军团指战员“在与敌人血肉相搏的环境中,仍然节衣缩食”,“各部队订立经济动员竞赛条约,谁也不让谁的进行这一运动。……十天内募集五仟元”。② 红一军团“(1933年)五月份自一号起至二十号,节省了伙食尾子、办公费五千九百八十二元,退还了公债一千零九十元”③。红十二军“争先恐后地退还公债及节省一切用费,并且有部分同志自己没有公债票,拿钱向战斗员买来退还。这种对革命战争的拥护是何等热烈,现在把他的成绩算起来,(1933年7月)记全军退还公债五百二十五元五角、节省伙食及自动募捐大洋四十元五角七分、节省办公费一百五十二元五角八分”④。红十五军“全军红色战士都热烈地、争先恐后地退还二期公债票共一千三百零四元、捐现金共七十五元一角四分”⑤。红三军团在“(1933年)四月份退还公债一万一千九百一十元、节省伙食尾子三千四百三十元,部份战士捐助现款六百二十八元,节省办公费、列宁室用费六百三十五元,与一月份以来的节省经济和退还公债的数

① 《六月份各县退还公债总结》,《红色中华》第91期,第3版,1933年7月5日。
② 《十天内募集五千元》,《红色中华》第96期,第5版,1933年7月26日。
③ 《前方战士又突破三万》,《红色中华》第84期,第3版,1933年6月11日。
④ 魏进:《红十二军的响应声》,《红色中华》第96期,第5版,1933年7月26日。
⑤ 杨挺:《风起云涌般的响应声》,《红色中华》第82期,第3版,1933年5月29日。

目合计起来，三军团本身已突破二万元的号召”。总之，“‘牺牲一切为着战争’！‘退还公债’！‘拿出津贴和伙食尾子捐助战争’！‘不用一个办公费’！这是在经济动员下前方红军战士中的热烈呼声。在这样的为着战争、为着阶级利益的革命热潮中，前方红军所退还的二期革命战争公债已达到百分之八十以上，而节省及捐助更有惊人的统计数字”①。

2. 捐助

处于国民党军事围剿、经济封锁下的中央苏区物资匮乏、条件艰苦，机关工作人员、工农群众和红军指战员除节衣缩食支援革命战争外，能捐助战争经费的个人收入主要是以下几种：

(1) 捐残废抚恤金、伤病慰问金

《红色中华》报道红军残废院工作人员中的残废同志“领取抚恤金后，便热烈的自动节省，把大部分抚恤金捐助战费。根据今年(1933年)二月二十一日的总结，今年共节省(即“捐助”)了六百三十元”②。福建军区后方第一分医院政委张弟同志，在节省运动中，“拿出了他自己的残废抚恤金记现洋二十元”，“帮助战争经费”。③江西军区四分局政治部，为改善伤病员生活，“全体指战员踊跃的举行募捐运动，捐得大洋三十余元，去慰劳赣东红色医院。该院伤病同志便立即召集军人大会，在会议中各人发表了很多意见，认为他们每月有休养费，每日有二角钱的伙食费，不但不会发生困难，并且生活过得很好，这三十多块大洋应捐助前方战士，充裕战费”④。这充分

① 《这是为着革命战争》，《红色中华》第96期，第5版，1933年7月26日。
② 《红色残废战士》，《红色中华》第58期，第3版，1933年3月6日。
③ 李超卿：《开会回答“红中”号召》，《红色中华》第78期，第3版，1933年5月11日。
④ 《伤病战士的节省热情》，《红色中华》第67期，第3版，1933年4月8日。

反映了伤病战士节省经济捐助战费的热情。

(2) 捐津贴

中央苏区实行优待专业技术人员政策。尽管苏维埃中央机关工作人员普遍是计日“公家发一角”①，每月仅领三元的伙食费（无工资），但对无线电、机械、医务等专业技术人员，则按技术等级每月发20~50元不等的津贴。自节俭经济运动兴起后，各地各部门的技术人员纷纷要求减发、免发津贴，并捐出已领的津贴。如：“红五军团卫生部部长陈义厚、野战医院院长张尧阶，医生赵新民、李培发等四同志，曾经自动要求各减少其津贴二十元，以帮助战争，中革军委为了优待技术人员，没有批准。因此，这四个同志便自动各捐二十元。”②

中革军委后方办事处无线电队“报务主任陈士吾同志自动要求每月减少津贴十元”③。红军第五医院“医务主任邓子香同志自动提出要求每月减少津贴费二十元”④。第一兵站医院院务科科长吴雨峰同志将所买的公债票五十元五角全部退还外，“并将津贴捐出五分之三（原津贴为五十元）来充裕战费。又该院司药员靳东川同志，亦捐出津贴二分之一。”⑤中革军委无线电队总队长王铮同志“退还公债七十元，又捐津贴四十五元；报务员韦文富同志退还公债三十元，又捐津贴十元；报务主任朱道松同志退还公债十五元，又捐津贴二十元；报务员黄正斌同志捐津贴十五元”⑥。

---

① 耕得利：《热烈响应本报节省号召：中央政府各部工作人员》，《红色中华》第139期，第3版，1934年1月1日。

② 《四个医生同志捐了八十元》，《红色中华》第62期，第3版，1933年3月18日。

③ 《对红色中华的号召响应来了》，《红色中华》第62期，第3版，1933年3月18日。

④ 张震球：《第五医院退还公债票四百余元医生要求减少津贴》，《红色中华》第68期，第3版，1933年4月11日。

⑤ 《模范医生的节省热忱》，《红色中华》第80期，第5版，1933年5月17日。

⑥ 秋：《这是为着革命战争》，《红色中华》第96期，第5版，1933年7月26日。

（3）捐工资

工资是中央苏区国家企业职工的劳动报酬和维持生活的经济来源。在节省运动中，各地工友捐工资的事迹在《红色中华》中也有许多报道：1933 年 3 月，中央印刷局"工人开会报告拥护红军意义的伟大和重要时，即有工人发表意见说，以我们做夜工的工资，拿来帮助红军。经全体工人的赞同和拥护，一致通过以一月份的夜工工资计算大洋二十九元慰问红军"①。同年 9 月，邮务工会工友"很热烈提议：工作有六个月的有两个星期休息，自动提出讨论，不要休息，不要例假，工资拿来帮助革命战争经费"②。瑞金邮务工友自愿把 1933 年"一个礼拜休假期工资帮助战费，并有廖光发、谢傅远、毛炳秀拿出两个礼拜工资"③。寻乌邮务工人"除伙食五分"，把 1934 年 1 月"全月工资捐帮红军"。闽赣邮务工人"决定不收星期日的加倍工资，拿来捐助红军"④。1934 年 3 月 7 日，瑞金国家企业调剂总局、贸易总局、运输总局等全体工作人员通过《红色中华》公开致信中央政府人民委员会，"自愿的要求中央政府免发工资，照政府工作人员一样待遇（仅发伙食费）"，同时"号召中央印刷厂、军委印刷厂、造币厂的工作人员响应我们，同时的进行节省运动，节省每一个铜元，来帮助战争！"⑤3 月 11 日，军委印刷所全体工作人员经"集合讨论"，"决定要求中央政府批准免发工资，响亮的回答了调剂、运输、贸易等三总局

① 《中央印刷局工人拥护红军的热烈》，《红色中华》，第 15 期，第 6 版。1932 年 3 月 23 日。

② 《工资拿来捐助战费例假不休息》，《红色中华》第 114 期，第 3 版，1933 年 9 月 30 日。

③ □化宏：《经济战线上各个捷报》，《红色中华》第 137 期，第 3 版，1933 年 12 月 23 日。

④ 唐赞尧、王群：《风起云涌的节省运动》，《红色中华》第 141 期，第 4 版，1934 年 1 月 7 日。

⑤ 《瑞金国家企业工人要求免发工资》，《红色中华》第 161 期，第 2 版，1934 年 3 月 13 日。

的号召”。①

（4）捐红利

闽西工农银行在“一九三二年年底结账，统计赚纯利润一万三千余元，照银行规定是以红利总数百分之十作为全体工作人员酬劳金。但他们认为拥护革命战争，争取战争的完全胜利，是苏维埃政权下每个公民应负的责任。因此，他们自己决定，只分一最小部分（二百元）为维持暂时生活外，其余的一千一百一十四元四角三分六厘，全体自愿捐助为革命战争经费”②。

（5）捐公谷费

1931 年 11 月，全国第一次苏维埃代表大会决议颁布的《中国工农红军优待条例》第二条规定：“凡红军战士，家在白色区域的，以及新由白军中过来的，则在苏区内分得公田，由当地政府派人代耕。”③公田收获的谷物，折费由中央政府按统一标准发给家在苏区外的红军。1932 年底，中央苏区红军“公谷已经收集，计得二万担左右，按人数计算每人可得一担多谷，计银大洋五元。”根据中央政府电令，中革军委颁布发给外籍红军战士公谷费命令，“每人先发三元，经一时间后，再发二元”④。

在节省运动中，外籍红军战士纷纷要求免发公谷费，并将已领 1932 年的公谷费（票）退还政府。如 1933 年 7 月，红军残废院疗养所的外籍红军战士“自动在军人大会上提议要求中央政府，不要再发

① 《军委印刷所要求免发工资》，《红色中华》第 165 期，第 3 版，1934 年 3 月 22 日。

② 《闽西工农银行工作人员捐助巨款给红军》，《红色中华》第 55 期，第 3 版，1933 年 2 月 22 日。

③ 《中国工农红军优待条例》，《红色中华》第 5 期，第 5 版，1932 年 1 月 13 日。

④ 《中革军委关于发给外籍红军战士公谷费的命令》，中共江西省委党史研究室等编：《中央革命根据地历史资料文库・军事系统》第 11 册，中央文献出版社、江西人民出版社 2015 年版，第 1873 页。

公谷费,将这五元(未发的二元,已发的三元)拿来奉献给战争"①。红军无线电队十二分队"外籍红色指战员,在后方残废院外籍同志请求不发公田谷费大洋二元的光荣召集下,一致的在军人会上热烈发表意见,请求中央政府不发公田费每人二元,以充实战争经费"②。红军学校、通讯学校与通讯材料处的外籍红军战士均积极要求,"愿把中央政府尚未发给的二元公谷费,请求免发"。总卫生部直属医院的外籍工作人员、休养员、学员"皆各选代表联名请求中央政府免发第一期谷费之未发的两元"③。红军中央军全体外籍红军"除一致速将中央政府一九三二年的二元谷费全数捐作战费外,并进一步的提议请求中央政府再免发一九三三年的公谷费"④。红军疗养院"许多外籍红军将一九三三年领公谷费的凭单自动退还,要求将三三年的公谷费全部捐作战争经费。结果,全院共退还凭单三百三十八张"⑤。

除上述的捐助方式外,诸如新泉县南阳区苏工作人员"各人自备伙食,把公家发给的伙食全月捐助战费"。兴国县文溪区苏全体工作人员将"(1933年10月、11月——引者注)两个月的伙食尾子,全部捐助战费"⑥。以及各机关、企业、群众团体工作人员、红军指战员和工农群众捐现款充裕战费的事例,在节省经济的运动中,更如雨后春笋般层出不穷。为表彰先进,《红色中华》特开辟专栏,连续刊登捐款、捐物充裕战费的优秀集体和个人名单。

---

① 《外籍红军战士要求停发公谷费》,《红色中华》第91期,第3版,1933年7月5日。

② 《外籍红军请求免发公谷费》,《红色中华》第104期,第5版,1933年8月22日。

③ 同上。

④ 《中央军外籍红军以全部公谷费捐助战争》,《红色中华》第110期,第3版,1933年9月18日。

⑤ 《疗养院热切帮助革命战争》,《红色中华》第172期,第3版,1934年4月7日。

⑥ 饶新、邱子复:《风起云涌的节省运动》,《红色中华》第141期,第4版,1934年1月7日。

3. 借谷

为了节俭经济、保障红军给养，1933年2月16日，中央政府人民委员会号召“各地方的党团工会以及各种群众团体”，立刻开始“借二十万担谷子给红军”的借谷运动①。随后，少先队中央总队部热烈响应，“号召在中央总队部的每个队员借五升谷子给红军”②。4月19日，《红色中华》向全苏区的工农劳苦群众，“又来一个号召，立刻完成借二十万担谷子给红军，要和退还公债不要政府还本一样，借谷不要收据”③。

1934年6月2日，中共中央、中央人民委员会为适应“红五月扩大红军已达二万七千”，六、七两月将“实现并超过五万新战士”加入红军，必须“以更大批的粮食，来供给我们英勇作战的红军”的需要，特发出致各级党部及苏维埃“紧急动员二十四万担粮食”的指示信，具体要求：“第一，真正开展群众的节省三升米运动，从节省中得到七万五千担谷子”“第二，必须没收地主、征发富农的粮食六万五千担”“第三，必须努力发动群众借十万担谷给红军”。④ 在上述借谷给红军的运动中，广大工农群众抱着“宁愿自己少吃一点饭，多借米给红军”⑤的无私奉献精神，积极踊跃地省米、节食借谷给红军，竭尽全力地支援革命战争。

瑞金县武阳区武阳乡少先队“热烈进行借谷运动”，“集中了三百石谷子上下，超过了区队部的决定（借谷一百五十石）的一倍”。⑥

---

① 甫：《借二十万担谷子给红军》，《红色中华》第53期，第3版，1933年2月16日。

② 萍：《少先队儿童团节省募捐》，《红色中华》第58期，第3版，1933年3月6日。

③ 《红色中华》编委会：《又是一个号召》，《红色中华》第71期，第3版，1933年4月20日。

④ 《中共中央委员会中央政府人民委员会为紧急动员二十四万担粮食供给红军致各级党部及苏维埃的信》，《红色中华》第198期，第1版，1934年6月5日。

⑤ 赖盛华：《宁愿自己少吃一点》，《红色中华》第81期，第3版，1933年5月20日。

⑥ 萍：《响应总队部的号召》，《红色中华》第58期，第3版，1933年3月6日。

公略县林桂区“是公略最小的一个区，又是边区，可是该区群众对于参加革命战争，都是最积极的，……关于借谷一项，原定该区要借一千二百斤”，结果“集中了三千六百七十一斤，超过了二倍以上，都是群众自愿地拿出来，丝毫没有半点摊派的现象”。[①] 长汀县红坊区“在东南作战军到红坊的那天，在布尔塞维克的经济动员的一声号召之下，群众很热烈的自动借米给红军，一夜工夫借出一百余担，到明天已达到二百余担”[②]。胜利县古龙岗区天源乡在借谷运动中，“不上廿天，就把原定数目（借谷二百担）超过”[③]。永丰县“红五月中，动员群众借了十四万余斤谷子给红军，超过了竞赛条约上所决定的八万斤，公略白沙区规定借谷四十一万三千三百斤，结果达到了四十四万三千三百斤，并且能动员千余群众挑去相隔八十里的地方送给红军”[④]。

长汀县四都区“虽然去年（1932 年——引者注，下同）歉收，今年粮食亦感缺乏，但该区群众因为对争取革命战争（胜利）全部有了深刻的了解，并不因自己的粮食不多而放松借谷运动，相反的，把本区所担认的借谷数目，不但完全达到，而且超过了二百余石。有些同志因为自己没有谷子，拿花边买了谷子来借给红军”[⑤]。博生县城市区“有一部分工人、贫农，虽然自己没有分得土地，但是因为他们受了苏维埃法律的保护，生活大大的改善，在这次粮食动员中，他们都纷纷到街上去买谷子来借谷给红军”[⑥]。上杭县“才溪、官庄、旧县三区劳苦群众，在《红色中华》发出每人借三升谷给红军的号召后，纷纷自动

---

① 钱恩龙：《林桂区是公略的模范区》，《红色中华》第 71 期，第 3 版，1933 年 4 月 20 日。

② 李中：《一夜借米二百余担》，《红色中华》第 72 期，第 2 版，1933 年 4 月 23 日。

③ 钟世榜：《又做了光荣的模范》，《红色中华》第 81 期，第 3 版，1933 年 5 月 20 日。

④ 《永丰公略借了六十万斤》，《红色中华》第 90 期，第 5 版，1933 年 7 月 2 日。

⑤ 《四都区对于借谷的踊跃》，《红色中华》第 90 期，第 5 版，1933 年 7 月 2 日。

⑥ 《博生工人买谷借给红军》，《红色中华》第 213 期，第 1 版，1934 年 7 月 12 日。

的踊跃的借谷给红军，现已集中一百多石。特别是才溪区的劳动妇女，要求不要谷票的借给红军，这样的计有四十余石”①。兴国县“杰村区横江乡节省了谷子五十担、杰村乡四十担、永丰区社背乡六十二担，共一百五十二担，自动的供给红军，充足红军给养，不要政府的收据”②。兴国县永丰区三坑乡“三天内借到谷子一万三千斤，自动借给红军，不要政府归还”③。宁化县“禾口区群众对借谷运动非常热烈的参加，不到一星期就借得二百四十五石。其中有一大部分群众纷纷请求借谷不要发借谷券，不要政府归还他们”④。

中央苏区工农群众除借谷时不要借谷票、不要归还外，许多借谷后已收到政府借谷票的群众也积极响应《红色中华》提出的“要和退还公债不要政府还本一样”的号召，踊跃地将借谷票退还政府。例如，在兴国县城冈区，“一般劳苦群众，都争着把谷票送还乡苏，不要政府还本，只三天功夫，记退还了谷票一万二千五百余斤”⑤。公略县富田区中洞乡退回借谷票“达一万三千零八十二斤”⑥。上杭县“才溪区的群众响应退还谷票的号召，很热烈的将所有谷票退还了三千零十五张（每张十斤）；旧县区群众，亦将借谷票退还了一千三百八十四张（每张一斗），都已缴到县苏财政部了”⑦。瑞金沿江区“群众都很踊跃地自动报名退回，共计退回谷票二百二十五担，和公债票一千四百五十四元”⑧。万泰县“茅坪区的工农群众，也自动退还了谷

---

① 《借谷的响应》，《红色中华》第69期，第2版，1933年4月14日。
② 《兴国三乡借谷一百五十余担》，《红色中华》第70期，第3版，1933年4月17日。
③ 《兴国热烈借谷运动》，《红色中华》第76期，第7版，1933年5月5日。
④ 《热烈退还公债借谷不要收据》，《红色中华》第71期，第3版，1933年4月20日。
⑤ 袁瑚：《三天退还万余斤》，《红色中华》第91期，第3版，1933年7月5日。
⑥ 李胜伟：《顶呱呱的模范乡》，《红色中华》第91期，第3版，1933年7月5日。
⑦ 《上杭群众退还谷票热烈》，《红色中华》第90期，第5版，1933年7月2日。
⑧ 沈媚川：《沿江区热烈退还谷票公债》，《红色中华》第91期，第3版，1933年7月5日。

票,共计三万一千零五十斤”。[①] 兴国文溪区新圩乡,在开选民大会时,选民“纷纷把红军借谷票二千余斤,在大会上退还给中央政府”[②]。雩都黄龙区“在五天内就集中了退回的借谷票一万五千多斤。特别是上关、公馆二乡,每乡都退回五千多斤”[③]。中央苏区不胜枚举的借谷红军不要归还的感人事例,“充分地表现着工农劳苦群众,在这一战争环境下,帮助战争的革命热情”[④]。

4. 六项节省规约和四个月节省八十万

1933 年 12 月 2 日,“为了集中一切力量,更有力地帮助革命战争”,以粉碎国民党的第五次“围剿”,《红色中华》“号召全苏区的革命工农群众,进行大规模的节省运动,实践本报所提出的六项规约”:(一)“个人与个人进行每天节省一个铜片的持久竞赛”。(二)“不进馆子不吃小食。这一规约包括(戒绝)吃烟、吃酒、吃私菜等等口腹上的浪费”。(三)“节省办公费百分之三十”,“特别在办公用品如纸张、灯油、文具及器具等,尽可能地节省”。(四)每个村、每个机关、团体、工厂及部队要“普遍建立节省箱”,每月清算一次。(五)“每伙食单位建立一个菜园”,“最好达到自己不用买菜吃的程度”。(六)“残酷的开展对一切浪费的官僚主义者的斗争”。[⑤]

积极响应《红色中华》的号召,全总执行局“节省印刷油墨,爱惜蜡纸,自制墨水、信封、拍纸薄”,“集中九块地方办公,九个人合一盏,灯火尽量减少”,“上下级工会来开会及谈论工作,和上级派来工作的

① 《茅坪区积极退还谷票》,《红色中华》第 91 期,第 3 版,1933 年 7 月 5 日。

② 邱子祯:《经济战线上各个捷电》,《红色中华》第 137 期,第 3 版,1933 年 12 月 23 日。

③ 赖来桧:《退还借谷票的热忱》,《红色中华》第 91 期,第 3 版,1933 年 7 月 5 日。

④ 赖盛华:《宁愿自己少吃一点》,《红色中华》第 81 期,第 3 版,1933 年 5 月 20 日。

⑤ 《本报号召全苏区革命群众实践六项节省规约》,《红色中华》第 131 期,第 3 版,1933 年 12 月 2 日。

同志等一律不付客饭”①。中央政府各部“热烈讨论并一致通过红中六项节省的规约”,“特别是劳动部的群众自动提出每日吃九分(公家发一角)钱伙食,并且还要每日每人节省一个铜板。国民经济部是每日每人节省大洋一分”②。上杭县才溪区委区苏维埃及各团体机关和全体工作人员,“尽量节省一切办公费,努力种植菜蔬,除已建立的菜园外,还要增建菜园,使完全不买菜吃,节省买菜费用,并决议全体工作人员自己回家带五天伙食和不分五天的伙食尾子”③。

1934年3月,中央苏区第五次反“围剿”的战争已进行八个多月,“前方残酷的持久的血战,不仅需要大批新战士的补充,而且需要后方供给极大的战争经费”④。中央苏区极其有限的经济资源,实难支撑旷日持久的战争消耗。为解决财政困难,尽可能地充裕红军给养,中央人民委员会号召:“节省三成行政费用。”⑤《红色中华》为此倡导,“我们后方的全体工作人员应该在生活上完全服从战争”,同时提议在4月至7月的四个月中来节省八十万元经费,并提出节省的具体办法:“政府工作人员每人每日照规定食米量节省二两”;“裁减非必要的人员”,“甲等县减到一百人,乙等县减到八十人,甲等区减为三十人,乙等区减为二十人”;“分了田的工作人员自备火食一个月”;“减少国家企业工作人员的津贴”;“节省笔墨纸张。消灭无用文件”;“减少运输费”,“有些机关可自己运的,就不要伕子”;“减少

① 《全总执行局节省运动的具体规定》,《红色中华》第137期,第3版,1933年12月23日。

② 耕得利:《热烈响应本报节省号召——中央政府各部工作人员》,《红色中华》第139期,第3版,1934年1月1日。

③ 念民:《热烈响应本报节省号召——才溪区一级机关》,《红色中华》第139期,第3版,1934年1月1日。

④ 然之:《一切节省给予战争》,《红色中华》第161期,第1版,1934年3月13日。

⑤ 《中央劳动部节省经费达百分之六十》,《红色中华》第161期,第2版,1934年3月13日。

灯火。减少交通员。合并伙食单位，减少伙夫”，“有卫生所的地方，不开支中药钱。修理房屋，与添置器具，非必不得已不得开支”。①

中共中央局，中央政府总务厅，中央国民经济部、劳动部、土地部、财政部、教育部，中央工农检察委员会，中央发行部，全总执行局等中央党政各机关的全体工作人员率先响应《红色中华》号召，除做到每人“每天节省二两米”之外，还进一步挖掘节省潜力，穷尽一切节省办法。其中，据《党中央局的节省运动》报道，伙食除每人每日减少二两米外，“准备吃一部分杂粮如番薯雪豆等代替谷子，并建了大块菜园，准备着保证以后自己出产的蔬菜足够自己的需要。绝对不开客饭，各机关到中央局吃饭的同志，自带火食”②。

《全总执行局的节省决议》：“一、号召各工会组织从四月份起节省百分之二十的经费。二、四月起减少中央政府对执行局的津贴一千元。三、秘书处（包括各产业工会中央委员会的）过去有四十六个工作人员，最近裁减了十五个，达百分之三十四弱。四、从四月起决定尽量节省减至每月用费不超过七百元。五、苏区工作人员自带伙食。六、热天的衣服不做，个别同志困难的另想办法解决。”③

沈泽民苏维埃大学“决定不用一个运输员，挑煤挑菜均由自己动手”④。粤赣省苏维埃“对于冗长及空洞的文件减少了一大部，四月份的邮电费只要四十元左右，比较二三月份节省了百分之五十六，其余如纸张、灯油等都能按照实际的预算实行了，并力求其进一步的节省”⑤。中央政府出版处用毛边纸代替腊纸，仅半个月“节省了一百

① 本报号召：《为四个月节省八十万元而斗争！》，《红色中华》第 161 期，第 1 版，1934 年 3 月 13 日。

② 《党中央局的节省运动》，《红色中华》第 166 期，第 3 版，1934 年 3 月 24 日。

③ 《全总执行局的节省决定》，《红色中华》第 166 期，第 3 版，1934 年 3 月 24 日。

④ 《节省战线上杂报》，《红色中华》第 166 期，第 3 版，1934 年 3 月 24 日。

⑤ 《粤赣省苏维埃系统内为节省一千担谷子而斗争》，《红色中华》第 188 期，第 3 版，1934 年 5 月 14 日。

三十余张腊纸，值大洋十五、六元，在数量上已达到一张毛边纸能印六千余张”。为推广这种节省办法，《红色中华》特刊发文章从选择材料、配合胶质法、加胶制作、复写等方面详细介绍毛边纸替代腊纸的技术方法①。

1934年4月19日，中央人民委员会向各省、县苏维埃主席团及后方各军事机关负责同志发布《为节省运动的指示信》。指示信在总结《红色中华》提议节省八十万元以来所取得的主要成绩，以及存在的问题与不足的基础上，要求加强对各地、各部门节省运动的检查与指导；同时并提出了深入开展节省运动的新号召，具体任务为：（一）“必须立即检查各该所属范围节省运动的情形，定出具体的节省计划，有系统的去领导进行”。（二）“为了充分保障红军给养，立即在群众中开展每人节省三升米捐助红军的群众运动”。（三）“各级苏维埃政府及后方军事机关工作人员，需多开辟苏维埃菜园，多种杂粮蔬菜，养猪养鸡养鹅等，做到完全能供给工作人员的食用，并以收获的三分之一来帮助前方红军（多晒干菜，运送前方），特别要实际的领导群众多种杂粮蔬菜，消灭夏荒，并多晒干菜捐助红军”。②

中央人民委员会工作人员首先响应节省三升米的号召，在工作人员会议上，“一致通过自四月二十一日起开始实现”③。中共中央机关工作人员，“一致响应多种蔬菜做菜干送给红军的提议”，“各个种菜小组的同志自动决定，每小组多开一块菜园，选取好做菜干又生

① 陈平之：《毛边纸代腊纸的伟大成绩》，《红色中华》第170期，第3版，1934年4月3日。

② 《人民委员会为节省运动的指示信》，《红色中华》第179期，第3版，1934年4月24日。

③ 《节省三升米捐助红军》，《红色中华》第179期，第3版，1934年4月24日。

长最快的菜秧来栽种，长成后全部做成菜干，送给前方的红军战士”。① 中央粮食调剂局的全体工友，在大会上“大家一致通过，每人先拿出三升米交给政府，转送前方去！”②国家银行职工“讨论到节省粮食帮助红军给养时，除以前每人每日节省二两米外，又各自报名再来一个节省，结果达到全体一致每人节省六升米”。“瑞金支行比总行更先节省，他们一致节省四升外，有些节省五升、六升不等。”③

后方军事机关经过深入动员，克服了少数同志由于“不了解节省的意义”而产生的模糊认识和错误思想，“如认为节省是为着帮助军事，而不是军事机关本身的事，认为军事机关的开支都有规定，无法节省；或者认为不超过规定，就是节省；也有认为节省必会妨碍工作的”。提高认识统一思想后，迅速改变了“后方军事机关的节省运动落在行政机关的后边”的局面，“纷纷开会讨论，已经有把握节省的，工作人员节省二两米、一分菜钱；休养员节省二分菜钱，一月可共节省二万六千余元。杂支费节省百分之四十，办公费节省百分之三十，自愿减少或不要工资津贴的约百分之三十，三项共计可节省二万二千二百余元。其他如改善采办，改善残废院工作等，可节省一万多元，共计五月份可减少（开支）五万九千八百余元”。④

节省三升米捐助红军的运动在广大工农群众中如火如荼地展

① 《中共中央机关工作人员回答本报提议的第一声》，《红色中华》第179期，第3版，1934年4月24日。

② 春南：《响应节省三升米的号召》，《红色中华》第180期，第2版，1934年4月26日。

③ 万云：《超过节省三升米的号召》，《红色中华》第184期，第3版，1934年5月4日。

④ 觉哉：《后方军事机关节省运动的转变》，《红色中华》第182期，第3版，1934年4月30日。

开。洛口县"前山区群众三天内节省三千斤大米、一千八百多斤谷；黄陂中罗乡党团员及乡代表节省米四百五十斤"。"太雷龙江区群众十天中节省谷子四千余斤"。"瑞金城市区群众节省米二百三十余担"①。赣县田村区在五月十八日至二十二日的五天中，"节省谷子八十三担九斗六升、米子二十四担二斗四升。特别在田村区乡下村，一个村子节省大洋十八元，又谷子十一担。村岭乡同样的一个村子节省大洋十九元七毫，又谷子二十八担五斗"②。

据 1934 年 5 月"一个月不完全的统计，我们少先队已经节省了十五万八千三百六十七升（米——引者注）、谷子五万三千二百九十六升、大洋九百一十三元五角"。瑞金少先队，"首先完成并超过每个队员节省三升米的号召"③。《红色中华》报道节省中"最光荣最惊人的例子"是：兴国妇女整担的节省粮食供给红军，该县社富区路溪乡"易陈英同志，自动提出节省谷子三担。因此在这位模范妇女的影响下，各妇女群众都争先恐后的来回答这个节省米谷的号召，如社富乡的妇女刘茂秀同志、罗秋香同志、周林娇同志、胡富香同志各节省谷一担，黄声香同志节省一担五斗，吴耀先同志节省三担，赖生明同志节省二担，张声塘同志、曾接昌同志、蒋家义同志各节省一担"④，"群众的节省热情是极高涨的"⑤。

（三）"苏维埃是空前的真正的廉洁政府"

中央苏区轰轰烈烈、广泛深入开展的反贪污浪费和节俭经济的

---

① 《群众节省三升米的先锋》，《红色中华》第 188 期，第 3 版，1934 年 5 月 14 日。

② 匡悦显：《赣县田村区五天的光荣成就》，《红色中华》第 198 期，第 2 版，1934 年 6 月 5 日。

③ 曾光：《少先队节省三升米运动的初步检阅》，《红色中华》第 203 期，第 1 版，1934 年 6 月 16 日。

④ 《最光荣最惊人的例子》，《红色中华》第 200 期，第 1 版，1934 年 6 月 9 日。

⑤ 《红五月节省粮食运动的检阅》，《红色中华》第 198 期，第 2 版，1934 年 6 月 5 日。

群众运动，同时也是各级苏维埃工作人员艰苦奋斗、无私奉献、竭力建设廉洁政府的运动。在这一运动逐浪高涨的发展过程中，不仅有力地遏制了中央和地方政府中浮支虚报、贪污滥用等腐败现象，“推动了我们苏维埃的会计工作的建立，和预决算制度之初步实现”①，而且涓滴归公、锱铢必较地穷尽一切办法节省不必要的开支，并形成了“自带干粮来办公”的苏区干部好作风。

据《红色中华》1934 年 3 月 13 日报道，中央政府总务厅“自开展反贪污浪费斗争以至赵宝成（总务厅厅长——引者注）撤职后，浪费现象已大部消灭。从前每月用五六千元的，现在只用一千七八百元。这次为着节省三成经费，三月份豫算已减到一千元以下。他们的办法，第一是裁减职员提高劳动纪律，二月份一百六十五人的，现减为一百十九人。二是节省办公用费，比二月份已节省百分之三十”。中央劳动部“三月份豫算，比二月份减少达百分之五十九，差不多百分之六十。他们除减少人员五六名外，办公的纸张是买了印厂裁下的纸头，全月只一元多钱；灯火减少，每盏灯火一夜六钱樟油，读书写字，尽可能在日里做，全月灯火用费只七块钱。修理房屋器具，多自己动手，需钱很少。他们又节省菜钱一分，因为种菜养猪，出外巡视工作的在远处挑回较便宜的油盐，伙食反而吃得好”②。

瑞金县的“反浪费斗争已得到很大成绩，拿数目字来讲，去年（1933 年——引者注）十月全县用七四六六元，今年二月减到四六一六点一（元），节省五分之二强，县苏本身去年十月用二四四四点二元，今年二月减到七四九点四（元），节省三分之二强。三月份造来的

① 中央审计委员会：《关于四个月节省运动总结》，《红色中华》第 232 期，第 3 版，1934 年 9 月 11 日。

② 《在人民委员会节省三成行政费的号召下》，《红色中华》第 161 期，第 2 版，1934 年 3 月 13 日。

预算除食米外，县区乡行政经费共一七六六(元)，县苏本身只三二九点五(元)，总计达到了三成经费的节省(比二月份)。同时在节省过程中，县区工作都有进步，县苏从前三百人的，现已达到一〇四人，有些区从前五六十人，现亦作到大区三十人小区二十二人，因执行集中指导与个人负责制有了新的转变，工作反而紧张起来了”①。

1934年4月14日，中央审计委员会在公告的《检查中央各部三月份节俭成绩的总结》中，列表具体说明中央各部三月份比较二月份节省的成绩如下：

一、行政经费节省的情况表 单位：元

部别	二月份实支数	三月份预算数	三月份实支数	与二月份比较数
总务厅	2 968. 544	1 446. 5	1 455. 587	减少 1 512. 957
财政部	701. 62	384. 7	192. 023	减少 509. 588
劳动部	236. 577	104. 6	134. 872	减少 101. 705
教育部	205. 459	192. 3	180. 9	减少 69. 559
司法部内务部	331. 48	237. 7	197. 49	减少 133. 99
土地部	1 016. 974	643. 6	679. 771	减少 337. 203
国民经济部	136. 436	103. 5	137. 95	增加 1. 514
粮食部	431. 2	170. 6	202. 66	减少 228. 54
工农检查部	274. 931	215. 1	239. 255	减少 35. 676

① 《中央审计委员会稽核瑞金经济开支的总结》，《红色中华》第171期，第2版，1934年4月5日。

部　别	二月份实支数	三月份预算数	三月份实支数	与二月份比较数
国家银行	1 272. 505		1 237. 558	减少 37. 947
总计	7 620. 726	3 498. 6	4 658. 066	减少 2 962. 66

附注:“三月份实支总数与二月份比较,节省二千九百六十二元六角六,达到了百分之四十,单拿中央各部讲,差不多达到百分之五十。国民经济部、粮食部、劳动部、工农检查部、土地部超过预算,一因买了下月用纸;一因粮食突击运动,邮花增多;一因工作团出发在先,未领米票。其他项目,只减少,无增多。纠正了过去造预算不顾实际,随便填写数字,及用钱时不遵守预算的毛病。”①

二、工作人员节省伙食(在规定伙食数内节省的)情况表

单位,米、谷:斤;菜钱:元。

部　别	节省米(或谷)	节省菜钱	说　明
总务厅	米 207. 6	121. 86	内输送队连存了好久的伙食尾子全部捐入,计 85. 86 元。
财政部		56. 9	内节省的米算成钱
劳动部	谷 100	6. 85	
工农监察部	米 35	2. 865	
教育部	谷 150	19. 39	内有私人做菜钱 9. 3 元
土地部		31. 085	内有自备伙食的钱 15. 11 元
国民经济部	米 40	5. 5	
国家银行		31. 12	

① 《中央审计委员会检查中央各部三月份节俭成绩的总结》,《红色中华》第 175 期,第 5 版,1934 年 4 月 14 日。

部　别	节省米(或谷)	节省菜钱	说　　明
财政部训练班		31.09	
总计	米 282.6 谷 210〔250〕	306.66	

数据来源：中央审计委员会《检查中央各部三月份节省成绩的总结》(节录),《红色中华》第 175 期,第 5 版,1934 年 4 月 14 日。

1934 年 9 月 11 日,中央审计委员会在总结中央人民委员会三月份向全体苏维埃工作人员与广大革命群众发出号召、《红色中华》提议四个月节省八十万的运动所取得的成绩时,庄严宣告:“四月至七月的节省运动,不仅完成了八十万元计划,而且可以说将近超过一倍即一百三十万以上。”这里应特别指出的是,这 130 万元以上的节省,几乎百分之五十是中央和地方各级苏维埃政府全体工作人员厉行节约的成绩。中央审计委员会在《关于四个月节省运动总结》中细列中央苏区每月行政开支减少的节省数为：以二月开支数字为准,计：四月份减少 213 221.3 元,五月份减少 210 377.1 元,六月份减少 142 795.4 元,七月份减少 59 482.1 元。(四个月节省)共计 625 876 元。① 其中仅在预算上有,而实际不用开支的节省夏衣方面,保卫局系统不领夏衣的 2 066 人,总卫生部各院不领夏衣的五千人,中央各部及中央一级机关差不多全部不领。每件衣服以四元计,要节省三四万元。②

在不领公家伙食费的节省方面,1933 年 9 月,太雷县新设的日东区的“区苏负责人提出节省一个月伙食来帮助战争经费,九月份的伙

① 中央审计委员会:《关于四个月节省运动总结》,《红色中华》第 232 期,第 3 版,1934 年 9 月 11 日。

② 同上。

食由自己家里负担供给,不要公家发给伙食费"①。同年 11 月,杨殷县泮溪区长教乡"各当选的代表集中开会时,一致要求自带伙食,而把公家发给的伙食费捐作红军战费"②。与此同时,"博生县各级政府工作人员,在十一月份自愿节省伙食费,帮助革命战争"③。次年,新泉县南阳区苏工作人员决定"一月各人自备伙食,把公家发给的伙食全月捐助战费,茶溪区亦有同样准备"④。《红色中华》1934 年 3 月 24 日报道:"本籍工作人员自带伙食的节省运动,现已在各地普遍开展,江西省苏财政部,长汀县水口、河田、三都等区苏,中央劳动部、土地部、司法部、内务部及反帝拥苏总盟,均有报告说这一运动正在开展云。"⑤不领公家伙食费"自带干粮来办公",既是中央苏区蔚然成风的现象,也是苏区干部艰苦奋斗、廉洁奉公形象的真实写照。事实充分证明:"只有苏维埃是空前的真正的廉洁政府。"⑥

三、反官僚主义"建设新的苏维埃的工作方式"⑦

(一) 战争动员和政治经济建设与转变工作作风的要求

"官僚主义实在是战争紧急动员的最大障碍","官僚主义发展

① 沈媚川:《新划县区的节省运动》,《红色中华》第 114 期,第 3 版,1933 年 9 月 30 日。

② 雷永炳:《当选代表自带伙食》,《红色中华》第 129 期,第 6 版,1933 年 11 月 26 日。

③ 欧阳仪:《经济战线上各个捷电》,《红色中华》第 137 期,第 3 版,1933 年 12 月 23 日。

④ 正冈:《风起云涌的节省运动》,《红色中华》第 141 期,第 4 版,1934 年 1 月 7 日。

⑤ 《节省战线上杂报》,《红色中华》第 166 期,第 3 版,1934 年 3 月 24 日。

⑥ 中央审计委员会:《关于四个月节省运动总结》,《红色中华》第 232 期,第 3 版,1934 年 9 月 11 日。

⑦ 社论:《战争紧急动员与反官僚主义的斗争》,《红色中华》第 45 期,第 2 版,1932 年 12 月 19 日。

一分,对于战争动员就增加一分困难"。为了清除战争动员的这一最大障碍,"动员千百万劳动群众为了战争集中一切力量与准备一切牺牲"①来巩固苏维埃政权,粉碎国民党的军事"围剿",1932 年 11 月 29 日,中央人民委员会发布《关于战争动员和工作方式》的紧急决议。决议在"号召各级苏维埃机关和广大工农群众,一致的与官僚主义作最坚决斗争,来肃清苏维埃机关中的官僚主义,驱逐不可挽救的官僚腐化份子"的同时,明确提出了"创造苏维埃新的工作作风"的重要任务,并要求必须做到以下方面:

> 一、一切工作要建筑在动员群众的基础上,谁抛弃动员群众工作,必然是脱离了群众。二、法令与决议的实施,不单靠命令,主要还是依靠提高群众阶级觉悟与热情,来拥护法令的实施。三、动员群众,要靠政治上充分的宣传鼓动工作。四、动员群众的方式,要运用苏维埃各种组织,以及一切群众团体,来发动群众,城乡代表会选民大会,是直接动员群众的工具,工会是动员群众的柱石。五、每一个决定,要合于实际能够实行,反对一切空泛不具体的决定,及毫无准备和结果的照例开会。六、执行命令要注意发动群众的方法,同时要注意群众中的意见,以作决定实行办法的参考。七、接到上级的命令和决议,马上应该开会,作详细讨论,规定自己执行的具体方法。八、在执行工作中,应该随时检查自己的工作,看做到了没有?有些什么错误和不妥的地方?九、对于一切工作,要根据工作的关系来适当的分工,这不仅是每一部每一个工作同志应该如此,就对于下级指挥,都要根据情形来分配工作。十、对于下级的指导,要切实,要具体,多有办法的指示。十一、不要随便发文件,多用

---

① 社论:《战争紧急动员与反官僚主义的斗争》,《红色中华》第 45 期,第 2 版,1932 年 12 月 19 日。

巡视指导，巡视员不是走马看花，不是站在旁边批评，而是负责的检查工作，帮助下级来解决工作的困难。十二、组织工作团，去直接帮助下级工作，工作团的责任，是将该处工作做好，不是空口批评人家，而自己不做，工作团的工作方式，是集中力量，先做好一个地方，然后再到第二个地方，应当要分工，每人担一种工作，到一处就要将一处工作做好。十三、不要随便开会，开会要有准备，有结果，要实际去做。十四、开群众会，事前要充分准备，每一个政治鼓动，必要适合群众的要求，联系群众本身的利益，说话要简单明了，多带鼓动的作风。

中央人民委员会将以上具体、细致且操作性很强的十四个方面的要求，概括为“是群众化，实际化，组织化，纪律化，是具有艰苦斗争的坚忍性”的苏维埃的工作作风；并特别强调：“一切脱离群众的办法，都是官僚主义的作风。”①

中央人民委员会的紧急决议发布二十天后，12 月 19 日《红色中华》发表社论《战争紧急动员与反官僚主义的斗争》，社论在贯彻中央人民委员会紧急决议精神，发出“苏维埃的工作方式根本是要肃清官僚主义，建设新的苏维埃的工作方式”的号召的同时，明确指出，中央政府关于战争紧急动员所部署的各项工作，“如扩大红军，推销第二期公债，征收商业税，土地税，发展游击战争，加强地方武装，……不能够照计划完成，其中一个主要原因就是官僚主义的工作方式，使苏维埃的基本群众——工农劳苦群众，（没有——引者注）广泛的动员起来，反而表现了严重的脱离群众现象”。社论还列举官僚主义“绝不能完成这个紧急战争动员工作”的主要表现为：“他只有敷衍，应付，不能切实的工作；他只图卸责，了事，不能负起责任的工作；他

① 中央人民委员会紧急决议：《关于战争动员和工作方式》，《红色中华》第 43 期，第 2 版，1932 年 12 月 5 日。

的工作是迂迟的,散漫的,不会敏捷,不会集中力量,他只是形式可以做报告,没有实际的事实;他只是命令的强迫,没有政治的鼓动;他只接着上级的文件转发到下面,没有工作的检查和指示……”①

1933 年 2 月 4 日,《红色中华》发表《紧急动员起来,粉碎敌人对中央苏区的大举进攻》的社论。社论进一步强调:“一切动员必须‘面向群众’!普遍通俗的在广大群众中进行宣传鼓动工作,极大的兴奋和提高群众的积极性,使我们的紧急动员,真正成为极广大的群众运动。将苏区内每个群众都动员起来,用一切力量来帮助战争,进行对红军与政府在经济上(如自助借粮、借柴,自助捐款等)和实力上(扩大红军组织,地方武装)的帮助。”社论还重申:“为了要迅速执行紧急动员,我们必须坚决打击一切官僚主义,迟缓迁延、脱离群众、强迫命令的工作方式!必须认清,只有真正的深入群众,经过群众,依靠群众,才能完成这一工作!脱离群众,代替群众和强迫群众,实际上都会阻止和妨碍我们的动员,而给敌人以帮助!”②

在经济建设方面,党和中央政府同样高度重视反官僚主义及其工作方式的转变。1933 年 8 月 12 日,毛泽东主席在南部十七县经济建设大会上的报告中曾专门阐述“经济建设中的领导方式问题”,他说:“官僚主义的领导方式,(是)任何革命工作所不应有的,经济建设工作同样来不得官僚主义。要把官僚主义方式这个极坏的家伙抛到粪缸里去,没有一个同志喜欢他。每一个同志喜欢的应该是布尔什维克的工作方式,即是群众化的方式,即是最能接近群众而为每一个工人,农民所欢喜接受的方式。官僚主义的表现,一种是不理不睬或敷衍塞责的机会主义、消极怠工,这是极坏的现象,要同这种现象

① 社论:《战争紧急动员与反官僚主义的斗争》,《红色中华》第 45 期,第 2 版,1932 年 12 月 19 日。

② 《紧急动员起来粉碎敌人对中央苏区的大举进攻》,《红色中华》第 49 期,第 1 版,1933 年 2 月 4 日。

做严厉斗争。另一种是命令主义,表面上不是怠工,好像在那里努力干。实际上,命令主义的发展合作社,合作社是不能发展的,暂时在形式上发展了也是不能巩固的,失去合作社信任,反而妨碍了合作社的发展。命令主义的推销公债,不管群众了解不了解,买得这样多买不得这样多,只是蛮横地要照自己的数目字去干,结果是群众不喜欢,公债不能好好地推销。"①

针对经济建设中官僚主义的上述弊端和危害,毛泽东主席在报告中强调:"我们一定不能要命令主义,我们要的是努力宣传,说服群众,按照具体的环境,具体表现出来的群众热情,去发展合作社,去推销公债票,去做一切经济动员的工作。"②8 月 25 日,中央政府在《关于整顿财政部工作》的训令中,就领导方式问题特别指出:"如筹款不依靠于城市、乡苏维埃与工农群众团体,经过他们去动员广大群众,而只依靠区以上工作人员少数人去干,以致不能充分达到任务,这种官僚主义领导方式在苏维埃财政机关内是浓厚地存在着。"因此,中央政府"责令新任财政人民委员部部长林伯渠同志,加以根本的整理,……去转变领导方式"③。

1933 年 9 月 3 日,《红色中华》报发表亮平《立刻纠正经济建设工作中的强迫命令主义》的署名文章,批评:"在经济建设的各项工作中,特别是推销公债的运动中,有很多地方发现强迫命令的方式,譬如在瑞金,除云集区稍好外,其余区内很多不是从政治上去宣传鼓动,发动群众去自愿购买,而是简单的把公债款数按人平均摊派,结果引起群众的不满,而影响公债票顺利地推销。在发展合作社中间,

① 毛泽东:《粉碎五次"围剿"与苏维埃经济建设任务》,《红色中华》第 102 期,第 3—4 版,1933 年 8 月 16 日。

② 同上。

③ 《中央政府关于整顿财政部工作的训令》,《红色中华》第 107 期,第 2 版,1933 年 9 月 3 日。

也有部分地方,发现强迫群众加入的现象,而不是从普遍深入地宣传鼓动,使群众明了合作社对于他们的切身利益,而自愿踊跃地加入。”文章号召:“我们绝对不能允许强迫命令摊派方式的继续存在与发生,各级苏维埃工作同志,应该以自我批评的精神,开展思想斗争,立刻纠正这种错误,开展深入的普遍的群众动员,只有这样我们才能胜利的完成经济建设战线上的重大任务。”①

在民主政治建设方面,为了反对官僚主义,转变工作方式,党和中央政府密切关注各地动员选民群众参加选举的情况。1932 年 3 月,中央执行委员会在检查瑞金县的工作后,批评瑞金各区乡的选举运动,“一般的都是没有事前做广大的宣传来发动群众,形成敷衍了事的状态,因此不能在这一种运动中,成为有力的动员群众来深刻认识苏维埃是他们自己的,积极拥护苏维埃,参加苏维埃所领导的一切斗争”②。1934 年 1 月,第二次全国苏维埃代表大会通过的《苏维埃建设决议案》指出:“为着加强苏维埃的动员群众的力量,必须广泛地充分地发扬苏维埃的民主,大会认为,两年来苏维埃民主主义的发展,虽有很大的成绩,但是还是极其不够的。大会责成各级苏维埃用力吸收尽可能的更广大的选民群众来参加选举,使群众能够充分提出自己对于苏维埃工作的意见,能够随时撤换工作不好的代表,执行召回代表的权力。苏维埃必须领导群众来最大限度的利用各种物质上的便利(开会地点、印刷机关、报纸、书局等等),引导群众来积极的参加政治生活,尽量扩大群众的言论、出版、集会、结社各方面的活动。苏维埃的代表应该经常向选民群众作工作报告,征求群众对苏维埃工作的批评,非常注意的倾

① 亮平:《立刻纠正经济建设工作中的强迫命令主义》,《红色中华》第 107 期,第 2 版,1933 年 2 月 4 日。

② 《中央执行委员会检查瑞金工作后的决议》,《红色中华》第 16 期,第 5 版,1932 年 4 月 6 日。

听群众的意见,解决群众的困难,使苏维埃与工农劳苦群众没有丝毫的隔膜。"①

为了加强苏维埃与群众的联系,并"增强苏维埃的动员力量","二苏"大会决议:"乡苏维埃及市区苏维埃,必须尽可能地吸收更多的工农积极分子,来参加苏维埃的各种工作。为着便利领导群众及动员工作起见,大会指出乡苏维埃及市区苏维埃应按照代表与居民住所的接近,将全乡或全市区的居民,分别置于各个代表的领导之下,使代表与居民之间,发生固定的关系。在乡及市区的代表中,应该按村或按住所接近情形,建立代表主任及分别召集代表开会的制度,以帮助乡及市区主席团的工作。"另一方面,"二苏"大会决议要求:"必须在苏维埃系统内开展无情的反对官僚主义的斗争。苏维埃应该最清楚的明了群众的生活情形,迅速地确当地解决群众的困难问题,热烈地动员最广大的群众,为实现苏维埃的每一决定、每一任务而斗争。任何脱离群众,不明了群众情形,不迅速解决群众提出的问题,不从群众的广大的动员去进行苏维埃工作,而只凭空谈空喊甚至强迫命令的官僚主义,应该遭受最严厉的打击。"②

(二)"建设新的苏维埃的工作方式"

在党和中央政府的号召与部署下,随着贯穿于苏维埃各项工作中反官僚主义群众运动的蓬勃发展,中央苏区各地苏维埃政府及其工作人员在不断肃清官僚主义现象的同时,也创造性地不断"建设新的苏维埃的工作方式"③。

---

① 《苏维埃建设决议案》,《红色中华》第152期,第5版,1934年2月20日。

② 同上。

③ 社论:《战争紧急动员与反官僚主义的斗争》,《红色中华》第45期,第2版,1932年12月19日。

“中国苏维埃所建立的是工人和农民的民主专政的国家”①,因此,一切为了工农群众,一切依靠工农群众无疑是中国苏维埃政权的本质属性。而密切联系工农群众,“一切工作要建筑在动员群众的基础上”②,便成为“新的苏维埃的工作方式”的根本要求。与此相反,“没有政治动员,不知道政治动员,忽视动员,就是十足的‘官僚主义’,首先应该加以反对”③。为反对官僚主义,为广泛深入地动员广大工农群众积极参与并促进苏维埃各项工作的开展,中央苏区各级政府及其工作人员创新建设的工作方式与具体方法主要有以下方面。

1. 组织动员

中央人民委员会指出:“动员群众的方式,要运用苏维埃各种组织,以及一切群众团体,来发动群众,城乡代表会选民大会,是直接动员群众的工具。”④由此可见,组织动员是指在动员工作中分别调动和综合发挥各级苏维埃组织和一切群众组织两方面的积极性。而就各级苏维埃组织的动员方式而言,《红色中华》在 1932 年 11 月 14 日发表的社论《政治动员工作》中曾举例详细说明如下:

> 譬如中央政府的紧急动员令发到县苏,县苏就该召集自己的委员会来讨论这些命令,详细研究他的主要内容和意义,再讨论他逐项所规定的工作,从这上面来看县苏应该做些什么,于是把这些工作分配到自己的每一部去。同时又再召开区苏主席的

① 《中华苏维埃共和国宪法大纲》,韩延龙、常兆儒编:《中国新民主主义革命时期根据地法制文选选编》,中国社会科学出版社 1981 年版,第 8—9 页。

② 社论:《战争紧急动员与反官僚主义的斗争》,《红色中华》第 45 期,第 2 版,1932 年 12 月 19 日。

③ 社论:《政治动员工作》,《红色中华》第 40 期,第 1 版,1932 年 11 月 14 日。

④ 中央人民委员会紧急决议:《关于战争动员和工作方式》,《红色中华》第 43 期,第 2 版,1932 年 12 月 5 日。

联席会议，一方面报告县苏在这个命令下做些什么工作，一方面报告这个命令主要内容和意义，要他们彻底了解，然后提出工作来，看每一个区苏必要并能够担任些什么工作，要每个区苏自己来承认。区苏回去，召集自己的委员会和城乡苏主席联席会议，报告这个命令的主要内容和意义，报告县苏在这训令下做的什么工作，报告他在区苏联席会议上承认下来要做什么工作；这样要委员会和城乡苏联席会议来讨论，怎么样把这些工作实现起来。这样有了结论过后，乡苏主席回去召集城乡苏代表会，首先要报告这个命令的主要内容和意义使每个代表都能认识这个命令的重要，都能依照这一训令来发动和领导群众去为实现这个命令而斗争，那么再把这些工作分配起来，并指示怎么样去做这些工作的办法。

最重要的是分期举行城乡选民大会，不仅是报告动员令并且要以最充分的推动工作，来发动群众的革命的热情，增加对于敌人的仇视和斗争的决心，这样才能使每个工农同志都能极热烈的自愿的去实行动员令中一切工作。①

社论在细致地阐述苏维埃组织系统逐级讨论、提高认识、统一思想、明确任务，直至“以最充分的推动工作，来发动群众的革命的热情”等动员的具体方法之后，对苏维埃组织在动员工作中存在的最典型的官僚主义的形态进行了揭露和批判，并从正反两方面论证了反对官僚主义、转变工作方式的重大现实意义。社论指出：

“等因奉此合行令仰所属一体知照”的敷衍方法，必定不准存留在苏维埃政权内让他生长起来，凡是接到上级命令而公文式的用信封封好，派通信员转送下去就算完事，自命为“承上转下”的机关的这种“官僚”，他那里能够动员群众，这刚好是苏维

① 社论：《政治动员工作》，《红色中华》第40期，第1版，1932年11月14日。

埃工作中绝对不容许的“坏东西”。因为从事实上证明，凡是执行命令有成绩的地方，都是有政治动员工作的地方，如像兴国能十天内扩大红军一千五六百人，如像最近上杭扩大红军工作有相当的发展，如像红军学校全总职行局的推销公债的超过预完额都是在工作方式上有了转变，就是预先有了政治动员，才能够得到这些光荣的结果。①

除“承上转下”、不求实效的官僚主义动员方式外，苏维埃系统组织动员中另一种错误的倾向是视基层组织为虚设，脱离、架空区乡村三级干部的动员。1934 年 2 月 22 日，《红色中华》发表署名文章，尖锐地指出当时收集粮食突击动员方法上存在的问题，“就是缺乏组织上的动员，常常把所有的干部排列起来，形成一个突击委员会，而取消了经常的组织形式”。针对这种错误倾向，文章指出：“实际上，对于我们动员工作最主要的是，抓紧区乡村三级的领导，尤其是乡代表会。”文章还进一步强调：“其他贫农团及女工农妇代表会也同样是重要的。我们必须召集他们的会议，经过他们的动员，在群众大会上去鼓动群众推销公债，说服群众来缴谷子，那样才真正是布尔什维克的动员，而且也只有这样，才能消灭按户摊派的强迫命令主义。”②

苏维埃系统组织动员中反对官僚主义、转变工作方式的主要内容还包括“肃清无用文件”和改革会风两个方面。中央人民委员会曾明确指示，“不要随便发文件，多用巡视指导”，“不要随便开会，开会要有准备，有结果，要实际去做”，“开群众会，事前要有充分准备”。③

① 社论：《政治动员工作》，《红色中华》第 40 期，第 1 版，1932 年 11 月 14 日。

② 社论：《为争取二月底全部完成突击计划而奋斗！》，《红色中华》第 153 期，第 1 版，1934 年 2 月 22 日。

③ 中央人民委员会紧急决议：《关于战争动员和工作方式》，《红色中华》第 43 期，第 2 版，1932 年 12 月 5 日。

“二苏”大会通过的《苏维埃建设决议案》要求：“苏维埃的领导机关，必须尽可能的减少文件（而且文件要写得明白通俗并切中问题的要点），多致力于实际工作中的检查，与具体的活的指示。”①

1934年2月23日，中共苏区中央局机关报《斗争》特地转载江西省委通讯《肃清“无用的文件”》的文章，号召：“为消灭一切一般的、空洞的、不必要的、无用的文件而斗争！”②减少文件，以及“肃清无用文件”，还须防止和纠正在这种形式掩盖下的另一种错误倾向——庸俗化的开会传达文件。1934年3月15日，中央土地部部长高自立在《红色中华》报发表文章，就曾批评江西省在春耕运动中的这种错误做法。他说：“党与人民委员会的春耕运动决定，公布一个多月了，……在江西方面，一直到今天还没有整个的布置，（省——引者注，下同）土地部的理由是因为党和主席团上级都有了文件，（省）土地部不必多此一举，而且为了反对官僚主义，与肃清‘无用的文件’，所以主张把江西几十个县，分作四个单位来开会，一直开到三月二十三号才能开完，这就是他们执行春耕运动的方法。”就此，文章鞭辟入里地批评说：“的确，如果（省）土地部把省委和主席团的文件照例抄写一下，或者变换一个名称，这样的文件确实是不必多此一举；换言之，这个照抄的文件也就是无用的文件，应当肃清。如果党所提出的任务，（省）土地部根据这个任务，按照自己范围内各县不同的情形，定出具体实现的方法，这样计划的文件，还是很需要的，并不反对的。一切庸俗化来认识‘肃清无用的文件’，而代之以平均主义的把几十个县份分作几个单位来开会，传达命令，一直到春耕运动快要过去了，还在开会，认为这就是肃清无用的文件，与反对了官僚主义，完

---

① 《苏维埃建设决议案》，《红色中华》第152期，第5版，1934年2月20日。

② 转载江西省委通讯：《肃清“无用的文件”》，《斗争》第48期，第15版，1934年2月23日。

全是错误的了解。”①

组织动员的另一个重要方面,关于密切联系群众组织,充分发挥“一切群众团体”在动员工作中的作用问题,“二苏”大会通过的《苏维埃建设决议案》指出:“为着进一步开展苏维埃工作,必须与群众团体,特别是工会与贫农团发生更密切的关系。工会是工人群众的共产主义学校,是使苏维埃与广大工人群众取得密切联系,并供给苏维埃以大批领导干部的组织。大会责成各级苏维埃与工会取得比以前更加密切的联系。同时对于贫农团,苏维埃必须加以大力的帮助,健全其村乡组织,吸收广大贫农群众来扩大贫农团会员数量,农业工人与手工工人工会应尽可能地全体加入贫农团,使贫农团在无产阶级领导之下,团结着广大贫农群众,并使中农群众环绕于自己的周围,来进行消灭地主阶级与反对富农的斗争,来执行苏维埃的各种工作。除工会贫农团外,苏维埃还必须与其他群众团体,如合作社、反帝拥苏同盟、革命互济会、女工农妇代表会、儿童团等等,发生密切的关系,经过他们,各方面去动员群众,来实现苏维埃政府的任务。”②

通过苏维埃各级组织,以及一切群众团体来发动群众的工作方式,中央土地部在1933年2月颁布《春耕计划》的训令中具体规定如下:“一、要政府及各群众团体,依照各自系统自上而下去召集乡代表会、贫农团、雇农工会、少先队、儿童团等开会,在会议上作报告,发动他们讨论。二、以后再召集乡群众会、村群众会报告讨论,通过所讨论的计划。三、要发动每个代表及贫农团、雇农工会同志用谈话方式,在群众中去个别宣传讨论。要使这一计划,成为村头巷尾男女

---

① 《春耕运动中土地部怎样工作》,《红色中华》第162期,第1版,1934年3月15日。

② 《苏维埃建设决议案》,《红色中华》第152期,第5—6版,1934年2月20日。

老幼的谈话材料,造成极热烈的空气。"①

中央粮食部部长陈潭秋在1934年秋收借谷六十万担及征收土地税,保证红军给养的动员报告中指出,"动员的实际办法,第一是组织上的动员,要从各个组织上去动员广大群众,特别是以乡为单位的乡代表会、贫农团、女工农妇代表会、工会等更要起很大的作用"。"第二,是深入群众的宣传解释工作","第三,是组织红军家属与积极分子来做群众的模范","第四,在工作布置上,要抓住中心的区乡,把主要的精力放在这一方面"。② 中央苏区党和政府在各项工作的开展中,密切联系群众,充分发挥群众组织的动员作用,是中国共产党生存和发展的最大的政治优势。

2. 宣传鼓动

宣传鼓动工作,是党和中央政府发动群众,凝心聚力,做好苏维埃各项工作的前提条件和重要保证。1932年4月15日,中共苏区中央局宣传部颁布《怎样在群众中做宣传鼓动工作》的指示信指出,"宣传是在贯(灌)输革命的理论和思想,解释党的政纲和主张,是群众逐渐受党的影响,接受党的领导"。"鼓动是在于运用某一时期党的行动口号去激发群众参加革命斗争的热情"。同时并提出宣传鼓动工作应注意以下几个原则:"一要通俗化。一切宣传鼓动,都必须用最通俗的文字或句话使群众看得懂听得懂。""二要实际化。一切宣传鼓动都必须求实际化,要密切的联系到实际的情况,并且要从实际中去证明。""三要简明化。群众最厌恶冗长深奥的演说和文字,一切宣传鼓动注意听众或读者的程度,必须简单明了,抓住问题的中

① 中央土地人民委员部训令第二号:《春耕计划》,《红色中华》第52期,第6版,1933年2月13日。

② 《陈部长报告征收和借谷的动员工作》,《红色中华》第219期,第2版,1934年7月26日。

心，用极简明地句话和文字传达出来，能引起读者和听者注意，并看了、读了以后脑中有深刻的印象，时时回想起来。”①

1933 年 2 月 4 日，杨尚昆在《斗争》上发表《转变我们的宣传鼓动工作》一文中开宗明义地指出：“宣传鼓动工作，在党的整个工作中，占着极重要的位置。没有深入和普遍的群众宣传，不能在广大群众中鼓舞起热烈兴奋的情绪，要切实动员群众，完成党所提出的任务是不可能的。”文章列举当时宣传鼓动工作存在的主要问题有：“我们在苏区内所采用的方式，实在是太简单、太狭窄了，而且是偏重在文字上的宣传。宣言、传单、宣传大纲、口号差不多就是工作的全部。活动的宣传、口头的宣传是很少进行的。”宣传品“差不多都是‘千篇一律’‘刻板式’的大文章！在这些宣传品里面，我们看不出地方性和他的特殊性，更没有抓住具体事变的中心，提出新的任务和新的口号”。“每一个纪念节和政治运动，各团体长篇大论的宣言非常之多，而内容差不多都是一样的。”“对于党所提出的每一个具体口号缺乏具体明白、为每个群众所能了解的解释，各级党部大都是‘一成不变’的照例喊喊，群众是否懂得，发生了什么影响，这是根本不管的。”②

同年 9 月，中共中央宣传部部长张闻天对上述情形也深有同感，他说：“在宣传鼓动方面，我们一直到现在还带着极浓厚的刻板性与一般性。我们不管什么地方、什么时候、什么人，总是那一套我们所说得烂熟的老话，从帝国主义国民党五次‘围剿’起到扩大红军、经济动员止。”“群众是否了解或满意他们的宣传，在宣传中有什么经验，以及宣传队应该如何改善工作，那我们是完全不知道的，关于宣传品

① 中共苏区中央局宣传部：《怎样在群众中做宣传鼓动工作》，中共江西省委党史研究室等编：《中央革命根据地历史资料文库·党的系统》，中央文献出版社、江西人民出版社 2011 年版，第 3 册、第 2155—2156 页。

② 尚昆：《转变我们的宣传鼓动工作》，《斗争》第 2 期，第 8—10 版，1933 年 2 月 4 日。

的形式与内容也是如此。”如何才能转变这种不能适应形势和任务需要，“没法子说服群众”的宣传鼓动工作呢？张闻天部长明确指出：“要使我们宣传鼓动工作，变成活泼的、具体的、群众的宣传鼓动工作的问题，实际上即是怎样去接近群众，怎样开始向群众说话，怎样使群众相信我们所说的，而且能够执行我们的任务的问题。”①循此方向，中央苏区党和政府及其工作人员，在理论和实践中不断改进和创新宣传鼓动工作的方式与具体方法。

（1）宣传鼓动要联系群众的切身利益，适应群众的要求

《红色中华》第40期刊发社论《政治动员工作》，在诠释“什么叫政治动员”时社论说，政治动员“就是要动员群众在政治上了解目前斗争——粉碎敌人大举进攻——的意义，这一战争与他本身的关系，然后使他在这个斗争中认识自己应该做些什么工作，尽些什么责任”。关于这一点，张闻天从理论上将其概括为：“把群众的切身的问题，同党的基本口号密切联系起来，这是布尔塞维克动员群众的基本原则之一。”②在中央苏区的选举运动中，“深入阶级斗争是动员群众最主要的办法”③。动员中的宣传鼓动工作，就是要“使工农群众了解苏维埃政府是自己的政府，如若选举不好的人去做工作，就不能替大家谋利益”④。查田运动、扩红运动、收集粮食运动都是“残酷的阶级斗争”⑤，宣传鼓动工作只有与揭露和打击反革命分子的造谣蛊惑以及阶级异己分子的阻碍破坏相联系，才能更强烈地激发广大工农

① 洛甫：《关于新的领导方式（四）》，《斗争》第28期，第11版，1933年9月30日。
② 洛甫：《关于新的领导方式（四）》，《斗争》第28期，第12版，1933年9月30日。
③ 陈毅：《江西全省选举运动中各地的错误及如何纠正》，《红色中华》第7期，第8版，1932年1月27日。
④ 中央执行委员会决议：《关于各级选举运动的检查》，《红色中华》第43期，第2版，1932年12月5日。
⑤ 《为迅速开展收集粮食的突击运动而斗争》，《红色中华》第146期，第1版，1934年2月6日。

群众“为着保卫苏维埃政权，为保卫土地革命”而积极参加各项运动，努力完成各项任务，并“愿意以自己的生命为苏维埃政权流最后一滴血”①。

（2）宣传鼓动要与关心群众生活、解决群众困难相结合

1933 年 9 月 30 日，张闻天在《斗争》第 28 期发表的《关于新的领导方式》一文中，深刻阐述动员中宣传鼓动工作与解决群众困难之间的关系为：“要说服群众，除了群众的宣传鼓动之外，还应该在实际上来解决群众中所发生的许多困难问题。我们实行了土地法与劳动法，我们大大改良了工农群众的生活，我们是已经满足了群众最基本的要求；但是帝国主义国民党军事的进攻与新的封锁，在群众中造成了新的痛苦与困难，如食盐布匹的缺乏、苏区生产品的不能出口，都会使群众的生活恶化。此外，在群众日常的生活中还有许许多多群众需要解决的问题，如犁牛、工具、肥料、水利、种子等。我们都必须在实际上解决这些问题，使群众相信我们是处处为了他们的利益，为了改善他们的生活而斗争的。这种日常的艰苦工作，最容易取得群众对于我们党的信仰，便利于我们去说服他们来完成我们所提出的任务。”

心系群众，为群众纾难济困，还需常务不懈、持之以恒。张闻天在文章中揭露批评了仅把解决群众困难当作功利性、临时性工作的做法，他说：“有些地方发生这样的情形，为了要进行扩大红军的突击，我们组织了耕田队给红军家属耕田。但是红色战士出发前方后，我们就把这一工作冷淡下来。至于经常的解决红军家属所发生的一切困难问题，那更是说不上。这种情形同样是不好的。改善群众的生活，解决他们的困难问题，这是我们的经常耐心的工作，而不简单

① 博古：《为粉碎敌人的五次“围剿”与争取独立自由的苏维埃中国而斗争》，《红色中华》第 99 期，第 3 版，1933 年 8 月 4 日。

是一个临时的突击工作。”①

1934年元月27日，毛泽东主席在“二苏”大会所作的报告中情真意切地说：“要得到群众的拥护么？要群众拿出他们的全力放到战线上去么？那末，就得和群众在一起，就得去发动群众的积极性，就得关心群众的痛痒，就得真心实意地为群众谋利益，解决群众的生产和生活问题，盐的问题，米的问题，房子的问题，衣的问题，生小孩的问题，解决群众的一切问题。我们是这样做了么，广大群众就必定拥护我们，把革命当作他们的生命，把革命当作他们无上光荣的旗帜。”②

动员群众的宣传鼓动工作与解决群众的困难相结合，雩都县保林区在1933年12月的扩红突击运动中，“不仅完成了在雩都党大会上所承认的数目字一连人，而且还超过了一倍以上”。他们动员的方法之一，就是“实际的解决了群众的困难问题，这也是这次动员的一个经验”③。兴国县的扩红运动，在优待红军家属方面，“耕田队、杂务队、检查队亦多能按优红条例去编制。对于杂务队更有详细的分工，如看水、看牛班、砍柴班、慰问班等分工负责。因此，红属的日常事务不至于发生困难”④。而这正是兴国县成为“扩大红军的先驱”，“创造了第一等的工作”，被中央政府授予“模范兴国”荣誉称号的原因之一。

（3）宣传鼓动要根据群众的文化程度，内容应简单明了，富有“煽动”性

中央苏区所处的赣南、闽西地区，在土地革命前，由于封建统治

---

① 洛甫：《关于新的领导方式（四）》，《斗争》第28期，第13版，1933年9月20日。

② 毛泽东：《关心群众生活，注意工作方法》，《毛泽东选集》第1卷，人民出版社1991年版，第138—139页。

③ 《雩都保林区光荣的动员》，《红色中华》第145期，第1版，1934年1月19日。

④ 柏台：《兴国的优待红军家属工作》，《红色中华》第203期，第3版，1934年6月16日。

阶级"施行愚民政策，将工农群众排除于教育之外"，致使"广大劳苦群众文化程度较低，识字的较少"。① 根据这一特点，中央苏区中央局机关报《斗争》发表文章倡导：一、"各种各样的口头宣传工作，更有效用，而且这应该是我们宣传鼓动工作的主要方式"。二、"宣传品必需简单明了，为广大群众所了解，把握着群众脉息的跳动，鼓励和提高他们的革命情绪"。三、"每一种宣传品，都必需有时间性、地方性和充分的鼓动力量"。四、"每张宣言、每张传单都要能够在广大劳苦群众的心坎中，燃烧起革命的热情和造成极度的兴奋"。五、"宣传鼓动队，要成为经常的组织，它不只是在纪念节应该动员，而且要有计划的在广大群众中进行经常性的工作（集体的、个别的）。对于宣传鼓动员应该加以经常的训练，召集宣传鼓动员的会议，把党的一切决议，经过他们深入到广大群众中去"。②

另一方面，在反对官僚主义、转变脱离实际不求实效的动员工作方式上，中央政府机关报《红色中华》刊登专题性论文指出："在我们的队伍中，宣传家、煽动家是决不少过于组织家的。但是我们的宣传家还没有充分的被利用起来，而且他们还不知道怎样去做最激动人的有效的鼓动工作。这里，头一个问题是宣传鼓动的基本内容。我们的同志喜欢写长篇累牍的宣传大纲，作几个钟点的讲演，但是往往不能把目前战争的形势与我们所处的地位、我们的任务，利用五分钟的报告，利用最通俗的煽动的言语，向每个党团员、向广大群众进行清楚明白地解释，使他们知道他们自己的地位是应该在前线上，站在战线的最前面去！"③中共中央在 1934 年 5 月 12 日给各级党团和扩

① 《中华苏维埃共和国中央执行委员会与人民委员会对第二次全国苏维埃代表大会的报告》，《红色中华》第二次全苏大会特刊，第 3 期，第 9 版，1934 年 1 月 26 日。

② 尚昆：《转变我们的宣传鼓动工作》，《斗争》第 2 期，第 9—10 版，1933 年 2 月 4 日。

③ 然之：《把动员中的宣传鼓动工作实际的加强起来》，《红色中华》第 190 期，第 1 版，1934 年 5 月 18 日。

红运动机关的指示信中,也严令纠正扩红动员“只偏重在组织的工作方面,而极端的缺乏党内宣传解释与群众中的煽动工作”①等不良现象。

（4）宣传鼓动要群众喜闻乐见,形式应灵活新颖、丰富多彩

1933年2月1日,中央土地部在发布《春耕计划》的训令中,要求:“为使群众普遍了解,使春耕运动造成热烈的空气起见,各级政府须用本地土话,将春耕计划与意义,编成山歌小调剧本,并多出画报、小标语等散播到群众中去,演唱宣传,并须经常将生产情形做墙报及做稿送来《红色中华》登载。”②同月4日,《斗争》发表署名文章指出:“化妆演讲、活报、戏剧等是广大群众最能了解、最富兴趣的宣传方式。”③1933年11月,兴国县委在推销公债的运动中,就“常派宣传队、化装讲演队,表演新剧活报,深入群众中作广泛的宣传,使每个群众对经济建设公债有深刻的了解与认识”④。

1934年2月,中央教育部派驻长胜县、西江县等地收集粮食的突击队,“开始突击时,召集了全区突击运动大会,在会上采用了问答式的宣传方法,用种种比喻来向群众解释,使群众都了解收集粮食的意义,最后全体举手表决同意突击队提出的办法,当场就推销了公债三百余元,并决定本月十七日以前各负责人员的谷子要首先缴完”⑤。同月,福建省“在这次收集粮食突击时,有许多地方组织了儿童的山

① 然之:《把动员中的宣传鼓动工作实际的加强起来》,《红色中华》第190期,第1版,1934年5月18日。

② 《中华苏维埃共和国临时中央政府土地人民委员部训令》,《红色中华》第52期,第6版,1933年2月13日。

③ 尚昆:《转变我们的宣传鼓动工作》,《斗争》第2期,第10版,1933年2月4日。

④ 杨荣楷:《兴国党怎样推销公债》,《红色中华》第130期,第3版,1933年11月29日。

⑤ 《中央教育部粮食突击队员通信》,《红色中华》第154期,第1版,1934年2月24日。

歌队，挨家挨户去做宣传工作，获得了不少的效果”①。

1934年5月18日，《红色中华》发表《把动员中的宣传鼓动工作实际地加强起来》的文章，强调红五月扩红运动中，“鼓动的方法不只限于言语文字，不只拘束于呆板的会议方式。我们应该抓住各种各式的短促的鼓动群众的机会，不论在农村或城市中，只要有几分钟时间，便可以利用圩日、纪念节来举行飞行集会，只要是有群众、有赤少队所在的地方，我们都可以组织晚会，散发标语传单、画报宣传品。这里特别要加强各地政治文化机关如图书馆、学校、俱乐部、剧社的宣传工作，使我们的每一个文化组织的细胞都一致来参加红五月扩大红军的突击任务”②。

6月2日，中共中央，中央人民委员会在“为紧急动员二十四万担粮食供给红军”致各级党部及苏维埃的指示信中，要求：“各级党部与苏维埃必须利用一切可能的宣传鼓动方式，经过支部会议、城乡代表会议与各种群众团体的会议，以及利用各种个别谈话、演讲等等通俗的方式，把动员（收集）粮食的战斗意义，明白地解释给群众听，把粮食问题与扩大红军及革命战争的中心任务最密切的联系起来。”③

在动员群众的工作中，党和临时中央政府还十分注重总结和推广宣传鼓动的先进经验和新的方式。1933年11月5日，《斗争》第33期刊载《怎样做墙报工作》的文章，从墙报应担当的三大任务，以及根据任务提出的四项内容，到栏目的分类、编辑的方法、文字通俗明白的要求，及至墙报编辑委员会与通讯员的关系等，详细阐明了墙

① 景阳：《布尔什维克的动员方式》，《红色中华》第155期，第2版，1934年2月27日。

② 《把动员中的宣传鼓动工作实际地加强起来》，《红色中华》第190期，第1版，1934年5月18日。

③ 中共中央委员会、中央政府人民委员会：《为紧急动员二十四万担粮食供给红军致各级党部及苏维埃的信》，《红色中华》第198期，第1版，1934年6月5日。

报“应当是反映墙报所在地的周围群众的实际生活，是支部教育、鼓动群众的武器，是提高周围群众文化程度的工具”①等重要作用。

1934 年 9 月 11 日，《红色中华》第 232 期在宣传方法介绍专栏中，以《宣传鼓动的又一新方式——画报讲演》为题，专门介绍了瑞金合龙区在“创造模范红属”的动员工作中，运用画报演讲进行宣传鼓动的经过和成效，并总结主要经验为：“一、画报讲演的图画要着色，更能吸引观众的注意。二、画报的内容要浅显通俗化，群众易于看懂。三、宣传员对每张画报应充分的了解，避免误解画意。四、宣传方式最好让观众多问，宣传员不宜太多说话，要会启发，使观众互相解答，使宣传能广泛地深入。五、组织画报讲演的形式，用后两种办法更简便灵活。”②

综上所述，中央苏区别开生面、丰富多彩的宣传鼓动方式，无疑在“唤起工农千百万”，为完成党所提出的各项任务，而事半功倍地发挥了“燃烧起革命的热情”“鼓励和提高他们的革命情绪”③的作用。

3. 竞赛鼓励

在党领导反腐败斗争的群众运动的推动下，中央苏区各级政府反对强迫命令等官僚主义作风，建设新的苏维埃的工作方式，除重视组织动员和宣传鼓动外，通常还运用竞赛鼓励的方法。

1932 年 10 月 21 日，中央执行委员会颁布第十七号训令《为发行第二期革命战争公债》，其中关于动员群众购买的一系列办法中就包括：“用革命竞赛方法，县与县、区与区、村与村、团体与团体比赛，谁

---

① 年：《怎样做墙报工作》，《斗争》第 33 期，第 16 版，1933 年 11 月 5 日。

② 戈丽：《宣传方法介绍——宣传鼓动的又一种方式画报讲演》，《红色中华》第 232 期，第 4 版，1934 年 9 月 11 日。

③ 尚昆：《转变我们的宣传鼓动工作》，《斗争》第 2 期，第 10 版，1933 年 2 月 4 日。

购买的多、缴款的快，谁就胜利，由上一级政府发给奖旗和名誉奖。”①为配合中央执行委员会训令的执行，《红色中华》同时发表《以宣传鼓动，革命竞赛来推销公债》的社论，社论在论述竞赛方法的运用时指出：“我们还要以革命竞赛，地方政府与地方政府、革命团体与革命团体看谁能推销得多，看谁能推销得快。规定推销一万元的，要推销到一万五千元；规定十天推销完的，要五天就推销完。我们提议财政部于本届公债推销完毕以后，作一个统计出来，宣布给全苏区工农劳苦群众看，谁的成绩顶好，可列名红版，谁的成绩顶坏，可打入黑藉。”②所谓“红版”“黑藉”（或称“红板”“黑板”），是竞赛中奖励优胜、鞭策落后的工具。“譬如在一个竞赛中，哪些同志的成绩最好，在一个红板上就把这些同志的姓名登出来。反之，有种成绩不好的，或者顶坏的，我们就把他们登在‘黑板’上来教大家来以这些同志为戒。”③

竞赛鼓励的方法在中央苏区被广泛运用于发展生产、节省经济以及支援革命战争等群众运动的动员工作中。1933 年 2 月 1 日，中央土地部在发布的《春耕计划》训令中，为了“从政治上很好的去动员广大群众来执行（计划）”而提出的一系列动员方式之一，就是“要组织生产竞赛，乡与乡赛，村与村赛，家与家赛，团体与团体赛，机关与机关竞赛，甚至个人与个人竞赛”④。并要求制定竞赛胜利标准和奖励章程。

① 中央执行委员会第十七号训令：《为发行第二期革命战争公债》，《红色中华》第 38 期，第 2 版，1932 年 11 月 1 日。

② 社论：《以宣传鼓动、革命竞赛来推销公债》，《红色中华》第 38 期，第 3 版，1932 年 11 月 1 日。

③ 《紧急战争动员中的“红板”名单》，《红色中华》第 46 期，第 6 版，1933 年 1 月 7 日。

④ 《中华苏维埃共和国临时中央政府土地人民委员部训令——春耕计划》，《红色中华》第 52 期，第 6 版，1933 年 2 月 13 日。

1933年6月,“为了动员几百万工农群众最高度的积极性来执行中央政府的查田运动训令”,中央召集的瑞金、会昌、雩都、胜利、博生、石城、宁化、长宁等八县查田运动大会决定,八县区以上苏维埃就完成清查阶级,分配没收的土地、财产,加紧肃反等查田任务,以及实现扩大红军70 500名、筹款80万的工作目标,互相订立竞赛条约。① 8月,中央苏区南部十七县也在经济建设大会上相互订立竞赛条约,就8、9、10三个月推销公债、发展合作社、增加社员和股金数,以及9月至次年2月底筹款数和建谷仓及存谷数等举行比赛。②

1934年1月8日,中共中央、中央人民委员会在公布《关于优待红军家属的决定》的第十条中规定:“各级党部必须领导青年团、工会、女工农妇代表会,以及互济会、反帝拥苏同盟等,以革命竞赛的热情来参加优待红军家属的运动。凡属优待红军家属工作的模范,应该受到党和政府的光荣的奖励。”③3月2日,国家企业弹药厂,枪炮厂,擦械厂,军委印刷所,第一、二、三被服厂,粮秣厂,卫生材料厂,福建军区修械所,印刷厂,财政部印刷所,草鞋厂等工厂,“为着充分的供给前方军用品的需要,保证革命战争的胜利,完成与超过军事工业工厂的生产计划”,特互订了“三月十六号起至五月十六号止两个月”的革命竞赛条约,竞赛内容包括按时保质超额完成生产任务、节省原料、遵守厂规、讲究卫生、文化教育、协助管理工厂和计划生产、健全赤少队组织、进行礼拜六的工作等。条约还议定:“最少每月召集各厂竞赛代表联席会议实行检阅一次,在竞赛期间完满时,召集工会及竞赛代表和公证人到会参加评判竞赛的优胜,模范工厂由全总

① 《八县查田运动竞赛条约》,《红色中华》第91期,第6版,1933年7月5日。

② 《中央苏区南部十七县经济建设大会中的竞赛条约》,《红色中华》第103期,第2版,1933年8月19日。

③ 《关于优待红军家属的决定》,《红色中华》第143期,第1版,1934年1月13日。

执行局奖给模范光荣牌一面，并各厂派一代表迎送前去。”①

1934 年 3 月 13 日，《红色中华》“提议在四月至七月这四个月中来节省八十万经费”的同时，号召：“为着达到这一数目，我们必须使这个节省运动成为广大的热烈的群众运动，动员党团工会，全体苏维埃工作人员及各学校一致热烈的举行节省经费的革命竞赛。”②三天后即 3 月 16 日，中央财政部、粮食部、贸易局、粮食调剂总局、国家银行、中央印刷厂、财政部印刷所、造币厂、中革（军委）印刷所、合作总社、国家银行瑞金支行等十一个机关职工会，互派全权代表，订立“提高劳动纪律，实行节省运动的革命竞赛条约”。竞赛时间“定为一百天，自一九三四年三月二十一日起到六月三十日止”。③

同年 7 月 28 日，《红色中华》报道沈泽民苏维埃大学收集粮食突击工作组在太雷县运用竞赛鼓励方法动员群众的宝贵经验和具体做法为：一、“发扬群众革命竞赛的热情，他们以挑战书和情形相同的各乡挑战，挑战书在群众大会面前宣读、鼓动，使每个群众都兴奋起来，都下一个无论如何要战胜的决心，这里最好的例子就是太雷珠江区新田乡接到高机乡的战书后，他们立即动员起来，在一个干部会议上就得到二十九担谷；新田乡又写信向高机乡挑战，高机乡的群众更加兴奋，红军家属领导群众整担的打冲锋，结果高机乡在几天内超过原定计划六十五石、新田乡也超过了二十余担。其他几乡也或多或少的超过了”。二、“发捷报、贴红榜表扬光荣的模范。某一地方的

① 《国家企业工厂互订竞赛条约》，《红色中华》第 162 期，第 4 版，1934 年 3 月 15 日。

② 本报号召：《为四个月节省八十万元而斗争！》，《红色中华》第 161 期，第 1 版，1934 年 3 月 13 日。

③ 《在提高劳动纪律实行节省声中十一个机关职工会订立竞赛条约》，《红色中华》第 175 期，第 4 版，1934 年 4 月 14 日。

粮食动员获得很大的成绩或个别群众的光荣模范，立即发出捷报到各乡去，同时把这些光荣的成绩写在红纸上，张贴到各个交通要道，并且把收到群众的谷子和姓名公布出来，以表示谷子已经交到仓库，这样去提高群众的积极性”①。《红色中华》报道的这一典型事例说明，竞赛鼓励的动员方法，在广泛发动群众以及充分调动群众积极性上都取得了显著成效。

4. 新工作方式带来新气象

一切工作都建筑在动员群众、宣传鼓动群众的基础上，“我们领导群众的主要方法是在说服群众，使群众相信我们的主张的正确，使群众执行我们党所提出的每一任务”②。这种与官僚主义作风截然相反的、新的苏维埃的工作方式，不仅密切了党和苏维埃政府与广大工农群众的联系，增强了党的执政基础，而且为苏维埃各项工作的开展带来了新气象。

在公债的推销中，雩都县岭背区上营乡开始时“用强迫命令，按照人口平均分配的办法，结果使得群众很不满意”；后来，区委“派得力的同志，去该乡召集群众大会，严格指出了照人口平均分配的错误，把经济建设公债的意义详细的报告一次，会场中由该乡负责同志自动购买十二元，后来引起全会场群众积极性，大家都热烈的自动争先恐后的购买，你一元我二元的竞赛，在一点钟的时间，已推销一千一十元”③。兴国县委推销公债“召集过各区书记、模范中心支部书记，以及妇女干事联席会议，在区召集过常委会、支书和活动分子会、支部党团员大会；党外召集过城乡代表会、女工农妇代表会、乡村群

① 《怎样使落后区变为先进区——苏大工作组在粮食突击中的宝贵经验》，《红色中华》第220期，第3版，1934年7月28日。

② 洛甫：《关于新的领导方式（四）》，《斗争》第28期，第10版，1933年9月30日。

③ 《一片推销建设公债声》，《红色中华》第117期，第3版，1933年10月9日。

众大会，以及各种群众团体会议，同时全县还召集经济建设大会。在各个会议上，兴奋起党内外群众，开展竞赛精神，自动的热烈的来推销，并从各个组织中来深入动员。在县、区、乡还组织了发行国债委员会，同国民经济部有计划地进行这一工作，有些区还组织了国债推销队帮助去进行。另方面加紧宣传鼓动，经常派宣传队、化装讲演队，表演新剧活报，深入群众中作广泛宣传鼓动，使每个群众对经济建设公债有深刻的了解与认识”①。

瑞金县城区南郊乡推销公债的强迫摊派，曾一度“规定是：贫农二元，中农四元”；“因为强迫摊派，给了反革命以造谣破坏的机会，引起群众的不满意，当然没有什么成绩”。后来，经过县土地部同志的纠正，“扣留了二个破坏分子，同时该乡的领导人也能够深刻了解过去的错误，从此转变新的领导方式，重新动员，深入群众作宣传鼓动，特别是能够自己先买多买，……不但（推销公债）数目字有大的进步，群众的革命热情也跟着数目字的进步而更加提高起来了”。②

在扩大红军的突击运动中，江西省的“动员方式进一步的改善”：“一般的根据着省代表大会对目前战争形势的分析，作了相当的政治动员及运用了组织系统上的动员与推动，上层的动员即能得到下层的反应。同时，一般的抓住了赤少队为动员的基本单位，大大的减少了强迫命令官僚主义的错误方式。……许多地方能真正深入群众去作宣传说服，如博生县到站田区的突击队，不但能够很实际去召集一屋一屋的群众会议，而且能亲身到田间去找正在割禾的群众从实际问题谈起，结果五个群众，除二个老的外，余三个都被宣传加入了

---

① 《兴国党怎样推销公债?》，《红色中华》第130期，第3版，1933年11月29日。

② 杨友青：《瑞金经济动员的检阅》，《红色中华》第111期，第3版，1933年9月21日。

红军。”①

零都县保林区沙保乡、沙风乡、半路斜乡通过“有计划的动员最积极的最好的党员去当红军”，以及“发动了广大的群众进行了热烈的慰劳和优待红军家属及新报名的新战士家属，使群众了解扩大红军突击运动的意义，以及当红军的光荣”，“认识了要保障土地革命的利益，每个工农群众都应该踊跃上前线去消灭敌人，粉碎敌人对苏区的五次‘围剿’”。“这三乡在四十岁以下、十六岁以上的青年，自动热烈的提出‘全线出击’的口号，全乡动员加入红军，造成了扩大红军突击运动中最光荣的模范与领导的先声。”②宁化县的扩红突击运动，“严厉打击了个别区乡的官僚，命令，机会主义怠工的领导者”，并且“肃清了个别阶级异己份子对这一工作的阴谋破坏……转变了新的工作方式，加紧了政治鼓动，运用了突击精神，执行优红工作，于是各地的英勇工农便如潮水般涌进到红军中去”。③

在收集粮食的突击中，沈泽民苏维埃大学赴太雷县珠江区工作组“依照中央指示去发动群众使它成为广大的群众运动”，“他们不怕麻烦的训练当地干部到每一群众家里向他们解释，想出种种的方法来引起他们对于敌人的阶级仇恨，激动他们为着保卫土地革命利益而牺牲一切的热情，对于地方上的干部，更充分的和他们作个别谈话，然后组织他们到突击队里来，领导广大的群众。在以每村每屋为单位的群众大会上不辞重复的和群众作恳切的谈话和富于鼓动性的演说，并事先布置红军家属和干部在大会上发言和带头节省借谷，以造成一切为着革命战争的热烈空气”。“结果，群众的积极性一天天

① 《江西扩大红军突击运动的初步总结》，《红色中华》第126期，第2版，1933年11月17日。

② 《雩都保林区光荣的动员》，《红色中华》第145期，第1版，1934年1月19日。

③ 马维祺：《宁化突击运动在斗争中完成了》，《红色中华》第148期，第2版，1934年2月12日。

的高涨，动员工作也一天天的开展。过去被（强迫命令）压迫得哭起来的群众，现在都笑嘻嘻挑着整担的谷子送到乡政府来了；特别是红军家属几担几担的打冲锋，来做群众的光荣模范，引起广大群众拥护红军的热情，自愿的把借谷改为节省，不要公家发还。因此在短短的十几天当中，过去工作停滞的落后区立即转变为最先进的模范区了。"①

宁化县在收集粮食的突击运动中，"动员了积极分子带头先买先交，把先买、先交者的名字用红纸公布，鼓励群众进行革命竞赛，因此得到了相当的成绩"。长汀县河田区"各俱乐部列宁室墙报，都出了收集粮食突击专号，起了宣传鼓动的作用"。长汀县濯田、三洲等区，妇女在收集粮食的动员中起了突击作用，"在群众大会上有妇女突击队向没有交谷子的群众指名突击，联系到群众切身利益，各个说服工作才获得转变"②。

瑞金县武阳区石水乡在 1934 年夏耕运动中，"全乡都发动了生产比赛，激发了群众极大的革命热忱。本乡的办法：家与家比，屋（场）与屋（场）比，村与村比，乡与乡比。比什么？比耕耘，比肥料，比杂粮蔬菜种得好。党团政府与群众团体会议的紧张、工作的激进，比赛起了很大的推动作用"③。

江西省在 1934 年秋收借谷运动开始时，"有些地方如胜利（县）的平安桥头也发生了平均摊派的方式，后来迅速纠正了，进行了广泛的宣传解释，除了在各种会议中能够清楚的解释目前战争形势与借谷给红军的重大意义外，在许多地方还普遍的以乡、以村举行了晚会，组织了秋收借谷的宣传队，和化装宣传到各村各屋去进行艰苦的

---

① 《怎样使落后区变为先进区——苏大工作组在粮食突击中的宝贵经验》，《红色中华》第 220 期，第 3 版，1934 年 7 月 28 日。

② 《布尔什维克的动员方式》，《红色中华》第 232 期，第 2 版，1934 年 9 月 11 日。

③ 中央土地人民委员部：《关于夏耕运动大纲》，中共江西省委党史研究室等编：《中央革命根据地历史资料文库 · 政权系统》第 7 册，中央文献出版社、江西人民出版社 2013 年版，第 710 页。

宣传，更发扬了群众积极性。如在万泰（县）某区的一个群众在一次会议上听了秋收借谷的宣传解释后，即自动提出：‘我分了五担田，今年割了五担谷，我完全借给红军，消灭了敌人，什么东西都会有。’在兴国、胜利宣传工作做得特别深入，所以群众自动要求不要借谷票，把借谷改为节省（即“捐谷”）。胜利的群众在会议上承认了借谷数目，很迅速的把谷子送到乡苏，甚至还有自己的迟禾未割，向割了早禾的群众借来交给乡苏”①。

诸如上述转变工作方式推动苏维埃各项工作改变面貌、蓬勃发展的情形，正如“二苏”大会通过的《苏维埃建设决议案》中，充分肯定“自第一次全国苏维埃代表大会以来，各级苏维埃在其组织与工作上，是有了极大的进步与成绩”时指出的那样：“在许多地方苏维埃机关之内已开展了反对官僚主义的斗争，苏维埃的工作方式是有了相当的改善，所有这些，都使广大工农劳苦群众更进一步认识苏维埃是工农自己的政权机关，所以苏维埃能够动员最广大的群众来进行大规模的反帝国主义国民党的革命战争。”②

四、反消极怠工“充分的执行一切的战争任务”③

（一）消极怠工“这是极坏的现象”

处于“四周白色政权的包围”和国民党频繁的军事“围剿”中的

① 《江西省已于本月十日完成粮食动员》，《红色中华》第232期，第2版，1934年9月11日。

② 《苏维埃建设决议案》，《红色中华》第152期，第5版，1934年2月20日。

③ 中央工农检察委员会训令检字第二号：《继续开展检举运动》，《红色中华》第177期，第3版，1934年4月19日。

中央苏区,任何妨碍或影响苏维埃各项工作紧张开展和战争动员各项任务及时完成的消极怠工现象,都将危害红色政权的生存和革命战争的发展。毛泽东指出,消极怠工是官僚主义的表现之一,“不理不睬或敷衍塞责的机会主义消极怠工,这是极坏的现象”,他号召人们“要同这种现象作严肃的斗争”。① 中央苏区党和政府高度重视消极怠工的危害,坚持不懈地反对消极怠工,除开展专项斗争提出“消灭一切疏忽松懈的现象”②“反对对于参加革命战争的消极”③等特定任务之外,往往是将“消极怠工与官僚主义”相提并论地号召广大工农群众“应当与之进行无情地斗争”④,或相提并论地要求“各级工农检查部必须加紧检举对于战争动员工作的消极怠工和官僚主义的分子”⑤。另一种常见的表述是将“消极怠工的份子”与“贪污,腐化,浪费份子”“阶级异己份子”“包庇地主富农与妥协的份子”等并列为检举的对象⑥,号召“要来一个大大的检举运动,洗刷他们出苏维埃政府机关及地方武装中去”⑦。

消极怠工贻误党的事业,阻碍苏维埃政纲、法令的执行,其主要表现如下:

① 毛泽东:《粉碎五次“围剿”与苏维埃经济建设任务》,《红色中华》第102期,第4版,1933年8月16日。

② 人民委员会命令第五号:《切实执行工作检查》,《红色中华》第12期,第5版,1932年3月2日。

③ 项英:《反对对于参加革命战争的消极》,《红色中华》第13期,第1版,1932年3月9日。

④ 《关于红军问题决议》,《红色中华》第152期,第6版,1934年2月20日。

⑤ 《中央政府为粉碎五次“围剿”紧急动员令》,《红色中华》第123期,第2版,1933年11月2日。

⑥ 中央工农检察委员会训令检字第二号:《继续开展检举运动》,《红色中华》第177期,第3版,1934年4月19日。

⑦ 中央工农检察人民委员部训令第二号:《关于检查苏维埃政府机关和地方武装中的阶级异己份子及贪污腐化动摇消极份子问题》,《红色中华》第45期,第3版,1932年12月19日。

1. 疏忽懈怠

“有的乡苏关着门不做事，全部工作大半挂着空名而没有工作。”①“有许多地方政府没有照着法令切实执行，或者是执行得极不充分，甚至有忽视执行上级命令和法令的疏忽懈怠的严重现象。”②崇义县“第一区第二乡政府的主席非常腐化，消极怠工，……第二区第三乡政府的主席，工作也是消极，并且没有什么日常工作，尤其对目前敌人骚扰茶滩时，这主席全不负责，连号召群众做应敌放哨等工作，就不能做到”③。

“百事不管”的雩都县岭背区来溪乡苏维埃主席李明德，在出席区苏讨论扩大红军工作的乡主席联席会议时，“睡在竹床上不理会会议中讨论什么事，有人问他，你为什么这样呢？他也不听人家说的话，又问他，将来扩大红军工作怎样去宣传动员呢？他又不理”。④

《雩都县苏消极怠工》：中央政府的修路计划自1933年12月颁布至1934年2月“已经三个月了，有的地方完全完成了这个计划应完成的部分（如兴国），有的完成了十分之八九（如瑞金、西江、长胜等），还有的地方已修筑了一部分（如长汀、筠岭、博生等），独有雩都的各级政府，到现在对于中央政府的修路计划还未讨论过一次，连一里路都未曾修理，对于修路工作完全疏忽了，这样放弃自己的职责，对修路工作表现可耻的消极”⑤。

---

① 中央执行委员会第十五号训令：《关于继续改造地方苏维埃政府问题》，《红色中华》第35期，第1版，1932年9月27日。

② 人民委员会命令第五号：《切实执行工作检查》，《红色中华》第12期，第5版，1932年3月2日。

③ 《中共崇义县委关于第一次常委会决议的通知》，中央档案馆、江西省档案馆编：《江西革命历史文件汇集》（一九三二年·一），馆存本，1992年，第14页。

④ 方祥光：《百事不管的乡苏主席》，《红色中华》第110期，第7版，1933年9月18日。

⑤ 宗伟：《雩都县苏消极怠工》，《红色中华》第151期，第2版，1934年2月18日。

2. 敷衍塞责

1932 年 2 月，中央政府在给江西省苏维埃的指示信中，曾严厉批评许多地方苏维埃工作人员中充满了“因循苟且，敷衍塞责的恶习气”①。同年 4 月 21 日，梁柏台在《红色中华》发表《宁都苏维埃工作之一班》的文章中，就“选举工作，在宁都做得非常不充分”的缺陷，细列“马马虎虎，敷衍塞责”的具体表现为：“有的地方，没有填选民登记表，就选出代表来了，有的地方，选民登记表没填写完就选举了代表。选举大会很少有记录，选举是否合法，无从查考。选举委员会有的地方没会组织，即有组织的地方，也是挂一个空名。安福区把吃鸦片烟的，不分阶级成份，一概剥夺了选举权。固厚区富足乡把四十五岁以上的都剥夺了选举权。所选举的代表(数)，大都以选民(数比例)为标准，不是以居民(数比例)为标准，选举细则和中央执行委员会的第八号训令，看过的人很少，所以在选举中弄成许多错误，有的地方甚至要重新选举过。”②

1934 年 3 月，在响应党中央、中革军委号召，开展整理和健全赤卫军、少先队组织的突击运动中，赣县山溪、大湖江、大都等区徒具形式、虚应故事的状况为：有的“虽然在名义上说是编好了，但是还有一部分不能紧急集合，并且党的组织也还没建立。”有的“只整理了班、排，而连、营级的组织还没有编好。”还有的“连数目字都较不清楚，形式上虽然说是编好了，但实际上，比过去的编制并没有大的改变，写着名字就叫做编好了。”③与此同时，汀东县整理赤少队虚有其

① 《中央政府指示江西省苏的一封信》，《红色中华》第 10 期，第 8 版，1932 年 2 月 17 日。

② 柏台：《宁都苏维埃工作之一班》，《红色中华》第 18 期，第 6 版，1932 年 4 月 21 日。

③ 《严重的赣县的赤少队突击运动》，《红色中华》第 163 期，第 2 版，1934 年 3 月 17 日。

表的类似现象为:"支部未曾动员只依靠突击队单独行动,工会还没有晓得'百分之八十的工友加入赤少队'的号召,指挥机关没普遍地建立,有连的名义而无排、营长,或反之有营长而无连长、排长,党员加入的数目微小。"①

3. 退却逃跑

1932年8月10日,福建省苏维埃政府发布第二十四号通令指出:"现当发展革命战争时期,领导群众斗争、指挥地方武装消灭敌人,成为各地方政府中心任务,谁对此消极怠工,谁就是革命的罪人。长汀县苏不但不能负起领导责任,反当匪徒进攻时,相隔数十里即闻风逃跑好几次,这是多么严重的现象。"②

1933年3月30日,《红色中华》在《给一切官僚主义者和开小差退却逃跑分子以无产阶级铁锤痛击》的专栏中,曝光开小差退却逃跑的典型事例如下:

> 《逃跑的县苏军事部长》:宜黄县苏为了红军要去消灭向黄陂前进的敌人,特派他们的军事部长到黄陂去领导群众参战,不料这位军事部长,胆小如鼠,一到黄陂一听到枪响,就吓得心惊胆战,夹着一把雨伞就向后转,并且还告诉区革命委员会和工作委员会的同志也要他们"暂避一下"。
>
> 《战场上的喜剧》:在闽西红军上次进攻蓝家渡敌人的战役中,大部分红色战士都非常英勇坚决,可是有几个战斗员,甚至指挥员,却像小鬼般地动摇不定,在战场上演了许多活喜剧。如

---

① 陈挺、忠全:《汀东扩大赤卫军计划已完成一半》,《红色中华》第165期,第2版,1934年3月22日。

② 《福建省苏维埃政府通令第二十四号——关于查办长汀县苏主席蓝兴南事》,中央档案馆、福建省档案馆编:《福建革命历史文件汇集》(苏维埃政府文件,一九三一年——九三三年,馆存本,1985年,第301页。

进攻将军地时,八师一团二连的一个排长,看见敌人冲来,即把队伍带着往后退。在黄潭作战中有少数战斗员自由离开火线,回到后方来。

《躲避斗争的排长》:最近兴国市调动模范师的一部到前方去配合红军作战,全体战士都很有认识,非常兴奋。只有一个排长吕继作,他不但不去动员士兵同志,而且当士兵同志请他出发的时候,他就躲避了起来。

《三十六计逃为上》:当敌人进攻太宁时,(太宁市委、市苏)对战争紧急动员工作半点没有,特别是城市党、团书记(党书记谢继善,团书记张复仑)看到敌人的进攻,就动摇起来,只知道退却逃跑,丝毫没有坚定的胜利的信心。

1933 年 4 月 1 日,《青年实话》发表文章,细数"开小差的恶果:一、使红军数量减少,实力降低,就是等于削弱红军。二、一个开小差能够影响其他红军开小差,所以,开小差是扩大红军最大障碍。三、这个同志或这个群众开小差,就表现他对革命的动摇,没有长期刻苦耐劳的革命战争的精神。四、如开小差后,经过解释与解决他的困难,再不去归队,这就有意破坏红军,实际上等于公开的帮助反革命"①。

退却逃跑"开小差是对革命怠工","开小差是帮助敌人"②,涣散削弱红军战斗力。为反对和制止开小差的现象,1932 年 9 月 20 日,中央执行委员会在发布的《关于扩大红军问题训令》中就曾号召"在群众中发动反开小差运动",并强调"要以反对开小差的运动来消灭开小差的风气"③。1933 年 3 月 13 日,中央劳动与战争委员会下发

① 绩之:《论归队运动》,《青年实话》第 2 卷第 10 号,第 6 页,1933 年 4 月 1 日。

② 《中央执行委员会关于扩大红军问题训令》,《红色中华》第 34 期,第 2 版,1932 年 9 月 20 日。

③ 同上。

《关于扩大红军与逃兵归队问题》第二号通知："决定从 3 月 20 日到 4 月 20 日止为反对开小差运动，督促一切开小差的全部归队。"要求"依靠各群众团体动员广大群众来参加这一运动"，"要使每个工农群众，无论老的、小的和开小差的兄弟、老婆、朋友，都耻笑开小差，劝开小差者归队；使开小差的从政治觉悟上与群众的耻笑而激发他的革命热情，自愿归队。同时，对于一部(分)缺乏革命热情而自甘堕落，对于革命怠工而不愿归队者，除以群众力量来打击他外，政府应将他所穿的军服被毯限令缴出转交上外，还可在群众赞成与拥护下，罚他帮助群众耕红军公田，帮助其他红军家属耕种，以示惩戒"。[①] 1933 年 12 月 15 日，中央执行委员会专门颁布《关于红军中逃跑份子问题》的命令，命令区分拖枪逃跑、组织逃跑、屡次逃跑、造谣破坏、因政治觉悟不够而个人逃回，以及顽固不归队、收容逃跑分子等情形，并统筹兼顾地统一规定了处置办法。[②]

（二）党和政府倡导与群众性反消极怠工的斗争

1. 中华苏维埃建国后持续颁布反消极怠工的命令、训令、指示和决议

首先，针对中华苏维埃共和国建国后许多地方政府忽视和消极对待上级命令、敷衍塞责的现象，为了统一政令，推动苏维埃各项政纲、法规在各地的执行，临时中央政府发布了一系列反对忽视上级命令、消极怠工的命令、训令和指示。1932 年 2 月 17 日，中央政府在给江西省苏维埃的指示信中，严厉指责许多地方政府对上级的命令、通

① 劳动与战争委员会：《关于扩大红军与逃兵归队问题》(通知第二号)，中共江西省委党史研究室等编：《中央革命根据地历史资料文库・政权系统》第 7 册，中央文献出版社、江西人民出版社 2013 年版，第 638—639 页。

② 中央执行委员会命令：《关于红军中逃跑份子问题》，《红色中华》第 136 期，第 1 版，1933 年 12 月 20 日。

知、决议等“置之不顾”或“因循苟且，敷衍塞责”的现象，“成为一切工作进行的障碍，是旧官僚时代的恶习”，并号召人们“坚决同这种恶习气斗争，消灭这种恶习气”①。3 月 2 日，中央人民委员会发布《切实执行工作检查》的命令，特别指出疏忽懈怠“这对目前革命斗争的领导极有妨碍，是苏维埃政权之下所绝对不允许的事情”。命令要求各级政府，“在工作检查中应该考察在政府机关的工作人员是否有消极怠工腐化、不尽职等等的情形，对于一切不执行上级命令和工作不积极的要予以革命纪律的制裁，以强固苏维埃政府，使苏维埃的工作紧张起来，消灭一切疏忽松懈的现象”②。

其二，在经济建设、战争动员等群众运动开展的过程中，党和中央政府一再重申反对消极怠工的纪律和要求。1932 年 2 月，中央政府在发布关于春耕问题和节俭运动的两个训令后，为推动春耕和节俭“形成广大的群众运动，……以建立一个强大的发展革命战争的经济力量，去争取苏维埃更大的胜利”；中央政府副主席项英严肃指出：“谁要怠工和敷衍，谁就是苏维埃的罪人。”③3 月 9 日，中央人民委员会发布《积极参加革命战争努力帮助红军》的第四号训令，通令要求“各级政府对此工作不得有丝毫的疏忽和懈怠”，并明确规定：“凡是执行时，故意怠工的都要予以革命纪律的裁制，决不宽容。”④11 月 7 日，中央政府在成立周年发布的工作报告书中特别指出，对待红军家属条例“没有彻底执行和怠工的地方”，中央政府“除严办这些怠工

① 《中央政府指示江西省苏的一封信》，《红色中华》第 10 期，第 8 版，1932 年 2 月 17 日。

② 人民委员会命令第五号：《切实执行工作检查》，《红色中华》第 12 期，第 5 版，1932 年 3 月 2 日。

③ 社论：《发展生产，节俭经济来帮助红军发展革命战争》，《红色中华》第 10 期，第 1 版，1932 年 2 月 17 日。

④ 人民委员会训令：《积极参加革命战争努力帮助红军》，《红色中华》第 13 期，第 7 版，1932 年 3 月 9 日。

和违反法令的分子，并号召全体工农同志反对这些自私自利的分子，并严防和监督各地政府坚决执行”。①

1934 年 1 月，第二次全国苏维埃代表大会通过的《关于红军问题决议》进一步强调：“应当把优待红军家属的工作，变成广大的群众运动，教育每一个苏维埃公民，自觉的为拥护红军而来参加这个运动。一切国家机关与合作社必须准确的执行优待红军家属的条例与法令，广泛的进行礼拜六的工作。凡是对于组织优待红军家属的工作消极怠工与官僚主义，应当与之进行无情的斗争。”②此外，在扩红运动、查田运动、收集粮食等运动中，党中央和临时中央政府也多次发布打击和制裁消极怠工分子的训令、命令和指示。

其三，在重要公告和重大会议的决议中，党和中央政府特别强调要开展反消极怠工的斗争。1933 年 9 月 1 日，中央政府“为了消灭封建残余，使中农、贫农、工人群众得到全部土地革命利益”，在发布《开展查田运动》的公告中，特别指出：“工农群众应该在工农检察部领导之下，向着（消极怠工、命令强迫、混进苏维埃中的地主富农、贪污腐化等）这些坏分子做斗争。”③1934 年 1 月，全国“二苏”大会通过的《苏维埃建设决议案》，在指出“各级工农检查委员会必须经过各种群众团体，领导广大工农群众，来进行反官僚主义的以及反贪污浪费的斗争”的同时，特别强调：“各级苏维埃应该把工作人员的劳动纪律，提到最高度，对于不负责任的消极怠工份子，应给以严厉的打击与制裁。”④

其四，在历次选举运动，检举运动中，消极怠工分子都是苏维埃

① 中华苏维埃共和国临时中央政府成立周年纪念：《向全体选民工作报告书》，《红色中华》第 39 期，第 3 版，1932 年 11 月 7 日。

② 《关于红军问题决议》，《红色中华》第 152 期，第 6 版，1934 年 2 月 20 日。

③ 《开展查田运动》，《红色中华》第 114 期，第 6 版，1933 年 9 月 30 日。

④ 《苏维埃建设决议案》，《红色中华》第 152 期，第 5 版，1934 年 2 月 20 日。

法令、训令等规定改选淘汰、检举洗刷的主要对象之一。1931 年 11 月，中央执行委员会第一次全体会议通过的《中华苏维埃共和国的选举细则》规定，苏维埃的代表，若消极怠工“不执行自己的职务，有违人民的托付”，选民“有召回该代表之权，并得另行选举”。① 1932 年 8 月 17 日，红军总政治部制定《关于红军中团与青年工作的冲锋季的计划》，提出在 9 月 1 日至 12 月 30 日开展的转变和发展红军中团和青年工作的运动中，必须把“消极怠工的”、“动摇逃跑的”、“不受纪律的甚至贪污等等”的坏分子清洗出去②。1932 年 9 月 20 日，中央执行委员会在发布《关于继续改造地方苏维埃政府问题》的训令中明确指示，要从改选中洗刷出去“一切对革命战争工作消极怠工的份子”③。同年 12 月 1 日，中央工农检察部发布第二号训令，号召广大工农群众“对于被选举的各级苏维埃政府委员，及各级政府委任的工作人员，和各地军事机关及地方武装，独立师团，游击队，赤卫队，少先队等部队的指挥领导人员中的阶级异己份子，和官僚腐化动摇消极份子，要来一个大大的检举运动，洗刷他们出苏维埃政府机关及地方武装中去”④。1934 年 4 月 2 日，中央工农检察委员会发布《继续开展检举运动》的训令，明确指出：“继续检举运动，主要的是反对对于目前一切战斗任务的消极怠工，反对退却逃跑，……在这一斗争中，来检举苏维埃机关内的消极怠工的份子，贪污，腐化，浪费的份

① 《中华苏维埃共和国选举细则》，厦门大学法律系、福建省档案馆选编：《中华苏维埃共和国法律文件选编》，江西人民出版社 1984 年版，第 118 页。

② 《关于红军中团与青年工作的冲锋季的计划》，中共江西省委党史研究室等编：《中共革命根据地历史资料文库 · 军事系统》第 11 册，中央文献出版社、江西人民出版社，2015 年版，第 1573 页。

③ 中央执行委员会第十五号训令：《关于继续改选地方苏维埃政府问题》，《红色中华》第 35 期，第 1 版，1932 年 9 月 27 日。

④ 中央工农检察人民委员部训令第二号：《关于检查苏维埃政府机关和地方武装中的阶级异己份子及贪污腐化动摇消极份子问题》，《红色中华》第 45 期，第 3 版，1932 年 12 月 19 日。

子，脱离群众离开群众利益和工作上的官僚份子。”①

2. 群众性的斗争有力地打击了消极怠工分子

中华苏维埃共和国建立后，党和临时中央政府持续颁布的反消极怠工的命令、训令、指示和决议，为中央苏区不同时期开展反消极怠工的斗争指明了目标和任务；中央苏区各地的工农群众热烈地响应党和政府的号召，积极投身于反消极怠工的斗争，并区分不同情况严厉打击或严肃批评了消极怠工分子。

（1）对身兼阶级异己分子、贪污，或官僚、腐化等多重身份的消极怠工分子，经群众检举、工农检察机关调查核实后，往往先组织群众法庭审判并建议或对其撤销职务，然后再移送司法机关依法惩处。“贪污腐化份子，多是消极怠工份子”②，“工作上愈消极，生活就愈腐化，贪污也就愈大胆”。1934 年 2 月，中央工农检察委员会公布的中央互济总会财务部部长谢开松贪污案，充分“证明贪污与腐化，以及消极怠工，是不可分离的”。该案经本会工农通讯员检举和组织临时委员会审核贪污事实后，即“召集该会全体工作人员及瑞金城市区东西南北郊互济会的会员留驻瑞金城的被难群众附近的中央一级机关，……工作人员，组织群众审判会，来审判谢开松”。审判结论：“（一）建议该会将谢开松财务部长撤职，并开除其会籍。（二）决议立即将谢开松交法庭严办。”③同年 4 月，闽赣省建宁县在“查田运动突击中，把混入苏维埃政权的阶级异己分子、消极怠工、贪污腐化、动

① 中央工农检察委员会训令检字第二号：《继续开展检举运动》，《红色中华》第 177 期，第 3 版，1934 年 4 月 19 日。

② 中央工农检察委员会公布：《关于中央一级反贪污斗争的总结》，《红色中华》第 167 期，第 3 版，1934 年 3 月 27 日。

③ 中央工农检察委员会公布：《检举中央各机关的贪污案件的结论》，《红色中华》第 152 期，第 3 版，1934 年 2 月 20 日。

摇逃跑的坏家伙洗刷出去了”①。

1933年7月，江西省兴国县在“猛烈开展经济建设”，“发展到八十三个粮食合作社、八十一个消费合作社”的过程中，“洗刷阶级异己份子、消极怠工份子两百廿多人”②。与此同时，乐安县的查田运动，在“巩固苏维埃方面，检查（淘汰）出消极怠工份子十二名”③。

（2）对犯消极怠工错误较严重的党政领导干部和工作人员，通常在经群众批评斗争后，或由群众改选淘汰，或经党政监察机关依党纪、政纪予以撤职处分。例如：1934年2月，西江县赤鹅区在收集粮食的突击运动中工作落后，“并且发生了如下的严重现象：（一）按人口平均摊派。（二）规定红军家属不买公债。（三）冉坑乡强迫群众，以致逃跑了十余个。（四）逼死雇农”。中央教育部派驻该村的突击队到达后，通过发动群众开展斗争，“严厉指出区苏主席的错误，给他以严重警告，并撤销了消极怠工的区苏国民经济部长和教育部长的职”。④ 同月，博生县整理赤少队的突击运动，深入开展思想斗争，严厉打击了消极怠工分子，“比如梅窖区的突击队李月荣同志对工作消极，经过会议的斗争后，便撤销了他的突击队员的职”⑤。

1934年3月，瑞金春耕运动检阅，召集各区土地部长联席会议，“会议中揭发了黄柏区土地部长李道林的错误：（一）借中央名义包庇富农周显河。（二）不讨论和执行中央关于继续开展查田运动的

---

① 《建宁查田突击队的斗争》，《红色中华》第165期，第1版，1934年3月22日。

② 杨荣楷：《猛烈开展经济建设运动》，《红色中华》第103期，第3版，1933年8月19日。

③ 《边区猛烈开展查田运动》，《红色中华》第110期，第8版，1933年9月18日。

④ 《中央教育部粮食突击队员通信》，《红色中华》第154期，第1版，1934年2月24日。

⑤ 彭延隆：《博生县整理赤少队的突击运动》，《红色中华》第160期，第2版，1934年3月10日。

训令和中央土地部关于这一问题的指示信。(三)不领导春耕运动。(四)消极怠工,做生意图利。李虽然自己承认错误,但是对错误的实质仍旧不能了解,因此,大家一致的认为他再不能做部长,决定撤销他的职务,由县苏派人检查他的工作,如有更大错误,即举行公审以至交法庭裁判"①。

(3)对消极怠工轻微犯错者,尤其是对红军士兵中"因政治觉悟不够"开小差者,主要是通过思想斗争,即批评教育的方式,使其提高觉悟,认识错误并改正错误。如1934年2月,博生县志墅区赤少队队长消极怠工,"在分配他下乡时,他却跑回家里去,后来也在会议上开展了斗争,要他在以后的工作中来纠正他的错误"②。在同年上半年兴国县的检举运动中,经过耐心的教育和说服工作,"兴国县监委、检委把许多消极怠工自由回家的分子克服过来,汀东(县)有一个粮食部的部员以前消极,经斗争后变成一个很积极的人"③。"开小差是对革命怠工"④,其中"因政治觉悟不够而个人逃回者",中央执行委员会在1933年12月15日以命令的形式规定:"各政府应加强对他们的宣传鼓动,组织优待他们家属的工作,使他们自队归队,对他们决不能采取逮捕禁闭等办法。"只是对那些"经宣传解释而顽固不归队者,政府得以(在)群众赞助的条件下,要他赔偿国家(军衣军毯)及群众的损失(优待他们家属的劳动力)并剥夺其选举权"⑤。

---

① 《瑞金春耕运动检阅》,《红色中华》第172期,第2版,1934年4月7日。

② 彭延隆:《博生县整理赤少队的突击运动》,《红色中华》第160期,第2版,1934年3月10日。

③ 董必武:《把检举运动更广大的开展起来》,《斗争》第61期,第6版,1934年5月26日。

④ 《中央执行委员会关于扩大红军问题训令》,《红色中华》第34期,第2版,1932年9月20日。

⑤ 中央执行委员会命令:《关于红军中逃跑份子问题》,《红色中华》第136期,第1版,1933年12月20日。

3. 提高工作效率服务革命战争

“苏维埃的中心任务，是领导与发展革命战争。”①以战争为中心，中央工农检察委员会训令：“继续检举运动的目的，主要的是在检举与斗争中来改善与加强苏维埃的工作，教育工作人员转变工作方式，建立劳动纪律，提高工作速度，节省经济充裕战费，保证一切任务正确的执行，使各级苏维埃成为更坚强而有力的来动员群众领导群众充分的执行一切的战争任务。”②为了更好地执行和完成一切战斗任务，更好地支援和发展革命战争，中央政府召开全体工作人员检举大会时指出：“在进行检举时更要联系到提高工作同志的积极性，提高劳动纪律，加强工作的速度，在这一运动中创造更有秩序有规律的生活，和节省运动卫生运动联系起来，尽可能采用革命竞赛等方法，来最大限度的发扬工作同志的劳动热忱云。”③中央苏区反对消极怠工、贪污浪费、官僚腐化等一切腐败现象和不廉洁、不良行为的群众运动，激浊扬清，凝心聚力，充分调动广大工农群众和苏维埃工作人员的积极性，增强了工作纪律和工作效率，为服务革命战争作出了重大贡献。

（1）促进扩大红军、优待红军家属运动的发展，使工农群众“如潮水般的涌进到红军中去”

广泛开展反消极怠工、反强迫命令威吓欺骗等腐败现象的斗争，是中央苏区反“围剿”战争的兵员源源不断地获得补充的重要保障之一。1934 年 5 月底，中央军委总动员武装部副部长金维映在接受《红色中华》编辑然之的访谈时，曾总结瑞金县九堡区在红

① 中央执行委员会第十五号训令：《关于继续改造地方苏维埃政府问题》，《红色中华》第 35 期，第 1 版，1932 年 9 月 27 日。

② 中央工农检察委员会训令检字第二号：《继续开展检举运动》，《红色中华》第 177 期，第 3 版，1934 年 4 月 19 日。

③ 《中央政府进行检举运动》，《红色中华》第 166 期，第 3 版，1934 年 3 月 24 日。

五月扩大红军突击中取得优异成绩的宝贵经验主要是，“能够很迅速的开展（反消极怠工）斗争”，并认定“我们只有开展斗争，无情的对付一切破坏扩大红军与消极怠工的分子，我们才能使突击运动迅速开展起来”①。此前宁化县扩红运动的猛烈发展，其重要原因也是因为“开展了反杨岳彬同志的机会主义领导的残酷斗争，同时严厉打击了个别区乡的官僚，命令，机会主义怠工的领导者，撤换了区乡二级担负领导工作的三十一人（如禾口区苏军事部长，城市东，南，郊区的主席，黄星坑乡主席，支书，拱桥乡支书，淘金畲乡主席等），肃清了个别阶级异己份子对这一工作的阴谋破坏……转变了新的工作方式，加紧了政治鼓动，运用了突击精神，执行优红工作，于是各地的英勇工农便如潮水般涌进到红军中去”。②

“优待红军家属工作做得好，扩大红军的成绩是必定好的。”③兴国县是出红军的地方，“兴国的红军家属比哪一个县的都要多，他到今年（1934年）四月底止，已有一万八千零五十九家，人数有六万一千六百七十名。但是红属的人数虽然有这样多，红属的困难却比别处更少”。兴国县优待红属工作的成绩，“在帮助红属劳动力方面，一般的是先莳红属的田，后莳自己的田，全县没有红属的荒田，而且能做到三犁、三耙。在劳动力缺少的地方，能够吸收妇女参加生产，组织红属，使红属来帮助红属，在劳动力上得到互相调剂。对于红属的粮食、油盐、柴等问题的解决，同样得到不少的成绩。优红谷仓现在全县已建立了六十九只，已集中了四百二十二担二斗五升谷子。这是由群众节省来的，他们提出每人节省三升谷子来优待红属的口号，

① 《瑞金红五月扩大红军突击中的宝贵经验》，《红色中华》第195期，第1版，1934年5月30日。

② 马维祺：《宁化突击运动在斗争中完成了》，《红色中华》第148期，第2版，1934年2月12日。

③ 《优待红军家属的模范乡》，《红色中华》第143期，第2版，1934年1月13日。

上面优红谷仓的谷子,就是节省三升谷子所收集来的。优红商店,全县建立了十七只,共收集了资本一千八百九十九元五角,又谷子七十九担。这些优红商店,除便宜的卖给红属油盐之外,所赚的红利完全拿来帮助红属解决油盐的困难。柴厂全县已建立六十八只,把群众和礼拜六工作所砍的柴存到厂里去,看红属的需要来分给他们。在这些柴厂里经常有四五百担柴。”兴国县“优红的工作,能够配合着扩大红军的巨大浪潮”,为什么得到这样的成绩?梁柏台撰文诠释其主要原因是由于,“能按时执行(优待红军条例的)检查”,“检查到对优红条例不执行的消极怠工分子,向他们开展思想斗争,用群众的力量来纠正他们的错误”。①

扩大红军是苏维埃政府实际领导和发展革命战争的最基本的工作,中央执行委员会训令“这一工作应该列在工作日程上第一位”②。中央苏区尽管土地面积只有约 7 万平方千米,总人口约 340 万人③,除去老幼病残妇女,能服兵役的青壮年十分有限,但自 1932 年 1 月至 1933 年 2 月,扩红约 87 600 人;1933 年 5 月至 8 月,扩红约 50 000 人;1933 年 8 月至 1934 年 7 月,扩红 112 105 人,同年 9 月扩红 18 204 人。④ 中央苏区能做到如此竭尽全力地保障反“围剿”战争的兵员补充,与苏维埃全体工作人员以及广大工农群众在扩红和优待红属运动中所开展的反消极怠工、反官僚主义的斗争是密切不可分的。

---

① 柏台:《兴国的优待红军家属工作》,《红色中华》第 203 期,第 3 版,1934 年 6 月 16 日。

② 《中央执行委员会关于扩大红军问题训令》,《红色中华》第 34 期,第 1 版,1932 年 9 月 20 日。

③ 引自余伯流、何友良主编:《中国苏区史》上册,江西人民出版社 2011 年版,第 509—510 页。

④ 引自王连花:《动员与反动员:中央苏区“扩红”运动》,《湖北行政学院学报》2011 年第 3 期。

（2）促进生产和节省运动的发展，“使革命战争得到确实的物质基础”

广泛开展反消极怠工、贪污浪费、官僚主义的斗争，是中央苏区生产建设、节省经济等群众运动顺利发展并取得实效的基本条件和重要前提。《红色中华》社论指出：在春耕运动中，“有些隐藏在我们政权机关中的官僚主义、消极怠工分子，以空喊春耕来防（妨）碍实际的布尔什维克的动员工作，来抑制广大群众的积极性与劳动热忱，使我们的春耕运动在个别地方遭受停滞，对于这些分子的斗争，我们也不能有任何宽容，我们应该把检举运动的火力，首先投射在对春耕消极怠工的官僚主义者身上。从每一实际问题，如水利问题、劳动力问题、肥料种子耕牛农具等问题上，来揭露官僚主义的原形，发动广大群众的斗争来开展春耕运动”①。

1934 年 3 月 13 日，《红色中华》刊发社论《一切节省给予战争！》指出：“在节省运动中，一切机关工作人员与国家企业工人的面前，放着一个极端尖锐的问题，就是要坚决的为着提高劳动纪律而斗争；提高工作的速度与效率，按时完成党与苏维埃所给予的任务与一定的工作。应当向着一切游手好闲、消极怠工的分子作不妥协的斗争，宝贵每一分钟的光阴为着苏维埃而工作。在这样的提高劳动纪律的基础上，我们来尽量的裁减许多可以不需要的工作人员，洗刷一切破坏苏维埃劳动纪律的害虫，那末，从这里便可以节省出一大笔钱来。”②社论还进一步强调：“贪污的案件在一部分地方虽然相继破获（如中央总务厅、瑞金县苏及雩都等地），但我们相信一定还有不少的有经验的机妙的贪污犯逍遥在苏维埃法律之外。至于浪费的现象，同样的还是没有消灭，腐败的管理方法与浮支浪（乱）用实际上在个别地

① 《努力开展我们的春耕运动》，《红色中华》第 170 期，第 1 版，1934 年 4 月 3 日。

② 然之：《一切节省给予战争！》，《红色中华》第 161 期，第 1 版，1934 年 3 月 13 日。

方仍然是有的。现在我们必须把所有的反贪污浪费斗争的经验运用到各地去，深入到每一个机关中间，使这一个斗争更进一步的开展起来，这应该是保障节省运动成功的主要前提。”①

中央苏区反贪污浪费、消极怠工等腐败现象的斗争，密切配合节省运动的开展，并有力地促进经济建设不断取得丰硕的成果。农业“显然是在向前发展中。一九三三年的农产，在赣南、闽西区域，比较一九三二年增加了百分之十五（一成半）”②。革命战争公债第一期发行 60 万，第二期发行 120 万，经济建设公债发行 300 万，中央苏区都超额完成了推销任务。自中央人民委员会提出节省三成行政费，《红色中华》发出节省经费 80 万帮助革命战争的号召后，除了各级党与政府及各团体机关的行政经费，平均比较以前减少了百分之三十以外，各国营企业工厂的工人节省工资、党政机关工作人员自带伙食等其他种种节省的数目，自 1934 年 4 月初至 7 月底，“在四个月中间，我们已经节省了一百三十万花边”③。这些蕴含着群众运动反贪污浪费和破除节省阻力之功的伟大成果，“使革命战争得到确实的物质基础”④，为保障红军给养，充裕战争经费作出了巨大贡献。

（3）促进赤少队整顿运动的发展，使其成为“巩固苏区补充红军的守备军补充队”

赤卫军少先队是苏区广大群众的武装组织，1932 年 9 月 20 日，《中央执行委员会关于扩大红军问题训令》重申中央政府十四号训令

---

① 然之：《一切节省给予战争！》，《红色中华》第 161 期，第 1 版，1934 年 3 月 13 日。

② 毛泽东：《我们的经济政策》，《毛泽东选集》第 1 卷，人民出版社 1991 年版，第 131 页。

③ 然之：《我们已经节省了一百三十万，还要继续节省，再节省，来帮助革命战争》，《红色中华》第 232 期，第 3 版，1934 年 9 月 11 日。

④ 《中华苏维埃共和国临时中央政府成立两周年纪念对全体选民的工作报告书》，《红色中华》第 122 期，第 1 版，1933 年 10 月 27 日。

的规定:“十八岁到四十岁的工农劳动群众男女都应加入赤卫军(加入少先队者可不加入)。”①少年先锋队是“广大的工农青年群众的军事化的团的附属组织”,“少先队的扩大应以有选举权的青年(十六岁到二十三岁)为对象”②。

1934年初,为适应第五次反“围剿”战争的需要,“在党中央和中革军委的会议上已一再的讨论过”关于整顿和健全赤卫军和少先队的问题,党中央组织局与中革军委联合发布了《关于中央苏区赤少队突击运动》的决定,决定要求扩大赤少队组织,健全赤少队各级领导机关,建立赤少队模范营,加强军事政治教育并举行赤少队及其模范营的检阅和野外演习,“同时在这一运动中应动员与组织赤少队积极的参加战争动员与担任战地工作”。③ 党中央和中革军委提出在此次突击运动中,中央苏区各省赤少队模范营的总数必须达到下列最低限度的数目:

	江西(万)	粤赣(万)	福建(万)	建黎太(万)	瑞金(万)
赤卫队	25	5	5	0.4	1
模范营	4.5	1	1	0.1	0.25
少先队	25	4	4	0.15	0.9
模范营	2.5	0.7	0.7	0.05	0.15

(录自1934年3月2日出版的中共苏区中央局机关报《斗争》第49期,第3版)

为贯彻党中央和中革军委的决定,落实赤少队整顿的各项任

① 《中央执行委员会关于扩大红军问题训令》,《红色中华》第34期,第2版,1932年9月20日。

② 《把我们的全部力量放在整理少先队的突击运动上去》,《红色中华》第155期,第3版,1934年2月27日。

③ 《中央组织局与中革军委公布关于整顿赤少队的决定》,《红色中华》第159期,第2版,1934年3月8日。

务，中央苏区各地对阻碍整顿工作发展的各种强迫命令、敷衍塞责等官僚主义、消极怠工的腐败现象进行了坚决的斗争。石城县“在整理组织中克服官僚主义、机会主义的消极动摇，给忽视赤少队突击运动的分子以严重打击，发展了残酷的思想斗争，洗刷了阶级异己分子及开小差分子，撤换了不好的干部，大大提高了群众的积极性”①。兴国县的突击运动“在编制好的区乡，名册已造好了，并以连成立了党支部，以村或以乡成立了小组。进一步的以乡进行检举运动，洗刷阶级异己分子”②。瑞金县整理少先队工作取得光荣成绩，“这主要的是由于严厉的打击了消极怠工的分子，和官僚主义的分子。比如合龙区训练员跑回家去过旧历年，于是该区的少队部立即把他撤职，同时又在队员中开展了斗争”③。太雷县“有多数地方都是首先以村为单位召集了群众大会，鼓励群众报名加入赤少队，反对了过去抄写名字造花名册的方式”④。公略县富田区，由原来的工作落后的区，“在赤少队突击运动中，他占了全县第一位，不仅首先完成了县委给他们的计划，而且大大的超过了原定数目”。其“工作大大转变”的重要原因之一是“开展了反机会主义和官僚主义的斗争，镇压了异己分子与一些开小差躲在家里破坏工作的分子”。⑤

整顿赤少队突击运动中广泛开展的反官僚主义、消极怠工等腐败现象的斗争，极大地提高了中央苏区工农群众担负战时工作和参

---

① 林中柏：《石城县赤少队突击的概况》，《红色中华》第168期，第2版，1934年3月29日。
② 《模范县突击运动的情报》，《红色中华》第171期，第3版，1934年4月5日。
③ 《瑞金整理少先队工作的进行》，《红色中华》第158期，第2版，1934年3月6日。
④ 《太雷县在整理赤少队的突击中》，《红色中华》第162期，第3版，1934年3月15日。
⑤ 《模范的富田区的赤少队突击》，《红色中华》第180期，第1版，1934年4月26日。

军参战的积极性,使其成为“巩固苏区补充红军的守备军补充队”①。作为红军的补充队,各地经过军事政治教育和野营演习检阅的赤少队模范营,时刻准备着在党与苏维埃“武装上前线的一声号令下”,成建制的整批加入红军。仅在 1934 年的“五一”节,“模范的兴国有九个区的模范营整个的三营加入红军,长汀有两个区的模范赤少队千余人一致加入红军,西江有八个区的模范赤少队一致加入红军,长胜有七个区的模范赤卫队千余人加入红军,宁化有两个区的模范营的干部及区乡两级的党政干部报名当红军,并有可能争取两个模范营整营加入红军,公略亦有可能争取两营模范营加入红军”②。

作为保卫苏区的守备军,中央苏区各地的赤少队及模范营在配合红军保卫红色政权的战斗中,积极担负赤色戒严、工事修建、后勤运输、敌情侦探以及协同作战等各项重要任务。据中革军委总动员武装部在 1934 年 4 月的调查,最近“一月来动员赤少队参战的光荣成绩”主要有:“在江西方面: 龙岗县,曾经在三天中即集中了赤少队 1 246 人去做支撑点——削竹钉、挖战壕等,并且还布置了土炮和暗坑以防御敌人,至于该县的妇女同志也积极的参加了赤色戒严工作。永丰县,日前在几天中就在三个区内动员了三连模范赤卫队在石马守炮垒,担任保卫石马、加紧石马的赤色戒严和钳制敌人的任务。乐安县,上个月在十天中就动员了 1 670 多名赤少队去运输粮食,特别是竹溪招携二区的赤少队,凡编好了的全体动员去参加粮食的运输了。广昌县,在三月份中也动员了 2 500 多赤少队做短期运输,……又动员了 140 名模范营在长生一带守堡垒,赤卫军放哨时曾捉获过

① 《中央执行委员会关于扩大红军问题训令》,《红色中华》第 34 期,第 2 版,1932 年 9 月 20 日。

② 《军委总动员部为兴国等县模范赤少队加入红军给前方英勇的红色战士电》,《红色中华》第 185 期,第 2 版,1934 年 5 月 7 日。

敌人的便衣侦探，并搜获得反动派的手枪一枝。兴国县，月前动员了模范营六连到杨殷西洋山一带配合该地的游击队到边区白区去游击。瑞金县，上月底动员了四连模范营到大禾去游击、到宁洋去运胜利品，并且他们出发时还自己带了一部分伙食。博生县，已整理好了的赤少队，也能够整连、整排的动员去担任运输，曾经在三天中动员了六七百人。太雷县也曾在三天内动员八百七十多名到宁化去运伤兵。公略县，少先队组织了四个大炮队，动员了一百余名队员守碉堡和突击敌人，并动员了许多队员运输粮食，而女队员也十分踊跃和勇敢。”

“在福建方面：长汀县，动员了四连模范营配合汀西、汀南游击队去游击，动员运输也能整排、整连有组织的去动员。兆征县，动员了模范营七十多名，自带几天伙食配合独立九团作战(一个半月)，特别是岩头区各乡的赤卫军能互相响应着去打土匪，他们中间只要有一个乡有团匪来进扰，则其余的乡就都来援助打团匪。汀东县，动员了模范营二百三十多名到四保配合当地的赤色地方武装去游击，并动员了六十多名到连城运输军用品。宁化县，动员了赤少队一百七十名到边区做堡垒，又动员了模范营一百三十多名去配合独立七团的行动，同时还有五百七十多名做短期运输。”

“在粤赣方面：门岭县，动员了一连模范营出发到官丰打击敌人，在他们出发后一连打了几个胜仗，缴了敌人不少的枪支。有一次广匪配合着团匪共一千余人来包围他们，用机关枪与迫击炮向他们猛烈射击与轰炸，但是他们英勇得很，大家一股气，拿起梭镖杀开一条血路，很安全的冲出来了。西江县，动员了七百多名少先队员到上古、潭头边区去修筑堡垒。”①

① 《一月来动员赤少队参战的光荣成绩》，《红色中华》第 174 期，第 1 版，1934 年 4 月 12 日。

仅一个月来的这些光荣成绩，既充分体现了各地赤少队为保卫土地革命成果，捍卫苏维埃政权而奉献牺牲的精神，同时也是中央苏区广大工农群众在开展反消极怠工、反官僚主义等腐败现象的斗争后，增强纪律和工作效率，竭尽全力支援革命战争的缩影和写照。

第五章

中央苏区反腐败的群众运动的经验教训

在党的领导下，中央苏区蓬勃开展的反腐败的群众运动，以工农检察机关直接领导的群众团体为中坚力量，在充分发挥广大工农群众和机关工作人员反腐促廉作用的同时，强化群众监督和反腐败活动的制度规范，通过法律的途径惩治腐败；并注重群众性的广泛教育，积极开展对群众中不廉洁现象和消极怠工行为的斗争，从而取得了显著成效。但是，由于“左”倾教条主义的错误领导，反腐败的群众运动在中央苏区部分地区和部门，仍不同程度地存在过“左”过火、惩办主义，以及脱离实际工作、脱离作风转变、脱离革命战争等偏差和失误。

一、基本经验

（一）确立群众的监督主体地位，发动群众常态化地开展反腐败斗争

1. 群众监督政府是中国共产党的执政理念和治国原则

苏维埃的一切权力属于工农群众，群众监督是人民当家作主的重要标志和具体体现。《苏维埃临时组织法》指出：“苏维埃是一种

最德模克拉西的政权机关,她不尽尽(仅仅)最接近劳苦群众,而与群众关系最密切,而且最易受群众的监督,决不至离开群众的实际生活而独立存在,或者因与群众隔离而形成官僚化的机关。"①毛泽东主席强调:"为了巩固工农民主专政,苏维埃必须吸引广大民众对于自己工作的监督与批评。每个革命的民众都有揭发苏维埃工作人员的错误缺点之权。……苏维埃工作人员中如果发现了贪污腐化消极怠工以及官僚主义的分子,民众可以立即揭发这些人员的错误,而苏维埃则立即惩办他们决不姑息。"②苏维埃民主政治所确立的这种群众的监督主体地位,也是由党的性质和宗旨所决定的。中国共产党是以马克思主义为指导的无产阶级政党,是人民利益的忠实代表;党的宗旨是全心全意为人民服务,党和苏维埃政府的各级领导干部和工作人员,都是人民的公仆。因此,时刻保持并不断加强同人民群众的联系,在群众的监督下,把人民赋予的权力真正用来为人民谋利益,是中国共产党和临时中央政府的执政理念和治国原则。

中华苏维埃共和国建立后,在中央苏区开展的反腐败斗争中,为了将群众的监督主体地位落到实处,充分调动群众监督的积极性,中国共产党和临时中央政府发布了一系列通令、训令和指示来号召、动员人民群众积极参与反腐败斗争。1932 年 3 月 2 日,中央政府副主席项英发表文章,号召工农群众起来帮助政府,"驱逐各级政府中的贪污分子出苏维埃"③。12 月 1 日,中央工农检察部发布第二号训令,以"来一个大大的检举运动"为号召,大张旗鼓地动员人民群众检

① 《苏维埃临时组织法》,江西省档案馆、中共江西省委党校党史教研室选编:《中央革命根据地史料选编》下册,江西人民出版社 1982 年版,第 4 页。

② 《中华苏维埃共和国中央执行委员会与人民委员会对第二次全国苏维埃代表大会的报告》,江西省档案馆、中共江西省委党校党史教研室选编:《中央革命根据地史料选编》下册,第 309 页。

③ 项英:《反对浪费严惩贪污》,《红色中华》第 12 期,第 6 版,1932 年 3 月 2 日。

举“阶级异己份子及贪污腐化动摇消极份子”①。

1934年1月4日，为引导群众更深入地开展反腐败斗争，中央工农检察部在总结前期查处腐败案件经验的基础上，发布指示要求人们，一要提高对于贪污浪费的警觉性，检举检查的面要广。告诫人们：“根据我们的经验，不仅是财政部人员可以发生贪污浪费现象，如内务部，裁判部，军事部，别的军事机关，国民经济部，政治保卫局，总务处，以及一切经手收钱用钱的机关，都有贪污浪费的可能。甚至贫农团主任，乡苏代表都有这种可能（如经手罚款捐款，发行公债，退还借谷票公债票，收集节省来的现金等），税务机关，国家贸易机关，粮食调济局，合作社，贪污浪费的可能更大。”二要把握腐败现象的规律，“贪污浪费常常不能分开。浪费多的地方多半藏着贪污份子在内，不裁制贪污份子就不能完全消灭浪费”。三要不放过任何蛛丝马迹，腐败“有一点小的表现就要跟着去查，常常能从小的事件查出大的问题来，瑞金的大贪污案，就是从他们灯油浪费一件小事着手查出来的”。四要发动全体群众参加，“一个贪污案子如果不发动那一机关的全体群众就不能彻底根查清白，就不能禁绝以后再产生贪污事件。浪费的彻底消灭，也是如此”。五要依法惩腐，“要根据中央政府新颁布的惩治贪污浪费法令从严治罪”。并要求对“贪污份子及重大的浪费份子都应举行群众公审。每一次贪污浪费的检举，都应作出结论，采取必要的处置办法。”六要省、县、区、乡四级都应组织“审查委员会审查贪污浪费”②。

1934年4月2日，中央工农检察委员会发出《继续开展检举运

① 中央工农检察人民委员部训令第二号：《关于检查苏维埃政府机关和地方武装中的阶级异己份子及贪污腐化动摇消极份子问题》，《红色中华》第45期，第3版，1932年12月19日。

② 中央工农检察部的指示：《怎样检举贪污浪费》，《红色中华》第140期，第2版，1934年1月4日。

动》的训令,进一步指出:“检举运动是广大群众斗争的行动,我们不仅动员自己的工农通信员,突击队来参加,揭发一切坏现象与坏份子,来帮助检举的进行,而在某一机关进行检举时,要召集各种会议,(如列宁室,工会,青年团,及工作人员会等等)报告检举的意义来动员群众积极参加检举,举发一切坏现象与坏份子,吸收他们中间积极份子来组织检举委员会,发动该机关中的通信员突击队轻骑队积极活动,采用一切方法来鼓励和吸收群众的意见,特别是依靠该机关党的领导与帮助。这样才能使检举运动成为广大的群众的斗争行动。”①

临时中央政府发布的这一系列指令和指示,充分表达了党和苏维埃政府确立群众的监督主体地位,放手发动群众、依靠群众清除腐败的坚定立场和决心。

2. 专项斗争与各项工作反腐败相辅而行,是群众监督和反腐败常态化的主要表现

专项斗争是指以贪污浪费、官僚主义、消极怠工等各种腐败现象,或以其中的某种腐败行为为斗争对象而专门开展的群众运动。前者如“检举运动”,后者如“反开小差运动”“对不执行优红条例的突击(检查)运动”,等等。1932 年 3 月 2 日,项英在《红色中华》上发表《反对浪费严惩贪污》的文章,号召广大工农群众检举揭发,“驱逐各级政府中的贪污分子出苏维埃”。同年 12 月,中央工农检察部发布《关于检查苏维埃政府机关和地方武装中的阶级异己份子及贪污腐化动摇消极份子的问题》的训令,要求各级工农检察部成立临时的检举委员会,并动员广大工农群众检举阶级异己分子和“官僚腐化动

① 中央工农检察委员会训令检字第二号:《继续开展检举运动》,《红色中华》第 177 期,第 3 版,1934 年 4 月 19 日。

摇消极”分子,将他们从苏维埃政府机关及地方武装中清洗出去。1933 年 12 月,中央工农检察部在总结此前查处瑞金县苏维埃唐仁达贪污浪费等腐败案件经验教训的基础上,发布《怎样检举贪污浪费》的指示。指示着重指出,“消灭贪污浪费”,“是我们目前的重要任务之一”,“是执行苏维埃一切战斗任务不可分离的部分”。指示还提出了各省、县、区以及乡(市)苏维埃政府进一步发动群众,更广泛深入地开展检举贪污浪费斗争的六项要求。① 此后,检举运动的重点从检举阶级异己分子转向检举贪污浪费的犯罪行为。

1934 年 3 月 27 日,中央工农检察委员会发布《关于中央一级反贪污斗争的总结》,回顾前一阶段中央一级反贪污斗争的成绩并指出不足;4 月 2 日又发布《继续开展检举运动》的训令,要求在“目前粉碎敌人五次‘围剿’的决战,已到了最紧张最尖锐的决定最后胜负的阶段”,“必须坚决的反对一切防碍任务实行,削弱战争力量的现象与行为”。因此,训令提出:“继续检举运动,主要的是反对对于目前一切战斗任务的消极怠工,反对退却逃跑,不坚决领导群众斗争,反对将工作与战争脱离,反对对于阶级敌人妥协,反对不执行和曲解一切政策法令,反对贪污浪费的现象,反对官僚主义的领导。”②

1934 年 5 月 26 日,中共中央党务委员会书记、中央工农检察委员会副主席董必武在《斗争》第 61 期发表《把检举运动更广大的开展起来》,文章坚定地表达了“我们毫不企图掩饰存在我们地方机关中的某些病瘤”,以及“我们要把那些潜伏着的阴疽恶毒,完全割出来,使他不至于传染和蔓延”的清除腐败的决心。文章还对雩都、西江等

① 中央工农检察部的指示:《怎样检举贪污浪费》,《红色中华》第 140 期,第 2 版,1934 年 1 月 4 日。

② 中央工农检察委员会训令检字第二号:《继续开展检举运动》,《红色中华》第 177 期,第 3 版,1934 年 4 月 19 日。

地检举运动“不深入”，宜黄、赤水、太雷等县发动群众“不普遍”，以及许多地方“只图迅速的结束斗争，只将坏份子撵出机关就万事大吉”，“没有将那些具体的事和具体的人来开展斗争”等检举运动中存在的不足，提出了批评和改正的要求。总之，常抓不懈，绷紧反腐败和服务革命战争这根弦，深入持久地开展检举运动，是中央苏区群众运动反腐败常态化的主要表现之一。

“反开小差运动”“对不执行优红条例的突击运动”，都是针对滋生蔓延面较广，对发展革命战争危害较大的消极怠工现象，集中力量予以打击和遏制的群众性斗争。1932 年 9 月 20 日，中央执行委员会颁布《关于扩大红军问题训令》，要求：“在群众中发动反开小差运动，使群众认为‘开小差是对革命怠工’‘开小差是帮助敌人。’引起群众对于开小差的愤怒和鄙视，以至受到群众的处罚（如公布名字拒绝（他）参加一切团体组织等等）使开小差的不能在家‘优游自得’不以为耻。要以反对开小差的运动来消灭开小差的风气。”①训令还对严重危害扩大红军的、不执行优红条例的各种不良行为部署开展专项斗争，责成工农检察部“进行对于优待红军条例的检查，组织大批的突击队，对于不执行优待红军条例的实行突击运动”②。遵照中央执行委员会训令的指示，中央工农检察部为“切实负担起中央执行委员会所责成检查的工作”，决议颁布《关于检查优待红军条例问题》的训令，要求：“从十月一日起各级工农检察部，要在职工会，雇农工会，贫农团，少先队，赤卫军等……团体中，找得工农积极份子，组织突击队。在每礼拜六，及星期日，有计划的，有目标的，做突击工作。”训令还对优红条例突击检查的具体内容作了细致明确的规定，并制

---

① 《中央执行委员会关于扩大红军问题训令》，《红色中华》第 34 期，第 2 版，1932 年 9 月 20 日。

② 《中央执行委员会关于扩大红军问题训令》，《红色中华》第 34 期，第 3 版，1932 年 9 月 20 日。

定了对优红怠工或错误的处罚细则。训令规定，如果对红军及红军家属的请求和控告，不立即设法解答，使他们的困难加重，或使红军家属写信向前线的红军抱怨，对无劳动力或劳动力缺乏的红军家属调查了解不充分，或分配义务劳动力不均匀，甚至要红军家属酒肉款待，对红军公田耕种敷衍，致使收获减少，“诸如此类，轻则提议加以警告，重则撤换其职权，及区乡代表资格，最重则向法庭提起控告，当反革命一样来处罚”。①

专项斗争之外，中央苏区在各项工作中开展的反腐败斗争主要有两种类型。一是该项工作(或运动)本身含有反腐败的任务。如各地的选举运动，在选举的程序上，公布候选人名单，是将防范阶级异己分子窃取代表权置于全体选民的监督之下；而选举大会上选民投票，尤其是第三次选举运动，改变前两次“将候选人名单整个的报告讨论表决”的方法，而采用候选人“逐个表决的方法”，②更是对候选人的严格筛选，由广大选民直接淘汰贪污浪费、以权谋私、官僚主义、消极怠工等腐败分子。至于节俭运动，“必须更进一步的来深入反贪污与浪费的斗争”③，说明反贪污浪费与节衣缩食、节省一切不必要开支是相辅相成、不可偏废的发展节俭运动的两个重要方面。

二是各项工作(或运动)开展的过程中，都伴随着反官僚主义、反消极怠工等破除发展阻力和障碍的斗争。如推销公债运动中，反“按户”“按亩”“商人分五等”摊派的现象；收集粮食运动中，反“沿家抖米”挨户强索的现象；选举运动中，反“不论人多人少，开会选举”的形式主义；检举运动中，反不分错误的“大小与轻重”，“一律撤职处

① 中央工农检察人民委员部训令第一号：《关于检查优待红军条例问题》，《红色中华》第35期，第8版，1932年9月27日。

② 毛泽东：《今年的选举》，《红色中华》第108期，第1版，1933年9月6日。

③ 然之：《一切节省给予战争》，《红色中华》第161期，第1版，1934年3月13日。

罚”的惩办主义；[①]扩红运动中，既反对“搜山”“捆绑”的强迫命令和“小的弱的老的”都充数送到红军去的敷衍塞责，也反对加入红军后“逃跑退却”开小差的不正之风。[②] 诸如此类的斗争，都有力地推动和促进了中央苏区各项工作、各项运动的深入开展并取得实效。总之，专项斗争与各项工作（或运动）中的反腐败相辅而行，既是群众运动反腐败常态化的主要表现，也是中央苏区廉政建设和反腐败斗争取得显著成效的基本保证。

（二）坚持组织原则，反腐败以工农检察机关领导的群众团体为中坚力量

中央苏区党领导反腐败的群众运动，既是广大工农群众普遍参与，“每个革命的民众都有揭发苏维埃工作人员的错误缺点之权”的民主监督运动；同时也是有组织、有目的地完成特定政治任务的革命斗争方式。坚持组织原则，发挥群团优势，反腐败以工农检察机关领导的群众团体为中坚力量，是贯穿于这一群众运动始终的重要特点。

1. 工农检察机关领导常设的群众团体与反腐败斗争

群众是中国苏维埃运动的主体，是中国共产党的力量源泉。然而，须加补充说明的是，群众只有通过有效形式形成组织才有力量，也才能凝聚力量彰显优势。否则，就可能会成为“一盘散沙”，甚至是乌合之众。毛泽东主席深刻指出：“苏区内一切领导群众斗争的经验告诉我们，只有共产党、苏维埃与革命群众团体三者在党的领导下协同一致的

---

① 中央工农检察委员会训令检字第二号：《继续开展检举运动》，《红色中华》第177期，第3版，1934年4月19日。

② 《中央执行委员会关于扩大红军问题训令》，《红色中华》第34期，第1版，1932年9月20日。

行动起来，才能达到每个斗争任务的完满成功。”①因此，在党的领导下，坚持组织原则，通过各种形式的群众团体，把群众高度组织起来，是中央苏区党和政府管理社会、发展革命战争并推动苏维埃政治、经济以及文化教育等各方面工作顺利开展的重要基础和必要前提。

在中国共产党和临时中央政府领导下，中央苏区获得土地革命成果的广大工农群众，“对参加革命的积极性完全提高了”，如在兴国“几乎每个群众都加入了革命团体”②。各地常设的群众团体名目繁多，其中属于政治性的组织有：工会、贫农团、少共（共青团）、女工农妇委员会、反帝拥苏同盟等；属于军事性的组织有：赤卫军、自卫队、少先队、童子团等；属于经济性的组织有：劳动互助组、耕田队、犁牛合作社、消费合作社、信用合作社、互济会等；属于文体性的组织有：补习班、识字组、俱乐部等。形形色色、各种类型的群众团体遍布于中央苏区社会各领域、各阶层，无论工人、农民、妇女、老年、青年、儿童，可以说每一个人都有自己的组织。当年的新泉县委书记杨文仲曾感慨：“反帝同盟、拥苏大同盟及青年部等革命群众团体的名目太多，每人有十余种组织可加入。”③1933 年 9 月，中共江西省委统计全省部分群众团体的组织状况如下：

甲、工会组织

A、店员手艺工人，根据兴、万、公、永、乐、宜、石、博、雩、赣、信 11 县的统计，共有会员 30 880 名。

B、农业工会，10 县的统计，有会员 17 230 名。

C、苦力运输工人，9 县的统计（除乐安），有会员 3 958 名。

乙、反帝拥苏同盟，依据兴、万、永、乐、宜、石、博、雩、赣、信

① 毛泽东：《查田运动的第一步——组织上的大规模动员》，《红色中华》第 87 期，第 3 版，1933 年 6 月 20 日。

② 《参观兴国以后的感想》，《红色中华》第 49 期，第 2 版，1933 年 2 月 4 日。

③ 博古：《拥护党的布尔雪维克的进攻路线》，《斗争》第 3 期，第 8 版，1933 年 2 月 23 日

10县的统计，共有会员200 464名。

丙、贫农团会员，10县统计有257 078人。除博生、信丰、乐安无统计外，其余7县共有贫民653 351人。

丁、互济会，10县统计有会员256 271名。

（《党的组织状况——全省代表大会参考材料之四》①）

1934年2月，据中央国民经济部部长吴亮平“不完备的”统计，中央苏区消费合作社社数有1 140个，社员295 993人；粮食合作社有10 712个，社员243 904人；生产合作社有176个，社员32 761人。② 1934年1月，第二次全国苏维埃代表大会期间，据江西、福建、粤赣三省的统计，在2 931个乡中，“有补习夜校6 462所，学生94 517人，有识字组（此项只算到江西粤赣两省，福建未计）32 388组，组员155 371人，有俱乐部1 656个，工作员49 668人”③。

中央苏区各地常设的、种类和数量众多的群众团体，是中国共产党联系广大群众的重要桥梁，是中国苏维埃政权的支柱基石。毛泽东主席号召：“为了苏维埃工作的群众化，苏维埃必须与工会，贫农团，女工农妇代表会，合作社及其他一切民众团体发生密切的联系，经过这些团体去动员广大民众，执行苏维埃的工作。”④第二次全国苏维埃代表大会通过的《关于苏维埃建设的决议案》明确要求：“各级工农检查委员会，必须经过各种群众团体，领导广大工农群众，来

① 《党的组织状况》，江西省档案馆、中共江西省委党校党史教研室选编：《中央革命根据地史料选编》上册，江西人民出版社1982年版，第705页。

② 亮平：《目前苏维埃合作运动的状况和我们的任务》，江西省档案馆、中共江西省委党校党史教研室选编：《中央革命根据地史料选编》下册，江西人民出版社1982年版，第621页。

③ 《中华苏维埃共和国中央执行委员会与人民委员会对第二次全国苏维埃代表大会的报告》，江西省档案馆、中共江西省委党校党史教研室选编：《中央革命根据地史料选编》下册，第329页。

④ 同上书，第344页。

进行反官僚主义的以及反贪污浪费的斗争。”①

在各级工农检察机关的直接领导下，中央苏区各地常设的群众团体，在反腐败的斗争中主要发挥了以下作用。

（1）动员群众，组织群众，使反腐败运动“成为广大的群众的斗争行为”。

充分发挥群众团体在动员群众、组织群众方面的有利条件和重要作用，是中国共产党的本质属性和政治优势。因此，“党主张：要最广大的，从各方面来动员群众、组织群众，不准有一个群众站在我们动员的外面，要十百倍地加强各种群众团体的组织和工作”②。1933 年 4 月，为清除扩红的消极因素，将反对开小差的运动，动员、组织成“必须是一个群众的斗争”，《红色中华》发表文章倡导：“我们的党，团，苏维埃，工会，红军，赤卫队，少先队必须立刻讨论这一问题，经过他们的动员来召集群众的会议，进行反对开小差的运动。必须使每一个开小差的份子，受到群众的耻笑，使开小差成为一乡一村的奇耻大辱。”③

1934 年 2 月 22 日，为打击“缺乏组织上动员”的官僚主义，争取收集粮食突击计划的完成，《红色中华》刊发社论，在指出突击运动应抓紧区、乡、村三级组织，尤其是乡代表会的动员外，特别强调：我们必须召集“其他贫农团及女工农妇代表会，……经过他们的动员，在群众大会去鼓动群众推销公债，说服群众来缴谷子”④。同年 4 月，

---

① 《中华苏维埃共和国第二次全国苏维埃代表大会关于苏维埃建设的决议案》，江西省档案馆、中共江西省委党校党史教研室选编：《中央革命根据地史料选编》下册，第 353 页。

② 昆：《反对右倾机会主义的逃跑路线》，《红色中华》第 54 期，第 2 版，1933 年 2 月 19 日。

③ 炳：《怎样开展反对开小差的运动》，《红色中华》第 68 期，第 4 版，1933 年 4 月 11 日。

④ 社论：《为争取二月底全部完成突击计划而奋斗！》，《红色中华》第 153 期，第 1 版，1934 年 2 月 22 日。

中央工农检察委员会在《继续开展检举运动》的训令中明确要求："在某一机关进行检举时,要召集各种会议,(如列宁室,工会,青年团,及工作人员会等)报告检举的意义来动员群众积极参加检举,举发一切坏现象与坏份子,……这样才能使检举运动成为广大的群众的斗争行动。"①

回顾中央苏区反腐败的斗争历程,正是由于各地的群众团体在各级工农检察机关的领导下,有效地发挥了动员群众、组织群众的重要作用,才推动了各种形态的反腐败的群众运动深入持久、逐浪高涨地向前发展。

(2) 选派代表参加工农检察机关临时组建的检察机构,并履行相关的检举和审查职责。

1932年12月1日,中央工农检察部发布《关于检查苏维埃政府机关和地方武装中的阶级异己份子及贪污腐化动摇消极份子问题》的训令,部署对于被选举的各级苏维埃政府委员、各级政府委任的工作人员,和各地军事机关及地方武装、独立师团、赤卫队、少先队等部队的指挥领导人员中的阶级异己分子和官僚腐化动摇消极分子的专项斗争,"要来一个大大的检举运动,洗刷他们出苏维埃政府机关及地方武装中去"。训令在检举办法中规定,省、县、区、市等工农检察部均需组织临时检举委员会,以各级工农检察部部长任委员会主席,成员除由各级政府主席团、军事部各派出一人外,职工会、雇农工会、少先队部等群众团体均须选派代表一人参加。检举委员会负责"检举本级政府机关及本级所属的地方武装组织,详细登载检举表,开会讨论,定出某一个异己份子及官僚腐化动摇消极份子的停职,撤换惩办,监视各办法,向政府机关,军事

① 中央工农检察委员会训令检字第二号:《继续开展检举运动》,《红色中华》第177期,第3版,1934年4月19日。

机关等的群众报告,发动斗争”①。

1934 年 1 月 4 日,中央工农检察部通过《红色中华》发布《怎样检举贪污浪费》的六点指示,其中第六点规定“要组织审查委员会审查贪污浪费”,并明确该组织的性质、构成、工作步骤和任务要求为:“这是临时的组织,省县区乡四级都应组织起来。以工农检察会主席,(各级政府)主席团派一人,青年团派一人,工会派二人组织。首先从财政部及总务处下手,一次及国民经济部及其所属的经济机关,次及各部以至一切经手款项的人,务必查他一个彻底。前后方军事机关尤其后方各机关同样要组织委员会来审查。”②

(3) 在大张旗鼓地反对政府机关中存在的贪污浪费、官僚主义等腐败现象的同时,群众运动还积极开展对群众团体自身存在的贪腐行为进行检举和打击的斗争。

中央苏区各地工会、贫民团、女工农妇委员会,以及互济会、少先队、合作社等群众团体和广大工农群众,怀着维护土地革命成果和拥护红色政权的情感,热烈响应党和政府“驱逐各级政府中的贪污分子出苏维埃”③,以及检举各种腐败现象和腐败分子的号召,踊跃投入到各种形态的反腐败斗争中。不论是在反贪污浪费或检举阶级异己分子和腐败分子的专项斗争中,还是在选举运动、查田运动、扩红运动以及苏维埃政治、经济、文化建设的各项工作中,各群众团体在各地工农检察机关的领导下,坚持不懈地与政府机关存在的各种腐败现象和腐败分子作坚决的斗争,并从组织上保证了反腐

① 中央工农检察人民委员部训令第二号:《关于检查苏维埃政府机关和地方武装中的阶级异己份子及贪污腐化动摇消极份子问题》,《红色中华》第 45 期,第 3—4 版,1932 年 12 月 19 日。

② 中央工农检察部的指示:《怎样检举贪污浪费》,《红色中华》第 140 期,第 2 版,1934 年 1 月 4 日。

③ 项英:《反对浪费严惩贪污》,《红色中华》第 12 期,第 6 版,1932 年 3 月 2 日。

败的群众运动在中央苏区广泛深入地开展。与此同时，各群众团体对自身滋生的腐败也同样嫉腐如仇，毫不留情地进行坚决的斗争。例如：

江西省木船工会委员长彭士谆和卢汉魁，“朋比为奸，大吃油饼(明吃暗拿占便宜)，私吞伙食，并把工人的社会保险费拿去做买卖，私人图利，吃酒赌博”。该木船工会会员在全总执行局和工农检察机关的领导下，检举揭发了他们的贪腐行为，“用布尔什维克火力撤销了他们的工作，并在公开法庭上罚(他们)做苦工四十天”。①

1933年12月5日，瑞金叶坪召开的中央苏区消费合作社第一次代表大会，“在会场上揭发了瑞金官仓区、会昌踏径区，以及其他几个区、乡合作社，工作人员拉扯赊欠、贪污腐化的现象”②。

1934年2月，在中央一级检举贪污浪费的运动中，中央互济总会“查出该部长谢开松平素工作一贯的消极怠工与生活腐化”③。其他诸如“一贯消极怠工，工作方式完全是官僚主义、贪污腐化”的反帝拥苏总同盟委员、工农剧社常委张欣④；“假借互助合作社名义偷瞒国家税收，私运谷子二百多担出口”的雩都县互济会主任袁成文⑤以及“吞没捐款，把群众一片两片募来的慰劳费，慰劳了自己大洋一百十七元多”的瑞金互济会财务部部长朱宗英⑥等群众团体内的贪污分子，均被群众所检举唾弃，并依法受到惩处。

---

① 丹枫：《贪污腐化分子滚出去》，《红色中华》第86期，第6版，1933年6月17日。

② 《中央苏区消费合作社第一次代表大会纪盛》，《红色中华》第133期，第3版，1933年12月8日。

③ 中央工农检察委员会分布：《检举中央各机关的贪污案件的结论》，《红色中华》第152期，第3版，1934年2月20日。

④ 《官僚主义者滚出去》，《红色中华》第92期，第6版，1933年7月8日。

⑤ 《检举雩都县贪污官僚》，《红色中华》第159期，第3版，1934年3月8日。

⑥ 《朱宗英吞没捐款》，《红色中华》第154期，第3版，1934年2月24日。

2. 工农检察机关领导特设的群众团体与反腐败斗争

相对于常设的,党和苏维埃经常性与之保持紧密联系,日常性执行党和苏维埃政纲法令,并“协同一致行动”,争取“达到每个斗争任务的完满成功”①的工会、贫农团、互济会、合作社等群众团体而言,特设的群众团体主要“特”在以下方面。其一,是为开展群众监督和反腐败斗争而特地设立的群众团体。其二,是在特定时期为适应某一单位开展反腐败斗争的需要,或为清查某一涉腐的大案、要案临时成立的群众团体。其三,是由工农检察机关组建、领导,或虽隶属其他机关,但在反腐败工作上与工农检察机关密切联系并接受工农检察机关工作安排和指导的群众团体。中央苏区工农检察机关领导的特设的群众团体主要有突击队、轻骑队、群众法庭、工农通信员等。

(1) 突击队

中央苏区在开展各项运动和各方面工作的过程中,往往由各系统、各级政府机关抽调工作人员组成突击队,派往下属的部门和单位,直接领导和督促其保质按时地完成某项工作任务。因此,有扩红突击队、推销公债突击队、收集粮食突击队等。与这些由公职人员组成、属上级派出机构的性质不同,工农检察机关领导的突击队是群众监督性质的组织,根据监督的对象、任务和方式的区别,可分为一般性监督突击队和特定任务监督突击队两种类型。

一般性监督突击队。一般性监督,泛指对执行党和苏维埃政纲、法令以及遵纪守法情况的监督。1932 年 8 月 13 日,中央工农检察人民委员何叔衡署名颁布《突击队的组织和工作》,其中所规定的作为“在工农检察部指导之下,监督政权的一种方式,凡有选举权的人都可加入”的突击队,就属于一般性监督的突击队。其监督的对象和任

① 毛泽东:《查田运动的第一步——组织上的大规模动员》,《红色中华》第 87 期,第 3 版,1933 年 6 月 20 日。

务都很广泛。对象包括“苏维埃机关,或国家企业和合作社”;任务为揭破“贪污浪费及一切官僚腐化的现象”,甚至具体到“办事人员对工农的态度,办事的迟速”“该机关的工作现状”等细节。监督方式有“公开的突然去检查”和“扮作普通工农群众到某机关去请求解决某种问题”两种手段。①

特定任务监督突击队。特定任务监督突击队主要有监督执行优红条例突击队、监督节省经济突击队、反逃跑开小差突击队等。

1932 年 9 月 20 日,中央执行委员会针对有的地方“忽视不执行”优待红军条例,或对优待红属工作敷衍塞责、消极怠工,妨碍扩大红军等不良现象,在《关于扩大红军问题训令》中,“责成工农检察部在最近期内进行对于优待红军条例的检查,组织大批的突击队,对于不执行优待红军条例的实行突击运动”②。为贯彻执行中央执行委员会的训令,9 月 27 日,中央工农检察部发布《关于检查优待红军条例问题》的第一号训令,要求:“各级工农检察部,要在职工会,雇农工会,贫农团,少先队,赤卫军等……团体中,找得工农积极份子,组织突击队。在每礼拜六,及星期日,有计划的,有目标的,做突击工作。”突击监督的任务和事项,中央工农检察部具体规定如下:

> 甲、突然去查问红军家属,看他们有无困难,区乡政府和代表对他们的困难是否有方法来帮助解决?对他们的请求,区乡政府是否迅速相当的回答?他们无劳动力或缺少劳动力耕种田地的,区乡政府是否分配了相当的义务劳动,给他们耕种?
>
> 乙、突然去检查红军公田的耕种好坏,及红军公田的收成丰欠,红军公谷有无侵蚀耗散。
>
> 丙、突然去检查有公款或向政府立了案的消费合作社,是

① 《突击队的组织和工作》,《红色中华》第 32 期,第 7 版,1932 年 9 月 6 日。

② 《中央执行委员会关于扩大红军问题训令》,《红色中华》第 34 期,第 3 版,1932 年 9 月 20 日。

否对红军家属有百分之五的减价,及有购买的优先权;检查区乡列宁小学校对红军的子女弟妹,是否有免费读书;检查各地邮局,对红军家属的信件,是否有免费的留难,或区乡政府不独不替他们解决困难,反胡乱替他们写信,叫喊红军回家的事情。

丁、突然去检查税收机关是否对红军的官兵,使其本身及父母妻子和无劳动力的弟妹,概免了土地税?

对优待红军上列具体事项的执行监督,中央工农检察部训令要求:"每个城市和乡村每一个礼拜至少要有一个突击队出发,要突击队将每一次突击的结果,报告所指挥的工农检察部。"①

监督节省经济突击队,设立于中央苏区风起云涌的节省运动中。1933年12月11日,中央政府节省委员会为响应《红色中华》的号召,实践每天节省一个铜板、不进馆子不吃小食、节省办公费百分之三十、普遍建立节省箱、每个伙食单位建一菜园,以及开展对一切浪费的官僚主义者的斗争等六项节省规约,召开总务厅工作人员大会,"组织了节省经济突击队,当会场自动报名(参加的)有十余个,突击队专门与浪费、贪污、官僚主义作无情的斗争,并保证节省的决定能实施"②。此类节省经济突击队虽隶属于其主管部门的节省委员会,但在反腐败的工作上仍接受工农检察机关的指令和指导。

1933年4月13日,中央工农检察部发布《关于健全各级工农检察部组织事》的训令,要求省、县、区工农检察部,"突击队要以突击队组织纲要经常建立起来,要吸收青年团员,工会会员,少先队队员以及其他群众团体的会员,大批地参加突击队。对于青年团体的轻骑队员,红色中华的铁锤队以及其他机关的突击队,取得组织上的和工

① 中央工农检察人民委员部训令第一号:《关于检查优待红军条例问题》,《红色中华》第35期,第8版,1932年9月27日。

② 耕得利:《中府节省委员会实践六项节省规约》,《红色中华》第135期,第2版,1933年12月17日。

作上的密切联系”①。在工农检察机关的直接领导下，突击队检举的大案主要有，在雩都县里仁区的突击中，“检举出区委宣传部长赌钱”，“区委书记消极怠工，跑回家很久不管工作，并在区苏查出几个开小差份子”②。在信康县的检举运动中，突击队检举出县苏维埃总务处处长郭敬亭、县裁判部部长廖吉祥、县国民经济部部长康鑫、县财政部部长钟发海、县军事部文书张英标等“暗藏在苏维埃机关的反革命与的坏份子”③。

（2）轻骑队

轻骑队是“与官僚主义消极怠工，和贪污，腐化现象作斗争的一个重要武器，是群众的对于这些份子的监督”④。1933 年 12 月 20 日，少共中央局通过的《轻骑队的组织与工作大纲》规定，轻骑队实施监督和反腐败，必须在下列任务之下，来开展轻骑队的工作：

> 一、在苏维埃机关内，企业内，经济的和合作社的组织内的活动，——检查苏维埃机关内，企业内，经济的和合作社的组织内的官僚主义，贪污，浪费，腐化，消极怠工等现象，举发对于党和政府的正确政策执行的阻碍与曲解，（如红军公谷之保管，军委仓库之保管，粮食之收集，打土豪之罚款等等）。
>
> 二、在生产方面——提高劳动纪律，与破坏劳动纪律的现象作斗争，检查在国家企业内出产品的质量，生产计划的执行，内部的设备，节省材料，爱惜公物。
>
> 三、在运输交通方面——兵站和邮政机关是否按时的将物

---

① 《中华苏维埃共和国临时中央政府工农检察人民委员部训令第三号（摘录）——关于健全各级工农检察部组织事》，厦门大学法律系、福建省档案馆选编：《中华苏维埃共和国法律文件选编》，江西人民出版社 1984 年版，第 421 页。

② 项英：《雩都检举的情形和经过》，《红色中华》第 168 期，第 8 版，1934 年 3 月 29 日。

③ 《对于信康县的检举》，《红色中华》第 163 期，第 3 版，1934 年 3 月 17 日。

④ 《轻骑队的组织与工作大纲》，《斗争》第 41 期，第 15 版，1934 年 1 月 5 日。

件递送，各种报纸送达的状况，阻碍的原因。

四、在医院内——对于诊治伤病兵的状况，内部的设备，卫生运动的情形等等。①

轻骑队的组织系统，是在地方上“乡成立队，每队人数多少不定，区成立大队，乡队在团支部的领导下”，区大队则在团区委的领导下；在机关企业内，“组织各该机关或企业的轻骑队，在该机关或企业团支部的领导下，队设正副队长各一人，大队设正副队长各一人，队长由队员选举，经过团的支部或区委的批准才发生效力”。轻骑队虽隶属于少共(团)组织，但“应当与工农检查部发生密切的关系，要求他们派代表出席会议，轻骑队也可派自己的代表去工农检查部工作，供给他们以不支生活费的检查人员”②。

(3) 群众法庭

工农检察机关在取得某种反腐败阶段性成果的基础上，“有必要时”可以召集相关政府机关、企业、当地居民代表“组织群众法庭”③，并以群众大会的形式对发觉的官僚主义者和腐败分子进行公审。群众法庭这种由工农检察机关根据反腐败需要临时特设的群众团体，不仅便于穷追猛打，“利用这一法庭形式来清查揭发苏维埃机关中一切贪污腐化份子”④，而且是与开小差、消极怠工、破坏扩红的行为进行斗争的锐利武器。1933 年 4 月 11 日，《红色中华》刊发《怎样开展反对开小差的运动》，该文章在主张“利用报纸，戏，活报，红军家属突击队以及一切宣传，鼓动的方法，去反对开小差”的同时，特别提出：“召集群众大会，组织同志审判会(即“群众法庭”——引者注)，来公

① 《轻骑队的组织与工作大纲》，《斗争》第 41 期，第 16 版，1934 年 1 月 5 日。

② 同上。

③ 《工农检察部的组织条例》，江西省档案馆、中共江西省委党校党史教研室选编：《中央革命根据地史料选编》下册，江西人民出版社 1982 年版，第 163 页。

④ 《贪污腐化份子滚出去！》，《红色中华》第 75 期，第 3 版，1933 年 5 月 2 日。

开审判这些开小差的份子,要这些开小差的份子缴还他们的被单衣服,与各种慰劳品,处罚他们加倍给他们耕公田的群众耕田。”①同年12月4日,博生县第三次工农兵代表大会开幕时,“(代表资格审查委员会)审查有会同区来的代表中,有一个苏金荣是领导开小差的分子,由审查委员会将审查的结果向全县代表报告后,各代表热烈的发言,……各代表一致的表示苏金荣定要提到群众(指群众法庭)中去公审,以苏金荣做一个‘榜样’来教育我们全县在前方离队的红军战士一致归队,并给苏金荣这种破坏归队运动的开小差的领导者一个有力的打击”②。此外,在瑞金、雩都、兴国等县的归队运动中,也普遍地召集群众法庭公审破坏扩红的领导开小差分子和教唆开小差的分子。③

(4) 工农通讯员

中央苏区工农检察部设立于各机关、企业、团体、乡村、街道的工农通讯员,站在工人、贫农等劳苦群众的利益上,负责对所在地区、单位正确执行党和苏维埃政纲、法令、政策的监督。1931年11月,第一次全国工农兵代表大会通过的《工农检察部的组织条例》规定,各级工农检察机关设立的各种专门检察委员会(如土地分配检察委员会、租税问题检察委员会等),“检察各机关及经济事业的时候”,“须注意听工农通信员的报告”④。

1933年4月13日,中央工农检察部发布《关于健全各级工农检

① 炳:《怎样开展反对开小差的运动》,《红色中华》第68期,第4版,1933年4月11日。

② 峰云:《博生县代表大会给开小差领导者的打击》,《红色中华》第136期,第1版,1933年12月20日。

③ 参见《红色中华》第137期第1版、第145期第1版、第147期第1版、第148期第2版。

④ 《工农检察部的组织条例》,江西省档案馆、中共江西省委党校党史教研室选编:《中央革命根据地史料选编》下册,江西人民出版社1982年版,第162页。

察部组织事》的第三号训令，规定省工农检察部在“暂定九人到十人担任经常工作”的编制中，分配专职“管理指导工农通讯员的工作一人”；县工农检察部在“暂定经常工作人员七至九人”的编制中，分配专职“管理工农通讯一人”；区、市工农检察部在“经常工作人员五人至七人”的编制中，工作分配“控告局局长兼管工农通讯一人”。在确定编制和职能分工的基础上，训令要求“各级工农通讯员要广泛建立起来，凡是各机关各群众团体各圩场各村庄，以及城市中各街道，都要找得当地群众团体的人员，机关中的职员，工厂中的工人，农村中的农民，街道中的工人及贫民等好的份子加以委任，来担任通讯员，作为工农检察部的眼目，要他们经常作书面通讯和口头报告”①。1934 年 2 月，西江县工农检察部“根据通讯员的通讯”报告，查处了县苏维埃主席许承杭、县裁判部部长王能松、县劳动部副部长王祖有等官僚贪腐分子和反革命分子。② 1934 年初，中央互济总会财务部部长谢开松用各种方法贪污公款，“生活腐化”，此案也是“由本会通讯员的报告与该会主任的控告”而揭发出来的。③

在党的领导下，作为群众运动反腐败的中坚力量，工农通讯员以及突击队、轻骑队等群众团体在反腐败斗争中所发挥的作用，一方面固然表现为检举揭发，为党和苏维埃监察机关提供追究和惩治腐败的重要信息和线索，从而使各种官僚贪腐分子陷入群众反腐败的汪洋大海中无处藏身；另一方面，通过《红色中华》《红星报》《青年实话》等苏区报刊专辟的“突击队”“轻骑队”“工农通讯”“锤”“铁棍”

---

① 《中华苏维埃共和国临时中央政府工农检察人民委员部训令第三号（摘录）——关于健全各级工农检察部组织事》，厦门大学法律系、福建省档案馆选编：《中华苏维埃共和国法律文件选编》，江西人民出版社 1984 年版，第 420—421 页。

② 中央工农检察委员会公布：《西江县检举出一批反革命》，《红色中华》第 154 期，第 3 版，1934 年 2 月 24 日。

③ 中央工农检察委员会公布：《检举中央各机关的贪污案件的结论》，《红色中华》第 152 期，第 3 版，1934 年 2 月 20 日。

“铁帚”“警钟”等专栏，工农通讯员、突击队、轻骑队以及红色中华铁锤队等群众团体刊发大量抨击浪费贪污、官僚腐化等现象的文章，也充分发挥了舆论监督的作用。

诸如《好阔气的江西政治局保卫分局》《大兴土木的洛口县政府》《大量吃药的博生县政府》《好阔气的小岔乡苏》《一个戏台预算一百八十元》《出高价买便宜东西》《好一个浪费的俱乐部主任》①等文章，谴责了浪费；《拿公款贴伙计婆的头陂军事部长》《贪污公款的省苏文书》《挪扯捐款的儿童局书记》《吞没赃物的互济会主任》《动用公谷的乡苏主席》《伙食尾比吃饭钱多》《大斗进，小斗出》《博生记账员的卑劣》《朱宗英吞没捐款》②等文章鞭挞了贪污；《威权无上的区苏秘书》《马虎塞责的乡政府文书》《好威风的小松罗镜乡苏》《高田乡政府八股文章式的禁烟布告》《手打大锣、口叫坐禁闭》《两个吃冤枉的工农检察部长》《忽视文化教育的主席团》③等文章抨击了官僚主义；《大梦沉沉的区苏主席》《百事不管的乡苏主席》《无耻的退却逃跑分子》《有名无实的赤色戒严》《推销公债怠工的乡主席》《退却逃跑的乡主席》《破坏优红条例的瑞金城市区土地部长》④等文章，针砭了消极怠工；《吃洋参炖鸡子的军事部长》《样样来得的贪污分子》《好吃的苏维埃害虫》⑤等文章，曝光了生活腐化。

以报刊为载体的舆论监督，是公开性、时效性最强，社会反响最大

① 参见《红色中华》第 14 期第 8 版，第 20 期第 7 版，第 68 期第 4 版，第 132 期第 1 版，第 134 期第 3 版，第 137 期第 3 版。

② 参见《红色中华》第 31 期第 10 版，第 134 期第 3 版，第 136 期第 3 版，第 141 期第 2 版，第 154 期第 3 版。

③ 参见《红色中华》第 14 期第 8 版，第 25 期第 4 版，第 43 期第 5 版，第 92 期第 6 版，第 101 期第 6 版。

④ 参见《红色中华》第 60 期第 6 版，第 110 期第 7 版，第 17 期第 6 版，第 101 期第 6 版，第 136 期第 3 版。

⑤ 参见《红色中华》第 136 期第 3 版，第 101 期第 6 版，第 138 期第 4 版。

的监督。中央苏区工农通讯员、突击队、轻骑队等群众团体通过报刊对上述各种腐败现象及其丑恶行为指名道姓地公开揭露,使形形色色的腐败分子暴露于光天化日之下,无可遁形。总之,以群众团体为中坚力量的反腐败的群众运动,充分发挥了遏制与震慑腐败的强大威力。

(三)强化制度规范,群众运动反腐败通过法律途径惩治腐败

1. 制定群众监督和反腐败活动的规章制度

中国共产党和临时中央政府在放手发动群众,以群众团体为中坚力量、广泛深入地开展群众性反腐败斗争的同时,高度重视对群众运动的领导和管理,制定颁布了一系列规范群众监督和反腐败活动的规章制度。

(1) 对控告检举的管理规定

保障群众控告检举的权利、畅通群众监督的渠道,是确立和维护群众的监督主体地位,发挥群众反腐败积极性的首要前提。为此,中央工农检察部颁布的相关管理的规章制度主要有以下方面。

建立管理控告工作的专门机构和接受控告的有关规定。要求:“各级工农检察部或科之下,得设立控告局。”“各级控告局直属各级工农检察部或科受其指导和节制,没有上下级的隶属关系。”“在工农集中的地方,控告局可设立控告箱,以便工农投递控告书,还可以指定不脱离生产的可靠工农分子,代替控告局接收各种控告。”

明确控告检举的范围。规定:“苏维埃的政府机关和经济机关,有违反苏维埃政纲政策,及目前的任务,离开工农利益,发生贪污浪漫官僚腐化,或消极怠工的现象,苏维埃的公民,无论何人都有权向控告局控告。”控告局也“只是接收控告某机关,或控告某机关的工作人员的控告书,不接受私人争执的控告书”。

规定群众提出控告的方式,即“人民向控告局控告,可用控告书,

投入控告箱内,或由邮件都可,不识字的可到控告局用口头控告,有电话的地方也可用电话报告控告局”。

在制定方便群众控告、保障检举渠道畅通的上述规定的同时,中央工农检察部对群众控告检举必须承担的基本义务和法律责任也做出了明确的规定。首先,要求“控告人向控告局投递的控告书,必须署本人的真姓名,而且要写明控告人的住址”,中央工农检察部明确宣布“无名的控告书一概不受理”。其次,控告要求有事实根据,“要将被告人的事实,叙述清楚”,要如实举报,不允许凭空控告。最后,明确控告人如捏造、歪曲事实应该承担的法律责任,即“倘发〔现〕挟嫌造谣借端诬控等事,一经查出,即送交法庭受苏维埃法律的严厉制裁”。①

（2）对群众团体监督和反腐败活动的管理规定

关于群众团体监督的范围和目标任务,中央工农检察部规定,“突击队所突击的范围,仅限于苏维埃机关和国家企业方面”,“突击队所要突击的,是关于政纲政策,执行得是否真〔正〕确,工作计划是否实现,参战工作的程度如何,官僚腐化贪污现象等等问题”。② 轻骑队的主要任务是,“检查苏维埃机关内,企业内,经济的和合作社的组织内的官僚主义,贪污,浪费,腐化,消极怠工等现象,举发对于党和政府的正确政策执行的阻碍与曲解”,“检查党和政府与指令的执行,把每一件事,从头至尾的做到底”。③ 而就监督的区域而言,“(乡)轻骑队的任务:是反对该乡域范围内的政府党团及一切革命机关人员的腐化不良现象及一切不良现象的组织,……如果查出了

① 《工农检察部控告局的组织纲要》,江西省档案馆、中共江西省委党校党史教研室选编:《中央革命根据地史料选编》下册,江西人民出版社 1982 年版,第 165 页。

② 《突击队的组织和工作》,江西省档案馆、中共江西省委党校党史教研室选编:《中央革命根据地史料选编》下册,第 166 页。

③ 《轻骑队的组织与工作大纲》,《斗争》第 41 期,第 16 版,1934 年 1 月 5 日。

有不良现象的分子,就报告当地机关由当地机关去登报耻笑和执行处罚之"①。

关于群众团体的活动时间和工作方式,规定:"突击队的队员不能脱离生产,他们执行工作是在空暇的时间或休息日。并且不是固定的,每次突击可以改换队员分子"。突击队有"公开的突然去检查某苏维埃机关或国家企业和合作社",以及"扮作普通工农群众到某机关去,请求解决某种问题……以测验该机关的工作现状"两种工作方式。② 轻骑队的工作方式,"应当是公开的","为着举发某一个事件或彻底清查某一事件的原因,可以组织轻骑队的袭击",在平时的工作和生活中,"轻骑队应当经常注意机关内或个人的官僚主义,贪污,浪费,腐化,怠工,等现象,随时提向苏维埃控告"。③

关于群众团体的职责权限和纪律约束,规定"突击队未得工农检察部许可和指示,不得自由去突击","突击队去突击某机关的时候,应注意不妨害该机关工作之进行",突击队的突击"仅限于苏维埃机关和国家企业方面,私人企业及私人间关系,不是突击的目标"。④ 轻骑队只有"获得苏维埃政府的(如工农检查部)委托时,他可以检查苏维埃内的工作,或清查某些机关的账目,但是,轻骑队的权利,只限于控告,最后的处决,还是属于苏维埃法庭"⑤。

关于群众团体的工作程序和纪律要求方面,规定"突击队须有工

① 《C. Y 西河特委公函(第一号)——举行"轻骑队""卫生""节省经费"三项运动》,中央档案馆、江西省档案馆编:《江西革命历史文件汇集》(一九三二年·一),馆存本,1992 年,第 65 页。

② 《突击队的组织和工作》,江西省档案馆、中共江西省委党校党史教研室选编:《中央革命根据地史料选编》下册,江西人民出版社 1982 年版,第 166 页。

③ 《轻骑队的组织与工作大纲》,《斗争》第 41 期,第 16 版,1934 年 1 月 5 日。

④ 《突击队的组织和工作》,江西省档案馆、中共江西省委党校党史教研室选编:《中央革命根据地史料选编》下册,第 166 页。

⑤ 《轻骑队的组织与工作大纲》,《斗争》第 41 期,第 16 版,1934 年 1 月 5 日。

农检察部证书,去突击的时候,须先把证书交给该机关的负责人看,否则无权去突击”,“突击队出发之前,须由工农检察部的负责人,预先做出一个计划,与该队长队员详细谈话,使突击队可以按计划去检查”。突击队“突击各机关所收集的各种材料,须在该机关负责人之前,当面写成记录,要机关负责人签字,以为证据”。“突击队每次突击之后,须向工农检察部做详细的报告。”“突击队的每个队员看到或听到某种不好现象,应随时报告工农检察部。”①工农通讯员“作为工农检察部的眼目,要他们经常作书面通讯和口头报告”②。“轻骑队应当与工农检查部发生密切的关系”,“轻骑队队员应当经常的有报告”,“轻骑队应建立他的经常生活,经常的会议,经常的报告制度”,轻骑队“一切的行动,应当向广大的群众报告,经过报纸或会议”③。

在国家检察机关的设置和职能分工上,1931 年 11 月中华苏维埃第一次全国工农兵代表大会通过的《工农检察部控告局的组织条例》规定,各级工农检察机关下设的控告局,在“接受工农劳苦群众对苏维埃机关或国家经济机关的控告”后,负责“调查控告的事实”,“调查完毕的事件,须将材料汇集,报告工农检察部,以决定执行的办法”。④ 工农检察部“有向各该级执行委员会建议撤销或处罚国家机关,与国家企业的工作人员之权”。“若发觉了犯罪行为,如行贿浪费公款贪污等,有权报告法院,以便施以法律上的检查和裁判。”⑤

---

① 《突击队的组织和工作》,江西省档案馆、中共江西省委党校党史教研室选编:《中央革命根据地史料选编》下册,江西人民出版社 1982 年版,第 166 页。

② 《中华苏维埃共和国临时中央政府工农检察人民委员部训令(第三号)(摘录)——关于健全各级工农检察部组织事》,厦门大学法律系、福建省档案馆选编:《中华苏维埃共和国法律文件选编》,江西人民出版社 1984 年版,第 421 页。

③ 《轻骑队的组织与工作大纲》,《斗争》第 41 期,第 16 版,1934 年 1 月 5 日。

④ 《工农检察部控告局的组织纲要》,江西省档案馆、中共江西省委党校党史教研室选编:《中央革命根据地史料选编》下册,第 164—165 页。

⑤ 《工农检察部的组织条例》,江西省档案馆、中共江西省委党校党史教研室选编:《中央革命根据地史料选编》下册,第 162 页。

此外，各级工农检察部在检举运动中临时组织的检举委员会也只有调查权、检举权和上报建议权，没有直接参与处罚之权。检举委员会在检举本级政府机关及所属地方武装组织，“定出某一异己份子及官僚腐化动摇消极份子”时，需“向政府机关，军事机关的群众报告，发动斗争，征求意见，再向上级工农检察部报告，提交上级政府机关及军事机关核准执行”。①

中央工农检察委员会还以训令的方式规定了检举运动的有关政策，要求对每一工作人员的检举，“当然要注意他的斗争历史，阶级成份，特别是现在的工作（表现）”，“检举的标准，应当以工作为主体，任何机关和部份，任何工作人员，要从工作上去检察他们”。“选择最标本的代表来作例子，发动斗争去揭发一切现象与坏份子”，“对于每个人的错误，应分大小与轻重，处置上同样要有区别，大的重的应受检举与做组织上的结论，小的轻的或偶然的错误，不必用检举方式或在工作人员会议上或用个别谈话的方式来批评，特别是细心教育与说服他们，对于成份不同，处置也不同，工农群众应着重在教育，阶级异己份子犯了错误的应该洗刷”。训令强调要“严格纠正过去检举中没有区别的一律撤职处罚”的惩办主义做法，并严肃指出“惩办主义，是检举中最凶的官僚办法”。②

诸如上述缜密细致的制度设置和具体周详的政策规范，在实践中无疑有助于有效避免反腐败的群众运动出现无组织、无纪律、无序混乱等不良现象，并从组织和制度上确保了中央苏区的反腐败斗争沿着正确的方向健康有序地向前发展。

---

① 中央工农检察人民委员部训令第二号：《关于检查苏维埃政府机关和地方武装中的阶级异己份子及贪污腐化动摇消极份子问题》，《红色中华》第 45 期，第 4 版，1932 年 12 月 19 日。

② 中央工农检察委员会训令检字第二号：《继续开展检举运动》，《红色中华》第 177 期，第 3 版，1934 年 4 月 19 日。

2. 依法惩治腐败

（1）反腐立法

法律是中华苏维埃国家机器的重要组成部分。维护法律的权威，将群众运动纳入法制轨道，依法治腐，是中央苏区党和临时中央政府领导群众运动反腐败所遵循的基本原则。1931 年 11 月，中华苏维埃第一次全国工农兵代表大会通过的《工农检察部的组织条例》规定，群众的控告、检举，以及突击队等“揭破官僚主义腐化分子的事实”后，除了“有必要时，可以组织群众法庭，以审理不涉及犯法行为的案件”外，明确规定：“如发觉……有违法的行为，应将这些材料转给司法机关，以便提出诉讼。”①即依法惩治腐败。

依法治腐首先要有法可依，早在 1930 年 3 月，闽西第一次工农兵代表大会就通过颁布了《政府工作人员惩办条例》，条例规定了惩办怠工、贪污等腐败分子的三种办法：第一种，撤职查办。苏维埃政府工作人员“怠工放弃职责者”“侵越职权者”“行为乖张为群众所厌恶者”“违反决议案者撤职查办”。第二种，撤职并剥夺选举权和被选举权。苏维埃工作人员“侵吞公款有据者”“受贿有据者”“擅发或捏造号令者”“把持政权者”“借公报私为害他人者”，“撤职并剥夺其选举权和被选举权”。第三种，枪决。苏维埃政府工作人员“侵吞公款至三百元以上者”“受贿至五十元以上者”“将内部秘密报告敌方者”“乱烧乱杀者”“假借政府名义私打土豪有据者”，处以枪决。②

1931 年 11 月，中华苏维埃共和国建立后，临时中央政府通过发布命令、通令、训令的形式，反复强调要驱逐、制裁、惩办贪污、浪费、消极怠工、官僚主义等腐败分子。1932 年 2 月 17 日，人民委员会第

① 《工农检察部的组织条例》，江西省档案馆、中共江西省委党校党史教研室选编：《中央革命根据地史料选编》下册，江西人民出版社 1982 年版，第 163—164 页。

② 《闽西第一次工农兵代表大会决议案》，江西省档案馆、中共江西省委党校党史教研室选编：《中央革命根据地史料选编》下册，第 86—87 页。

三号通令指出:“过去各地方政府和群众团的许多浪费,随意滥用,这是苏维埃政权下所绝对不允许的。”①同日,中央政府副主席项英发表文章强调“谁要‘浪费一文钱实等于革命的罪人’”,“谁要怠工和敷衍,谁就是苏维埃的罪人”。他“号召工农群众驱逐那些人出苏维埃机关”②。3月5日,人民委员会发布第五号命令,要求各级苏维埃政府切实执行工作检查,“考察在政府机关的工作人员是否有消极怠工腐化,不尽职等等情形,对于一切不执行上级命令和工作不积极的要予以革命纪律的制裁”③。7月7日,中央执行委员会发布第十四号训令,重申:“对苏维埃中贪污腐化的份子,各级政府一经查出,必须给以严厉的纪律上的制裁。谁要隐瞒,庇护和放松对这种份子的检查与揭发,谁也要同样受到革命的斥责。”④

1932年12月1日,中央工农检察部发布第二号训令,号召开展检举阶级异己分子及贪污腐化动摇消极分子的群众运动。随后,各地苏维埃政府机关和地方武装组织都集中进行了检查和检举活动。1933年11月,随着中央一级党政军群团和国家企业反贪污浪费斗争的开展,检举的重点由此前检举阶级异己分子转为检举贪污浪费,并在中央总务厅、印刷厂、造币厂、军委印刷所、互济总会、工农剧社等机关、单位查出一批官僚贪腐分子。同年12月15日,为适应群众运动反腐败斗争深入发展的需要,中央执行委员会总结此前反贪污浪费斗争的经验,颁布了《关于惩治贪污浪费行为》的第二十六号训令。

① 人民委员会通令第三号:《帮助红军发展革命战争实行节俭经济运动》,《红色中华》第10期,第8版,1932年2月17日。

② 社论:《发展生产,节俭经济来帮助红军发展革命战争》,《红色中华》第10期,第1版,1932年2月17日。

③ 人民委员会命令第五号:《切实执行工作检查》,《红色中华》第12期,第5版,1932年3月2日。

④ 中央执行委员会训令第十四号:《关于战争动员与后方工作》,《红色中华》第28期,第6版,1932年7月21日。

训令主要内容如下：

确定了贪污的定罪概念和量刑惩罚标准。明确贪污罪是指"苏维埃机关,国营企业及公共团体的工作人员利用自己地位贪没公款以图私利"的行为。刑罚标准为,"贪污公款在五百元以上者,处以死刑";"贪污公款在三百元以上五百元以下者,处以二年以上五年以下的监禁";"贪污公款在一百元以上三百元以下者,处以半年以上二年以下的监禁";"贪污公款在一百元以下者,处以半年以下的强迫劳动"。贪污罪除以上处罚外,均"没收其本人家产之全部或一部,并追回其贪没之公款"。

确定了挪用的定罪概念和刑罚标准。明确挪用罪指苏维埃机关、国营企业及公共团体的工作人员利用自己的地位,"挪用公款为私人营利"的行为。挪用犯罪按照数额大小分别处以与贪污罪量刑幅度标准相同的惩罚,并追回挪用之公款。

确定了浪费的定罪概念和刑罚标准。明确浪费罪指苏维埃机关、国营企业及公共团体的工作人员,"因玩忽职务而浪费公款",致使国家财产受到损失的行为。浪费罪量刑"依其浪费程度处以警告,撤销职务以至一个月以上三年以下的监禁"。①

中央执行委员会《关于惩治贪污浪费行为》训令的颁布,为中央苏区各地对贪污、挪用、浪费的犯罪行为,根据其罪行情节、危害程度,分别处以不同量刑幅度的惩罚确立了有法可依、统一规范且便于操作的标准,对惩治和震慑腐败都产生了重大的作用和深远的影响。

(2) 惩腐的诉讼程序和制度

进入司法程序、惩治腐败的诉讼是刑事诉讼。根据中央执行委员会 1932 年 6 月 9 日颁布的《裁判部的暂时组织及裁判

① 《中央执行委员会第二十六号训令——关于惩治贪污浪费行为》,厦门大学法律系、福建省档案馆选编:《中华苏维埃共和国法律文件选编》,江西人民出版社 1984 年版,第 224 页。

条例》①,1934 年 4 月 8 日颁布的《中华苏维埃共和国司法程序》②等有关法律、法令、训令的司法规定,刑事诉讼的主要程序如下:

① 侦查

凡贪污、挪用、浪费等经济犯罪行为,以及破坏扩红、忽视优红工作或执行优待红军家属条例消极怠工,视同反革命的犯罪行为,都由工农检察部行使收集证据、查明犯罪事实、证实犯罪者及其罪行的侦查权。与侦查相关的具体工作,在“将这些材料转给司法机关”之前,工农检察部及其所属控告局调查员,需在接受检举、控告后,已基本完成收集证据、查明犯罪事实等工作任务。

② 自行预审

惩治腐败的刑事案件,由工农检察机关在终结审查工作后自行预审。1933 年 6 月 1 日,中央司法部发布《对裁判机关工作的指示》的第十四号命令规定:“对每个案件的材料,要尽管去搜集,不得再有事实还未明瞭,又不经过预审,就拿到法庭来马虎判决的情形。”③该命令是刑事诉讼的侦查机关先自行预审的法律依据。预审是案件移送法庭前对构成犯罪的事实是否清楚、证据是否充分的审核,如有欠缺,必须进行补充调查和取证。工农检察机关“有必要时可以组织群众法庭”④,从诉讼程序上看,在一定意义上可以说是由群众法庭来行使自行预审的职能。

---

① 《裁判部的暂行组织及裁判条例》,厦门大学法律系、福建省档案馆选编:《中华苏维埃共和国法律文件选编》,江西人民出版社 1984 年版,第 389—392 页。

② 《中华苏维埃共和国司法程序》,厦门大学法律系、福建省档案馆选编:《中华苏维埃共和国法律文件选编》,第 409—410 页。

③ 《中央司法人民委员部命令(第十四号)——〈对裁判机关工作的指示〉(摘录)》,厦门大学法律系、福建省档案馆选编:《中华苏维埃共和国法律文件选编》,第 403 页。

④ 《工农检察部的组织条例》,江西省档案馆、中共江西省委党校党史教研室选编:《中央革命根据地史料选编》下册,江西人民出版社 1982 年版,第 163 页。

③ 庭前预审

即刑事案件在法庭审理以前,先由裁判部的检察员进行预审,核实工农检察机关收集的证据和调查取证的事实,并核实是否构成犯罪,以确保庭审能顺利进行。《裁判部的暂行组织及裁判条例》第五章规定:“检察员是管理案件的预审事宜,凡送到裁判部的案件,除简单明了、无须经过预审的案件之外,一切案件,必须经过检查员去预审过,并且凡是一切犯法行为,检察员有检查之权。”在检查案件时,“凡与该案件有关系的人,检察员有随时传来审问之权”。检察员“无论问被告人和见证人,必须写成预审记录,由被审问者(被告人和见证人)及检察员签字盖章,作为该案件的证据”。经过预审手续之后,“检察员认为有犯法的事实和证据,作出结论后,再转交法庭去审判”①。

中央苏区采用审判机关内附设检察员行使检察职能的审检合一制。《裁判部的暂行组织及裁判条例》第三十三条规定:“省裁判部得设正副检察员各一人,县裁判部则设检察员一人,区裁判部则不设立检察员。”该条例附注:“检察员制度未建立以前,可由裁判员中抽出一人担任预审的工作,代执行检察员的职务。”②

④ 组织合议庭

合议法庭“须由三人组织而成,裁判部长或裁判员为主审,其余二人为陪审员”,“陪审员由职工会、雇农工会、贫农团及其他群众团体选举出来,每审判一次得掉(调)换二人”。“陪审员在陪审期间,得暂时解放他的本身工作,并须保留他原有的中等工资,陪审完了之后,仍回去做他的原有工作。”③

① 《裁判部的暂行组织及裁判条例》,厦门大学法律系、福建省档案馆选编:《中华苏维埃共和国法律文件选编》,江西人民出版社 1984 年版,第 393 页。

② 同上。

③ 同上书,第 390—391 页。

⑤ 提起公诉

1932年8月13日，江西省、福建省及瑞金直属县，以及中央政府附近会昌、寻邬、安远、宁都、南广、宁化等县工农检察部联席会议决定："各级工农检察部如发见插腰包打埋伏及种种浪费财政的现象，应严格的检举，提起公诉，从严惩办。"①1932年9月30日，中央工农检察部训令："如发见各级政府不执行优待红军条例，或经红军战士本人及其家属的控告，由工农检察部检举出来，迅速纠正，并得向法庭提出控告，按例处罚。"②提起公诉的原告人，除工农检察部所派出庭告发的代表之外，另有两种特定身份的人可担任。一是审判机关内设的检察人员，即庭前预审的检察员；二是涉案的群众团体的代表。《裁判部的暂行组织及裁判条例》第二十三条规定："开庭审判时，除检察员出庭做原告人外，与群众团体有关系的案件，该群众团体也可派代表出庭做原告人。"③

⑥ 庭审

依据中央执行委员会1933年12月12日颁布的《中华苏维埃共和国地方苏维埃暂行组织法(草案)》，以及1932年6月9日颁布的《裁判部的暂行组织及裁判条例》等相关规定，地方各级法院未设立前，设裁判部为临时司法机关，暂时执行司法机关的一切职权，并审理刑事案件的诉讼事宜。中央苏区地方裁判部组织系统设省、县、区三级裁判部和城市裁判科(小的城市苏维埃可不设裁判科，由县裁判部直接审理)，区裁判部审理判决处罚强迫劳动或监禁期限不超过半年的不重要的案件。

---

① 《江西福建两省瑞金会昌等县工农检察部联席会议决定》，《红色中华》第33期，第6版，1932年9月13日。

② 中央工农检察人民委员部训令第一号：《关于检查优待红军条例问题》，《红色中华》第35期，第8版，1932年9月27日。

③ 《裁判部的暂行组织及裁判条例》，厦门大学法律系、福建省档案馆选编：《中华苏维埃共和国法律文件选编》，第391页。

刑事案件庭审,“必须公开,倘有秘密关系时,可用秘密审判的方式,但宣布判决书时仍须作公开”①。庭审主要是讯问犯人,调查犯罪事实并核实证据。旁听群众可发表意见,并允许被告人进行充分的辩解,“被告人为本身的利益,可派代表出庭辩护,但须得法庭的许可”。“每次开庭,审问完了一个案件之后,法庭须退庭商议判决书,……绝对不许审问完了之后,经过几天才宣布判决书。”②

1933 年 6 月 1 日,中央司法部发布《对裁判机关工作的指示》的第十四号命令,要求:“在审判案件之先,必须广泛的贴出审判日程,使群众知道某日审判某某案件,吸引广大群众来参加旁听审判,既审之后,应多贴布告,多印判决书。以宣布案件的经过,使群众明瞭该案的内容,除有秘密性的某种案件之外,坚决的不许再有在房间里秘密审判,或随便写一个判决书送上级去批准的不规则情形,裁判部应时常派代表到各种群众会议上去做报告。引起群众对于裁判部的工作注意,多组织巡回法庭到出事地点去审判,以教育群众。”③

⑦ 评议和判决

法庭在休庭评议决定判决书时,主审及陪审员平等地讨论并发表意见,判决“以多数的意见为标准,倘若争执不决时,应当以主审的意见来决定判决书的内容,如陪审员之某一人有特别意见,而坚决保留自己的意见时,可以用信封封起,提到上级裁判部去,作为上级裁判部对于该案件的参考”④。判决书的内容书写,中央司法部强调:

---

① 《裁判部的暂行组织及裁判条例》,厦门大学法律系、福建省档案馆选编:《中华苏维埃共和国法律文件选编》,江西人民出版社 1984 年版,第 391 页。

② 同上。

③ 《中央司法人民委员部命令(第十四号)——〈对裁判机关工作的指示〉(摘录)》,厦门大学法律系、福建省档案馆选编:《中华苏维埃共和国法律文件选编》,第 401—402 页。

④ 《裁判部的暂行组织及裁判条例》,厦门大学法律系、福建省档案馆选编:《中华苏维埃共和国法律文件选编》,江西人民出版社 1984 年版,第 391 页。

“对于被告人犯法行为的经过，犯法时间和地点及人证、物证等等应详细的有系统的叙述出来，不许用笼统的，似是而非的话来做判决书。各人的犯罪事实不一样，裁判书也应按照各人的犯罪事实来叙述，不许各个裁判书用一律的笼统话来写。裁判案件应拿他最主要的事实，不要将不重要的写了一大篇，将重要的事实遗漏不提，即有时对某案件的检查结果，找不到犯罪的事实，也要经过法庭宣告无罪，并须写成裁判决书。”①

⑧ 终审和核准

中央苏区刑事诉讼实行四级两审制度。四级为区、县、省裁判部和临时最高法院，两审是指两级审判，即限于初审和终审两级。“如区为初审机关，则县为终审机关，县为初审机关，则省为终审机关，省为初审机关，则最高法院为终审机关。”②如果犯人不服初审判决，在规定的上诉期限内有上诉权。1932 年 6 月颁布的《裁判部的暂行组织及裁判条例》第二十五条规定的上诉期限为两个星期，条例附注：“上诉的日期，是被告人把上诉书送到审理该案件的裁判部的日子而计算起，并不是上诉书送到上级裁判部的日子而计算起。”③1934 年 4 月 8 日公布的《中华苏维埃共和国司法程序》修改规定：“声明上诉之期最多为七天，从判决书送到被告人之日算起（被告人不识字的，须对他口头说明）。”④

---

① 《中央司法人民委员部命令（第十四号）——〈对裁判机关工作的指示〉（摘录）》，厦门大学法律系、福建省档案馆选编：《中华苏维埃共和国法律文件选编》，第 403 页。

② 《中华苏维埃共和国司法程序》，厦门大学法律系、福建省档案馆选编：《中华苏维埃共和国法律文件选编》，第 410 页。

③ 《裁判部的暂行组织及裁判条例》，厦门大学法律系、福建省档案馆选编：《中华苏维埃共和国法律文件选编》，第 392 页。

④ 《中华苏维埃共和国司法程序》，厦门大学法律系、福建省档案馆选编：《中华苏维埃共和国法律文件选编》，江西人民出版社 1984 年版，第 410 页。

中央苏区的刑事诉讼设立了死刑核准程序。《裁判部的暂行组织及裁判条例》第二十六条规定："凡判决死刑的案件，虽被告人不提起上诉，审理该案件的裁判部，也应把判决书及该案件的全部案卷送给上级裁判部去批准。"凡上诉和死刑核准的案件，"在判决书上所规定的上诉期已满或上级裁判部已经批准，该案件的判决书才能执行"。①

中央苏区刑事诉讼除实行上述公开审判制度、自行预审和庭前预审制度、人民陪审员制度、辩护制度之外，还实行"到出事地点去审判比较有重要意义的案件，以吸收广大的群众来参加旁听"②的巡回法庭制度，以及与被告人有关的家属、亲属或私人关系的人不得参加审判；代行检察员职务、担任庭前预审的裁判员，不得担任同一案件法庭的主审和陪审的回避制度。与此同时，"由司法人民委员部颁发了各种表册样式，如：案卷、审判记录、判决书、传票、拘票、搜查票、预审记录、工作报告表、搜查记录、苦工队登记表等十种，以备各级裁判部的应用，并且使各级裁判部的公文形式可以统一"③。中央苏区充分借鉴前人法律文明成果的上述刑事诉讼制度的建设和实践，为司法机关客观全面地了解案情、公正公平地审判、准确适用法律和依法量刑制裁腐败分子提供了强有力的保障。

（3）依法惩腐典型案例

谢步升贪污腐化杀人案④

谢步升，瑞金九区叶坪人，贫农出身。1929 年参加革命，1930 年加入中国共产党，当选叶坪村苏维埃主席。1932 年 2 月，群众控告谢

① 《裁判部的暂行组织及裁判条例》，厦门大学法律系、福建省档案馆选编：《中华苏维埃共和国法律文件选编》，第 392 页。

② 同上书，第 390 页。

③ 《司法人民委员部一年来工作》，《红色中华》第 39 期，第 8 版，1932 年 11 月 7 日。

④ 《临时最高法庭判决书（第五号）》，《红色中华》第 21 期，第 5 版，1932 年 6 月 2 日。

步升打土豪时,将大量财物据为己有,并奸淫同村谢深润之妻,被谢深润发觉挨打后,谢步升诬陷谢深润是社会党,公报私仇杀害了谢深润。瑞金县工农检察部经调查证明群众控告属实。同时查实,谢步升在1927年杀害了八一起义部队南下途中生病掉队的一名军医,抢得金戒指、军毯等物。

该案由瑞金县工农检察部提起公诉,1932年5月5日,瑞金县苏维埃裁判部刑事法庭开庭审判,主审潘立中,陪审谢正平、钟桂先,书记杨世珠,判决谢步升死刑,没收个人一切财产。谢步升不服一审判决,上诉临时最高法庭。1932年5月9日,临时最高法庭二审终审驳回谢步升的上诉,维持原判,“把谢步升处以枪决,并没收谢步升个人的一切财产”。

钟铁青、钟圣谅等挪用公款贩卖鸦片案①

钟铁青,雩都县桥头人,手工业工人出身。1927年参加工人协会,1929年加入中国共产党,历任雩北特区苏维埃土地委员会和裁判部负责人、区苏维埃政府主席。1932年1月,任江西省胜利县苏维埃政府主席。

钟圣谅,雩都县桥头人,手工业工人出身。1927年加入农民协会,1928年加入中国共产党,历任红军连政治宣传员、连政委,中共雩北特区区委宣传部部长、区委书记,江西省巡视员。1932年1月,任中共江西胜利县临时县委书记。

1932年春,钟铁青、钟圣谅伙同中共胜利县委组织部部长钟学湘,以及朱伟葵、李华艳等人,挪用公款、贩卖鸦片牟利。经群众控告检举,江西省工农检察部查证属实。1932年4月,中共江西省委和省

① 《肃清贪污腐化份子!钟学湘等判处死刑》,《红色中华》第57期,第4版,1933年3月3日。

苏维埃执行委员会宣布撤销钟圣谅、钟学湘和钟铁青职务。1933 年 3 月，江西省苏维埃裁判部“根据胜利县苏第二次代表大会的决议，调查事实”，判处钟铁青、钟学湘、朱伟葵、李华艳死刑，“钟圣谅因为不是明知故犯，判决监禁二年”。

李军彪蹂躏群众破坏苏维埃法令案①

1932 年 7 月 30 日，江西省苏维埃裁判部刑事法庭审判“破坏苏维埃法令的刑事案件的被告人李军彪”。主审古柏，陪审刘启耀、徐达志，书记刘松筠，国家原告人周兴。根据国家原告机关材料及法庭审判的结果，证明犯罪人及犯罪事实如下：

李军彪，瑞金县石浣潭人，渔民出身，白莲教徒，曾加入三点会，为土匪头目。混入革命队伍后，任会昌县游击队队长、瑞金县赤卫军第五连连长。其主要罪状为：（一）1930 年 8 月至 1931 年 11 月间，该犯在瑞金踏巡区武阳围一带“欺骗群众，蹂躏群众，私通（游击队教练）江东回之妻，并设计杀死江东辉”。（二）该犯不顾工农阶级利益，只顾私党关系，纵容其同党在红军打下会昌后，“乱打土豪，借公报私，乱发洋财，乱勒贫民小商曾广洪、黄春九的款子”，“又复乱捉穷人，并勒索穷人伙食”。（三）“私得款项。到三军团政治部保释会昌水西土坝反动首领欧阳明球、土豪李长林，得钱卖放。”

根据以上犯罪事实，法庭判决李军彪处以死刑。

临时最高法庭法字第八十七号批示：

江西省裁判部判决书第十一号关于刑事犯李军彪一名，判处死刑一案照准原判，及该犯的案卷，均发还，着照原判执行具

① 《江西省苏维埃政府裁判部判决书》1932 年第 11 号，《红色中华》第 35 期，第 9 版，1932 年 9 月 27 日。

报。特批。

主席　何叔衡

一九三二年八月五日

左祥云等贪污浪费、官僚腐化案①

1934年2月13日，临时最高法庭在中央政府大礼堂举行公开审判左祥云等贪腐分子的审判大会。到庭旁听群众达数百人，审判达四五个小时之久。经庭审核实证据和事实，判定各该犯的犯罪事实如下：

（一）“二苏”大会工程所主任左祥云，“贪污公款大洋二百四十六元七角。勾结徐毅打介绍信到下肖区，准备有计划的逃跑，勾结反动分子刘良芹、刘良棉买卖路条。盗窃我们军事秘密地图去献给白军，并企图逃跑到湖南组织蒋介石的游击队来进攻苏维埃。又私偷公章和介绍信到雩都参加主席团会议，企图做反革命的活动”。

（二）徐毅，“前总务厅管理处处长，故意放走反革命贪污犯左祥云和已受苏维埃法庭判决的苦工队（员）二名。贪污逃跑的反革命犯李振兹金戒指二个，并俱乐部款九角余，浪费公款不下数千元。官僚主义，施用强迫命令，消极怠工，生活腐化，脱离群众等”。

（三）赵宝成，“前任中府总务厅长，浪费公款不下万元，使苏维埃财政受到极大损失。包庇贪污分子，违抗毛主席扣留左祥云的命令，以致被徐毅放走。明知管永才贪污土砖（价值）二十五元而不报告，明知蓝发轩买布、棉花等少了很多而不报告。并且经常与贪污犯吃东西，参加他们的贪污。官僚主义，脱离群众，（对）下级人员的工作毫不检查，给贪污分子以良好的机会来进行贪污行为，以致造成如

① 耕得利：《在苏维埃的法律下判决了反动贪污巨案》，《红色中华》第151期，第3版，1934年2月18日。

许恶果”。

（四）管永才，“前任总务厅事务股长。贪污公款九十七元八角，假借中府命令压迫群众，将群众树枝砍尽，强迫群众退房屋，引起群众极大反感，消极怠工，浪费经济，生活腐化，嫖老婆至八个之多。将贪污来的钱大吃大嫖，一次曾吃了十六元之多”。

（五）刘兆山，“前任中府运输司务长，贪污伙食克扣工钱共计大洋六十九元二角九分”。

依照中央执行委员会《关于惩治贪污浪费行为》等训令、条例，临时最高法庭判决，左祥云“处以枪决”；徐毅“处以六年监禁，剥夺公民权六年”；赵宝成“罚苦工一年”①；管永才“本应判监禁一年半，因他因公残废判半年监闭，贪污公款追回”；刘兆山“处以半年监禁，贪污公款追回”。

唐仁达、蓝文勋等贪污案②

1933年夏，中央工农检察部收到一封控告瑞金县苏维埃财政部公款吃喝、贪污浪费的检举信。何叔衡部长高度重视，特派调查组到瑞金县苏维埃调查。后来，中央工农检察部又从瑞金县财政部九、十月份的决算报告书中发现瑞金县苏维埃机关浪费现象非常严重，便责令瑞金县苏维埃主席团及县工农检察部查处，但瑞金县拖延月余毫无进展。于是，中央工农检察部会同中央审计委员会，并从总工会、少共中央抽调力量组成轻骑队，在何叔衡部长的亲自带领下，对

---

① 赵宝成判后在铁山垅钨矿采矿场做苦工，不久调到外贸总局从事运输钨砂及物资接运工作。红军长征后，赵宝成在中央苏区打游击的转战中壮烈牺牲。中共十一届三中全会后，根据赵宝成生平的主要表现和对革命的贡献，追认他为烈士。

② 《人民委员会关于中央总务厅与瑞金县苏贪污浪费案的处分》，《红色中华》第140期，第2版，1934年1月4日。

瑞金县财政部有关人员贪污腐化问题展开调查。经过深入发动群众开展反贪污浪费的斗争，结果查明：

瑞金县财政部会计科科长唐仁达“单只吞蚀各军政机关交来的余款，群众退回公债谷票等款，变卖公家的物件谷子及隐瞒地主罚款等共三十四项，合计大洋二千余元，其经手浪费中有贪污，还不算在内”。

瑞金县财政部部长蓝文勋，“对于瑞金财政的收支，全未理会，唐仁达的贪污他是知道的，但不举发，反直至中央工农检察部审查到无可掩饰时，才说出唐仁达贪污了土豪刘绳仪罚款二十元，听其赔还了事，再不追究”。

1933 年 12 月 28 日，根据中央执行委员会于同月 15 日颁布的《关于惩治贪污浪费行为》的第二十六号训令，临时最高法庭经过审判判决唐仁达死刑，并没收其本人财产；判处蓝文勋撤职；瑞金县苏维埃主席团“事先全无觉察，检查又不上紧”，中央人民委员会“给予（县苏主席团）主席杨世珠以警告的处分”。

熊仙璧贪污渎职案①

熊仙璧，雩都县罗垇区人，成分贫农，担任过罗垇区苏维埃主席，雩都县苏维埃土地部部长，1933 年 12 月任雩都县苏维埃主席，1934 年 1 月在第二次全国苏维埃代表大会上当选为中央执行委员会委员。同年 2 月 25 日，经雩都县苏维埃主席团会议撤职扣留，3 月 6 日逮捕，3 月 20 日，中央执行委员会主席毛泽东，副主席项英、张国焘签发第五号命令，“鉴于熊仙璧领导与包庇贪污，私用公款做生意谋利”，除批准中央人员委员会撤销熊仙璧雩都县苏维埃主席外，开除

① 项英：《雩都检举的情形和经过》，《红色中华》第 168 期，第 9 版，1934 年 3 月 29 日。

其中央执行委员会委员，交最高法院治罪。

1934 年 3 月 25 日，最高法院遵照中央执行委员会命令，组织特别法庭审判熊仙璧，最高法院院长董必武为主审，何叔衡、罗梓铭为陪审，李澄湘、邹沛甘为书记，中央司法部部长梁柏台为最高法院特别法庭检察长兼国家原告人提出起诉。“在审判时，熊仙璧尚企图逃避苏维埃法律的惩处，以‘不晓’掩饰他的犯罪行为，亦经中央工农检察委员会主席项英同志发言指出”，特别法庭核实熊仙璧的犯罪事实如下：

（一）对反革命分子纵容。被告人在领导雩都县苏维埃工作时，反革命分子大肆活动，张贴反动标语，殴打政府工作人员，抢夺保卫队枪械，甚至反革命分子混进到政府机关中来活动，曾经群众告发或提送到县苏维埃的被告人亦没有迅速处置。

（二）不执行上级的命令。被告人身为县苏维埃主席，对中央决定和命令，一贯采取消极抵抗，对推销公债、收集粮食、修路计划及赤色戒严，从来不去检查，更有些命令不曾在县苏维埃讨论，甚至关起机关门来，放弃工作。

（三）贪污和包庇贪污。强借公家五十元交给家中做生意，影响县、市、区苏维埃政府大部分工作人员做投机生意，放弃工作，造成全县的市侩的作风，特别是私运大批米谷到白区，影响群众生活，违反苏维埃的基本原则，并包庇贪污，对县军事部大贪污案久延不决。

鉴于以上犯罪事实，最高法院特别法庭认定被告人熊仙璧犯有渎职罪、贪污罪，依法判处监禁一年，剥夺公民权一年。①

① 《中华苏维埃共和国最高法院特别法庭判决书（特字第一号）》，《红色中华》第 168 期，第 10 版，1934 年 3 月 29 日。

（四）加强群众性教育，积极开展对不廉洁现象和消极怠工行为的斗争

1. 反腐败的群众运动也是群众性的广泛教育运动

中央苏区反腐败的群众运动，以服务革命战争为目的，“是执行苏维埃一切战斗任务不可分离的部分”①。一方面，广大工农群众对各级政府机关、国家企业中的贪污浪费、官僚主义等腐败现象和腐败分子的检举和斗争，有助于党和苏维埃政府纯洁革命队伍，改善工作方式，最充分地集中一切力量和一切资源以粉碎敌人的军事“围剿”；另一方面，通过加强宣传教育，广大工农群众能够提高思想觉悟，振奋革命精神，增强劳动纪律，自觉地抵制和克服一切妨碍战争动员、削弱战争力量的不廉洁的以及消极怠工的行为，有利于切实保障发展革命战争的各项任务的完成。

1933 年 12 月 5 日，中共中央局常委张闻天发表《苏维埃工作的改善与工农检察委员会》的文章指出，各地工农检察委员会在检举运动中，对每一个案件的检查，“不但要把检查的结果，在群众大会上做报告，而且要使群众参加每一检查的整个过程，以此来教育群众”②。

1934 年 3 月 21 日，中央政府召开的全体工作人员检举会议明确指出：“必需在斗争中进行广泛的教育工作，抓住每一具体的斗争去教育全体的工作人员。”“在进行检举时更要联系到提高工作同志的积极性，提高劳动纪律，加强工作的速度，在这一运动中创造更有秩序有规律的生活，和节省运动卫生运动联系起来，尽可能采用革命竞

---

① 中央工农检察部的指示：《怎样检举贪污浪费》，《红色中华》第 140 期，第 2 版，1934 年 1 月 4 日。

② 洛甫：《苏维埃工作的改善与工农检察委员会》，《斗争》第 37 期，第 9 版，1933 年 12 月 5 日。

赛等方法，来最大限度的发扬工作同志的劳动热忱云。”①

4 月 2 日，中央工农检察委员会发布训令，指示在粉碎敌人第五次“围剿”的决战时期，“继续检举运动的目的，主要的是在检举与斗争中来改善与加强苏维埃的工作，教育工作人员转变工作方式，建立劳动纪律，提高工作速度，节省经济充裕战费，保证一切任务正确的执行”。训令还特别强调：“我们在检举与斗争中不仅是反对某一现象或某一坏份子，而是拿着这一现象与份子来做例子开展斗争，教育群众，实际的改善与转变我们的工作（比如反贪污浪费不仅是检举几个贪污的份子，而是拿这一事实来教育全体工作人员，什么是贪污浪费，他对于革命的危害是怎样，并实际建立和改善会计制度，实行节省，使一切工作人员热烈参加反贪污浪费斗争，自动的来开展节省运动，减少各种费用，订出许多具体的节省办法。……）。”②

综上可见，中央苏区党领导反腐败的群众运动，也是群众性的广泛教育运动。其间，反腐败的斗争与群众性的广泛教育又相互体现着以下密切联系。

（1）群众性广泛教育是反腐败的固本之举

为保持红色政权的清廉本质，为争取革命战争的胜利，中央苏区开展的反腐败斗争，荡除一切贪污腐化、官僚主义等腐败现象和腐败分子。然而，在现实的斗争中，因违法犯罪而被依法惩治的贪腐分子和官僚主义者毕竟是极少数，严重违纪受党纪、政纪处分，以及经群众法庭审判开除公职或罚苦工的也只是一小部分人（参见第三章表 3—1 和表 3—2）。中央苏区反腐败的群众运动嫉腐如仇，零容忍揭露曝光，指名道姓批评，开展思想斗争的大多是属于微腐败性质的贪

① 《中央政府进行检举运动》，《红色中华》第 166 期，第 3 版，1934 年 3 月 24 日。

② 中央工农检察委员会训令检字第二号：《继续开展检举运动》，《红色中华》第 177 期，第 3 版，1934 年 4 月 19 日。

小便宜、吃油饼(明吃暗拿占便宜)、自私自利等不廉洁现象,以及开小差、优待红属消极怠工或贪食贪钱等不良行为(参见第三章表3—3)。因此,要克服和遏制腐败的滋生蔓延,要巩固反腐败的斗争成果,关键在于加强群众性广泛教育,夯实廉洁从政的思想基础,厚植克己奉公的道德风尚。张闻天曾撰文特别指出:“我们必须坚决反对把一个事件关在工农检察委员会的房间内秘密的审查或填表,像过去在检举运动中所做的那样,而是要最公开的吸收广大群众来参加这一检查的工作,组织临时的有群众团体代表参加的委员会来担负这一任务。工农检察委员会就要在这里起他的领导作用。它不但要把检查的结果,在群众大会上做报告,而且要使群众参加每一检查的整个过程,以此来教育群众。”①

在中央苏区反腐败斗争的群众运动中,党和临时中央政府加强群众性广泛教育的具体方式主要有三方面。其一,群众法庭和各级司法审判机关对腐败分子的每一次公开审判,都是对苏区各级党政机关全体工作人员的警示教育,对广大工农群众恪守公德的反面典型教育。其二,中央苏区各地广泛开展的批评与自我批评,是使那些犯错误的同志提高思想认识,惩前毖后、治病救人的帮扶教育。其三,《红色中华》《红星报》《青年实话》等苏区报刊开辟“红板”“红匾”等专栏,大力表彰廉洁奉公、勤俭节约的模范集体和先进个人,则是对苏区广大干部和工农群众进行的示范教育。这三方面的教育,对提高苏区干部和工作人员廉洁自律的自觉性和拒腐防变的能力,增强广大工农群众的政治觉悟和为革命战争奋斗牺牲的精神发挥了重要作用,既是对腐败的有力抨击,也是反腐败的固本之举。

---

① 洛甫:《苏维埃工作的改善与工农检察委员会》,《斗争》第37期,第11版,1933年12月5日。

（2）“检举运动是带着充分的教育性质”

中央工农检察委员会指出，“检举运动是广大群众斗争的行动”①，在检举运动中，首先应从被检举者所犯错误的性质上来区分惩治与教育的对象，凡涉嫌违法犯罪的移送司法机关依法惩处；严重违纪者按党纪政纪处分，或组织群众法庭审判，“判决开除工作人员，登报宣布其官僚腐化的罪状等”②，“小的轻的或偶然的错误”，采用个别谈话、细心教育与说服等批评与自我批评的方式，使其认识错误并改正错误。③ 红军总政治部颁布《关于检举问题》的训令强调：“必须在部队中开展反对违抗命令、退却逃跑、失败情绪、消极怠工、贪污浪费、破坏群众利益，与官僚主义的斗争。在斗争中来教育和处分这些犯错误的分子，特别是要抓紧最标本的代表来开展斗争，教育全体红色战士。但是必须严格的纠正过去在对这些分子没有区别的一律检举洗刷，以及不开展斗争，不教育全体战士，而且是消极的洗刷了事的错误。必须分别错误的实质、性质与轻重，根据《红军纪律条令》给以教育和不同的处分。”④

其次，根据犯错误者的阶级成分界定教育的对象，即“对于成份不同，处置也不同，工农群众应着重在教育，阶级异己份子犯了错误的应该洗刷”。⑤ 对工农群众“应着重在教育”，是治病救人，是为了

---

① 中央工农检察委员会训令检字第二号：《继续开展检举运动》，《红色中华》第177期，第3版，1934年4月19日。

② 《工农检察部的组织条例》，江西省档案馆、中共江西省委党校党史教研室选编：《中央革命根据地史料选编》下册，江西人民出版社1982年版，第163页。

③ 中央工农检察委员会训令检字第二号：《继续开展检举运动》，《红色中华》第177期，第3版，1934年4月19日。

④ 《总政治部训令第十一号——关于检举问题》，中共江西省委党史研究室等编：《中央革命根据地历史资料文库·军事系统》第13册，中央文献出版社、江西人民出版社2015年版，第3530页。

⑤ 中央工农检察委员会训令检字第二号：《继续开展检举运动》，《红色中华》第177期，第3版，1934年4月19日。

防止犯错误者执迷不悟、滑入违法犯罪的深渊。对犯错误的阶级异己分子"应该洗刷"，是保持高度警惕，防范异己分子出于阶级本性蓄意破坏，造成更大的危害。

其三，检举运动不能"没有区别"，脱离教育地一概采用"惩办主义"。1934 年 4 月 2 日，中央工农检察委员会在发布《继续开展检举运动》的训令中，特别要求各级工农检察委员会"严格纠正过去检举中没有区别的一律撤职处罚"的做法，并认为："这是惩办主义，是检举中最凶恶的官僚办法。"①此前，中央政府在 3 月 21 日下午召开的全体工作人员的检举会议上，也特别强调，"必需在斗争中进行广泛的教育工作"，"在进行检举时，更要分别被检举者错误的轻重大小，来开展斗争；绝对反对惩办主义"。②

2. 积极开展对群众中不廉洁现象和消极怠工行为的斗争

（1）对群众中损公肥私、自私自利等不廉洁现象的曝光和谴责

1932 年 3 月 23 日，《红色中华》发表翰文题为《我对分田中的几点意见》的文章，提出要坚决反对部分群众"只顾自己的狭隘的本位主义，把打土豪家的东西，无论什么都是自己吃得精光，以肥自己的嘴巴，或想多分几文钱伙食尾子，不勇敢的大量的散发给群众的小利观念"③。

消费合作社本是"调剂工农业品之价格，避免投机商家的剥削"，为改善工农大众生活服务的组织，但自私自利者却利用、欺骗消费合作社为自己窃取利益。1933 年 11 月 20 日，《红色中华》刊发群众团

① 中央工农检察委员会训令检字第二号：《继续开展检举运动》，《红色中华》第 177 期，第 3 版，1934 年 4 月 19 日。

② 《中央政府进行检举运动》，《红色中华》第 166 期，第 3 版，1934 年 3 月 24 日。

③ 翰文：《我对分田中的几点意见》，《红色中华》第 15 期，第 8 版，1932 年 3 月 23 日。

体来信,以《两个破坏合作社的败类》为标题,指名道姓地揭露批评:一、"本社社员苏昌同志竟代替商人来本社买办货物,甘心做商人的走狗,破坏合作社的作用。这很显然的是出卖工农阶级利益用另一种方式来剥削工农群众";二、"红校政治部谭泳华同志原非本社社员,某日竟冒充本社社员来本社购买货物,窃取优待本社社员之优先权及'九五'折扣"。来信痛斥"这种欺骗、卑鄙、龌龊的手段实在令人作呕!"①

另一方面,消费合作社如投机经商、唯利是图,群众也同样在《红色中华》报上予以揭露和批判。如 1932 年 8 月 4 日该报刊登题为《雩都合作社倒会赚红军的钱》的群众来稿:"雩都县合作社内有胶皮鞋子卖,平常每双卖大洋一元,一直卖到七月二十九日以至于卅日的早晨都是这样的价钱。卅日红军开到雩都,到合作社去买东西的,特别是买胶皮鞋的很多,该社的经理人员眼见生意兴隆,正是赚钱的时候到了,于是马上加价,每双胶皮鞋子卖大洋一元一角。这种投机,故意对红军抬高价格。"该文对此措辞辛辣地讽刺说:"我们平常看见剥削阶级的商人是这样做,不料所谓合作社,也竟有这样会赚钱,而且会剥削红军,真是绝无仅有的怪事!"②

零容忍地有腐必反,中央苏区工农群众通过报刊媒体曝光鞭挞的不廉洁现象,也可称之为"白色腐败"或"微腐败",典型事例有:

"刘大文等四同志,你们在红校毕业后,福建军区分配你们的工作,已经给了你们的路费、伙食,但你们在路上却无所不为,在馆前乡苏吃饭不给钱,在童坊冒领伙食,有这种欺骗贪污的现象,怎么可以充当军队干部呢?"③

洛口县新安区征粮突击队员在区委吃饭不交伙食费,"每顿所吃的

① 《两个破坏合作社的败类》,《红色中华》第 127 期,第 3 版,1933 年 11 月 20 日。
② 《雩都合作社倒会赚红军的钱》,《红色中华》第 30 期,第 4 版,1932 年 8 月 4 日。
③ 《刘大文等四同志》,《红色中华》第 139 期,第 4 版,1934 年 1 月 1 日。

米也没有一定数量的标准，大家都可无限制的尽着肚皮装个大饱”①。

“胜利县枚春区×××同志，报了三次名去当红军，可是每次去当红军只当十多天，就开小差回来。结果，报了三次名就开了三次小差，这种人当红军目的，不是为着革命战争，而是为着藉此骗群众赠送的品物。”②

万泰县一区南富乡阙隆椿，“他原系一个党员，对各种革命工作都不积极参加，非常消极。一九三二年八月间万泰县编制一个河西游击队，他不但不去编队，而且躲在万泰沙村墟藉名做生意，实际上经常领导群众到万泰边区（即冠朝）一带去赌，尤其是沙村墟经常有小商人往直下办货，他就乘机跟着去领导到中途伙店里去赌”③。

中央苏区工农群众通过报刊对上述各种丑陋现象的公开揭露和抨击，将损人利己、损公肥私、多吃多占、自私自利的分子钉在道德的耻辱柱上，为全苏区人民所不齿，从而卓有成效地发挥了反腐败防微杜渐和震慑腐败的重要作用。

（2）对群众中执行优红条例消极怠工行为的揭露和惩戒

“巩固红军战士的情绪与战斗决心与拥护红军，是每个苏维埃机关及群众组织的切身任务，这里最主要的就是优待红军及其家属的工作。”为了稳定军心，保障红军战斗力，并鼓励更广泛的工农群众加入红军，在党和临时中央政府的组织与领导下，中央苏区反腐败的群众运动，不仅“对于组织优待红军家属的工作消极怠工与官僚主义，应当与之进行无情的斗争”④，而且“对于把（战争紧急动员、含优红

① 《反对贪污浪费粮食的腐败现象》，《红色中华》第200期，第1版，1934年6月9日。

② 嘉宾：《借当红军的名来做骗子》，《红色中华》第31期，第10版，1932年8月30日。

③ 金钢：《把赌痞赶出我们的队伍去》，《红色中华》第86期，第6版，1933年6月17日。

④ 《关于红军问题决议》，《红色中华》第152期，第6版，1934年2月20日。

工作的）命令拿来当文件去看，而不把命令拿来从工作上去执行的任何社会团体、任何一个群众分子，我们都认为他是对革命怠工的，对帝国主义国民匪党及一切反动派作消极的帮助的，必须在革命群众的监视下面，给他警告以至于到最后的革命制裁"①。其中舆论监督通过报刊揭露、抨击群众中执行优红条例消极怠工的行为主要有以下表现。

① 虚应故事

瑞金县云集区砂背乡耕田队，"每月仅替红属和红军公田做工四五天，没有能实现平时每月六七天，忙时每月十五天的办法，不去把红军公田和红属的田首先做好，乡苏主席不晓得红属发生什么困难"②。兆征县红鄞区东关营乡、罗坊乡派去帮红属做工"的耕田队多是老的、小的，工作也是坏的"③。汀东县大浦区河山乡"找几个小鬼去替红属耕种，东街乡模范营出发了三个月，而家属只得一小时的劳动工。李岭口乡贫农团主任做突击队队长，他并没有脱离生产，可是他得了二十多天劳动工，而关子先红属从去年以来却仅得两天的优待"④。

② 贪食贪钱

兴国县永丰区永丰乡永丰村"有一部分的耕田队去帮助红军家属耕田，没有饭吃就不与他做工；同时食了红军家属的饭，又说没有什么菜。尤其是黎杨（还是党员）又私得红军家属的工钱一吊六百文"⑤。兆征县红鄞区罗坊乡、东关营乡"该二乡的耕田队派至红军家属做劳

① 社论：《执行命令》，《红色中华》第36期，第3版，1932年10月16日。

② 《向瑞金县苏内务部敲着警钟》，《红色中华》第193期，第3版，1934年5月25日。

③ 陈霆：《这样算帮红军家属做劳动吗?》，《红色中华》第143期，第2版，1934年1月13日。

④ 《福建优红工作的检查》，《红色中华》第198期，第3版，1934年6月5日。

⑤ 丹枫：《贪食贪钱的耕田队》，《红色中华》第86期，第6版，1933年6月17日。

动，每天要吃三餐饭，早上要到九点钟才去，去了后便吃早饭，开始工作还要等一等”①。胜利县扩红突击队员“帮助红军家属作工的还要吃饭，并且要好菜吃”②。博生县江口区“帮助红军家属做事，非经过三请四催都不去，就是勉强去了，还要红军家属供给他们的饭，不仅是饭，还要吃肉、喝酒，否则，下次无论如何都请不动”③。

③ 懈怠忽视

会昌县珠关区“第九乡的耕田队，不做优待红属的义务劳动工，以致大家都莳田了，红军家属的田仍旧荒着。红军家属报告主席，主席也不理”④。福建上杭县“有部分赤少队不参加耕田队，空喊做礼拜六（优待红属活动），还有些帮助红军家属劳动要吃饭的”⑤。瑞金县黄柏区“上塅乡的耕田队不受调动，区苏工作人员对礼拜六的工作也是敷衍了事”⑥。万泰县窑下区“有些地方的优待红军家属工作，竟是忽视到不可言状，八斗乡麻溪村有一个刘士进老同志，年达六十五岁，两个儿子都当红军，分到的六十二担田，前年已荒了十担，今年（1934 年）又荒了六担，耕田队帮助他做田时，又要吃他的饭，砍柴挑水都要自己去做”⑦。

在揭露、抨击各种执行优红条例消极怠工行为的同时，工农群众

① 陈霆：《这样算帮红军家属做劳动吗?》，《红色中华》第 143 期，第 2 版，1934 年 1 月 13 日。

② 刘建论：《胜利突击运动的进行》，《红色中华》第 139 期，第 2 版，1934 年 1 月 1 日。

③ 《坚决反对对优待红军工作怠工的可耻现象》，《红色中华》第 189 期，第 3 版，1934 年 5 月 16 日。

④ 《把破坏优待红属条例的分子送到法庭去》，《红色中华》第 191 期，第 3 版，1934 年 5 月 21 日。

⑤ 陈霆：《严重的上杭的突击运动》，《红色中华》第 146 期，第 2 版，1934 年 2 月 6 日。

⑥ 《坚决反对对优待红属工作怠工的可耻现象》，《红色中华》第 189 期，第 3 版，1934 年 5 月 16 日。

⑦ 谢绍武：《铁锤向着窑下区》，《红色中华》第 204 期，第 3 版，1934 年 6 月 19 日。

以及机关工作人员与之开展思想斗争，或予以警告、罚工等惩戒，"用群众的力量来纠正他们的错误"①。

兴国县"对不执行优红条例者实行处罚，如工农份子，一次不执行劳动工，对他们劝告，要他们去补做；二次不去即下警告，开当地的群众会来向他作斗争，亦须补做；三次则加倍罚工；四次则由群众大会来决定对他的处罚"②。

瑞金县隘前区柏地乡，"该乡刘观音和刘敏子替红属做工，要红属供给他的酒肉，又钟运贵（乡代表）负责耕种一家红属的田，可是他仅会在红属和人家面前说漂亮话，实际上都是最消极怠工的家伙，后来在红属联欢会上，由红属提出意见，将二刘罚苦工二十天，钟运贵罚苦工十天，并戴高帽子游行"③。

在党的中央机关热烈进行礼拜六优待红属的活动中，也"发生了一个通讯员同志（江团南）不愿意去做礼拜六的事情，虽然经过多数同志的严厉批评，终于推动去做了，可是他仍表示不满的态度；于是在支部小组会议上、在墙报上集中火力向他——对礼拜六怠工的错误，作了残酷的斗争，最后他已转变了过来"④，改正了错误。

（3）对红军中"因政治觉悟不够而逃回者"的宣传教育、鼓动促归，以及对"顽固不归队者"的斗争和处罚

红军中逃回者，亦称"开小差分子"，"逃跑分子"。在中央苏区时期，尤其是旷日时久的第五次反"围剿"战争期间，在少数红军部队以及地方武装中一度存在较多的逃兵现象，其主要表现有三种

---

① 柏台：《兴国的优待红军家属工作》，《红色中华》第 203 期，第 3 版，1934 年 6 月 16 日。

② 同上。

③ 《几个可耻的坏例子》，《红色中华》第 193 期，第 3 版，1934 年 5 月 25 日。

④ 《共产党中央局的礼拜六队》，《红色中华》第 158 期，第 3 版，1934 年 3 月 6 日。

情形。

一是逃离战场。如闽西红军“在黄潭作战中,有少数战斗员自由离开火线,回到后方来”。红军一六五团三连的政治战士陈开六,在战场上“不但不坚决去消灭敌人,起模范的领导作用,反而走到动摇逃跑并且起坏的作用,带了一个炊事员同开小差”①。

二是军中溜号。“永丰公略动员加入红军的赤少队一千三百余人,和胜利博生的一千四百人,开到前方后,在九天内大半已经开了小差,有的甚至未到前方,在途中就跑走了。……原有一部分抬伤病兵的,把伤病兵同志都丢掉了。”②会昌县罗田区模范营第二连,在配合主力红军与西南军阀作战的行动中,“开去只有两天,就开小差跑回去了五十余名”③。西江县洛口区加入红军的赤少队员,“送到补充团去了一夜,开小差开得精光,不留一个”④。

1933 年 3、4 月间,“江西全省动员到前方配合红军参战的赤卫军模范营、模范少队,在几天内开小差已达全数的四分之三,剩下的不过四分之一”⑤。《红色中华》报载,据 1934 年 7 月 10 日之前的统计,当年 5—7 月,中央苏区各补充师团逃跑的人数如下⑥:

---

① 《无耻逃跑的政治战士》,《红色中华》第 66 期,第 2 版,1933 年 4 月 2 日。

② 《大批赤少队员开小差》,《红色中华》第 66 期,第 2 版,1933 年 4 月 2 日。

③ 《战争动员中会昌罗田区的污点》,《红色中华》第 130 期,第 2 版,1933 年 11 月 29 日。

④ 郭南燻:《破坏突击运动的罪人》,《红色中华》第 136 期,第 1 版,1933 年 11 月 20 日。

⑤ 《江西省苏维埃政府、江西军区总指挥部联合通令——关于模范赤少队开小差问题》,中央档案馆、江西省档案馆编:《江西革命历史文件汇集》(一九三三年——一九三四年及补遗部分),馆存本,1992 年,第 107 页。

⑥ 《消灭逃跑现象来纪念“八一”》,《红色中华》第 217 期,第 2 版,1934 年 7 月 21 日。

单位：人

队别/时间	5　月	6　月	7　月	统计数
第一补充师	145	143	29	317
第二补充师	12	22	10	44
第三补充师	8	228	231	467
福建补充团	125	114	26	265

三是请假不归。1933 年 11 月 26 日,《红色中华》报道,瑞金县武阳区“在红军中开小差和请假回家还没有归队去的,在现计算起来,武阳区有七十多人”①。三天后该报刊登陈子玉的文章中提到,瑞金县下洲区,“全区统计起来,开小差及请假回家没有归队的,还有一百四十多名”②。

1933 年“红五月(扩红)动员后,开小差的现象曾发展得很厉害”③,中央苏区一度弥漫“开小差的风气”④。1933 年 11 月,据瑞金县苏统计,当时“瑞金全县开小差的有三千余人之多”⑤。次年 4 月 7 日,《红色中华》在报道中央苏区各地整理赤少队突击运动的概况时谈到,博生县“固原区有三百多逃兵”,“长胜(县)有一千多逃兵”⑥。

① 《积极进行归队运动》,《红色中华》第 129 期,第 5 版,1933 年 11 月 26 日。

② 陈子玉:《瑞金下洲区纪念广暴的准备工作》,《红色中华》第 130 期,第 2 版,1933 年 11 月 29 日。

③ 中央给各级党部和突击队的指示信:《继续红五月的胜利,为争取 3 个月计划在 6 月内完成与超过而斗争》,中共江西省委党史研究室等编:《中央革命根据地历史资料文库·党的系统》第 5 册,中央文献出版社、江西人民出版社 2011 年版,第 3359 页。

④ 《中央执行委员会关于扩大红军问题训令》,《红色中华》第 34 期,第 1 版,1932 年 9 月 20 日。

⑤ 《廿天来瑞金的突击运动》,《红色中华》第 137 期,第 1 版,1933 年 12 月 23 日。

⑥ 《一月来整理赤少队突击运动的概况》,《红色中华》第 172 期,第 1 版,1934 年 4 月 7 日。

这些统计数均包含溜号、请假滞留不归等各类逃兵数，且其中大多都是出身工农，“因政治觉悟不够而逃回者”。

另一方面，中央苏区逃兵现象的滋生与蔓延，又与部分地方政府的纵容，甚至是鼓励性招揽密切相关。1932 年春夏之际，福建省“军区前后几个月当中，逃跑官兵在千五百人以上”。该省军区指挥部经调查后认定，“逃跑的原因，就是地方政府鼓励优容所致。因为地方政府自行组织警卫连，专门容纳逃跑官兵，甚至有些政府，它本地有战斗员指挥员在红军中服务的，就到红军要求，要把本地的战斗员指挥员，准其回家，组织警卫连云云”。为了遏制和纠正“各级政府对于逃兵不但不能宣传鼓动他们使他们归队，而且容纳他们在本地工作”的这一“很严重的错误”。1932 年 6 月 2 日，福建省苏维埃政府特发《对待逃兵的几项规定》的第十五号通令，严饬“任何政府、机关、地方武装及各革命团体，不许用逃跑官兵。如果故意违犯，一经查觉，定予处罚”①。三个月后的 9 月 20 日，中央执行委员会发布《关于扩大红军问题训令》，指出“扩红”中存在的问题，“最严重的有许多区乡政府对于开小差的士兵，不积极督促归队，领导群众反对开小差，反而分配在地方工作，甚至如福建各地写信叫红军的士兵回家，这实等于公开的直接的破坏红军”。训令要求“绝对再不容许这些错误继续发展下去，苏维埃中央要求各级政府以最坚决的决心，迅速纠正这些严重错误”。同时提出“凡是有意和无意的来破坏扩大红军，削弱红军力量的，对于该级政府领导者，要予以革命纪律制裁”。② 1933 年 12 月 15 日，中央执行委员会颁布《关于红军中逃跑份子问题》的

① 福建省苏维埃政府通令第十五号：《对待逃兵的几项规定》，中央档案馆、福建省档案馆编：《福建革命历史文件汇编（苏维埃政府文件）一九三一年——一九三三年》，馆存本，1985 年，第 255—256 页。

② 《中央执行委员会关于扩大红军问题训令》，《红色中华》第 34 期，第 1 版，1932 年 9 月 20 日。

命令，进一步强调，“任何逃跑份子绝对不许收容在后方各机关各部队各团体中工作和服务，如收容逃跑份子则该机关负责人应受降职撤职以至禁闭的处分”①。在中央政府三令五申的严格督促下，各地政府机关，地方武装和群众团体陆续清退开小差分子，各地工农检察部和广大工农群众也积极开展对隐藏在各机关、团体内的开小差分子的检举，各地选举大会，工农兵代表大会等会议则尤其重视淘汰驱逐开小差分子。

对于部分群众“因政治觉悟不够而逃回”，即“对革命战争怠工”的不良现象，中央政府同样高度重视，在发布的专项命令中要求“加强对他们的宣传鼓动，组织优待他们家属的工作，使他们自愿归队”②。在党和临时中央政府的组织、领导下，中央苏区各地普遍开展的反对开小差的群众运动，主要是实行宣传、教育与优待、鼓动相结合的方法，并在归队工作的竞赛中产生了许多优胜集体、先进个人，以及他们所创造的先进经验。其中瑞金县武阳、下洲两区发动群众、依靠群众做好归队工作的具体做法如下：

①“召集所有未归队的战士，开一谈话会”。会上除针对“战斗员所以开小差或请假不愿意归队的，就是对目前的战斗任务不了解，不能克服家庭观念所致”的实际问题，“作详细的政治报告外”，还准备了许多宣传鼓动的戏剧演出。同时发动了广大群众准备了很多的物品来慰问欢送。妇女宣传队、扩红突击队逐个地做开小差战士的思想工作，提高他们的政治觉悟，“做到在大会上最低限度地有过半数自觉归队”。

②“组织红军家属”一道做归队工作。“邀请各红军家属开会，讨论这一工作的办法”，并征求优待红属工作的意见和建议。同时

---

① 中央执行委员会命令：《关于红军中逃跑份子问题》，《红色中华》第136期，第1版，1933年12月20日。

② 同上。

“组织红军家属突击队，加紧红军家属突击队的工作”，充分发挥红军家属对未归队者的劝归优势和促归作用。

③“组织儿童团”协助找出劝归的对象，并鼓动归队。“因为还有许多（开小差分子）不敢出来，躲在山（上）的数目不能了解，这些不归队的，一看到政府的负责人，远远就跑，任你追赶也没办法。所以，只有组织广大的儿童，分散出发，满布山野僻静地方，好去完全找出来，一律鼓动归队去”。

④党团员以及工会、互济会等组织的会员积极“开展思想斗争”。“凡开小差及请假不归队的，要全体党、团员对他们作无情的斗争。同时，各级工会、反帝拥苏（同盟会——引者注）、互济会，在这一动员之下，要号召全体会员向那些不归队的做同样的思想斗争，特别是区委责成妇女委员会，要号召全体妇女，特别要领导这班不归队的老婆、姐妹要积极开展思想斗争，集中火力向着不归队的突击。”①

在反对开小差运动（亦称“归队运动”）中，瑞金县下洲区委还“责成各乡每一乡都要有一队有力的突击队，特别是妇女宣传队、妇女慰问队天天要出发工作，要多数量的组织耕田队、洗衣队、砍柴队，加紧去执行优待红军家属。开小差回来的家属也要同样的待遇”②。在瑞金县河东区、隘前区，“有许多群众跑了一二百里路去找回本乡的逃兵，劝他们归队”③。下肖区“特别注意了逃兵家属和红军家属的困难，首先召集他们开联欢会慰问他们，详细的传达中央政府关于处置红军中逃跑份子问题的命令，要他们自己提出意见，一方面组织

① 《积极进行归队运动》，《红色中华》第129期，第5版，1933年11月26日。

② 陈子玉：《瑞金下洲区纪念广暴的准备工作》，《红色中华》第130期，第2版，1933年11月29日。

③ 《把光荣牌送给优胜的瑞金突击队》，《红色中华》第141期，第1版，1934年1月7日。

砍柴队……，砍柴无代价的送给其家属烧，清水乡每家红军家属屋前屋后都垒有柴堆在百斤以上。这样使他自己觉得在家里没有什么事做，我们突击队再找他谈话，在谈话中鼓动他，然后发动群众和其家属反对他，这样使其自觉的归队和自动的送哥哥丈夫到乡苏报名归队”。在逃兵集中归队时，下肖区“还在群众中募捐，给归队者以路费，单说兰玉乡就募了几块钱，每个都分到几角钱，沿途还有妇女少队欢送，物质供给也事先有准备”。在 1934 年 1 月，下肖区“全区的逃兵已经差不多全部归队了……，并且还扩大了百余名新战士”。①

中央苏区在开展反开小差的群众运动中，对那些虽经多次宣传教育、鼓动劝归但仍不悔悟、顽固不归队的逃跑分子，除依照中央政府命令“剥夺其选举权”（含剥夺其加入各种群众组织的基本的权利）之外，工农群众对其的处罚，主要是“要他赔偿国家……及群众的损失”②。瑞金县下肖区的做法是成立“对付那些顽强不归队的逃兵”的清算委员会，“清算过去所有群众帮他家属耕田舂米挑水的人工和他在红军中所带回的军服军用品，加倍罚他要他赔还的”。1933 年 12 月，下肖区在归队运动中第一次采用清算的办法，“结果成绩也不错”，“下肖区有许多逃兵因为人家要和他算（赔）数便归队了”。③

二、主要教训

在中国共产党和临时中央政府的组织和领导下，中央苏区以群

① 鹤鸣：《又是一个模范的归队运动》，《红色中华》第 147 期，第 1 版，1934 年 2 月 9 日。

② 中央执行委员会命令：《关于红军中逃跑份子问题》，《红色中华》第 136 期，第 1 版，1933 年 12 月 20 日。

③ 鹤鸣：《又是一个模范的归队运动》，《红色中华》第 147 期，第 1 版，1934 年 2 月 9 日。

众运动方式开展的反腐败斗争，就总的情形和运动的主流而言，始终坚持了正确方向健康有序地发展，并在取得显著成效的同时积累了宝贵的经验。但在另一方面，由于各种主客观因素的作用和影响，反腐败的群众运动在中央苏区不同地区、不同部门以及运动发展的不同阶段，又呈现一定的多样性和复杂性，且不可避免地存在着一定的偏差和失误。其主要教训如下。

（一）“左”倾错误领导，严重伤害公正廉洁的党政军干部

中央苏区“左”倾教条主义领导者，在反退却逃跑、消极怠工以及反官僚主义的旗号下，残酷斗争，无情打击，严重伤害公正廉洁的党政军干部的主要表现有以下方面：

（1）自上而下的反“罗明路线”的斗争

1931年1月，在共产国际的极力扶助下，以王明为代表的“左”倾教条主义者在中共六届四中全会上取得了领导权，并开始了长达四年的统治。王明等披着马列主义的理论外衣，极力神化共产国际的决议和苏联经验，混淆民主革命和社会主义革命的界限，夸大国民党统治的危机和革命力量的发展，强调全国性的革命高涨和“城市中心论”，要求党和红军采取军事冒险的进攻路线。1933年1月，中共福建省委代理书记罗明，根据调查研究所掌握的实际情况，向省委写了《对工作的几点意见》和《关于杭永情形给闽粤赣省委的报告》，详细分析了敌我力量的不同和国民党军队进攻的形势，否定了“左”倾教条主义的进攻路线，并提出了加强地方武装力量建设和积极开展游击战争的具体意见。

中共“左”倾教条主义的中央领导，不但不正视、不采纳罗明切合当时当地实际情况的正确意见，反而认为福建省委“是处在一种非常严重的状态中，在省委内小部分同志中，显然形成了以罗明同志为首的机会主义路线”。指责“罗明路线”是“对革命悲观失望的右倾机

会主义的逃跑退却路线”，指令闽粤赣各级党组织“深刻的揭露罗明路线”，并将罗明撤职处分。与此同时，中共中央机关刊物《斗争》、临时中央政府机关报《红色中华》连篇累牍地登载反“罗明路线”的文章。在“左”倾教条主义领导的发动和组织下，反“罗明路线”的斗争，从党政部门到群众团体，从机关到企业，从地方到军队，迅速蔓延至整个中央苏区。在江西开展了反邓小平、毛泽覃、谢维俊、古柏等的江西“罗明路线”的斗争，在军队进行了反萧劲光、谭震林等军内“罗明路线”的斗争。这场自上而下遍及中央苏区各地的反“罗明路线”的残酷斗争，使一大批公正廉洁、坚持正确路线的党政军领导干部深受打击和伤害。

（2）“左”倾思想支配下的查田运动及其检举中的“唯成分论”

中共六届四中全会后，“左”倾教条主义中央领导在开展反“罗明路线”斗争的同时，强化共产国际关于中国富农政策的错误，脱离中国苏区农村的实际，抹煞以毛泽东为代表的土地革命斗争所取得的成就和经验，照搬苏联消灭富农经济的做法，强制推行“地主不分田，富农分坏田”的土地政策。1933 年 6 月，临时中央政府发布《关于查田运动的训令》①，中共苏区中央局通过《关于查田运动的决议》。训令和决议夸大中央苏区少数地区存在分田不彻底和错划、漏划阶级成分的个别现象，指责毛泽东一贯主张的“抽多补少，抽肥补瘦”的土地政策是“右倾机会主义”，是“富农路线”，强制命令“在中央苏区差不多占 80% 的面积，群众在二百万以上”的地方，“进行普遍深入的查田运动”。同时要求把查田运动与肃反、检举运动联系起来，“检举每一个隐藏着的地主与分得好田的富农”，“没收地主的一

① 《中央政府关于查田运动的训令》，江西省档案馆、中共江西省委党校党史教研室选编：《中央革命根据地史料选编》下册，江西人民出版社 1982 年版，第 477—479 页。

切土地及房屋农具等等，收回富农的好田”①，“彻底解决土地问题，改造地方苏维埃，肃清农村的反革命”。② 1934 年 3 月，中央人民委员会发布《关于继续开展查田运动的问题》的训令，强调：“必须坚持打击以纠正过去‘左’的倾向为借口，而停止查田运动的右倾机会主义。开展查田运动依然是目前的中心工作，右倾机会主义是目前的主要危险。”③

在“左”倾思想支配下，中央苏区的查田运动越查越“左”，地主、富农越查越多，“有些是把仅仅放几百毫子债、把过年请长工或收几担租谷，而极大部分是靠自己劳动过活的中农，当富农打了；有的甚至完全没有剥削别人，仅仅是多有几十担田山，生活比较富裕的中农，也当富农打了”④。“有些则算陈账，算到革命前若干年上去，一人在革命前五六年甚至十几年请过长工的，也把他当作富农，或者仅仅只请过一年、两年长工，前后没有请过的富裕中农份子，也放在富农一类。”⑤

与此同时，与查田运动纠缠在一起的肃反和检举运动，“普遍的只讲成份，不讲工作，只要是出身坏，不管他有怎样长久的斗争历史，过去与现在怎样正确执行党与苏维埃的路线政策，一律叫做阶级异己份子，开除出去了事”⑥。“有不少的在革命斗争中坚决、在工作上

---

① 《中央局关于查田运动的决议》，江西省档案馆、中共江西省委党校党史教研室选编：《中央革命根据地史料选编》下册，第 482 页。

② 《中央政府关于查田运动的训令》，江西省档案馆、中共江西省委党校党史教研室选编：《中央革命根据地史料选编》下册，第 477 页。

③ 《关于继续开展查田运动的问题》，《红色中华》第 164 期，第 1 版，1934 年 3 月 20 日。

④ 刘少奇：《农业工会十二县查田大会总结》，《斗争》第 34 期，第 12 版，1933 年 11 月 12 日。

⑤ 毛泽东：《查田运动的初步总结》，《斗争》第 24 期，第 9 版，1933 年 8 月 29 日。

⑥ 毛泽东：《查田运动的初步总结》，《斗争》第 24 期，第 10 版，1933 年 8 月 29 日。

积极为党的路线而斗争的干部和党员，因为社会成分是从地主、富农家庭出身，被撤销了工作，被开除了党籍。”①“甚至对于当了几年红军的富农出身的分子，也不问表现如何、政治坚定与否，都开除了军籍。”②“他们把每一个地主、富农出身的分子，不论他们在工作中表现怎样努力，不论他们对党与苏维埃有着什么大的功绩，他们一律称之为‘阶级异己分子’，从红色部队中与苏维埃机关中洗刷出去，把他们编入劳役队或罚做苦工。”③“唯成分论”下的这种肃反和检举运动，搅乱了人心，严重干扰和破坏了苏维埃政权建设和革命战争发展等各项工作的正常开展。

（3）脱离实际高指标下的反官僚主义、反消极怠工

从 1932 年下半年至 1934 年 9 月，在共产国际的错误指导下，中共“左”倾领导者过高估计中国革命形势，为了准备同帝国主义、国民党进行决战，以夺取中心城市，实现革命在一省或数省的首先胜利，无视敌强我弱的实际，否定毛泽东、朱德等在实践中创造的“经由乡赤卫队、区赤卫大队、县赤卫总队、地方红军至正规红军”的这样一条扩大人民武装的正确路线，在中央苏区和各地苏区发动了一场大规模的扩大百万红军运动。不仅动员“地方武装整营、整团地加入红军”，而且号召“党团员领导整个支部加入红军，工会支部全体加入红军”。在猛烈持久的扩红运动中，突击周、突击月、冲锋季高潮迭起，任务一次比一次加重，指标一次比一次攀升，中央苏区的许多地方扩红已超出了所能担负的极限。如上杭县才溪区上才溪乡 16~55 岁青

---

① 《苏区中央局关于纠正发展和巩固党的组织中错误倾向的决议》，中共江西省委党史研究室等编：《中央革命根据地历史资料文库 · 党的系统》第 4 册，中央文献出版社、江西人民出版社 2011 年版，第 2654 页。

② 张鼎丞：《中国共产党创建闽西革命根据地》，人民出版社 1983 年版，第 55 页。

③ 张闻天：《反对小资产阶级的极‘左’主义》，《斗争》第 67 期，第 3 版，1934 年 7 月 10 日。

壮年男子共有 554 人,当红军和外出工作的有 485 人,占 88%;下才溪乡青壮年男子共有 765 人,当红军和外出工作的有 533 人,占 70%。① 此外,围绕扩红和战争动员的中心工作,中央苏区频繁的粮食征集、民夫劳役调用,以及赤少队整顿,查田、肃反等任务指标也逐浪推高。在"左"倾路线这种高指标的高压态势下,凡在突击和竞赛中工作进度慢、任务完成少以及如实反应情况、务实提出意见的单位和个人,往往被追究扣以"官僚主义""政治动摇"或"消极怠工"等罪名而遭受"残酷斗争,无情打击"。例如:

福建省苏维埃在 1933 年 12 月的扩红运动中,被认为"是采取了机会主义的消极,(致使)十二月扩大红军运动流产"。"左"倾教条主义的中央领导"断然撤销张鼎丞同志的福建省苏主席的职务"。② 被"左"倾领导者错误批判,由中央财政部部长降职为副部长的邓子恢,在 1934 年 3 月征集粮食的突击运动中,因写信给雩都县苏维埃,建议"如群众不愿依照规定价格交纳谷子时,则以十元一担作价交钱",而被"左"倾领导者认为,"这实际上是以自动提高谷价的办法来帮助奸商富农的投机",并"决定给邓子恢同志以严重警告"。③ 即使是中央苏区直接领导工农群众开展反腐败斗争的中央工农检察部,也一度遭全盘否定,被批评为"在查田运动中、在改造苏维埃运动中甚至在肃反运动中,都没有起积极作用"。其部长何叔衡在报刊上被公开指责"犯了很严重的官僚主义的错误","没有把工农检察造成群众运动,仅仅忙于一些个别事件及填填检举表的官样文章,做了一年多工农检察工作,还只是'官僚'的检察没有真正'工农'的检

① 《才溪乡调查》,《毛泽东文集》第 1 卷,人民出版社 1993 年版,第 330—331 页。

② 亮平:《在新的形势下彻底转变福建省苏的工作》,《红色中华》第 157 期,第 3 版,1934 年 3 月 3 日。

③ 《人民委员会关于邓子恢、刘炳奎两同志错误的决定》,《红色中华》第 167 期,第 1 版,1934 年 3 月 27 日。

察”。何叔衡甚至被纠缠不休地追究其“官僚主义乃是在政治上已经动摇的表现”。①

1934年初，宁化县扩红突击运动同时开展反官僚主义和消极怠工的斗争，斗争中被撤职的同志“大都是‘在困难面前无办法’，在二十二天突击时间内，撤销了三十二个乡（突击）队长”。“宁化的区乡一级有七十八个机会主义和官僚主义者。与宁化同样的标本的例子，还有李继唐同志在安远（县）天心区一个会议中撤销了七个部长，县委每一次活动分子会议打击了五六只机会主义分子。万太（县）在今年一月扩大红军突击中，区县干部撤职或开除党籍的有近四十人。”②

1934年4月底，中央苏区的重要门户广昌失守后，第五次反“围剿”战争的形势陡然危急，“动员新战士武装上前线”的突击任务更多地增加，完成的时间要求也“更加短促”。伴随着“目前战争形势的紧张决不容许我们有一分钟的延迟，‘延迟就是罪恶’”③的警语声，因受资源匮乏限制，无法完成扩红、征粮，以及收集军用品原料等高指标任务，被指责、追究为“官僚主义”“消极怠工”而遭打击和伤害的现象，在地域日益收缩的中央苏区愈演愈烈，直至中共中央和临时中央政府随主力红军开始长征而自然结束。

（二）反腐败不分青红皂白和错误性质，用惩办主义代替思想教育

在“左”倾教条主义思想的影响下，中央苏区反腐败的群众运动，

① 《官僚主义与政治动摇》，《红色中华》第107期，第5版，1933年9月3日。
② 罗迈：《把突击运动期间党内斗争上表现出来的缺点与错误纠正过来》，《斗争》第51期，第6版，1934年3月17日。
③ 《总动员武装部副部长金维映同志谈扩红动员不能迅速开展的基本原因》，《红色中华》第234期，第2版，1934年9月16日。

在某些地方和部门一度偏离正确的轨道，过"左"过火地上纲上线，具体表现在以下方面。

1. 不分青红皂白，吹毛求疵地反腐败

由于"极'左'主义者想把每一个红色战士，每一个苏维埃的机关工作人员变成理想的布尔塞维克，或是变为禁欲主义的清教徒"①。因此，在群众运动反腐败的斗争中，他们"没有抓紧检举的中心意义，而偏重琐细问题，如为找爱人而撤职之类"②。"他们把找爱人、上几次馆子、吃几次私菜，一律叫做腐化。……他们把某一同志对于某一件事情的不清楚，或某一机关不能满足某种要求，都叫做官僚主义。这些可怜虫都要受到检举或扣留公审。"③胜利县苏维埃的一个伙夫是富农，"因其与地主婆恋爱，被我们的县检委检举出来，在县级工作人员大会上作了'残酷的斗争'，结果照工作人员全体一致的要求，将那个火伕送到裁判部办理"④。瑞金县监察委员会的负责同志，"曾经在县委会议上拿'买鸡蛋吃妨碍了突击运动'一类的事实，当作与县委宣传部长斗争的理由之一"⑤。诸如此类吹毛求疵地反腐败的事例，在中央苏区许多地方的检举运动中时有发生。

---

① 张闻天：《反对小资产阶级的极"左"主义》，《斗争》第 67 期，第 3 版，1934 年 7 月 10 日。

② 月林：《瑞金各区检举工作的缺点》，《红色中华》第 52 期，第 4 版，1933 年 2 月 13 日。

③ 张闻天：《反对小资产阶级的极"左"主义》，《斗争》第 67 期，第 3 版，1934 年 7 月 10 日。

④ 董必武：《把检举运动更广大的开展起来》，《斗争》第 61 期，第 8 版，1934 年 5 月 26 日。

⑤ 罗迈：《把突击运动期间党内斗争上表现出来的缺点与错误纠正过来》，《斗争》第 51 期，第 3 版，1934 年 3 月 17 日。

2. 不分错误的性质、大小，轻微的浪费与重大的贪腐同罪追究

1934 年 7 月 10 日，中央人民委员会主席张闻天在《斗争》第 67 期发表《反对小资产阶级的极“左”主义》。文章指出，极“左”主义者“他们把每一个所犯的错误，不论是原则性的或是非原则性的，大的或是小的，初次犯的或是屡次犯的都叫做机会主义或是两面派机会主义，都来同他们‘斗争’，都来撤销他们的工作，或是开除党籍，公审以至扣留”。“他们对贪污一二千元的同浪(费)(乱)用一元一角的，同样给以贪污的罪名。”①“几毛几元的贪污常常与几千几百元的贪污受了平均的对待，……过火的打击。”②中央工农检察委员会在同年 4 月 2 日发布《继续开展检举运动》的训令中，也特别提出要纠正检举运动中的这种偏差和失误，强调：“对于每个人的错误，应分大小与轻重，处置上同样要有区别。”③

3. 放弃耐心的思想教育，简单地采用惩办主义

1934 年 3 月，中共中央组织局主任罗迈曾撰文指出：“突击运动中，有些党的组织在开展思想斗争的时候，表现极端缺乏忍耐心和教育说服的精神，把撤销工作、开除党籍当作唯一的方法。”就此他“引用第七十期《江西省委通讯》”中所载事实加以说明：万泰县冠朝区苏维埃副主席因“估计某乡(仅)有八名壮丁可当红军，实际又有二十余名”。区委宣传部部长“到一乡突击说没办法扩大红军”，这两人都是“可以用批评和教育来说服的同志，都开除了党籍”。罗迈严

① 张闻天：《反对小资产阶级的极“左”主义》，《斗争》第 67 期，第 2、3 版，1934 年 7 月 10 日。

② 罗迈：《粉碎思想斗争中平均主义的方式》，《斗争》第 61 期，第 3 版，1934 年 5 月 26 日。

③ 中央工农检察委员会训令检字第二号：《继续开展检举运动》，《红色中华》第 177 期，第 3 版，1934 年 4 月 19 日。

厉批评:“万泰县委在这里不只表现了十足的惩办主义,拿惩办主义代替教育与思想斗争,而且根本违背了党的纪律的原则。”①与此同时,宁化县在粮食突击运动中,由于工作落后没有完成突击任务,“全县撤销了三十四个区、乡的(突击)队长和其他负责人”。宁化县工作中曾经存在的这一严重缺点,也是“不经过教育斗争和具体指示工作应该怎样做,尽撤销了事,甚至用惩办制度来代替思想斗争”②的典型事例。

1934 年 5 月,中央工农检察委员会主席董必武举例说:“我们曾经遇到这样的事:在扩大红军突击时提起来的干部,在粮食突击运动时感觉到没有办法,也有因而消极的。我们把他检举出来,就说他向困难投降,消极怠工,又将他撤职。不会教育新干部工作,不能不说是检举运动中一个很大的弱点。”③

(三)反腐败脱离革命战争,忽视工作的转变和改善

中央苏区反腐败的斗争,“是执行苏维埃一切战斗任务不可分离的部分”④。直接领导中央苏区各地开展反腐败斗争的中央工农检察委员会在训令中指出:“继续检举运动的目的,主要的是在检举与斗争中来改善与加强苏维埃的工作,教育工作人员转变工作方式,建立劳动纪律,提高工作速度,节省经济充裕战费,保证一切任务正确

---

① 罗迈:《把突击运动期间党内斗争上表现出来的缺点与错误纠正过来》,《斗争》第 51 期,第 6—7 版,1934 年 3 月 17 日。

② 《宁化粮食突击运动落后》,《红色中华》第 160 期,第 1 版,1934 年 3 月 10 日。

③ 董必武:《把检举运动更广大的开展起来》,《斗争》第 61 期,第 6—7 版,1934 年 3 月 17 日。

④ 中央工农检察部的指示:《怎样检举贪污浪费》,《红色中华》第 140 期,第 2 版,1934 年 1 月 4 日。

的执行。”①然而,尽管中共中央、临时中央政府反复强调“一切为了战争”“一切服从于战争”的总的工作要求,但在中央苏区某些地区和部门开展的反腐败斗争,仍存在与发展革命战争相分离,在不同程度上忽视工作转变与改善的各种不良现象。

1. 不深入开展反腐败斗争的和平检举

1932 年 2 月,瑞金县“依照中央工农检察人民委员部第二号训令之规定,举行检举运动”时,一度存在的严重缺点之一就是“没有发动群众的斗争,而是和平的、形式的填写表格,就是表格也填得空洞不实际”②。

1934 年初,在开展检举贪污浪费的斗争中,瑞金县重犯“和平检举”错误的主要表现是,“未有把发生贪污的根源,(如官僚主义的领导方式,豪绅地主阶级恶报性的遗留,与阶级异己份子隐藏在苏维埃做经济破坏等等)和防止贪污的方法(如建立正确会计制度,号召工农学习管理自己财政,和群众审查监督财政等等),来教育广大群众,造成群众运动的热潮。因此,反贪污斗争只限于几个区发展,不能使一切贪污份子都被检举,更难保证贪污现象不继续发生”③。

1934 年 4 月,总卫生部开展的反腐败斗争的群众运动,也曾存在“反贪污浪费的斗争没有深入”的和平检举现象。总卫生部虽然“查出各医院贪污份子六十一人,检举坏份子一百七十多人”,但是,“这些份子是怎样贪污的,坏到怎样,用什么方法查出来的,经过怎样的

① 中央工农检察委员会训令检字第二号:《继续开展检举运动》,《红色中华》第 177 期,第 3 版,1934 年 4 月 19 日。

② 月林:《瑞金各区检举工作的缺点》,《红色中华》第 52 期,第 4 版,1933 年 2 月 13 日。

③ 《中央审计委员会稽核瑞金经济开支的总结》,《红色中华》第 171 期,第 2 版,1934 年 4 月 5 日。

斗争，得到些甚么成绩，这些经验没有把他好好的收集并发扬起来，教育卫生机关整个系统，以及其他机关的同志。又某些个别事件，采买货物上当，工厂管理不善，运输工作不良，建筑房子的浪费，都不是没有觉察，而是没有在发现时即去深入检查、彻底纠正，拿来做推动整个工作的材料”。①

2. 检举突击队忽视当地工作的转变和改善

1934 年 5 月 4 日，中共中央党务委员会、中央工农检察委员会在发布的《西江检举运动初步检阅》中指出，中央党务委员会和中央工农检察委员会在当年 3 月底联合派至西江县检查党和苏维埃工作、开展检举运动的突击队，虽然在一个来月的艰辛工作中取得了检举清除一批反革命分子、阶级异己分子、贪污腐化分子的初步成绩；但另一方面，“若以检举的目的来说，我们的检举是在改善我们苏维埃机关的工作，那末，我们的突击队，在这点上作得非常不够”。其主要表现有二：其一“我们的突击队还是靠他本身在一区或一乡工作，而不是推动地方组织，经过地方组织，广泛的去进行各区各乡的工作”，“突击队没有团结当地积极份子在地方组织的周围，依靠他们去进行工作，多多少少带了一点代替的性质”。其二，“我们突击队的工作，没有很好的与战争联系起来，这表现在庄埠赤鹅没有扩大一个红军，庄埠甚至没有一个归队的，有些区虽动员了模范营，但武装群众打击敌人的工作做得非常之弱，赤色戒严在向瑞金方面稍好，而向雩都方面就较差”。②

中央工农检察委员会在 1934 年 4 月 2 日发布的《继续开展检举

① 《后方军事机关节省运动的转变》，《红色中华》第 182 期，第 3 版，1934 年 4 月 30 日。

② 中共中央党务委员会、中央工农检察委员会公布：《西江检举运动初步检阅》，《红色中华》第 187 期，第 3 版，1934 年 5 月 11 日。

运动》训令中，也特别指出“过去的检举运动”主要的“大缺点”之一，“是将检举运动形成了消极的洗刷坏份子，没有在每一检举中从积极方面来转变与改善该机关的工作”，并要求各级工农检察机关“在继续开展检举运动中应立即纠正与改善”。① 5月26日，中央工农检察委员会主席董必武发表署名文章进一步强调：“我们的检举与战争动员的联系很不够，雩都西江石城都是中央党务委员会与工农检察委员会直接派人在那里工作，检举运动比较开展。但在这些地方，整理赤少队动员伕子等等虽有成绩，而扩大红军成绩很少，在突击队所到的区，甚至有没有扩大一名红军的。石城比较要好一点，然四月份所负担的数目亦尚差百分之十二没有完成。到红五月动员中，西江才有了显著的进步。至于把检查联系到发展游击战争，就更少注意。‘一切服从于战争’，对检举运动同样不是例外，我们现在的检举运动，更是为了要使地方机关适应于战争，看轻了这一点是绝大的错误。”②

3. 自我批评与转变机关工作和解决实际问题脱节

“布尔塞维克的自我批评是转变我们苏维埃机关工作的有力的武器。”1933年12月5日，中共中央局常委张闻天在《斗争》发表文章指出，自我批评“这一武器，我们还没有很好的拿来利用”。之所以产生这样的认识，是因为张闻天发觉在中央苏区的某些地方“发生官僚主义贪污腐化的现象，我们简单的将那个人撤职查办就算了事，根本说不上领导群众去进行真正的自我批评，在开展自我批评中来转变苏维埃机关的工作”。因此，他在文章中号召：“工农检察委员会就

① 中央工农检察委员会训令检字第二号：《继续开展检举运动》，《红色中华》第177期，第3版，1934年4月19日。

② 董必武：《把检举运动更广大的开展起来》，《斗争》第61期，第7版，1934年5月26日。

应该领导这一自我批评的发展，同压迫自我批评的倾向做最坚决的斗争。"张闻天还进一步强调："工农检察委员会不但在提出问题，发展自我批评，而且必须提出改善工作的具体方案。工农检察委员会必须把检查工作的执行与具体的帮助联系起来，使每一事件得到彻底的具体的解决。比如现在某一区优待红军家属的工作根本没有执行，那委员会，不但要指出这一问题，批评这一问题，而且必须提出具体办法来实际上解决这一问题。"①

中央苏区反腐败的群众运动，除了存在上述偏差和失误之外，还在个别地方发生"绝不容许的（群众团体）脱离苏维埃领导的严重现象"。1931年11月28日，闽西苏维埃政府就曾专门发出《非政府不得擅自拿人打土豪》的第一一七号通知，通知指出："各革命团体，如工会、互济会、贫农团、贫民协会等都是群众组织，而不是政府机关，除报告政府执行外，当然不能擅自拿人，打土豪、没收豪绅地主反动派的东西，或标封房屋。查最近竟有群众团体，不报告当地政府，擅自拿人和没收土豪东西的事实发生，这些错误，应站在自我批评观点上，立即纠正。"②

1933年10月6日，《红色中华》报道，博生县城区在查田运动以及同时开展检举运动的过程中，一度出现群众团体"盲动"的情形：

> 因为群众的积极性是大大的提高了，区委不能把群众这种积极性组织起来，及时的纠正盲动的倾向。因而在东门的儿童团自己造监牢、捉奸、关人、打人，西门的儿童团没收的衣服自己

① 洛甫：《苏维埃工作的改善与工农检察委员会》，《斗争》第37期，第11版，1933年12月5日。

② 闽西苏维埃政府通知：《非政府不得擅自拿人打土豪》，中央档案馆、福建省档案馆编：《福建革命历史文件汇集》（苏维埃政府文件，一九三一年——一九三三年），馆存本，1985年。

保管分给儿童,查出了地主自己去没收。东门贫农团发现负责人共分地主的东西,有群众提出批评,就自动把门关上,不做工作,不报告苏维埃,贫农团贴封条封地主的房子,少先队随便去捉人、打人,甚至没收富农的东西,这样形成了贫农团、少先队、儿童团都是苏维埃了,而城市苏维埃的威信大大降低了。

文章分析造成这种错误的原因是:"(一)不了解群众团体与苏维埃的关系,发生脱离苏维埃的现象。(二)查田委员会、没收分配委员会的组织,把它放在贫农团直接管理之下,没收地主的东西只由贫农团来支配,以致激成有些儿童的不平。同时,党团县委、县苏一直到区委,对于城市工作的领导,是犯着官僚主义的错误。"博生县城区群众团体盲动的现象,后来经过"(江西)省委、(博生)县委严格的指出,并召集会议斗争后"开始转变;城市区委加强党的领导,"集中力量来克服这一严重现象,使广大群众在苏维埃领导下更有力的继续开展查田运动"。①

《红色中华》以"为纠正群众团体脱离苏维埃的领导的错误倾向而斗争"为副标题,专题报道《博生城区的查田经验》的这篇文章,在其总结宣传的经验之外,同时特别提出应吸取的教训是,群众的积极性大大提高后,"党团县委、县苏一直到区委","不能把群众这种积极性组织起来",没有及时地加以正确的指导和引领,放任群众团体,导致发生脱离苏维埃领导的严重现象。

与上例不同,中央苏区反腐败的群众运动,在某些地区曾出现的另一类的问题和教训是,没有充分发动群众,群众参与的积极性不高,群众反腐败的作用没有完全发挥。即"我们的检举运动,还没有真正成为广泛的群众运动,固然我们检举时,不仅与工农通讯员和突

① 钟平:《博生城区的查田经验》,《红色中华》第116期,第3版,1933年10月6日。

击队有联系，而且经过了工作人员全体会议或其他的会议，有时也召集群众的公审大会的，但经过群众路线，直接由群众举发的还异常的少”①。因此，中共中央局常委张闻天提出：“我们必须坚决反对把一个事件关在工农检察委员会的房间内秘密的审查或填表，像过去在检举运动中所做的那样，而是要最公开的吸收广大群众来参加这一检查的工作，组织临时的有群众团体代表参加的委员会来担负这一任务。工农检察委员会就要在这里起他的领导作用。它不但要把检查的结果，在群众大会上做报告，而且要使群众参加每一检查的整个过程，以此来教育群众。”各地工农检察委员会的工作，“必须同群众的报纸与报纸的通讯员以及轻骑队等有密切的联系，它必须依靠工会与青年团等群众的组织，同他们合作，或委托他们以一定的任务。简单的依靠工农检察员的力量，显然是不够的”。②

土地革命战争时期，党和临时中央政府领导群众运动反腐败所积累的上述宝贵的经验和教训，对于我们当今改革开放、筑梦未来的时代，在加强廉政建设和反腐败斗争方面，仍然具有发人深省、引以鉴戒的重要意义。

---

① 董必武：《把检举运动更广大的开展起来》，《斗争》第61期，第6版，1934年5月26日。

② 洛甫：《苏维埃工作的改善与工农检察委员会》，《斗争》第37期，第11—12版，1933年12月5日。

第六章

中央苏区反腐败的群众运动的当代启示

斗转星移,沧海桑田。当年中央苏区开展反腐败斗争的过程中始终弥漫着反“围剿”的战火硝烟,在改革开放和建设中国特色社会主义的新时期,我国进行的反腐败斗争所处的背景、条件与中央苏区时期已大不相同。为了避免政治运动冲击经济建设和影响社会的稳定,当今的反腐败斗争虽不能采用群众运动方式,但相信群众、依靠群众,不仅在过去,而且在现在和将来,都永远是我们构建反腐败的天罗地网和不断取得反腐败斗争胜利的力量源泉和根本保证。中央苏区党领导群众运动开展反腐败斗争所积累的基本经验和深刻教训,是弥足珍贵的历史遗产,对于我国当今的反腐败斗争和廉政建设提供了诸多重要的启示。

一、“让人民监督权力”是反腐败的标本兼治之策

我国是人民民主专政的社会主义国家。我国宪法规定:“中华人民共和国的一切权力属于人民。”人民是国家一切权力的来源,是国家的主人。习近平同志指出:“我们共产党员和领导干部要树立马克

思主义权力观,必须从理论上弄清楚和掌握几条:一是我们社会主义国家的一切权力,都是我们党领导全国各族人民经过新民主主义革命和社会主义革命取得和实现的,都是属于人民的:二是我们党作为执政党是代表工人阶级和全体人民在全国执掌政权,共产党员和领导干部手中的权力都是人民赋予的。”①一切权力来源于人民,一切权力属于人民,但由于国家权力不可能由人民直接行使,须委托给由人民选举产生,经人民授权的国家机关及其工作人员来行使,因此就产生了权力的所有权与行使权的分离。在现实的政治生活中,受委托的权力行使者,既可忠诚本分地遵循人民的意愿,心系人民,权力为民所用;也可能叛逆地违背人民的嘱托,滥用权力,以权谋私。群众监督就是国家权力的所有者,对受委托行使国家权力的机关及其工作人员所进行的制约和监督,是为了防范和制止人民“公仆”变质蜕化为人民“主人”的监督。中央苏区党领导反腐败的群众运动,确立群众的监督主体地位,拓宽群众监督的渠道,充分发挥了群众监督震慑和遏制腐败、促进苏维埃成为“空前的廉洁政府”的重要作用。土地革命战争时期,中国共产党为确保苏维埃政权清正廉洁所进行的这一成功尝试和伟大实践启迪我们,在当今改革开放建设中国特色社会主义的新时期,加强群众监督,“让人民监督权力”②,仍然是发展社会主义民主政治、反对腐败和促进党风廉政建设行之有效的重要措施。

人民是国家权力的主体,群众监督既是权力所有者意志的直接体现,也是我国社会主义监督体系中最基本、最广泛的监督。诸如国

① 习近平:《领导干部要树立正确的世界观权力观事业观》,《学习时报》2010 年第 9 期。

② 习近平:《决胜全面建成小康社会　夺取新时代中国特色社会主义伟大胜利——在中国共产党第十九次全国代表大会上的报告》,《人民日报》2017 年 10 月 28 日。

家法律法制监督、党政纪检监督、人大政协监督等一切监督形式都是以群众监督为监督基础，所有对国家权力的监督都来源于群众监督。群众监督的广泛性则主要体现在监督主体、监督客体和监督内容的广泛上，这种监督主体不仅包括普通工人、农民、知识分子和个体工商业者，而且包括一切拥护社会主义的爱国者。群众监督客体的广泛性则涵盖一切党政机关、国家企事业单位及其工作人员，其监督的对象既包括各级党政机关、国家企事业单位中的党员干部，也涉及这些机关单位中非党员干部以及所有工作人员。群众监督内容的广泛，不仅遍及对国家法律法规、党和政府方针政策的制定和遵守执行的监督，对党风政纪、道德规范等方面的监督，而且是贯穿于选官用人、司法审判、财政收支、预算决算等权力运行全过程的监督。习近平同志指出："人民群众中蕴藏着治国理政、管党治党的智慧和力量。从严治党必须依靠人民，要织密群众监督之网，开启全天候探照灯，各级党组织和党员、干部的表现都要交给群众评判。群众对党组织和党员、干部有意见，应该欢迎他们批评指出。"①他特别强调："各级领导干部都要牢记，任何人都没有法律之外的绝对权力，任何人行使权力都必须为人民服务、对人民负责，并自觉接受人民监督。"②

党的十八大以来，以习近平同志为核心的党中央高度重视反腐败斗争和群众监督作用的发挥。为适应时代的发展变化，进一步开拓便利人民群众参与监督和反腐败的渠道，2013 年 9 月，中央纪委监察部倾听民意、接受网络举报的网站正式上线；2015 年 6 月，中央纪委监察部在手机客户端推出"反'四风'一键通"举报窗口；2016 年 1 月，中央纪委监察部微信公众号正式开通运行，均为人民群众安全快捷地实现举报监督打开了方便之门。与此同时，以习近平同志为核

① 习近平：《历史使命越光荣奋斗目标越宏伟 越要增强忧患意识越要从严治党》，《人民日报》2014 年 10 月 9 日。

② 《习近平谈治国理政》，外文出版社 2014 年版，第 388 页。

心的党中央，以零容忍的态度，重拳整治腐败，"发现一起查处一起，发现多少查处多少"①。反腐败斗争已形成了压倒性态势。对此，习近平总书记郑重指出："在肯定成绩的同时，我们也要看到，滋生腐败的土壤依然存在，反腐败形势依然严峻复杂，一些不正之风和腐败问题影响恶劣、亟待解决。全党同志要深刻认识反腐败斗争的长期性、复杂性、艰巨性，以猛药去疴、重典治乱的决心，以刮骨疗毒、壮士断腕的勇气，坚决把党风廉政建设和反腐败斗争进行到底。"②在党的十九大报告中，习近平总书记强调："要加强对权力运行的制约和监督，让人民监督权力，让权力在阳光下运行，把权力关进制度的笼子。"他告诫全党："人民群众最痛恨腐败现象，腐败是我们党面临的最大威胁。只有以反腐败永远在路上的坚韧和执着，深化标本兼治，保证干部清正、政府清廉、政治清明，才能跳出历史周期率，确保党和国家长治久安。"③

"把权力关进制度的笼子"④，一方面要建好党纪、政纪、国法自上而下组织监督的笼子，另一方面要扎牢自下而上群众监督的笼子。习近平总书记指出："人民是创造历史的动力，我们共产党人任何时候都不要忘记这个历史唯物主义最基本的道理，只有坚持这一基本原理，才能把握历史前进的基本规律，只有按历史规律办事，才能无往而不胜。"⑤紧密联系群众，依靠群众，始终坚持党的群众路线，是

---

① 习近平：《在第十八届中央纪律检查委员会第五次全体会议上的讲话》，《人民日报》2015 年 1 月 14 日。

② 《习近平谈治国理政》，外文出版社 2014 年版，第 394 页。

③ 习近平：《决胜全面建成小康社会　夺取新时代中国特色社会主义伟大胜利——在中国共产党第十九次全国代表大会上的报告》，《人民日报》2017 年 10 月 28 日。

④ 同上。

⑤ 中共中央宣传部：《习近平总书记系列重要讲话读本（2016 年版）》，学习出版社、人民出版社 2016 年版，第 128 页。

中国共产党反腐败最大的政治优势。“让人民监督权力，让权力在阳光下运行”，习近平总书记为改革开放新时期强化群众监督的权利赋予和监督力度指明了方向。

人民创造历史，人民是反腐败的主要社会力量。无处不在、无时不有的群众监督，无形中可使反腐败的天罗地网密布于社会各领域，深入社会各阶层。它不仅可对监督对象履职用权的工作状况、素质作风等情况了解最清楚，而且对其工作八小时之外的人际交往、社会活动，在一定的时空范围内能追踪监督，并发觉腐败分子违法犯罪的蛛丝马迹，为专门机关惩治腐败提供重要信息，从而有效地起到弥补其他监督形式失监或虚监的补缺作用。

据央视网 2019 年 1 月 9 日消息，2018 年全国纪检监察机关共接受信访举报 344 万件次，处置问题线索 166.7 万件，谈话函询 34.1 万件次，立案 63.8 万件，处分 62.1 万人（其中党纪处分 52.6 万人）。处分省部级及以上干部 51 人，厅局级干部 3 500 余人，县处级干部 2.6 万人，乡科级干部 9.1 万人，一般干部 11.1 万人，农村、企业等其他人员 39 万人。诸如此类，在每年海量的群众举报中，虽不乏因腐败分子滥用职权致使个人利益受侵害，为维权而信访、上访举报的群众，但绝大多数举报者都是秉持公心，为打击邪恶伸张正义而仗义执言的普通群众。其中有许多人甚至是冒着被打击报复遭迫害的危险，而义无反顾地走上举报腐败的道路，从而有力地配合了专门机关对腐败分子的惩处。

腐败的实质，从根本上讲是对广大人民群众切身利益的严重损害，群众对腐败深恶痛绝，群众是一切腐败现象和腐败分子的“天敌”。广大人民群众通过不同渠道举报提供的线索，不仅是我国各级纪检监察机关查处腐败案件的主要信息来源，而且往往为破获反腐败的大案、要案奠定基础。许多“大老虎”的落马，起初也常常是由群众检举的小贪、小案开始引起专门机关的重视，后经专门机关在人民群众的支持参与下穷追猛打、逐步深入，先扫清外围再突破中心，最后才大获全胜的。这种情形与中央苏区开展反贪污浪费斗争积累的经验如出一辙，当年的中央苏区是：“贪污或浪费的事情……有一点小的表现就要跟着去查，常常能从小的事件查出大的问题来，瑞金的大贪污案，就是从他们灯油费浪费一件小事着手查出来的。”①由小事、小案发轫，由小到大，由浅入深，最后破获大案、要案，是中央苏区时期和中国当代反腐败斗争都凸显的带规律性现象。发生在当代的典型案例，如内蒙古自治区人民政府原副主席刘卓志，在八年内受贿共计 817 万余元，其中大部分是他任锡林郭勒盟盟长、盟委书记期间卖官得来的。2012 年 7 月 2 日，刘卓志被北京市第一中级法院处以无期徒刑。导致刘卓志落马的原因是原锡盟委副书记、地区人大工作委员会副主任、市政协副主席、市档案部门负责人等当初由刘卓志受贿后提拔的贪官被群众举报，经纪检监察机关深入调查，顺藤摸瓜才牵出幕后主角刘卓志，并终结了该省部级副主席的“官场生意”。②又如，浙江省人大常委会原副主任张家盟，在舟山市任市长、市委书记期间，官商勾结，权力寻租，共受贿 735 万余元。2011 年 12 月 20 日经福建省厦门市中级人民法院审理，张家盟被判无期徒刑。此案的告破也经历了从群众检举小贪官，到专门机关循利益链调查，拐了“九道十八弯”，才最终导致张家盟落马的过程。③ 此外，纪检监察机关在调查群众举报的其他案件时，如多米诺骨牌般最后倒下的省部级高官还有辽宁省人大常委会原副主任宋勇、宁夏回族自治区人民政府原副主席李堂堂等，诸多“大老虎”的落马往往与先揭开冰山一角的群众检举有着千丝万缕的联系。

---

① 中央工农检察部的指示：《怎样检举贪污浪费》，《红色中华》第 140 期，第 2 版，1934 年 1 月 4 日。

② 孙思娅：《内蒙古锡盟原书记卖官大起底》，《京华时报》2012 年 7 月 16 日。

③ 陶喜年：《张家盟仕途梦断》，《时代周报》2010 年第 15 期。

据2017年5月21日中纪委网站消息，截至十八届中央第十一轮巡视，已经实现对31个省（区、市）和新疆生产建设兵团、中央和国家机关、中管国有重要骨干企业和中央金融机构全覆盖，其中仅巡视中央和国家机关就累计受理群众信访16万多件次，半数的“大老虎”是根据群众信访、巡视移交的问题线索查处揪出的，由此可见群众监督威力的巨大。

综上所述，群众监督是人民群众维护自己的根本利益、当家作主的监督，是社会主义监督体系中最基本、最广泛的监督。在以习近平同志为核心的党中央领导下，加强群众监督，根据时代的发展变化，采取适应群众需要的方式方法，进一步开拓开通便利人民群众参与监督的渠道，进一步调动和发挥人民群众对国家机关及其工作人员进行监督的积极性，进一步健全和完善群众的质询、弹劾、问责、罢免等群众监督制度，使群众监督开展的每一步都有固定的程序可依和既定的规范可循，新时期的党风廉政建设和反腐败斗争必将始终拥有不竭的力量源泉。习近平总书记指出：“群众的眼睛是雪亮的，党员、干部身上的问题，群众看得最清楚、最有发言权。”①群众监督是最权威的监督，“只有织密群众监督之网，开启全天候探照灯，才能让‘隐身人’无处藏身”②。无处不在、无时不有的群众监督，无形中构成密布于社会各领域、各阶层、各方面的反腐败天罗地网，既可“天网恢恢，疏而不漏”地检举惩戒存量中的腐败，也能在如“汪洋大海，灭顶之灾”的强大声势下威慑减少腐败的增量。因此，“让人民监督权力”③无疑是反腐败的标本兼治之策。

---

① 《习近平谈治国理政》，外文出版社2014年版，第377—378页。

② 中共中央文献研究室编：《习近平总书记重要讲话文章选编》，中央文献出版社、党建读物出版社2016年版，第79页。

③ 习近平：《决胜全面建成小康社会　夺取新时代中国特色社会主义伟大胜利——在中国共产党第十九次全国代表大会上的报告》，《人民日报》2017年10月28日。

二、"让权力在阳光下运行"是群众监督反腐败的必要前提

政务公开，人民知情，避免暗箱操作，"让权力在阳光下运行"，既是人民群众当家作主、管理国家和社会事务的必备条件，也是人民群众参与监督和反腐败斗争的必要前提。我国宪法明确赋予公民对国家机关及其工作人员具有批评、建议、检举、控告等监督的权利，而这一权利的有效行使，只有建立在人民群众充分享有知情权、对国家机关及其工作人员有全面了解的基础之上。只有知情、了解才能发现问题，有的放矢地发挥群众监督的作用，并取得遏制腐败的实效。

列宁指出，公开是实行民主的基础，"没有公开性而谈民主制是很可笑的"①。政务公开是苏维埃俄国保障民主知情权的重要举措。以马列主义为指导思想，秉持苏俄民主制原则建立的中央苏区，政治公开透明，党的方针政策通过报刊等及时公之于众，政府机关报等新闻媒体"连篇累牍地刊登"宣告政权性质、宗旨、目标，政府机构职能及其组成人员的布告、法令法规、会议纪要和中央政府下达指示、布置任务、督促检查的命令、通令、训令等政务信息②，各级政府定期向工农群众报告工作③，乡（市）苏维埃推销公债、征收农业税公开透明，接受群众节省经济捐款捐物，"随时将节省者的姓名和节省数目

① 列宁：《怎么办?》，《列宁全集》第6卷，人民出版社1986年版，第131页。

② 参见陈信凌、谭琪红、金妍：《项英与〈红色中华〉报论略》，《南昌大学学报》（人文社会科学版）2013年第5期。

③ 《地方苏维埃政府的暂行组织条例》，厦门大学法律系、福建省档案馆选编：《中华苏维埃共和国法律文件选编》，江西人民出版社1984年版，第26、28、30页。

在各村各屋悬榜公布”①，个别乡苏维埃负责人“经常募捐的工作没有发布清单无数算，……被群众最严重的批评，选举大会中没有当选为代表”②。总之，清廉清正的政治生态、公开透明的政治环境，为人民群众参与监督和反腐败斗争提供了知情保障和便利条件，是中央苏区成功开展廉政建设和反腐败斗争留下的宝贵经验和重要启迪。

中华人民共和国成立后，党和政府坚持和恪守全心全意为人民服务的宗旨，一以贯之地营造公开透明的政治氛围，尤其是在改革开放后，推行政务公开工作被明确列入政治体制改革的重要组成部分。1987 年，党的十三大提出要提高党和国家机关活动的透明度。1988 年，中央书记处提出实行办事制度与办事程序公开、办事结果公开，接受群众监督的“两公开一监督”的原则。1997 年，党的十五大决定，城乡基层政权机关和基层群众性自治组织都要实行政务公开。1998 年，中共中央办公厅、国务院办公厅发布《关于在农村普遍实行村务公开和民主管理制度的通知》，提出在农村推行以财务公开为主的村务公开。2000 年，中共中央办公厅、国务院办公厅印发《关于在全国乡镇政权机关全面推行政务公开制度的通知》，通知在布置乡镇政务公开的同时，明确了乡镇政务公开的主要内容、工作方法和保障制度。2002 年，福建省第一个以省政府令的形式向全省发出要求：“现县级、乡镇一级百分之百推行政务公开，重大的人权、事权、财权实行‘阳光作业’，避免暗箱操作。”时任福建省省长的习近平在回答记者提问时指出：“这是从源头上铲除腐败的一个措施，也是民主决策的一个举措。”③他认为，“进一步推行政务公开，落实人民群众的

① 社论：《把节省运动发展到群众中去》，《红色中华》第 180 期，第 2 版，1934 年 4 月 26 日。

② 张鼎丞：《选举运动的好模范》，《红色中华》第 126 期，第 3 版，1933 年 11 月 17 日。

③ 习近平：《致力于建设服务型政府》，人民网，2002 年 3 月 9 日。

知情权、参与权、监督权”①,“敢于公开接受群众的批评监督,正是我们共产党人有力量的表现,也是我们实践自己宗旨的具体表现”②。

2004年,国务院将推进政府信息公开作为推进依法行政的重要内容,编入《全面推进依法行政实施纲要》。2005年,党中央在颁布的《建立健全教育、制度、监督并重的惩治和预防腐败体系实施纲要》中提出,要健全政务公开、厂务公开、村务公开制度。2006年,党的十六届六中全会从构建社会主义和谐社会的高度,要求深化政务公开,依法保障人民的知情权、参与权、表达权、监督权。2008年5月1日,《中华人民共和国政府信息公开条例》开始实行,各省(市)政府结合本地实际先后制定了具体实施办法加以落实。

党的十八大以来,党中央、国务院继续深入地推进政务公开工作。习近平总书记指出:“权力运行不见阳光,或有选择地见阳光,公信力就无法确立。”③人民群众只有对阳光下运行的权力才能实施有效的监督,滥用权力以权谋私等腐败行为,通常都在阴暗处进行;权力暗箱操作,必然导致群众监督的困难或监督效果大打折扣。因此,习近平总书记要求各级领导干部增强自觉主动接受群众监督的意识,以公开促公正,以透明保廉洁。他殷切告诫嘱咐:“领导干部是人民的公仆,必须始终牢记宗旨、牢记责任,自觉把权力行使的过程作为为人民服务的过程,自觉接受人民的监督,做到为民用权、公正用权、依法用权、廉洁用权。”④他特别强调:“政务公开是政治建设的一项重要制度,要以制度安排把政务公开贯穿政治运行全过程,权力运

① 习近平:《干在实处 走在前列——推进浙江新发展的思考与实践》,中共中央党校出版社2014年版,第383页。

② 习近平:《摆脱贫困》,福建人民出版社2016年版,第29页。

③ 中共中央文献研究室编:《十八大以来重要文献选编》(上),中央文献出版社2014年版,第720页。

④ 习近平:《在广东考察工作时的讲话》,《人民日报》2012年12月7日。

行到哪里,公开和监督就延伸到哪里。”①

2014 年 10 月,党的十八届四中全会提出,全面推进政务公开,推进决策公开、执行公开、管理公开、服务公开、结果公开,要求各级政府及其工作部门依据权力清单,向社会全面公开政府职能、法律依据、实施主体、职责权限、管理流程、监督方式等事项。2016 年 2 月,中共中央办公厅、国务院办公厅印发《关于全面推进政务公开工作的意见》,要求坚持以公开为常态,不公开为例外,推进政务阳光透明;扩大政务开放参与,提升政务公开能力,加快推进权力清单、责任清单、负面清单公开。《意见》提出,到 2020 年政务公开的内容覆盖权力运行全过程、政务服务全过程。

自改革开放以来,我国的政务公开工作,在党中央、国务院的统一部署和大力推进下,公开的内容不断丰富,公开的范围不断扩大,并已初步形成政府信息公开、权力运行透明的工作格局。这一切的进展,均为群众监督和参与反腐败斗争提供了知情了解、发现问题和有的放矢的有利条件。但同时也应看到,政务公开工作发展不平衡,在某些地区和部门仍存在薄弱环节和突出问题,离公开透明切实保障群众知情权、离便利群众实施监督都还有一定的差距。其主要表现如下:

1. 政务公开的内容不完整。如“三公”等经费的公开,有的只有总数,缺乏项目及其细目情况;有的缺乏具体开支数和使用情况,致使群众无法知悉全部内容,无法提出监督和批评意见。

2. 政务公开的项目弄虚作假。有的合并项目公开,有的将不合理的开支、违规开支转移到合理合规的项目下登记,或进行笼统、模糊处理,使群众无法分辨是否符合有关规定,无法实施有效监督。

3. “有选择地见阳光”。在某些地区某些机关,凡有所触及部门

① 习近平:《在中共中央全面深化改革领导小组第二十次会议上的讲话》,《人民日报》2016 年 1 月 11 日。

权力或利益的事，往往以涉密为由拒绝公开；或热衷于做表面文章，形式主义地公开一般性的、空泛的或过时的信息，造成“公开的信息群众不想看，群众想看的信息不公开”①的现象。

目前，虽然在国务院《政府信息公开条例》中规定有依申请公开以及公民知情权救济的举报、行政复议或行政诉讼等途径，但由于相关的规定太笼统，以及政府保密范围太宽泛、公开与否政府机关自由裁量权较大等原因，在实际运用中难以操作，群众的知情权仍难得到有效的保障。造成上述状况的主要原因是，政务公开没有在法律的层面固定化，群众的知情权的法律规定、法律保障不明确。因此，要增强政务公开的透明度，要切实保障群众真正享有知情权，就必须加强政务公开以及群众知情权的法制建设。

首先，应在宪法中明确赋予公民知情权。我国现行宪法虽然在规定公民对于任何国家机关及其工作人员有提出批评和建议的权利中隐含了公民的知情权，但毕竟没有明确提出知情权，没有明确规定知情权是公民的基本权利，致使政务公开和公民知情均缺乏明确的权利基础。为弥补宪法中的这一欠缺，应将知情权作为公民的一项基本权利，上升到根本法层面，在修宪时予以确认，并明确规定维护和保障公民知情权。

其次，制定涵盖所有国家机关信息公开的《政务公开法》。我国现行的《政府信息公开条例》是国务院颁布的仅限于调整政府系统行政事务信息公开法律关系的行政法规，不仅立法层次较低，而且规范的范围和力量有限。为了切实保障公民享有知情权，应由国家立法机关专门制定、涵盖国家所有行政事务、立法事务、司法事务等有关政治的以及其他社会公共事务信息在内的《政务公开法》，统一规定所有国家机关政务公开的义务，公开的范围、程序、法律责任以及救

① 汪国梁：《政务公开“看得到”还要“看得懂”》，《安徽日报》2012年4月5日。

济途径等。同时明确规定政务公开的权利救济途径和违反政务公开法的责任认定及其所要承担的法律责任。

再次,相互衔接地配套修订完善与政务公开相关的法律。政务公开往往涉及文件、档案等的保密规定,我国现行《保密法》《档案法》均有过分地重视保密的规定和要求,并在不同程度上制约了政务信息公开的范围,且助长了某些部门和机关工作人员借口保密而拒绝履行政务公开义务的不良之风。为防止发生侵害公民知情权的这种现象,应在科学合理地确定政务保密范围、保密期限、解密条件的基础上,与制定《政务公开法》紧密衔接地配套修订完善《保密法》《档案法》的相关规定,互为补充、相辅相成地统一规定政务公开的范围、程序、形式、方法、步骤、时限等具体内容,从而为公民享有充分的知情权提供有力的法律保障。

在以习近平同志为核心的党中央领导下,随着政务公开工作的深入推进,当政务公开实现覆盖权力运行全过程以及政务服务的全过程之后,充分享有知情权保障的群众监督,必将焕发荡涤污浊的巨大能量,并呈现出反腐败便于群众监督,激励和有效发挥群众监督的新格局。

三、反腐败应重视和充分发挥群众团体监督的作用

土地革命战争时期,毛泽东主席曾深刻指出:“苏区内一切领导群众斗争的经验告诉我们,只有共产党、苏维埃与革命群众团体三者在党的领导下协同一致的行动起来,才能达到每个斗争任务的完满成功。”①在

① 毛泽东:《查田运动的第一步——组织上的大规模动员》,《红色中华》第87期,第3版,1933年6月20日。

党和临时中央政府的领导下，中央苏区充分发挥群众团体联系群众、组织群众的桥梁纽带和反腐败中坚力量的作用，并取得了廉政建设和反腐败斗争的伟大成就。借鉴历史经验，传承红色基因，保持党的政治优势，在当今的党风廉政建设和反腐败斗争中，仍需高度重视和充分发挥群众团体的作用。

我国现在的群众团体主要有各级工会、共青团、妇联、文联、工商联、科协、作协、新闻工作者协会等依照相关法律和各自章程开展社会活动的群众组织。这些群众团体，在党和政府的文件以及法律法规中往往表述为“人民团体”或“群团组织”“群众组织”。例如，1982年颁布的《中华人民共和国宪法》，2002 年党的十六大报告，2007 年党的十七大报告，2012 年党的十八大报告，2017 年党的十九大报告，皆使用“人民团体”概念。1992 年党的十四大报告使用“群众组织”，1997 年党的十五大报告使用“群众团体”。2013 年中共中央办公厅《关于加强新形势下发展党员和党员管理工作的意见》，2015 年《中共中央关于加强和改进党的群团工作的意见》，均使用“群团组织”名称。此外，有的文件、法规还使用“人民群众团体”，抑或在同一文件中交替使用上述概念。总的来说，这些概念的使用，在党和政府的文件以及实际工作中并没有严格的区分，学术界一般也认为“这些不同称呼并无实质性的区别”①，只是在不同的语境下强调某方面特征时有所选择而已。相对而言，“群众团体”凸显了其群众特征，“范围更宽，涵盖面更广”，“人民团体这个概念政治意味浓厚”②。

毋庸置疑，政治性是群团组织的灵魂，是群众团体最重要的属性。群众团体原本就是在中国共产党直接领导下建立和发展起来的组织，与中国共产党有深厚的历史渊源和天然的紧密联系。1921 年

① 俞可平：《中国公民社会：概念、分类与制度环境》，《中国社会科学》2006 年第 1 期。

② 康晓强：《群众团体与人民团体、社会团体》，《社会主义研究》2016 年第 1 期。

7月，中共第一个决议就首先提出："本党的基本任务是成立产业工会。"①同年11月，中共中央局"议决全力组织铁道工会"，并通告要求"全国社会主义青年团必须在明年七月以前超过二千团员"，各区切实注意青年与妇女运动，青年团及女界联合会"望依新章（改造宣言及章程）从事进行"②。此后，在全国各地如雨后春笋般涌现的工会、农协会、妇女联合会、文化工作者团体等，既是中国共产党联系广大人民群众的桥梁和纽带，也是党领导下改造社会的重要政治力量。

土地革命战争时期，群众团体是党在局部地区执政的坚强支柱和苏维埃民主管理的重要组成部分。作为党执政的重要资源和基础，群众团体一方面加强党和政府与广大人民群众的联系，团结广大人民群众在党和政府周围，同心同德、齐心协力地巩固红色政权和发展革命战争；另一方面，群众团体积极表达和维护各自所代表的群众利益，反映群众的意见建议和呼声，参政议政，实现人民当家做主的目标和要求。其中，仅就群众团体参与民主监督和反腐败的地位而言，全国第二次苏维埃代表大会的报告和决议指出："苏维埃必须与工会，贫农团，女工农妇代表会，合作社，及其他一切民众团体发生密切的联系。"③"各级工农检查委员会，必须经过各种群众团体，领导广大工农群众，来进行反官僚主义的以及反贪污浪费的斗争。"④

---

① 《中国共产党第一个决议》，《建党以来重要文献选编（1921—1949）》第1册，中央文献出版社2011年版，第4页。

② 《中国共产党中央局通告——关于建立与发展党团工会组织及宣传工作等》，《建党以来重要文献选编（1921—1949）》第1册，第47页。

③ 《中华苏维埃共和国中央执行委员会与人民委员会对第二次全国苏维埃代表大会的报告》，江西省档案馆、中共江西省委党校党史教研室选编：《中央革命根据地史料选编》下册，江西人民出版社1982年版，第344页。

④ 《中华苏维埃共和国第二次全国苏维埃代表大会关于苏维埃建设的决议案》，江西省档案馆、中共江西省委党校党史教研室选编：《中央革命根据地史料选编》下册，第353页。

全面抗战时期，晋察冀边区军政民代表大会决议案明确规定："政府应扶助群众运动，承认各群众团体的独立性。"农会、青年会、妇女会等各种类型的群众团体，"依法有监督与弹劾政府之权力"①。晋察冀边区参议会驻会参议员办事处在工作总结中指出："群众团体是人民政权的有力支柱，应该多经过这些组织搜集人民的意见，发动人民起来监政。"②党在全国取得执政地位后，群众团体参与民主监督，是国家政治体制的重要组成部分。1957 年 4 月，邓小平在《共产党要接受监督》一文中指出："要扩大各方面的民主，人民代表大会、政协会要开好。"厂矿企业"要搞职工代表大会，加强它的作用，这就是要求我们在厂矿企业里扩大群众的监督。既有自上而下的党委领导下的厂长负责制，又有自下而上的党委领导下的群众监督制"。"在学校，也要扩大民主生活。教职员工会、学生会要发挥作用，教职员、学生的意见要能充分表达。所以，扩大各方面的民主生活，扩大群众的监督，很重要。"③进入改革开放和现代化建设的新时期，中共中央一以贯之地坚持和鼓励"工会、共青团、妇联等群众团体要在管理国家和社会事务中发挥民主参与和民主监督的作用，成为党联系广大人民群众的桥梁和纽带"④。2015 年 7 月，《中共中央关于加强和改进党的群团工作的意见》强调："群团组织特别是人民团体是广大群众依法、有序、广泛参与管理国家事务和社会事务、管理经济和文化事业的重要渠道。各级党委要重视发挥群团组织在社会主义民

---

① 《晋察冀边区军政民代表大会决议案》，河北省社会科学院历史研究所、河北省档案馆等编：《晋察冀抗日根据地史料选编》上册，河北人民出版社 1983 年版，第 23 页。

② 《晋察冀边区参议会驻会参议员办事处一年来工作报告》，河北省社会科学院历史研究所、河北省档案馆等编：《晋察冀抗日根据地史料选编》下册，第 441 页。

③ 《共产党要接受监督》，《邓小平文集》第 1 卷，人民出版社 1994 年版，第 271 页。

④ 《中国共产党"十五大"报告》，中国网，2009 年 7 月 13 日。

主中的作用，更好保证人民当家作主。"①

为了切实加强群众监督和组织群众参与反腐败斗争，党和政府除了重视发挥工会、共青团、妇联等常设的人民团体的作用外，在职掌监察的机构下往往还专门组建不脱产从事检查检举和反腐败斗争的群众监督团体。土地革命战争时期，中央苏区各地工农检察机关建立的突击队、工农通讯员，以及"与工农检察部发生密切关系"并接受其指导和委派的轻骑队，均在中央苏区反腐败的斗争中发挥了举足轻重的作用。如 1934 年 2—3 月中央一级的检举运动，其中"大多数的贪污案件，是由于（工农）通讯员的通讯而检举的"②。

中华人民共和国成立前夕，华北人民监察院继承中央苏区工农检察部组建工农通讯员制度的传统，为了"联系群众监督政权，及时纠正错误改正工作"，在 1949 年 6 月，决定聘请不脱产的通讯检查员，并登报公布聘请的办法。规定各级职工工会会员，农会会员，青年、妇女团体团员，报社访员，各企业、交通、财经机关中的技术人员及其他公正人士，经机关或团体介绍后，由人民监察院审慎选聘；受聘的通讯检查员，对行政、司法、企业、财经各部门的各级公务人员，如发现有违法失职、贪污浪费、违反政策、侵害群众利益的行为，负责搜集材料，经其所属机关领导审核后，以书面通讯或当面汇报的方式向华北人民检察院报告。③

中华人民共和国成立后，"在前华北监察院的基础上成立的"④中央人民监察委员会"走群众路线，发动群众参加监察工作"，继续在政府各部门、各企业团体中"聘请公开的通讯监察员，组织通讯监察

① 《中共中央关于加强和改进党的群团工作的意见》，人民网，2015 年 7 月 10 日。

② 中央工农检察委员会公布：《关于中央一级反贪污斗争的总结》，《红色中华》第 167 期，第 3 版，1934 年 3 月 27 日。

③ 《华北人民监察院决聘通讯检查员》，《人民日报》1949 年 6 月 9 日。

④ 《人民的监察工作》，《人民日报》1950 年 6 月 13 日。

小组"①。至1950年年底，中央人民监察委员会"在中央各机关已聘定二百余名监察通讯员"②。1952年8月，政务院发布《关于加强人民监察通讯员和人民检举接待室的指示》，指示要求普遍发展人民监察通讯员，县（市）以上各级政府人民监察委员会（包括专员公署人民监察处），在各政府机关及企业部门和人民团体中发展人民监察通讯员，大中小城市和县的监察机构在所属城镇及乡村中有重点地发展人民监察通讯员，"通过这种方式密切地联系广大群众，发挥群众性的监督作用"。指示明确人民监察通讯员的任务主要是："调查政府机关，企业部门及其工作人员之贪污、浪费、官僚主义和消极怠工等一切违法乱纪、损害国家或人民利益等情况，并征集群众对政府政策法令设施的意见，向上级监察机关及本部门首长报告并协助处理。"③

1953年7月，政务院公布《各级人民政府人民监察机关设置人民监察通讯员通则》，规定各级政府"为密切联系人民群众，发挥人民群众对国家机关及其工作人员的监督作用，得在政府机关与其所属企业、事业部门中设置人民监察通讯员，亦得在人民团体、城市街道和农村中设置人民监察通讯员"。"人民监察通讯员为义务职，其工作费用，由所在机关、部门或团体供给。街道、村庄人民监察通讯员的工作费用，由其主管人民监察机关供给。"④为鼓励人民监察通讯员发挥工作积极性、创造性，1954年9月21日，政务院人民监察委员会公布《人民监察通讯员奖励暂行办法》，规定对工作成绩显著的人

① 《监察委员会举行四次会议》，《人民日报》1950年1月17日。

② 《人民监察委员会第八次会议》，《人民日报》1950年12月16日。

③ 政务院：《关于加强人民监察通讯员和人民检举接待室的指示》，《人民日报》1952年8月25日。

④ 中央人民政府法制委员会编：《中央人民政府法令汇编》（1953年），法律出版社1982年版，第427—429页。

民监察通讯员个人和小组，给予表扬、记功、记大功、模范称号等荣誉奖励和奖品、奖金等物质奖励。①

自1952年8月，政务院颁布加强人民监察通讯员的工作指示后，全国各地普遍发展人民监察通讯员组织，人民监察通讯员队伍迅速扩展。1952年底，全国县市以上机关共聘任人民监察通讯员26 111人。② 截至1954年5月底，全国各地人民监察通讯员队伍共有78 196人，比1952年增加将近三倍。③ 与此同时，人民监察通讯员在监督党和国家政策法令的执行，揭发官僚主义、贪污浪费、营私舞弊等方面的作用日益凸显。据《人民日报》报道：

四川省武胜县礼安乡乡长杨荣盛与奸商勾结，企图以600万元购买价值1 000多万元（旧币）的公产，礼安乡人民监察通讯员予以检举，并经政府处理后，打击了杨荣盛和奸商的欺诈盗窃行为，保护了国家财产。④

江西省南昌县河头区副区长兼区人民法庭审判长熊观浩，包庇纵容其堂弟熊方立报私仇诬告河头乡村民熊懋麟破坏生产，有"历史问题"，熊方立把熊懋麟捆绑至区，熊观浩滥用职权判处熊懋麟徒刑三年。江西省农林厅水利局人民监察通讯员苏松茂在河头乡参加水闸工程建设发现此事后，立即报告省人民政府监察委员会。经调查，证实熊方立确属报复行为，熊观浩受撤职处分，熊方立送法院惩办，熊懋麟获平反和经济赔偿。⑤

福建省人民银行有一件公文的报批，"旅行了七个单位，盖了二十一个图章，历时两月，未获解决"。该行人民检察通讯员发现并提

① 政务院：《人民监察通讯员奖励暂行办法》，《人民监察》第20期，1954年10月。
② 《全国人民监察通讯员工作在发展中》，《人民日报》1953年2月20日。
③ 《全国各地人民监察通讯员发展到7万人》，《人民日报》1954年5月26日。
④ 同上。
⑤ 《全国人民监察通讯员工作在发展中》，《人民日报》1953年2月20日。

出意见后，主管部门随即召开会议，仅用一小时就解决了问题。对外贸易部经济研究所章葆熙“先后动用公款二十余次，共二百七十余万元(旧币)”的贪污问题，中国戏曲研究院第一京剧团文书翟凤举“先后涂改单据九次，贪污了九十一万二千元(旧币)”，①也都是经人民监察通讯员揭露出来的。

辽宁省本溪市丁源区合作社管理制度混乱，账货不符，贪污、赊欠、干部不团结等问题严重，经该区政府人民检察通讯员揭发后，“撤换了领导人员，经民主讨论建立了必要制度，干部情绪转变了，工作上呈现了新的气象”②。

中国矿产公司人民监察通讯员启发群众，带头揭发问题，共揭发大小问题 85 件，其中 22 件国家已损失 400 余亿元(旧币)。③ 第一工业机械部财务会计司人民监察通讯员揭露重工业部一批 4 000 余吨、价值 402 亿元(旧币)的钢材，露天存放 3 年多时间，有关部门互相推诿，造成了国家物资的浪费与积压。④

1953—1954 年一年间，仅安徽、江苏等 7 省和南京、哈尔滨等 6 市的统计，人民监察通讯员直接揭发以及收集群众反映揭发的问题共有 14 000 多件⑤，经有关机关处理后，有力地打击、遏制了以权谋私、贪污腐化、官僚主义等腐败现象和不良工作作风以及不廉洁行为的滋长和蔓延。

中华人民共和国成立初期，上述秉持中央苏区人民当家作主的民主管理精神，传承工农检察机关组建群众监督团体反腐败范式而

① 《全国人民监察通讯员工作在发展中》，《人民日报》1953 年 2 月 20 日。

② 《各地人民监察通讯员在反对官僚主义斗争中发挥了积极作用》，《人民日报》1953 年 7 月 15 日。

③ 《各地人民监察通讯员反对官僚主义斗争中发挥了积极作用》，《人民日报》1953 年 7 月 15 日。

④ 《为什么让四千多顿钢材露天存放了三年多》，《人民日报》1954 年 3 月 28 日。

⑤ 《全国各地人民监察通讯员发展到 7 万人》，《人民日报》1954 年 5 月 26 日。

实行的人民监察通讯员制度，在全国各地强化了群众监督，不仅取得了民主监督和反腐败的显著成效，而且有力地促进了20世纪50年代我国政治清明廉洁、社会风清气正新景象的形成。

1956年6月，随着我国监察机关组织形式的改变，国务院批准监察部门《关于人民监察通讯员调整设置和加强领导的报告》，根据“注重质量，重点设置”的原则，报告规定在重点地区、重点企业中酌量设置人民监察通讯员；在农村区、乡一级机关以及农村与城市的群众中，一般不设人民监察通讯员；在司法机关和报社、学校、合作社、人民团体中也暂不设置人民监察通讯员。同时规定，人民监察通讯员由聘任制改为任命制，对已调动工作或兼职过多，或认为其不适合担任监察通讯员的，均解除其人民监察通讯员职务。这次调整不仅大量减少了人民监察通讯员的数量，而且降低、削弱了人民监察通讯员的地位和作用。

1957年整风运动兴起后，人民监察通讯员制度进一步被削弱，其监察活动基本上处于停顿状态。1959年4月28日，第二届全国人大第二次会议议决撤销国家监察部，由各级监察机关组建的人民监察通讯员组织也随之退出了历史舞台。实行改革开放后，1986年12月，第六届全国人大常委会决定恢复行政监察体制，组建监察部。1989年开始，在我国党政纪检监察机关聘任特约监察员、检察员、审计员等加强民主监督，但聘任对象基本上局限于民主党派、政协等团体，且聘任人数及影响和成效也均逊色于建国初期的人民监察通讯员组织。

我国现阶段的群众团体，除在规模和效应上缺少类似中央苏区隶属工农检察机关的突击队、工农通讯员和中华人民共和国成立之初的人民监察通讯员等此类专设的群众监督组织外，各地区各部门常设的工会、共青团、妇女联合会以及科协、作协、工商联、文联等群众团体，由于不同程度地存在行政化倾向、人员经费的依附等特性，致使其在履行民主监督职能、发挥反腐败的作用方面往往出现较软弱乏力或形式主义走过场的现象。

为改变我国目前群众团体监督不足的上述状况，借鉴和发扬中央苏区以群众团体为反腐败中坚力量的经验和传统。一方面，我国各级工会、共青团、妇女联合会等群众团体，应改革和纠正其党政机关化倾向，去官方、半官方性质，回归群众化，保持群众性，增强群众的认同感和团体的凝聚力，充分发挥群众团体联系群众参与监督和反腐败斗争的桥梁纽带作用，在党的领导下，把各界各阶层的群众团结起来、组织起来，力求全面实现其民主监督职能，并不断提高群众监督和反腐败的威力和实效。

另一方面，应建立人民监察的群众组织，即专门设立群众监督团体。历史经验昭示，中央苏区工农检察机关设立突击队、工农通讯员等群众组织，中华人民共和国成立之初实行人民监察通讯员制度，都是行之有效的群众监督和反腐败的斗争方式。坚持党的领导，在国家监察机关的组织和指导下，各级政府机关、企事业单位以及各街道社区、乡镇村庄，均推选秉公维护人民利益，竭诚忠于党的事业，为人正直、工作负责的普通群众组成人民监察的群众组织，对于强化群众监督和深入开展反腐败斗争具有以下重要意义。

1. 为群众参与监督和反腐败斗争提供组织依靠、组织保障，并彰显团体的力量和优势。人民监察群众组织的成员来自人民，不脱离生产和本职工作，天然地与群众保持密切联系，既便于广泛、及时地收集群众的反映和呼声，集中群众的批评意见以及所发现的问题。同时也利于对群众开展宣传教育，帮助部分群众克服不愿监督、不敢监督等错误思想和观念，动员群众，组织群众，为群众参与监督和反腐败斗争提供组织依靠和组织保障。

人民有组织地开展监督和反腐败斗争，相对于个体的单打独斗有无法比拟的优势。个体人员分散、力量单薄，且其中部分人的上访、举报只是因为自身权益受到腐败分子的侵害，其参与监督和反腐败的行为往往随其维权等个人诉求的满足程度而发生变化，随意性、随机性很大。而人民监察的群众组织，在国家监察机关的引领和指导下，方向明确，立场坚定，嫉腐如仇。不论是中央苏区的突击队、工农通讯员组织，还是中华人民共和国成立之初的人民监察通讯员组织，均在实行民主监督和反腐败的斗争中起着不可忽视的作用，有时甚至举足轻重，充分彰显了群众监督团体反腐败的伟大力量。

2. 有利于形成群众监督的长效机制。在当今改革开放建设中国特色社会主义的新时期，承袭中央苏区传统，借鉴全国解放初期经验，在全国各地、在社会各领域普遍建立群众监督团体后，有组织且遵循国家监察机关制度规范的群众监督，既可覆盖各机关、各部门公职人员八小时之内和八小时之外工作、生活的方方面面；同时贯穿于各机关、各企事业单位工作决策、计划制定，以及决策和计划执行等权力运行的全过程和事前、事中、事后监督的各环节。这种常设的人民监察群众组织，如同中央苏区和全国解放初期那样，按制度规范，常态化地开展监督和反腐败斗争，有利于形成群众监督的长效机制，并促进人民当家作主的群众监督落到实处。

3. 协助专门机关工作，增强监督和反腐败的力量和实效。由全国各地监察机构组建和直接领导的人民监察群众组织，作为国家整肃纲纪专门机关的耳目和助手，不仅密切监督各地区各机关及其工作人员执行国家政策，遵守党纪国法，以及履行职责、行使权力等情况，及时向监察机关报告所收集的信息、所发现的问题，为惩治腐败提供发踪追查的线索；而且可同中央苏区的突击队、轻骑队那样，随时听从号令接受监察机关的指派，增强办案力量，协助监察机关做好对腐败案件的调查、取证等工作，群众监督与专门机关的监察相统一并形成合力，有利于增强纪检监察和反腐败的实效。

四、反腐败应保障和规范行使
舆论监督“曝光”权

“舆”的本义是车厢，因即指车，又转义为轿子。由于抬轿有多人，“舆”又释为众①。“论”即言论，泛指意见、观点、看法。“舆论”就是众人的意见、群众的意见。舆论来源于群众，群众的意见形成舆论。舆论监督主要是指群众通过在媒体公开曝光的方式，对国家机关及其工作人员的错误、缺点以及违法违纪行为进行的批评和监督。国家权力机关和各级领导干部是舆论监督的主要对象，权力滥用、以权谋私、贪赃受贿等腐败行为是舆论监督的主要内容。舆论监督的主体是人民群众，报纸、杂志、广播、电视、网络等各种媒体是表达、反馈群众意见、实施舆论监督的工具；而舆论监督也只有通过媒体才能广泛、及时地传播，并形成舆论压力，实现自下而上的监督和制约。习近平总书记指出：“要把权力关进制度的笼子里，一个重要手段就是发挥舆论监督包括互联网监督作用。这一条，各级党政机关和领导干部特别要注意，首先要做好。对网上那些出于善意的批评，对互联网监督，不论是对党和政府工作提的还是对领导干部个人提的，不论是和风细雨的还是忠言逆耳的，我们不仅要欢迎，而且要认真研究和吸取。”因此，他倡导：“各级党政机关和领导干部要学会通过网络走群众路线，经常上网看看，潜潜水，聊聊天，发发声，了解群众所思所愿，收集好想法、好建议。”②

舆论监督是我国现行宪法赋予公民的基本权利，是人民当家

① 参见夏征农主编：《辞海》(上)，上海辞书出版社 1999 年版，第 861 页。

② 《习近平谈治国理政》第 2 卷，外文出版社 2017 年版，第 336 页。

作主的社会性质所决定的，同时也是中国共产党一切为了群众、一切依靠群众的群众路线的具体体现。作为民主监督体系的重要组成部分，舆论监督虽然不像司法监督、行政监督那样有直接强制力和依法处置权，但在公开曝光各种腐败现象后，不仅会引发纪检监察部门和司法机关的跟进查处，舆论监督本身也会产生道义的力量，在反腐败斗争中具有不可替代的作用。阳光是腐败的克星，一切阴暗的东西最怕见阳光。舆论监督将滥用权力、贪赃枉法、徇私舞弊、权钱交易、腐化堕落等形形色色的各种阴暗、丑恶的现象，通过媒体使其原形毕露地曝光于众目睽睽之下，从而遭到广大人民群众的谴责和唾弃。全社会形成的道义力量在心理上所造成的冲击和压力，往往比党纪政纪惩处更令腐败者难以承受。所谓“不怕内部通报，就怕公开曝光”①，就是舆论监督使腐败分子受到极大震慑的心理写照。

舆论监督是反腐败的锐利武器。中央苏区时期，《红色中华》《红星报》《青年实话》等报刊开辟专栏，经常性地发表相关报道和文章，指名道姓地公开揭露和谴责以权谋私、贪污浪费、官僚主义等腐败现象，并有力地抨击了战场上“因政治觉悟不够”②而逃跑的分子、优待红军家属敷衍塞责分子，以及自私自利、多吃多占等不廉洁分子。舆论监督在当时的反腐败斗争和巩固红色政权、发展革命战争中发挥了极其重要的作用。

中华人民共和国成立后，党和政府秉持和发扬中央苏区民主政治的优良传统，积极倡导和运用舆论监督的方式来促进反腐败斗争和廉政建设的开展。1950 年 4 月 19 日，中共中央决定在报纸刊物上展开批评与自我批评，要求“吸引人民群众在报纸刊物上公开地批评

---

① 闫兆平：《关于加强舆论监督的思考》，《政府法制》2008 年第 19 期。

② 中央执行委员会命令：《关于红军中逃跑份子问题》，《红色中华》第 136 期，第 1 版，1933 年 12 月 20 日。

我们工作中的缺点和错误，并教育党员，特别是党的干部在报纸刊物上作关于这些缺点和错误的自我批评”①。这一决定颁布后，全国各地的报刊迅速掀起了舆论监督的高潮。《人民日报》率先响应中共中央号召，先后发表《开展批评与自我批评》《坚决反对命令主义》《克服以功臣自居的骄傲自满情绪》《加强党的组织性》《动员全党同坏人坏事作斗争》等多篇社论、述评，理论联系实际深入阐述和贯彻中共中央“决定”精神。“从地方报纸看，《山西日报》1950 年 5 月共发批评稿件 81 篇，其中头条 12 篇，有 6 篇配发了社论或短评，31 篇加了编者按语。《黑龙江日报》1950 年 6 月发表批评稿件 177 篇，占来稿总数的 13%强。……《东北日报》从 1950 年 4 月到 1954 年 8 月终刊的四年多中，共发表批评稿件 3 800 多篇，平均每天见报有 2 篇以上。山东《大众日报》从 1950 年下半年起至 1953 年止的三年中，在报纸上公开进行的比较重要的批评和自我批评就有 40 多起。”②进入 20 世纪 80 年代后，随着改革开放的不断深入发展，舆论监督无论是在内容、形式还是在作用发挥等方面，都取得了显著的进步和成就，但同时也存在舆论监督法律保障不充分、不完备，舆论监督需加强规范等不可忽视的问题。

我国目前没有舆论监督的专门法，舆论监督权只是宪法中由公民权利所衍生的权利。我国现行《宪法》第三十五条规定，公民享有言论、出版自由。第四十一条规定，公民对于任何国家机关和国家工作人员，有提出批评和建议的权利；对于任何国家机关和国家工作人员的违法失职行为，有向有关国家机关提出申诉、控告或者检举的权利。这些规定引申到监督活动中即为“舆论监督权”。这种模糊的权利在法律

---

① 《中共中央关于在报纸上展开批评与自我批评的决定》，中国社会科学院新闻研究所编：《中国共产党新闻工作文件汇编》中卷，新华出版社 1980 年版，第 5 页。

② 方汉奇主编：《中国新闻事业通史》第 3 卷，中国人民大学出版社 1999 年版，第 62—63 页。

形式上既没有舆论监督主体、客体以及各自权利和义务的界定，也没有其相关地位、作用和权利的保障规定。因此，当群众提供涉腐线索，媒体记者据此采访时，一般都会遭被采访者拒绝、抵制和刁难。而当记者冒风险明察暗访，并予以公开曝光后，有时会遭受曝光对象的恶意诉讼，记者可能因侵犯了所谓的“隐私权”“名誉权”而官司缠身，甚至败诉受罚，因而严重挫伤记者以及群众参与舆论监督和反腐败的积极性。

再者，由于新闻媒体是在党政机关的领导和支持下开展舆论监督工作，在此过程中，新闻媒体有时难以避免权力的干预和制约。有的领导干部由于对舆论监督的积极作用缺乏正确的认识，认为舆论监督是“揭短”、是“露丑”，便以影响社会稳定和经济发展的借口，极力干扰阻止相关报道和文章的发表。有的地方保护主义思想作祟，以“抹黑”地方形象为由，对记者舆论监督的采访横加阻挠、粗暴干涉。更有甚者，他们利用盘根错节、千丝万缕形成的各种关系网，官官相护，层层包庇，或说情“成风”，或严“捂盖子”，极力阻挠涉及滥用职权、违法违纪现象的深入采访和公开曝光，致使舆论监督有时处于尴尬无助的困境。

20 世纪 90 年代后，随着信息技术的发展进步，互联网迅速普及到社会生活的各个领域。一方面，网络的开放性、包容性和低成本性，不仅吸引和提高了广大民众政治参与的热情，而且拓宽了人民政治参与的渠道。其间，利用网络开展舆论监督和反腐败斗争日益成为广大人民群众的自发行为和重要方式。与报刊、广播、电视等传统媒体相比，网络为普通群众直接行使舆论监督权利提供了开放的平台，能原生态地传播群众的意见和呼声。相比较而言，传统的舆论监督，大多是以记者的采访报道或社会名流的分析评论作为群众的代言和中介，并且需要经过编辑加工，领导逐级审查批准才能公之于众。由于各种因素的制约，传统媒体有时不能真实反映公众的舆论。而在网络上发帖、跟帖不仅没有加工、筛选、审查、批准等环节的修饰和限制，而且可匿名、网名发表，充分通畅地表达自己的观点和主张；

同时还可实行网民间的互动、交流、热议,反响强烈时常常凝聚成强大的民意力量并取得反腐败的显著成效。从“下跪的副市长”李信①、“表哥”杨达才②、“房叔”蔡彬③,到“天价烟”的周久耕④、公费“按摩”的韦俊图⑤,以及被“秒杀”的雷政富等⑥,这些身居高位的腐败分子都是先在网络上被“曝光”、经网民热议并引起纪检监察部门介入,最后被查处落马的。

作为新时期舆论监督体系的重要组成部分,数字化环境下的网络舆论监督虽然发挥了传统媒体无法替代的重要作用,但同时也存在网民素质参差不齐、网络传播信息失真、意见对错在网上根本无法认定等问题;网民如言辞偏激或歪曲事实,往往对他人名誉权造成侵害,甚至引起社会的不稳定。“互联网不是法外之地。”⑦在必须依法对利用网络造谣诽谤、恶意中伤等侵权和危害社会的行为予以坚决打击的同时,还应立法引导、规范舆论监督行为,健全舆论监督的违法追究制度。

另一方面,由于我国目前还没有可供网络舆论监督适用的专门法律,致使网民的舆论监督权利有时得不到维护和保障,网络舆论监督的作用难以正常发挥。河南省灵宝市青年王帅,因在互联网上曝光家乡违规征地,结果遭当地政府跨省追捕、被囚 8 天的事件⑧,就是群众舆论监督的“曝光”权遭到侵害、践踏的典型事例。为了有利于

---

① 《山东济宁涉贪副市长下跪求饶》,新浪网,2004 年 7 月 27 日。
② 《陕西“表哥”杨达才案一审宣判获刑 14 年》,中国新闻网,2013 年 9 月 5 日。
③ 《广州“房叔”一审获刑 11 年半》,新浪网,2013 年 9 月 13 日。
④ 《“天价烟”局长周久耕获刑 11 年》,腾讯新闻,2009 年 10 月 11 日。
⑤ 《审计署通报东阳市审计局长“公款按摩”违纪事件》,人民网,2009 年 2 月 19 日。
⑥ 《重庆雷政富事件:违纪公职人员被免职》,人民网,2013 年 1 月 25 日。
⑦ 《习近平谈治国理政》第 2 卷,外文出版社 2017 年版,第 336 页。
⑧ 《一篇帖子换来被拘 8 日——青年举报家乡非法征地遭遇跨省追捕》,《中国青年报》2009 年 4 月 8 日。

保障舆论监督反腐败的“曝光”权，我国需制定舆论监督的专门法律，通过立法明确赋予人民群众和各种媒体依法行使舆论监督的权利，并用法律的形式对舆论监督的对象、内容、程序以及相关权利、义务等作出明确具体的规定。立法还应宽松舆论监督环境，科学界定言论自由，以及舆论监督与隐私权、名誉权的界限，“法律应该严格规定新闻侵权的构成要件”①，“只要批评报道的事实基本属实，就应当认定不构成新闻侵权”②。不允许将个别细节有误，或个别字句、词汇使用不当视为对名誉权的侵害。与此同时，还应立法明确对“曝光”腐败现象的舆论监督者进行打击报复的人，依情节轻重予以相应的法律惩处的具体规定，切实保护舆论监督者及其家属的人身安全、财产安全。以此为前提，才能有效发挥舆论监督反腐败的作用，才能使一切腐败分子如“过街老鼠，人人喊打”，从而产生威慑和遏制腐败的实效，并有力推动政治清廉、经济繁荣、社会和谐、民族复兴的“中国梦”早日实现。

---

① 李晓明、徐国聪：《论舆论监督在控制腐败机制中的价值与功用——兼论我国舆论监督的法治完善》，《法学杂志》2009 年第 2 期。

② 闫兆平：《关于加强舆论监督的思考》，《政府法制》2008 年第 19 期。

主要参考文献

一、经典著作

1.《马克思恩格斯选集》第 3 卷,人民出版社 1995 年版。
2.《列宁全集》第 2 卷,人民出版社 1984 年版。
3.《列宁全集》第 6 卷,人民出版社 1986 年版。
4.《列宁全集》第 11 卷,人民出版社 1987 年版。
5.《列宁全集》第 12 卷,人民出版社 1987 年版。
6.《列宁全集》第 26 卷,人民出版社 1988 年版。
7.《列宁全集》第 29 卷,人民出版社 1985 年版。
8.《列宁全集》第 30 卷,人民出版社 1985 年版。
9.《列宁全集》第 31 卷,人民出版社 1985 年版。
10.《列宁全集》第 33 卷,人民出版社 1985 年版。
11.《列宁全集》第 34 卷,人民出版社 1985 年版。
12.《列宁全集》第 35 卷,人民出版社 1985 年版。
13.《列宁全集》第 38 卷,人民出版社 1986 年版。
14.《列宁全集》第 41 卷,人民出版社 1986 年版。
15.《列宁全集》第 42 卷,人民出版社 1987 年版。
16.《列宁全集》第 43 卷,人民出版社 1987 年版。
17.《列宁全集》第 52 卷,人民出版社 1988 年版。
18.《毛泽东选集》第 1 卷,人民出版社 1991 年版。
19.《毛泽东文集》第 1 卷,人民出版社 1993 年版。
20.《毛泽东早期文稿》,湖南人民出版社 2013 年版。
21.《邓小平文选(一九三八——一九六五年)》,人民出版社 1989 年版。
22.《邓小平文选(一九七五——一九八二年)》,人民出版社 1983 年版。

23.《邓小平文选》第 3 卷,人民出版社 1993 年版。

24.《习近平谈治国理政》第 1 卷,外文出版社 2014 年版。

25.《习近平谈治国理政》第 2 卷,外文出版社 2017 年版。

26.《习近平关于党风廉政建设和反腐败斗争论述摘编》,中央文献出版社、中国方正出版社 2015 年版。

27. 习近平:《决胜全面建成小康社会 夺取新时代中国特色社会主义伟大胜利——在中国共产党第十九次全国代表大会上的报告》,人民出版社 2017 年版。

二、基本资料

1.《红色中华》,人民出版社 1982 年影印本。

2.《斗争》,人民出版社 1982 年影印本。

3. 中共中央文献研究室、中央档案馆编:《建党以来重要文献选编(一九二一——一九四九)》第 1—11 册,中央文献出版社 2011 年版。

4. 江西省档案馆、中共江西省委党校党史教研室选编:《中央革命根据地史料选编》,江西人民出版社 1982 年版。

5. 厦门大学法律系、福建省档案馆选编:《中华苏维埃共和国法律文件选编》,江西人民出版社 1984 年版。

6.《红藏(进步期刊总汇 1915—1949)·〈青年实话〉》,湘潭大学出版社 2014 年版。

7.《红藏(进步期刊总汇 1915—1949)·〈红星〉》,湘潭大学出版社 2014 年版。

8.《苏区工人》,工人出版社 1959 年影印本。

9.《苏维埃中国》,中国现代史资料编辑委员会翻印,1957 年版。

10. 中共江西省委党史研究室等编:《中央革命根据地历史资料文库·党的系统》,中央文献出版社、江西人民出版社 2011 年版。

11. 中共江西省委党史研究室等编:《中央革命根据地历史资料文库·政权系统》,中央文献出版社、江西人民出版社 2013 年版。

12. 中共江西省委党史研究室等编:《中央革命根据地历史资料文库·军事系统》,中央文献出版社、江西人民出版社 2015 年版。

13. 中央档案馆、江西省档案馆编:《江西革命历史文件汇集》(一九三一年),馆存本,1988 年。
14. 中央档案馆、江西省档案馆编:《江西革命历史文件汇集》(一九三二年·一),馆存本,1992 年。
15. 中央档案馆、江西省档案馆编:《江西革命历史文件汇集》(一九三二年·二),馆存本,1992 年。
16. 中央档案馆、江西省档案馆编:《江西革命历史文件汇集》(一九三三年——一九三四年及补遗部分),馆存本,1992 年。
17. 中央档案馆、福建省档案馆编:《福建革命历史文件汇集》(省委文件,一九三一年——一九三四年),馆存本,1984 年。
18. 中央档案馆、福建省档案馆编:《福建革命历史文件汇集》(苏维埃政府文件,一九三一年——一九三三年),馆存本,1985 年。
19. 中央档案馆、福建省档案馆编:《福建革命历史文件汇集》(群团文件,一九二八年——一九三四年),馆存本,1985 年。
20. 韩延龙、常兆儒编:《中国新民主主义革命时期根据地法制文献选编》第 1—2 卷,中国社会科学出版社 1981 年版。
21.《江西民国日报》,江西省图书馆藏本。
22.《十三经注疏》,中华书局 1980 年影印本。
23.《诸子集成》,上海书店出版社 1986 年影印本。
24. (唐) 吴兢编著:《贞观政要》,上海古籍出版社 1978 年版。
25. 罗新璋编译:《巴黎公社公告集》,上海人民出版社 1978 年版。
26. [苏] 莫洛克编,何清新译:《巴黎公社会议记录》第 2 卷,商务印书馆 1963 年版。
27. [俄] 娜·康·克鲁普斯卡娅著,哲夫译:《列宁回忆录》,人民出版社 1960 年版。
28. 李大钊:《李大钊文集》(上),人民出版社 1984 年版。
29. 张闻天选集编辑组编:《张闻天文集》第 1 卷,中共党史出版社 1990 年版。
30. 陈毅、肖华等:《回忆中央苏区》,江西人民出版社 1981 年版。
31. 张鼎丞:《中国共产党创建闽西革命根据地》,人民出版社 1982 年版。

32. 肖华:《艰苦岁月》,上海文艺出版社 1983 年版。
33. 河北省社会科学院历史研究所、河北省档案馆等编:《晋察冀抗日根据地史料选编》,河北人民出版社 1983 年版。
34. 江西省文化厅革命文化史料征集工作委员会、福建省文化厅革命文化史料征集工作委员会编:《中央苏区革命文化史料汇编》,江西人民出版社 1994 年版。
35. 中央人民政府法制委员会编:《中央人民政府法令汇编》(1953 年),法律出版社 1982 年版。
36. 中国社会科学院新闻研究所编:《中国共产党新闻工作文件汇编》中卷,新华出版社 1980 年版。
37. 中共中央文献研究室编:《十八大以来重要文献选编》(上),中央文献出版社 2014 年版。
38. 中共中央文献研究室编:《十八大以来重要文献选编》(中),中央文献出版社 2016 年版。
39. 中共中央党史和文献研究院编:《十八大以来重要文献选编》(下),中央文献出版社 2018 年版。

三、专著

1. 余伯流、何友良主编:《中国苏区史》,江西人民出版社 2011 年版。
2. 孔永松、林天乙、戴金生编著:《中央革命根据地史要》,江西人民出版社 1985 年版。
3. 马齐彬、黄少群、刘文军:《中央革命根据地史》,人民出版社 1986 年版。
4. 戴向青、余伯流、夏道汉、陈衍森:《中央革命根据地史稿》,上海人民出版社 1986 年版。
5. 蒋伯英:《邓子恢传》,上海人民出版社 1986 年版,
6. 蒋伯英主编:《福建革命史》,福建人民出版社 1991 年版。
7. 温锐、谢建社:《中央苏区土地革命研究》,南开大学出版社 1991 年版。
8. 陈荣华、何友良:《中央苏区史略》,上海社会科学院出版社 1992 年版。
9. 许毅主编:《中央革命根据地财政经济史长编》,人民出版社 1982 年版。

10. 马洪武主编:《中国革命根据地史研究》,南京大学出版社 1992 年版。
11. 卓帆:《中华苏维埃法制史》,江西高校出版社 1992 年版。
12. 蒋伯英:《走出困境的毛泽东——土地革命战争的历史报告》,福建人民出版社 1995 年版。
13. 何友良:《中国苏维埃区域社会变动史》,当代中国出版社 1996 年版。
14. 苏多寿、刘勉玉主编:《曾山传》,江西人民出版社 1999 年版。
15. 舒龙、凌步机主编:《中华苏维埃共和国史》,江苏人民出版社 1999 年版。
16. 黄士良、周智伟、张云主编:《一场奇特的战争: 红军反“围剿”战争史实》,黄河出版社 1999 年版。
17. 杨小冬、罗长祥、陈世奎:《中央苏区党的建设史》,厦门大学出版社 1999 年版。
18. 蒋伯英、郭若平:《中央苏区政权建设史》,厦门大学出版社 1999 年版。
19. 张侃、徐长春:《中央苏区财政经济史》,厦门大学出版社 1999 年版。
20. 李小平:《中央苏区土地改革史》,厦门大学出版社 1999 年版。
21. 曹敏华、高绵、欧阳小松:《中央苏区军事史》,厦门大学出版社 1999 年版。
22. 王予霞、汤家庆、蔡佳伍:《中央苏区文化教育史》,厦门大学出版社 1999 年版。
23. 廖正本、余伯流:《中央苏区简史》,江西高校出版社 1999 年版。
24. 袁征主编:《中央苏区思想政治工作研究》,江西高校出版社 1999 年版。
25. 曾维才主编:《中央苏区审判工作研究》,江西高校出版社 1999 年版。
26. 蒋如铭主编:《治吏史鉴》,江西人民出版社 1999 年版。
27. 黄修荣、刘宋斌主编:《中国共产党廉政反腐史记》,中国方正出版社 1997 年版。
28. 王关兴、陈挥:《中国共产党反腐倡廉史》,上海人民出版社 2001 年版。
29. 窦效民、王良启主编:《中国共产党反腐倡廉历程》,郑州大学出版社 2006 年版。
30. 余伯流、凌步机:《中央苏区史》,江西人民出版社 2001 年版。
31. 刘勉玉主编:《土地革命战争史》,江西教育出版社 2001 年版。
32. 余伯流、凌步机:《中国共产党苏区执政的历史经验》,中共党史出版社 2010

年版。

33. 黄道炫:《张力与限界:中央苏区的革命(1933—1934)》,社会科学文献出版社 2011 年版。
34. 何友良:《苏区制度、社会和民众研究》,社会科学文献出版社 2012 年版。
35. 林海主编:《中央苏区检察史》,中国检察出版社 2001 年版。
36. 张启安编著:《共和国的摇篮——中华苏维埃共和国》,陕西人民出版社 2003 年版。
37. 苏多寿编著:《江西苏区党的建设和政权建设》,江西人民出版社 2006 年版。
38. 刘勉钰:《江西党史与党史人物研究论集》,江西人民出版社 2006 年版。
39. 段瑞华、杨雪骋、何玉长:《苏区思想发展历程》,江西高校出版社 1990 年版。
40. 方汉奇主编:《中国新闻事业通史》第 3 卷,中国人民大学出版社 1999 年版。
41. 李国强:《中央苏区教育史》(修订本),江西教育出版社 2001 年版。
42. 谢一彪:《中国苏维埃宪政研究》,中央文献出版社 2002 年版。
43. 黄琨:《从暴动到乡村割据(1927—1929)——中国共产党革命根据地是怎样建立起来的》,上海社会科学院出版社 2006 年版。
44. 吴晓敏、潘泽林、吴方宁:《江西苏区民主政治建设研究》,江西人民出版社 2006 年版。
45. 罗惠兰:《江西苏区若干历史问题研究》,中共党史出版社 2007 年版。
46. 张玲:《变奏——共产国际对中国革命的影响(1926—1935)》,上海交通大学出版社 2007 年版。
47. 沈谦芳主编:《1927—1937 中共中央机关在江西》,江西人民出版社 2008 年版。
48. 黄国华、陈廷湘:《苏维埃时期中国共产党执政经验研究》,四川人民出版社 2009 年版。
49. 朱钦胜:《中央苏区反腐倡廉史》,中国社会科学出版社 2009 年版。
50. 曾耀荣编著:《永恒的光辉:苏区精神研究》,中国社会科学出版社 2009

年版。

51. 严帆:《中央苏区新闻出版印刷发行史》,中国社会科学出版社 2009 年版。
52. 张玉龙、何友良:《中央苏区政权形态与苏区社会变迁》,中国社会科学出版社 2009 年版。
53. 凌步机:《中央苏区军事史》,中国社会科学出版社 2009 年版。
54. 钟俊昆:《中央苏区文艺研究:以歌谣和戏剧为重点的考察》,中国社会科学出版社 2009 年版。
55. 张雪英:《中央苏区妇女运动史》,中国社会科学出版社 2009 年版。
56. 何朝银:《革命与血缘、地缘:由纠葛到消解(以江西石城为个案)》,中国社会科学出版社 2009 年版。
57. 钟日兴:《红旗下的乡村:中央苏区政权建设与乡村社会动员》,中国社会科学出版社 2009 年版。
58. 舒龙、谢一彪:《中央苏区贸易史》,中国社会科学出版社 2009 年版。
59. 傅克诚、李本刚、杨木生:《中央苏区廉政建设》,中央文献出版社 2009 年版。
60. 廖明耕、凌步机:《中央苏区党的建设》,中央文献出版社 2009 年版。
61. 蒋伯英、郭若平:《中央苏区政权建设》,中央文献出版社 2009 年版。
62. 余伯流:《中央苏区经济建设》,中央文献出版社 2009 年版。
63. 彭光华、杨木生、宁群:《中央苏区法制建设》,中央文献出版社 2009 年版。
64. 徐占权、徐婧:《中央苏区军队建设》,中央文献出版社 2009 年版。
65. 刘云、吴水弟、朱家柏、陈上海、严帆:《中央苏区宣传文化建设》,中央文献出版社 2009 年版。
66. 凌步机:《中华苏维埃共和国简史》,中央文献出版社 2009 年版。
67. 张孝忠、阳振乐、胡日旺编著:《中央苏区人物谱》,中央文献出版社 2009 年版。
68. 万振凡等:《苏区革命与农村社会变迁》,中国社会科学出版社 2010 年版。
69. 林海主编:《人民检察制度在中央苏区的初创和发展》,中国检察出版社 2011 年版。
70. 何友良等:《苏区研究论文精粹》,中国社会科学出版社 2012 年版。

71. 肖甡:《中共早期历史探究》,上海人民出版社 2013 年版。
72. 黄惠运:《中央苏区社会保障研究》,社会科学文献出版社 2013 年版。
73. 王明前:《红旗卷起农奴戟——中国苏维埃土地革命研究》,中国社会科学出版社 2014 年版。
74. 钟日兴:《乡村社会中的革命动员:以中央苏区为例》,中国社会科学出版社 2015 年版。
75. 何友良:《打土豪,分田地——十年内战时期的土地革命》,河北人民出版社 2015 年版。
76. 胡松、杜奋根、朱小理:《论群众监督与廉政建设》,华龄出版社 2005 年版。
77. 胡松、朱小理:《论毛泽东"让人民来监督政府"思想》,群众出版社 2009 年版。
78. 邬思源:《20 世纪 50 年代人民监察通讯员制度及其实践》,上海人民出版社 2015 年版。
79. 王沪宁:《反腐败——中国的实验》,三环出版社 1990 年版。
80. 王沪宁编:《腐败与反腐败——当代国外腐败问题研究》,上海人民出版社 1990 年版。
81. 李建华、周小毛:《腐败论》,中南工业大学出版社 1997 年版。
82. 胡鞍钢主编:《中国:挑战腐败》,浙江人民出版社 2001 年版。
83. 何增科:《反腐新路:转型期中国腐败问题研究》,中央编译出版社 2002 年版。
84. 任建明、杜治洲:《腐败与反腐败:理论、模型和方法》,清华大学出版社 2009 年版。
85. 李辉:《当代中国反腐败制度研究》,上海人民出版社 2013 年版。
86. 贾利亚:《反腐败社会参与机制构建》,中国方正出版社 2016 年版。

四、译著

1. [美] R. 麦克法夸尔、费正清编,谢亮生、杨品泉、黄沫、张书生、马晓光、胡志宏、思炜译:《剑桥中华人民共和国史(1949—1965)》,中国社会科学出版社 1990 年版。
2. [美] 莫里斯·迈斯纳著,杜蒲、李玉玲译:《毛泽东的中国及后毛泽东的中国：人民共和国史》(第 2 版)，四川人民出版社 1992 年版。

3. [美] 詹姆斯 · R. 汤森、[美] 布兰特利 · 沃马克著，顾速、董方译：《中国政治》，江苏人民出版社 2003 年版。
4. [美] 费正清著，刘尊棋译：《伟大的中国革命(1800—1985 年)》，世界知识出版社 2000 年版。
5. [美] 列文森著，郑大华、任菁译：《儒教中国及其现代命运》，中国社会科学出版社 2000 年版。

五、论文

1. 熊长耕：《中央苏区的廉政建设》，《中共党史研究》1989 年第 6 期。
2. 袁征：《试论中央苏区的反腐败斗争》，《赣南师范学院学报》1990 年第 1 期。
3. 岳文钊：《略述中央革命根据地的监察机构及反腐败斗争》，《中共党史研究》1992 年第 2 期。
4. 万振凡：《论全国苏维埃运动中心区域在江西形成的客观必然性》，《江西大学学报(社会科学版)》1992 年第 3 期。
5. 刘勉玉、万振凡：《毛泽东在江西反对“左”倾错误的斗争》，《江西社会科学》1993 年第 11 期。
6. 唐敦教、蒋吉平：《试论毛泽东对我党反腐倡廉的杰出贡献》，《天府新论》1994 年第 1 期。
7. 冯都：《略述苏区的廉政建设》，《四川党史》1994 年第 3 期。
8. 胡鞍钢、康晓光：《以制度创新根治腐败》，《改革与理论》1994 年第 3 期。
9. 马于强：《试论中央苏区的反腐败斗争》，《井冈山师范学院学报》1995 年第 2 期。
10. 万振凡：《近代江西社会的嬗变与苏维埃运动的兴起》，《江西社会科学》1996 年第 2 期。
11. 徐维俭：《我党历史上四次大规模的反腐倡廉斗争》，《四川监察》1998 年第 10 期。
12. 李雪勤：《反腐败斗争几个问题的思考》，《内部文稿》1998 年第 13 期。

13. 金波:《官僚主义若干问题的政治学考察》,《国际关系学院学报》1998 年第 3 期。
14. 窦效民:《中华苏维埃时期的反腐败斗争》,《河北师范大学学报(社会科学版)》1999 年第 1 期。
15. 李孟卿:《毛泽东与中央苏区的廉政思想建设》,《平原大学学报》1999 年第 3 期。
16. 王玉福:《试论中央苏区民主政治建设的基本经验》,《理论探讨》2000 年第 1 期。
17. 曹春荣:《中央苏区的反腐倡廉斗争》,《党史文汇》2000 年第 4 期。
18. 高学军:《中央苏区的廉政建设运动》,《党史研究与教学》2001 年第 4 期。
19. 杨木生:《苏区司法制度探析》,《江西公安专科学校学报》2001 年第 2 期。
20. 谢建社:《中央苏区反腐倡廉的成功经验与深刻启迪》,《江西师范大学学报(哲学社会科学版)》2002 年第 4 期。
21. 谢庐明:《论中华苏维埃共和国检察机构的设置及其职能》,《赣南师范学院学报》2002 年第 1 期。
22. 王员、郭秋光:《论江西苏区的反“左”斗争及贡献》,《江西社会科学》2002 年第 1 期。
23. 刘信波:《论苏区监察制度的历史作用》,《赣南师范学院学报》2002 年第 2 期。
24. 于爱华:《中央苏区反腐败制度的建立及意义》,《西南交通大学学报(社会科学版)》2003 年第 1 期。
25. 朱钦胜:《中央苏区审计制度述评》,《赣南师范学院学报》2003 年第 4 期。
26. 徐云斋:《毛泽东与党内的反腐倡廉》,《政协天地》2003 年第 9 期。
27. 李忠:《论毛泽东井冈山、中央苏区反腐倡廉的成功经验》,《井冈山师范学院学报》2004 年第 3 期。
28. 张华、王能昌:《论我国社会转型中的群众监督》,《求实》2004 年第 1 期。
29. 王能昌、叶东:《毛泽东人民监督思想与我国政治社团监督》,《南京政治学院学报》2005 年第 5 期。
30. 凌步机:《中央苏区的反腐倡廉工作》,《中国井冈山干部学院学报》2005 年第 2 期。
31. 朱钦胜、黄小平:《中央苏区审计实践及其成效分析》,《赣南师范学院学报》2005 年第 1 期。
32. 朱钦胜:《论中央苏区审计制度建设》,《江西社会科学》2005 年第 6 期。
33. 俞可平:《中国公民社会: 概念、分类与制度环境》,《中国社会科学》2006 年第 1 期。
34. 陈松友:《土地革命时期中央苏区反腐败的历史经验及启示》,《理论探讨》2005 年第 1 期。
35. 马于强:《试论中央苏区反腐倡廉的措施及其经验》,《井冈山学院学报(哲学社会科学)》2006 第 1 期。
36. 王员、郭秋光:《党在中央苏区农村工作的基本经验》,《农业考古》2006 年第 3 期。
37. 刘辉、吴蓓、陈松友:《中央苏区时期中国共产党反腐败斗争的历史经验及启示》,《江西社会科学》2006 年第 3 期。
38. 吴九华、胡松:《发动群众监督政府——中央苏区廉政建设的重要举措》,《前沿》2006 年第 4 期。
39. 姚秋霞:《苏区精神对新时期党的廉政建设的现实意义》,《党史文苑》2006 年第 2 期。
40. 双传学:《中华苏维埃时期的反腐倡廉教育思想与实践》,《南京财经大学学报》2007 年第 2 期。
41. 凌群、刘丽丽:《毛泽东在中央苏区的廉政建设及其廉政建设思想的初步形成》,《党史文苑》2007 年第 8 期。
42. 袁礼华:《论中央苏区反腐败斗争的群众运动》,《南昌大学学报(人文社会科学版)》2007 年第 6 期。
43. 张美琴:《论中央苏区的廉政举措及其当代价值》,《中共南昌市委党校学报》2008 年第 2 期。
44. 赖宏、温智伟:《中央苏区廉政建设对当前反腐倡廉建设的启示》,《党史文苑》2008 年第 2 期。
45. 周道鸾:《中央苏区谢步升案、熊仙璧案——中央苏区时期重大案例》,《中国审判》2008 年第 11 期。

46. 陈克鑫、朱习文:《论中央苏区的党风廉政建设》,《湖湘论坛》2008 年第 2 期。

47. 袁礼华:《论中央苏区乡村的选举运动》,《农业考古》2008 年第 3 期。

48. 张美琴:《中央苏区惩治和预防腐败体系建设的经验及其启示》,《赣南师范学院学报》2008 年第 4 期。

49. 朱钦胜:《论中央苏区党内监督的历史经验及启示》,《中共福建省委党校学报》2008 年第 5 期。

50. 闫兆平:《关于加强舆论监督的思考》,《政府法制》2008 年第 19 期。

51. 王国娥:《论井冈山斗争时期廉政建设实践、经验和作用》,《党史文苑》2008 年第 24 期。

52. 何立波:《中央苏区的反腐败斗争》,《检察风云》2008 年第 9 期。

53. 曹冬梅、陈松友:《中华苏维埃共和国反腐败斗争的历史经验及启示》,《前沿》2008 年第 7 期。

54. 龚大明、杨圣:《略论中央苏区的反腐倡廉建设》,《贵州师范大学学报(社会科学版)》2009 年第 6 期。

55. 纪亚光:《群众监督的制度化尝试——20 世纪 50 年代人民监察通讯员制度探析》,《理论学刊》2009 年第 10 期。

56. 李红辉、胡飞:《毛泽东与中央苏区的廉政建设新论》,《毛泽东思想研究》2010 年第 4 期。

57. 孙伟:《中央苏区时期反腐败斗争中的群众监督》,《中国井冈山干部学院学报》2010 年第 6 期。

58. 李兴建:《论井冈山、中央苏区时期我党以民主监督推动反腐倡廉建设的基本经验》,《井冈山大学学报(社会科学版)》2010 年第 2 期。

59. 彭积冬:《毛泽东与中央苏区廉政建设述论》,《中国井冈山干部学院学报》2010 年第 3 期。

60. 吴赘、吴良成、傅媛媛:《加强道德建设 健全监督网络——中央苏区廉政建设的历史考察》,《党史文苑》2010 年第 10 期。

61. 张颢:《论井冈山、中央苏区时期反腐倡廉机制建设及其当代意义》,《党史文苑》2010 年第 22 期。

62. 陈信凌:《论〈红色中华〉报的舆论监督取向》,《赣南师范学院学报》2011 年第 1 期。

63. 王卫明、楼宁:《江西苏区团报〈青年实话〉的改进与革新》,《赣南师范学院学报》2011 年第 1 期。

64. 朱钦胜、曾耀荣:《中央苏区审计制度述论》,《中共福建省委党校学报》2011 年第 2 期。

65. 袁礼华:《略论中央苏区反腐败斗争中的群众团体》,《南昌大学学报(人文社会科学版)》2011 年第 2 期。

66. 孙伟:《论中央苏区反腐败斗争的财政监督》,《中共南昌市委党校学报》2011 年第 2 期。

67. 袁礼华:《论中央苏区党领导群众运动反腐败的基本经验》,《甘肃社会科学》2011 年第 2 期。

68. 孙云、潘锦全:《中华苏维埃时期媒体对干部腐败现象的舆论监督——以〈红色中华〉为论述中心》,《深圳大学学报(人文社会科学版)》2011 年第 2 期。

69. 饶勇:《中央苏区时期的"读报用报"运动刍议》,《中国出版》2011 年第 3 期。

70. 孙伟:《中央苏区时期的舆论监督及其机制: 以〈红色中华〉为中心》,《江西师范大学学报(哲学社会科学版)》2011 年第 3 期。

71. 蒲晓光:《中央苏区反腐倡廉: 特征、经验、启示》,《天水行政学院学报(哲学社会科学版)》2011 年第 5 期。

72. 王连花:《动员与反动员: 中央苏区"扩红"运动》,《湖北行政学院学报》2011 年第 3 期。

73. 徐国栋:《中央苏区时期的廉政制度研究》,《学理论》2011 年第 8 期。

74. 汪毓华:《中央苏区党风廉政建设的基本经验研究》,《党史文苑》2011 年第 18 期。

75. 曾兴华:《从预防腐败视角看 1934 年苏区"于都事件"》,《传承》2011 年第 11 期。

76. 万振凡、李雪:《苏区中央局机关报——〈斗争〉初探》,《江西师范大学学报(哲学社会科学版)》2012 年第 4 期。
77. 万振凡:《〈红色中华〉与苏区社会》,《江西师范大学学报(哲学社会科学版)》2012 年第 6 期。
78. 刘爱生:《论中央苏区的群众监督》,《上海党史与党建》2012 年第 1 期。
79. 田猛:《官僚主义的涵义、形态和马克思的认知》,《西安交通大学学报(社会科学版)》2012 年第 3 期。
80. 万强:《中央苏区时期中共廉政建设的历史考察》,《党史文苑》2012 年第 14 期。
81. 孙伟:《试析项英与中央苏区时期的廉政建设》,《湖北行政学院学报》2012 年第 2 期。
82. 方燕:《试论中央苏区时期反腐败斗争中的群众监督》,《长春教育学院学报》2012 年第 2 期。
83. 钟利民、方南火:《中央苏区反腐廉政建设的经验及其当代价值》,《中央社会主义学院学报》2012 年第 3 期。
84. 黄兴华:《乡村无法承受之重——试析 30 年代中央苏区查田运动中的"左"倾偏向》,《周口师范学院学报》2012 年第 6 期。
85. 刘青环:《中央苏区统一财政斗争述略》,《党史文苑》2012 年第 12 期。
86. 张吉雄:《论中央苏区反腐防腐实践的廉政文化价值与启示》,《思想理论教育导刊》2012 年第 11 期。
87. 孙启正:《设计与实践的偏离:苏区时期党内民主制度建设探析——以中央苏区为考察对象》,《赣南师范学院学报》2012 年第 1 期。
88. 石仲泉:《毛泽东在中央苏区的廉政为民思想》,《党的文献》2013 年第 4 期。
89. 孙伟:《中央苏区时期反腐败斗争的法律监督》,《江西师范大学学报(哲学社会科学版)》2013 年第 4 期。
90. 朱钦胜、曾耀荣:《中央苏区群众监督及对高校廉政建设的启示》,《赣南师范学院学报》2013 年第 5 期。
91. 曹春荣:《毛泽东在中央苏区的反腐倡廉思想》,《上海党史与党建》2013 第

2 期。
92. 陈信凌、谭琪红、金妍：《项英与〈红色中华〉报论略》，《南昌大学学报（人文社会科学版）》2013 年第 5 期。
93. 郭金雨：《中央苏区时期反腐倡廉建设的历史考察》，《中共云南省委党校学报》2013 年第 6 期。
94. 孙媛凤：《中央苏区廉政建设实践对新时期反腐倡廉工作的启示》，《理论导报》2013 年第 6 期。
95. 曹志瑜：《中央苏区人民检察制度探微》，《兰台世界》2013 年第 25 期。
96. 邱小云、贺新春：《苏区精神与新时期反腐倡廉建设》，《赣南师范学院学报》2013 年第 1 期。
97. 鄢群芳：《中央苏区时期中国共产党的廉政建设及其启示》，《改革与开放》2013 年第 17 期。
98. 石仲泉：《毛泽东的廉政思想和中央苏区的廉政建设》，《中国延安干部学院学报》2013 年第 4 期。
99. 谭英英、郭代习、曾繁坤：《中央苏区廉政文化建设中舆论宣传的经验及启示》，《党史文苑》2013 年第 12 期。
100. 欧阳媛、沈桥林：《论中央苏区反腐倡廉的基本经验》，《安徽师范大学学报（人文社会科学版）》2014 年第 2 期。
101. 张福明：《中央苏区反腐倡廉建设启示》，《福建党史月刊》2014 年第 1 期。
102. 缪平均：《中共首部“反贪污浪费”法令》，《党史纵横》2014 年第 3 期。
103. 赖明谷：《中央苏区反腐倡廉工作特征及其启示》，《兰台世界》2015 年第 4 期。
104. 田延光：《〈红色中华〉与中共早期廉政建设》，《南昌大学学报（人文社会科学版）》2014 年第 5 期。
105. 李晓刚：《群众路线在中央苏区反腐倡廉中的运用及其启示》，《廉政文化研究》2015 年第 6 期。
106. 杨帆：《中央苏区时期反腐倡廉机制建设》，《理论建设》2015 年第 2 期。
107. 陈始发、李立娥：《中央苏区廉政文化建设机制探析》，《江西财经大学学报》2015 年第 2 期。

108. 孙树芳:《中央苏区时期党的廉政建设的历史经验与借鉴》,《苏区研究》2015 年第 3 期。
109. 刘晓根:《人民主体: 中央苏区廉政建设的核心理念》,《当代世界与社会主义》2015 年第 4 期。
110. 康晓强:《群众团体与人民团体、社会团体》,《社会主义研究》2016 年第 1 期。
111. 王小元、张璐:《论中央苏区廉政建设的历史作用》,《党史文苑》2016 年第 1 期。
112. 雷志敏、彭小曼、吴丹:《让人民监督权力——中央苏区实行群众监督的历史考察》,《中国井冈山干部学院学报》2017 年第 1 期。
113. 钟小明:《苏区时期中国共产党清正廉洁的政治本色》,《赣南师范大学学报》2017 年第 1 期。
114. 张希坡、黄东海:《中华苏维埃政府的审计制度及其启示》,《苏区研究》2017 年第 2 期。
115. 李义、祝全永:《缘由、措施与启示——中央苏区治理腐败探析》,《中国井冈山干部学院学报》2017 年第 4 期。
116. 步海洋、张清波:《中央苏区财政审计反腐的举措及启示》,《党史文苑》2017 年第 6 期。
117. 张宏卿:《苏区时期的党内巡视制度》,《湖湘论坛》2017 年第 6 期。
118. 杜君、张月晨:《中央苏区的反腐败运动》,《广西社会科学》2017 年第 7 期。
119. 汤希、任志江:《中央苏区时期党的纪检监察工作的回顾与思考》,《党史文苑》2017 年第 8 期。
120. 程水栋、夏绪仁:《中央苏区的廉政建设经验及其当代启示》,《江西社会科学》2017 年第 2 期。
121. 王卫明、郑艳琦:《从〈红星〉报看中央苏区红色文化传播》,《中国出版》2017 年第 14 期。
122. 彭杏龙、付建龙:《论中央苏区干部作风建设的历史经验及其现实启示》,《老区建设》2018 年第 24 期。

123. 钟小明:《中央苏区时期加强和规范党内政治生活的路径研究》,《红色文化学刊》2018 年第 4 期。

124. 张树焕:《报刊监督与中央苏区的廉政建设——以〈红色中华〉为中心的考察》,《理论学刊》2018 年第 5 期。

后　　记

21世纪千禧初年，南昌大学推进“211工程”学科建设，加强江西地方史特色研究课题的立项。遵从任务分工，我衔命忝列、科研兼涉中央苏区研究领域，随即着手尽可能全面地搜集阅览党和苏维埃政府的文件、法令及相关报刊、档案、文集、回忆录等文献资料。与此同时，也开始较系统地学习、领悟该领域前辈方家与学者们的博学著述和独到见解。伴随资料的日积月累与鲁钝的潜移默化，我尝试着寻找可做且能做的课题和研究方向。起初，循原从事中国官制、政制研究的方法，我简略考察了中央苏区的选举制度并发表了两篇粗疏的论文；随后又逐渐萌生探讨中央苏区廉政建设和反腐败斗争的兴趣，并在聚集相关资料和进行初步分析、斟酌后，确定了以党领导群众运动为视角、系统考察中央苏区反腐败斗争的研究方向和目标。当时考量的缘由主要有以下两方面。

其一，似觉学界虽多有涉及中央苏区党领导广大工农群众进行反腐败斗争的论述，但从形成群众运动，并以运动形态、运动方式开展反腐败斗争的相关研究非常薄弱，且欠缺以此为专题的论文、论著等学术成果。

其二，腐败可理解为内腐、内生的危害。而就当年的史实记载与特定的时代氛围而言，当时的腐败主要是指中央苏区内部产生的、危害红色政权生存，以及帮助国民党军阀“围剿”的一切消极因素。其中退却逃跑开小差和优待红军家属懈怠敷衍等消极怠工行为，是中央苏区反腐败与反贪污浪费、反官僚腐化并重的主要斗争对象之一。然而，既往反腐败斗争的研究，普遍性地忽略对中央苏区反退却逃跑开小差等消极怠工行为进行斗争的论述。

基于上述研究空间和余地，拾遗补阙，我不揣浅陋地草就发表了关于中央苏区反腐败的群众运动、其基本经验、反腐败斗争中的群众团体、舆论监督四篇论文，并倚之为前期成果，申报并幸运地获准立项国家社会科学基金项目。

自2011年6月国家社科基金立项，至2017年8月写出初稿提交结项申请；嗣后，经省内外专家评审、省社科规划办和国家社科规划办逐级审核、鉴定，2018年8月以“良好”成绩顺利结项。接着遵照评审专家的意见补充、修改，到2019年9月定稿交付出版社，算来虽不及“十年磨剑”期，但也与俗称的“八年抗战”同样持久。在这近3 000天的日子里，我除了承担日常的教学工作、参加院系会议并完成相关任务之外，不忘立项获准时念念不负评审专家信任与期望之初心，一直努力从事史料的爬梳、钩稽和书稿的构思、推敲。尽管没能做到心无旁骛和殚精竭虑，但也基本上尽了自己的“洪荒”之力。即便是周末双休和节假日也不敢稍有懈怠，不用扬鞭自奋蹄，常常是夜以继日地吭哧磨蹭到万籁俱寂之时。然而，由于受本人党史基础知识和马列基本理论薄弱，以及史才史识、掌握史料不足等因素的制约与局限，书稿中不可避免地存在许多错误和缺陷；抑或本书所定义的腐败与反腐败的基本概念，或关于中央苏区群众运动在反腐败斗争中所起作用的功效大小，也都需要重新认定、重作评价。好在史学的研究原本就是一个不断追求真理、推陈出新，不断接近和力求达到客观、真实认识的进程。在这里也许可套用圣人的话讲，就是“来者犹可追”（《论语·微子》）。

书稿即将付梓之际,思绪如潮,历历往事萦怀。我衷心感谢复旦大学历史系徐连达、陈绛、庄锡昌、姜义华、汪瑞祥、李孔怀、赵少荃、张云、孙锐等恩师长期以来的关爱、教导、鼓励和鞭策。我的硕士导师徐连达先生、本科毕业论文导师陈绛先生,在最近的7、8两月不幸相继仙逝;师尊已不可复见,聆教机会不再有,铭记两位先生的道德风范和学术精神,弟子谨敬奉心香一瓣,遥寄祭奠和永怀感恩之情。

衷心感谢刘勉钰、何小江、凌时畴、沈重、俞兆鹏等前辈专家和周利生、宋三平、张芳霖、黄志繁、应琦、邹锦良、朱钦胜、郭秋光、徐卫东、王春龙、刘信波等亦友亦师在项目立项、开题和研究过程中的大力支持和指导。衷心感谢江西省社科规划办领导李小华、刘蓉玲,南昌大学社科处处长胡伯项,人文学院院长江马益、书记谈振兴等党政领导,在项目中期检查、结题指导和教学科研工作,以及书稿出版等各方面对我的贴心帮助和指教。

衷心感谢上海辞书出版社王圣良编审的热情约稿和责编陆琦杨、裴杰精致精到的编辑加工,其间两位编辑独具慧眼提出的书稿修改意见,尤为难得和珍贵。我所带与我一道学习的硕士研究生宋恺明、王吉隆、郑必兴、刘春、叶飞、刘红、李婷、张南方、黄晓霞、高北辰、明璨璨等同学,帮我输录文献资料,核对史料原文,做了许多具体细致的工作,在此深表谢忱。

拙著面世后,如蒙读者批评指正,或有所"玉"成贤能者匡我不逮,补偏救弊新创通识大作;或有所"玉"成当今的反腐败斗争和党风廉政建设进一步加强和发挥群众监督的作用,我将为这本小书功德圆满地完成了"抛砖"的使命,而不胜欣慰和感到万分庆幸。是为记。

作者谨识于南昌大学青山湖校区

2019年9月27日

图书在版编目(CIP)数据

天网论：中央苏区党领导反腐败的群众运动研究 / 袁礼华著. -- 上海：上海辞书出版社，2024
ISBN 978-7-5326-6180-0

Ⅰ.①天… Ⅱ.①袁… Ⅲ.①中国共产党一中央苏区一廉政建设一研究 Ⅳ.①D262.6

中国国家版本馆 CIP 数据核字（2023）第 245173 号

TIANWANG LUN
——ZHONGYANG SUQU DANG LINGDAO FANFUBAI DE QUNZHONG YUNDONG YANJIU

天网论
——中央苏区党领导反腐败的群众运动研究

袁礼华 著

责任编辑 陆琦杨 裴 杰
装帧设计 黄 骏
责任印制 王亭亭

出版发行 上海世纪出版集团
上海辞书出版社®（www.cishu.com.cn）
地　　址 上海市闵行区号景路 159 弄 B 座（邮政编码：201101）
印　　刷 上海展强印刷有限公司
开　　本 890 毫米×1240 毫米　1/32
印　　张 14.125
字　　数 352 000
版　　次 2024 年 10 月第 1 版　2024 年 10 月第 1 次印刷
书　　号 ISBN 978-7-5326-6180-0 / D·169
定　　价 80.00 元